税务会计与纳税筹划

赵恒群◎主编
李晶◎副主编

首都经济贸易大学出版社
Capital University of Economics and Business Press
·北京·

前　言

为满足教学工作需要，我们根据国家最新税收法规和企业会计准则及其应用指南，以及相关经济法律制度，编写了《税务会计与纳税筹划》一书。本书可以作为高等院校财政学专业、税务专业、会计学专业、财务管理专业，以及其他经济管理类各专业的教学用书，也可作为注册税务师、注册会计师和企业财会人员继续教育的培训教材。

本书内容包括：税务会计与纳税筹划概述、增值税会计与纳税筹划、消费税会计与纳税筹划、营业税会计与纳税筹划、资源税会计与纳税筹划、土地增值税会计与纳税筹划、企业所得税会计与纳税筹划、个人所得税会计与纳税筹划、其他税种会计与纳税筹划、纳税筹划风险及控制。

本书特色主要体现在以下方面：

1. 在税务会计方面，摈弃了以往“先介绍税收法规，后介绍会计处理”的税收法规与会计核算割裂模式，而是把税收法规融入会计核算之中。在会计核算中应用税收法规，在税务处理上运用会计信息，构建了一种全新的税务会计内容体系。同时，本着重在应用的原则，重点介绍税务会计实务，并编有大量案例，便于读者理解各种涉税事项的处理办法，掌握各税种的税基确认、税额计算、税额减免与缴纳及其会计处理，以及各税种的纳税申报办法。

2. 在纳税筹划方面，体现了全新的纳税筹划理念，即：符合税法原理和税收立法精神，顺应税收管理要求，遵循成本效益原则，实现税后收益或企业价值最大化。本书阐述的各税种纳税筹划思路和方法，以及编写的案例，均体现了这一理念，将纳税筹划与避税、偷税、逃税、欠税等行为严格区分开来。可以说，这是本书的重要创新点。

3. 本书将税务会计与纳税筹划有机结合起来，便于读者理解和把握各税种的税收政策、涉税事项的处理，以及纳税筹划办法。

本书由东北财经大学财政税务学院赵恒群教授任主编，李晶教授任副主编。全书共分十章，具体分工是：第一章第一节、第二章第一节、第三章第一节、第七章第一至五节及附录、第八章第一至四节由赵恒群教授编写；第四章第一节、第五章第一节由李晶教授编写；第六章第一节由金哲副教授编写；第一章第二节、第二章第二节、第八章第五节和第十章由田雷讲师编写；第三章第二节、第四章第二节由李维萍副教授编写；第五章第二节、第六章第二节、第七章第六节由赵金玉副教授编写；第九章由金哲副教授、赵金玉副教授编写。最后，由赵恒群教授对本书各章节内容进行修改后定稿。

在本书编写过程中，我们参考了已出版的相关教材，借鉴了国内外学者已有的研究成果。在此，向他们表示由衷的感谢。

由于税收法规变化较快，编写时间仓促，作者水平所限，书中难免有不当之处，敬请读者批评指正。

作者

2012 年 11 月

目　录

第一章

税务会计与纳税筹划概述

第一节　税务会计概述

一、税务会计的基本概念

税务会计也称纳税会计，是现代会计的一个特殊领域。它是基于税收制度与会计准则的不同要求而产生的，现已发展成为与财务会计、管理会计并重的会计分支。

与财务会计和管理会计相比，税务会计体系尚不完善，国内外学者对税务会计定义的表述也不尽一致。

美国税务会计专家吉特曼博士认为，税务会计主要是处理某项目何时被确认为收入或费用之类账务问题的一种专业会计。

日本税务会计专家武田昌辅认为，税务会计是为计算法人税法中的课税所得而设立的会计，它不是制度会计，是以企业会计为依据，按照税法要求对既定的盈利进行加工、修正的会计。日本学者富岗幸雄认为，税务会计是根据会计的预测方法来掌握并计算出被确定的计税标准，从而起到转达和测定财务信息的租税目的与作用的会计。

我国会计学者盖地教授认为，税务会计是以国家现行税收法规为准绳，运用会计学的理论和方法，连续、系统、全面地对税款的形成、计算和缴纳，即对企业涉税事项进行确认、计量、记录和报告的一门专业会计。这种表述比较明确，阐明了税务会计的依据、方法、内容和目标。

综上所述，可以将税务会计定义为：税务会计是指会计主体以税收制度为准绳，运用会计理论和方法，对其发生的涉税事项进行确认、计量、记录和报告的一门专业会计。

会计主体，是指纳税人和扣缴义务人。纳税人是指依法负有纳税义务的单位和个人;扣缴义务人是指依法负有代扣代缴或代收代缴税款义务的单位和个人。涉税事项,通常是指与税收有关的经济业务及其应纳税金的形成、计算、缴纳、减免和退税等事项。

税收与会计历来是密不可分的。从税收管理上看,税源监控和税款征收离不开会计所提供的信息。从会计管理上看,纳税本身是企业的一项必要支付,也是企业会计的一项日常工作。依法纳税,维护自身合法权益,已成为会计管理的一项重要内容。税务会计把税收制度与会计核算融合起来,在会计核算中应用税收制度,在税务处理上运用会计信息,准确确认、计量、记录和报告会计主体的涉税事项,有利于为税务部门、投资人、债权人和经营者以及社会公众提供有助于决策的涉税信息。随着税制改革与会计改革的深化,税收制度与会计准则之间必然存在差异,基于两者不同要求而产生的税务会计,其地位和作用将越来越重要。

二、税务会计与其他专业会计的关系

(一)税务会计与财务会计的关系

税务会计是随着社会经济的发展而从财务会计中逐渐分离出来的融税收制度与会计核算为一体的特种专业会计。它与财务会计之间既有联系又有区别。

1. 税务会计与财务会计的联系

税收与会计历来是紧密联系的。税金的计算离不开会计所提供的信息资料。税务会计从传统的财务会计中分离出来后,同样也离不开财务会计。税务会计并不要求纳税人在财务会计的凭证、账簿、报表之外另设一套会计账证体系。税务会计是以财务会计为基础的,只核算纳税人或扣缴义务人的涉税事项。具体地说,税务会计是在财务会计所提供的会计资料基础上,按照税收制度确认、计算、记录和报告税款的形成和缴纳或扣缴情况。

2. 税务会计与财务会计的区别

1)会计目标不同。会计目标通常是指会计系统所要达到的某种境地。会计目标主要解决两个问题:一是向谁提供会计报告;二是报告使用者需要什么样的信息。

税务会计目标是向会计信息使用者提供有助于税收决策的会计信息。税务会计信息的使用者主要是各级税务机关。税务机关可以根据税务会计信息,评价纳税人和扣缴义务人的纳税情况或税款扣缴情况,以利于税收征管工作的有效进行。另外,企业的投资人、债权人和社会公众,以及经营者也是税务会计信息的使用者。投资人、债权人和社会公众可以通过税务会计信息了解企业的税利情况、经济实力和诚信度,以利于经济决策。企业经营者可以根据税务会计信息,合理安排经营活动,力求税后收益最大化。税务会计信息主要是涉税信息,其可靠性显得尤为重要。

财务会计目标是向会计信息使用者提供有用的会计信息，即提供与企业财务状况、经营成果和现金流量等有关的会计信息，反映企业管理层受托责任履行情况，有助于会计信息使用者作出经济决策。财务会计信息使用者包括投资者、债权人、政府及其有关部门和社会公众等。无论是会计信息的种类，还是会计信息的使用者，都比税务会计广泛得多。

2）会计核算对象不同。税务会计的核算对象是纳税人的涉税事项，核算会计主体的税收资金运动及其结果。而财务会计核算对象是企业全部经济事项，核算企业全部资金运动及其结果。财务会计的核算内容比税务会计广泛。

3）会计核算依据不同。税务会计核算的主要依据是国家税收制度，包括国家颁布的各项税收法律、法规、规章和规范性文件。财务会计核算的主要依据是财务会计法规，包括会计法、会计准则或行业会计核算制度等。当然，税务会计核算也依据财务会计法规，但不是主要的。

4）受税收制度的约束不同。由会计核算依据所决定，税务会计与财务会计受税收制度的约束不同。税务会计对涉税事项的确认、计量、记录和报告，必须严格按照税收制度进行。而财务会计主要服从财务制度和会计准则，但在计算缴纳税款时必须服从税收制度。

（二）税务会计与税收会计的关系

税务会计与税收会计都是核算税收资金运动的一种特种专业会计。税收会计属于预算会计范畴，是税务机关特设的专门反映税款应征、待征、上解、入库和提退情况的专业会计。

税务会计与税收会计的联系在于税务会计所提供的会计信息是税收会计核算的基本资料来源。由于税务会计与税收会计属于不同的会计范畴，两者的会计主体、会计目标、会计基础、会计原则，以及核算对象等都是不相同的。

税收会计主体是各级税务机关；其会计目标是向政府、上级和本级税务机关，以及社会公众报告税收信息；其会计基础是实行分段联合制，即在税收资金运动的不同阶段，分别采用权责发生制和收付实现制为会计处理基础。比如，在应征税金阶段，采取权责发生制；在入库税金阶段，采取收付实现制等。

三、税务会计的对象与任务

（一）税务会计的对象

前已述及，税务会计的对象是纳税人的涉税事项，反映税收资金运动及其结果。所谓税收资金运动，主要是指纳税人应纳税金的形成、计算、缴纳、减免和退还等过程。

纳税人应纳税金的形成过程存在于纳税人的生产、经营过程之中。税收资金当然也存在于纳税人的整个资金周转过程之中。企业的资金都属于经营资金，在生产、经营过程中，依法产生了纳税义务，就应当计算各项税金。此时，企业的税收资金便形成了。税收资金形成以后，就应当依法缴纳。缴纳了税金，税收资金就退出了企业生产、经营过程。

与税收资金运动相关的要素包括：计税收入、计税成本费用、计税所得、税款计算、税款缴纳、税收减免等，这些便属于税务会计所涉及的核算内容。

1. 计税收入

计税收入也称应税收入，是指纳税人销售商品、提供劳务、让渡资产使用权，以及从事其他经济活动所取得的应当依法纳税的各项收入，包括销售商品收入、提供劳务收入、转让财产收入、股息红利等权益性投资收益、利息收入、租金收入、特许权使用费收入、接受捐赠收入和其他收入。从收入形式上看，应税收入包括货币收入、实物收入和其他收入。应税收入范围一般大于财务会计所确认的收入范围。

2. 计税成本费用

成本费用是指纳税人在生产、经营过程中发生的物化劳动和活劳动的消耗。计税成本费用也称扣除项目，是指在计算应纳税所得时准予从毛收入中扣除的成本、费用、税金、损失和其他支出。这些项目，必须是纳税人实际发生的与取得收入有关的、合理的支出。这些项目数据，有的可以直接从财务会计账簿中取得，有的则需要按照税收制度计算取得。

3. 计税所得

计税所得也称应税所得，是指按照税收制度计算确定的应纳税所得。它与会计利润不同。会计利润是企业按照财务制度和会计准则计算确定的，是反映企业经营成果的指标。会计利润不能直接作为计算所得税的依据。一般情况下，需要在会计利润的基础上按照税收制度进行调整，计算出应纳税所得额作为所得税的计税依据。

4. 应交税金

应交税金的核算是税务会计的重要内容。税务会计要通过"应交税费"账户反映和监督各项税金的计算和缴纳情况。但有些税金（如印花税）不通过"应交税费"账户核算，但在税务会计上也要作出反映。应交税金的核算包括税金的计算、申报和缴纳的全过程。

5. 税收减免

税收减免是国家根据一定时期的政治、经济和社会发展需要，免除纳税人部分或全部税收负担，是对纳税人的一种照顾和扶持。税收减免意味着纳税人少纳税款或不纳税款。税务会计应当反映减免税金的形成和使用情况。

6. 税款退还

退税一般有三种情况：一是政策性退税，如减免退税、出口退税等；二是误收退税，即纳税人多纳税款或税务机关多征税款而发生的退税；三是一般性退税，如所得税汇算清缴时发生的退税等。对于政府来说，退税是税收资金的退出。对于纳税人来说，退税是税收资金转化为企业经营资金的过程。税务会计应如实反映和监督这部分内容。

7. 税收滞纳金、罚款和罚金

纳税人违反税收法规被税务机关加收滞纳金和处以罚款，以及构成税务犯罪被法院处以罚金，属于涉税事项，是税收资金运动的组成部分，税务会计应反映和监督这部分内容。

（二）税务会计的任务

税务会计的主要任务是按照税收制度，运用会计方法，对涉税事项进行确认、计量、记录和报告。

确认，主要是对发生的经济业务或行为，按照税收制度确定是否属于应纳税业务或行为；所拥有的财产是否属于应纳税财产；应当缴纳哪些税，以及纳税义务发生时间、纳税期限和纳税地点等。同时，按照税收制度确认应当享受的减免税、退税待遇等。

计量，主要是按照税收制度计算计税收入、计税成本费用、计税所得、应交税金、减免税金、退还税金的金额。

记录，主要是运用会计方法，将税务会计确认和计量的结果如实地记录在会计账簿或备查账簿上。记录税金、税收滞纳金和税收罚款的缴纳情况，反映纳税人的全部税收资金运动过程及其结果。

报告，主要是按照税收制度编制纳税申报表及其附表，向税务机关提供税务会计信息。同时，财务会计将应交税金、未交税金等有关数据列入财务会计报表。

另外，税务会计可以为纳税筹划提供信息，使决策部门在税收制度允许的情况下，通过对经济活动行为的事先安排，纳税方案的精心选择，达到税负轻、效益大和企业价值最大化的目标。

四、税务会计的一般原则

税务会计与财务会计密切相关。税务会计核算应当遵循财务会计的一般原则。但有些财务会计原则与课税原则不相符合，如谨慎原则等，税务会计不宜采用。税务会计是税收制度与会计准则的融合，核算中应当遵循下列特定原则：

(一)法定性原则

法定性原则是一项重要的课税原则,是指税收制度的各项构成要素必须且只能由法律予以明确规定,税收征纳双方的权利和义务只能以法律规定为依据,没有法律依据,任何主体均不得征税或者减免税。法定性原则可概括为课税要素法定、课税要素明确和依法征收三个具体原则。体现在税务会计上,要求税务会计对涉税事项的确认必须按照税收制度的规定执行,不能估计。这样,可以防止滥用税法条款,杜绝税收流失。

(二)实质确认原则

实质确认原则是确认涉税事项的一项重要原则,它强调的是根据纳税人的真实纳税能力确定纳税人的纳税义务,而不受其外在形式的影响。税收制度可以从纳税人的生产经营目的、财产所有权、交易事项的性质或结果,以及纳税能力等不同层面来界定交易的实质。比如,企业发生的非货币性商品交易,实质上是转让了自有商品的所有权,并用所得价款去购买他人商品的行为,所以在税收上应当作为商品购销业务处理。再比如,在债务重组中,企业以低于应付债务的现金清偿债务,是债权人对债务人的让步,其结果是增加了债务人的能力而减少了自身的能力。因此,债务人应确认债务重组收益计算缴纳企业所得税,而债权人蒙受的债务重组损失可以在企业所得税税前扣除。

(三)据实扣除原则

据实扣除原则是确认和计量税前扣除项目的一项重要原则。企业所得税法明确规定,在计算应纳税所得额时,准予从收入总额中扣除的项目是指企业实际发生的与取得收入有关的、合理的支出,包括成本、费用、税金、损失和其他支出。

税前扣除的基本要求,主要包括以下方面:

一是真实性。准予在税前扣除的支出,必须是实际发生的支出。

二是相关性。准予在税前扣除的支出,必须是实际发生的与取得收入有关的支出,即从性质和根源上与取得应税收入相关的支出,包括为产生、收取收入,或为管理、保护和维修用于产生收入的财产而发生的支出。

三是合理性。准予在税前扣除的支出,必须是实际发生的与取得收入有关的、合理的支出。合理的支出是指符合生产经营活动常规,应当计入当期损益或有关资产成本的必要和正常的支出。

四是收益性。企业发生的支出应当区分收益性支出和资本性支出。收益性支出在发生当期直接扣除;资本性支出应当分期扣除,或者计入有关资产成本,不得在发生当期直接扣除。

五是不重复性。除税收法规另有规定外，企业实际发生的成本、费用、税金、损失和其他支出，不得重复扣除。

我国近几年的会计改革，扩大了谨慎性原则的适用范围。谨慎性原则要求企业在面临不确定因素下作出职业判断时，应当保持必要的谨慎，充分估计到各种风险和损失，既不高估资产或收益，也不低估负债或费用。在具体运用上，主要体现为对各项不实资产计提减值准备或跌价准备。而税收制度原则上不承认企业估计的风险和损失。因为企业计提的各项资产减值准备或跌价准备，是会计人员凭借职业判断作出的估计，其损失并没有“真实地发生”。如果纳税人的有关资产真正发生了永久或实质性损害，可以按照据实扣除原则，允许纳税人在税前扣除。

（四）量能负担原则

支付能力与纳税能力有所不同。税款支付能力是指以货币缴纳税款的能力，表明纳税人是否有足够的货币资金支付税款。而纳税能力反映的是经济实力，纳税人拥有的能以货币计量的各项资产，都是经济实力的体现。税务会计既要遵循纳税能力原则，也要遵循支付能力原则。但在具体执行中，应以税收制度的规定为准。

在计算企业所得税时，除税收法规另有规定外，应纳税所得额的计算原则是权责发生制。凡属于当期的收入和费用，不论款项是否收付，均作为当期的收入和费用；不属于当期的收入和费用，即使款项已经在当期收付，也不作为当期的收入和费用。在计算商品税时，出于纳税人实际支付能力或为保证税收收入的考虑，对有些个别情形采取了收付实现制。比如，营业税制度中规定，纳税人采取预收款方式销售不动产和土地使用权的，以及采取预收款方式提供建筑业和租赁业劳务的，纳税义务发生时间为收到预收款的当天。这样，有利于保证税收收入的及时性、均衡性和稳定性。

五、税务会计凭证、科目和报表

税务会计以财务会计为基础，依据税收制度确认、计量和报告涉税事项。但它不要求纳税人和扣缴义务人在财务会计之外另设一套会计账证体系。会计核算所使用的有些账证表是为核算涉税事项而设置的，如税收缴款书、“应交税费”科目和“纳税申报表”及附表等，属于税务会计特有的会计凭证、科目和报表。另外，鉴于税收制度与财务会计存在差异，有必要建立一些专门用于税务会计核算的备查账簿。

（一）税务会计凭证

税务会计凭证是记录涉税事项、据以登记税务会计账簿的书面文件。会计凭证分为原始凭证和记账凭证两类。这里仅介绍税务会计原始凭证。

税务会计原始凭证的种类很多,可以说,凡涉及计税收入、计税成本费用、应交税金、税收减免、税收退还和税收滞纳金、罚款、罚金的凭证,都属于税务会计凭证。其中,纳税人在税金申报缴纳时使用的凭证,是一种具有法律效力的特殊凭证,主要包括以下几类:

1.应交凭证

应交凭证是用以确定纳税人应交税金和扣缴义务人扣缴税金,以及应交罚款等事项的书面证明,是核算税金、罚款等应交情况的原始凭证。其包括:纳税申报表、代扣代缴税款凭证、定额税款通知书、税务处罚决定书等。

2.减免退凭证

减免退凭证是用以确定纳税人减免税和退税事项的书面证明,是核算减免退税情况的原始凭证。

减免退税一般有征前减免和先征后退等方式。采取征前减免方式的,纳税人只进行纳税申报,对减免的税款不需缴纳,其填报的载有减免税事项的纳税申报表即为减免凭证。以征前减免的税款抵顶欠税的,其填报的纳税申报表和抵顶欠税的批准文件即为减免凭证。采取先征后退方式的,以取得的收入退还书或相关批准文件为退税凭证。

3.缴纳凭证

缴纳凭证是纳税人和扣缴义务人缴纳税款、滞纳金、税收罚款等时使用或取得的书面证明,是用以核算税款、滞纳金和罚款缴纳情况的原始凭证。其包括:税收缴款书、税收完税证、税收罚款收据、纳税保证金收据等。

(二)税务会计科目

税务会计不要求在财务会计之外另设一套账。在财务会计中,凡涉及计税收入、计税成本费用、应交税金、税收减免、税收退还和税收滞纳金、罚款和罚金核算的会计科目,都属于税务会计科目。其中:“应交税费”、“营业税金及附加”、“所得税费用”、“递延所得税资产”、“递延所得税负债”等科目,是专门用于税金核算的会计科目,可以归属于税务会计特有会计科目。

“应交税费”科目属负债类科目。除印花税、耕地占用税以及其他不需要预计应交数的税金外,纳税人应纳的各种税金均在该科目核算。该科目设置以下明细科目:“应交增值税”、“应交消费税”、“应交营业税”、“应交资源税”、“应交所得税”、“应交土地增值税”、“应交城市维护建设税”、“应交房产税”、“应交土地使用税”、“应交车船税”、“应交个人所得税”等。

（三）税务会计报表

税务会计报表主要是向税务机关报送的各税种的纳税申报表及其附表。纳税申报是纳税人发生纳税义务后，依照税法规定，就有关纳税事项向税务机关提交书面报告的制度。它是纳税人依法履行纳税义务的一项法定手续。按照税法规定，从事生产经营的纳税人必须依法办理纳税申报，即使在纳税期内没有应纳税款的，也应当按照规定办理纳税申报。纳税人享受减税、免税待遇的，在减税、免税期间应当按照规定办理纳税申报。依法负有代扣代缴、代收代缴义务的单位和个人，必须按照税法规定办理税款扣缴报告手续。

纳税申报表是按不同税种设计的，如增值税纳税申报表、消费税纳税申报表、营业税纳税申报表、企业所得税纳税申报表等。有的税种，除了有主表外，还有若干张附表和其他附报资料，如办理企业所得税纳税申报时，除了要填报主表外，还要填报若干张附表并附送财务会计报表和相关的证件资料。实行源泉控制的税种，扣缴义务人要填报代扣（收）代缴税款报告表。

第二节　纳税筹划概述

一、纳税筹划的定义

纳税筹划，或称税收筹划，是一项理论性和实践性都较强的经济活动。在纳税筹划产生后的100多年里，产生了很多不同的筹划理论和筹划方法。不同的筹划理论和筹划方法背后隐含着的是对纳税筹划定义的不同理解。

（一）源自国外的表述

国外的研究文献对纳税筹划的定义存在着多种不同的表述，以下是几种具有代表性的典型论述。

荷兰国际财政文献局（IBDF）在其编写的《国际税收辞典》中认为："税收筹划是指纳税人通过经营活动或个人事务活动的安排，实现缴纳最低的税收。"该定义界定了税收筹划的方式和目的，即税收筹划是纳税人通过对自身经营活动或个人事务的安排，最终实现自身税负最小化的目的。但从法学视角看，该定义缺少对税收筹划法理上的界定；从管理学视角看，该定义也没有说明税收筹划与纳税人自身战略管理或财务管理之间的关系。

美国南加州W. B. 梅格斯(W. B. Meggers)和R. F. 梅格斯(R. F. Meggers)在合著的《会计学》一书中认为:"人们合理而又合法地安排自己的经营活动,使之缴纳尽可能少的税收。他们使用的方法可称之为纳税筹划……少缴税和递延缴纳税收是纳税筹划目标之所在。……在纳税之前,有系统地对企业经营或投资行为作出事先安排,以尽量地少缴所得税,这个过程就是纳税筹划。"同IBDF的定义相比,该定义除界定了纳税筹划的方式和目的外,还指明了纳税筹划所具有的事先性特征。但该定义仍然仅仅着眼于税负最小化的层面来界定纳税筹划,没有从企业的整体战略利益出发来思考纳税筹划问题。

印度税务专家E. A. 史林瓦斯(E. A. Srinvas)在其著作《公司税务筹划手册》一书中认为:"税务筹划是经营管理整体中的一个组成部分……。税务已成为一个重要的环境要素之一,对企业既是机遇,也是威胁。"与前两个定义相比,该定义从企业的整体战略利益出发来思考税务筹划问题,因此显得更为全面和深入,同时也提及了税务筹划的风险问题,但仍然缺乏对税务筹划法理上的表述。

(二)来自国内的研究

国内对纳税筹划定义的表述也不尽一致,进而导致在对纳税筹划范围的界定上存在着不同的观点。以下是国内几种具有代表性的典型论述。

税务专家唐腾翔、唐向在所著的《税收筹划》一书中将税收筹划界定为:"税收筹划是在法律规定许可的范围内,通过对经营、投资、理财活动的事先筹划和安排,尽可能地取得节税的税收收益。"该观点突出强调了税收筹划的合法性和事先性,并且将税收筹划与节税视作同一概念,因此在该定义中,税收筹划所包含的范围较小。

会计学者盖地教授在《税务会计与税务筹划》一书中倾向于将纳税人的纳税筹划称为"税务筹划",并将之定义为:"税务筹划是纳税人依据所涉及的现行税法及相关法规(不限一地一国),遵循税收国际惯例,在遵守税法、尊重税法的前提下,根据税法中的'允许'、'不允许'以及'非不允许'的项目、内容等,对企业的组建、经营、投资、筹资等活动进行的旨在减轻税负、有利于实现企业财务目标的谋划、对策与安排。"该观点并未刻意强调税务筹划的合法性,而是突出强调其"非违法性",因此,该定义所包含的范围较大,不仅包括节税,还包括具有"非违法性"的各种避税和税负转嫁行为。

税收学者张中秀在《纳税筹划宝典》一书中认为,有必要对税收筹划、税务筹划和纳税筹划这三个概念加以区别。从总体上看,三者是整体和局部的关系,税收筹划既包括税务筹划(税务部门筹划),也包括纳税筹划(纳税人筹划)。因此,应对税务筹划和纳税筹划分别加以定义。税务筹划是指税务部门为充分实现税收的调节功能和堵塞收税漏洞而进行的筹划，具体可包括立法环节的筹划和征管环节的筹划。纳税筹划则专指纳税人所进行的筹划活动，具体指纳税人在非违法的前提下，以减轻税收负担和实现涉税零风险为目的而进行的避税、节税和税负转嫁的活动。同盖地教授的界定相比，该观点亦强调纳税筹划的"非违法性"，但税收筹划所包含的范围更大，不仅包括纳税人所进行的避税、节税和税负转嫁等活动，还包括税务部门为充分实现税收的调节功能和堵塞收税漏洞而进行的管理筹划。

（三）对纳税筹划的界定

我国的市场经济起步较晚，市场经济体制的真正确立只有短短十几年的历史，相对于西方发达国家而言，纳税筹划甚至于税收本身，都尚属一种"新鲜事物"，税法体系并不完善。一方面，纳税人可以利用的税法漏洞较多，税收征管的现代化水平较低，税务稽查的能力严重不足；另一方面，税收管理正在不断完善，税法的漏洞被不断地弥补，税务稽查日益得到政府的重视。面对此种情况，在实践中不宜鼓励纳税人肆无忌惮地进行"合理避税"，如果不顾税收征管的现实状况及其发展变动趋势，一味地鼓励甚至教导纳税人进行"合理避税"，一方面将给我国的税收管理带来难以控制的混乱，另一方面，纳税人本身也可能面临较为严重的法律后果。

综上所述，本书将纳税筹划定义为：纳税筹划是纳税人在符合税法和税收立法精神的前提下，在实现自身整体战略发展目标的条件下，通过对涉税活动或涉税事务的事先安排，相对地减轻自身实际税负，实现自身的利益最大化或价值最大化的经济活动。

二、相关现象的辨析

在纳税筹划的理论和实践中，存在一些容易与纳税筹划相混淆的现象。辨别和分析这些现象，可以更清晰地体现纳税筹划的内涵和外延。

（一）避税

避税是纳税人利用税法的漏洞和未曾考量的事项而进行的涉税事务安排，以达到降低法定税负目的的一种活动。从法学的分析结果看，它属于一种脱法行为，虽然在外观上具有一定的合法性，但在实质上则具有违法性。避税虽然与节税、纳税筹划紧密难分，但要注意它与偷税也仅是一步之遥，其实质上的违法性与偷税具有相同的税收效果。这种脱法行为的特征是形式合法性、实质违法性、行为异常性和公开性（意思表示真实）①，它在本质上违背了税收的立法精神。从管理学的分析结

① 刘剑文：《财税法专题研究》，北京大学出版社，2007 年版。

果看，避税者通过各种非正常的方式利用国家税法的漏洞来减轻其自身的税收负担，直接损害了税收的财政职能，挑战了税法的严肃性，尤其是国际避税，更是直接对主权国家的税收管辖权构成了侵害。从经济学的分析结果看，避税行为相对"加重"了诚实守信纳税人的税收负担，间接造成了税负分配的不公，破坏了税收的法定主义原则和量能课税原则。

从上述分析中，可以得出这样的结论，纳税筹划与避税的本质区别在于：纳税筹划是纳税人在国家税法规定的分配范围内，在不违反法定分配秩序的情况下所事先进行的涉税安排，它应当符合税收立法精神。因此，纳税筹划是一项既保证了国家税法的严肃性，又使纳税人获得了节税利益的经济行为。在这项经济行为中，不会产生政府与纳税人之间的误解与纠纷，政府与纳税人获得了"双赢"的经济结果。而避税则违背了税收立法精神，对税法的严肃性构成了挑战，容易引起政府和纳税人之间的税收纠纷，甚至可能造成政府与纳税人之间"双亏"的局面。因此，面对避税，很多国家的国内法都赋予税务当局很广泛的自由裁量权，以打击所有未满足立法机关征税意图的避税交易①。

（二）偷税和逃避缴纳税款

除了避税与节税外，与纳税筹划相关的现象还包括偷税与逃税、骗税与欠税等。

1. 偷税、逃税

《税收征收管理法》第六十三条第一款对偷税作了明确的界定：纳税人伪造、变造、隐匿、擅自销毁账簿、记账凭证，或者在账簿上多列支出或者不列、少列收入，或者经税务机关通知申报而拒不申报或者进行虚假的纳税申报，不缴或者少缴应纳税款的，是偷税。

对于偷税的法律责任，《税收征收管理法》第六十三条第二款作了如下规定：对纳税人偷税的，由税务机关追缴其不缴或者少缴的税款、滞纳金，并处不缴或者少缴的税款50%以上5倍以下的罚款；构成犯罪的，依法追究刑事责任。

新修订的《刑法》中回避了对"偷税"一词的使用，而改用"逃避缴纳税款"这一术语。《刑法》规定，纳税人采取欺骗、隐瞒手段进行虚假纳税申报或者不申报，逃避缴纳税款数额较大并且占应纳税额10%以上的，处3年以下有期徒刑或者拘役，并处罚金；数额巨大并且占应纳税额30%以上的，处3年以上7年以下有期徒刑，并处罚金。

由此可见，偷税和逃避缴纳税款属于典型的税收违法行为，一经认定，纳税人便要承担相应的法律责任。

---

① ［美］罗伊·罗哈吉：《国际税收基础》，北京大学出版社，2006年版。

2. 骗税

一般来说，骗税是指利用非法手段骗取国家税款的行为，包括骗取出口退税、骗取税收优惠等行为。从经济后果上看，骗税所造成的影响较之偷税更为恶劣，因为它不但少缴税或不缴税，而且还可能从国家手中骗取超过其所缴税款的金额。

因此，骗税也属于典型的税收违法行为。相对于偷税而言，骗税的法律责任更重。《税收征收管理法》第六十六条规定：以假报出口或者其他欺骗手段，骗取国家出口退税款，由税务机关追缴其骗取的退税款，并处骗取税款1倍以上5倍以下的罚款；构成犯罪的，依法追究刑事责任。对骗取国家出口退税款的，税务机关可以在规定期间内停止为其办理出口退税。

综上分析，偷税、骗税与纳税筹划的辨别标准在于：纳税人的涉税安排是否具有合法性。偷税、骗税是违法行为，而纳税筹划是合法的。然而，在纳税筹划实践中，某些纳税筹划案例没有严格区分偷税、骗税与纳税筹划的界限，带有明显的教唆纳税人偷税、骗税等嫌疑。而纳税人行为一经被认定为偷税或骗税，必将承担相应的法律责任，不但得不到节税收益，而且还会造成严重损失。

3. 欠税

一般认为，欠税是指纳税人未按税法规定时限缴纳税款，造成拖欠应纳税款的行为。广义概念上的欠税，从成因上看，可以分为特殊性欠税和一般性欠税。特殊性欠税是指纳税人因生产经营陷入困境，或者因不可抗力造成重大损失，无力按期缴纳的税款；一般性欠税是指纳税人除上述情形以外，人为地不按期缴纳的税款。但无论是哪一种欠税，都不能免除纳税人的纳税义务。

《税收征收管理法》第三十一条第二款规定，纳税人因有特殊困难，不能按期缴纳税款的，经省、自治区、直辖市国家税务局、地方税务局批准，可以延期缴纳税款，但是最长不得超过3个月。这里所说的特殊困难，是指纳税人有下列情形之一的：一是因不可抗力，导致其发生较大损失，正常生产经营活动受到较大影响的；二是当期货币资金在扣除应付职工工资、社会保险费后，不足以缴纳税款的。当纳税人遇有上述情形时，可以依据法律赋予的权利，向税务机关申请延期纳税。对于一般性欠税，税务机关则要根据《税收征收管理法》采取相应的清税措施，如责令限期缴纳、加收滞纳金、处以罚款、离境清税、税收优先、欠税公告，以及依法行使代位权与撤销权等；情节严重的，将要依法追究刑事责任。由此可见，针对一般性欠税而进行的所谓"欠税筹划"，对于纳税人来说，是有百害而无一利的，应当予以制止。

4. 税负转嫁

税负转嫁即税收负担转嫁，是指纳税人通过抬高或压低商品购销价格等方式，将其所缴税款部分地或全部地转移给他人负担，进而减轻自身税收负担的一种经济现象。

有些学者在研究纳税筹划问题时，将税负转嫁归于广义纳税筹划的范畴。这种观点具有一定的合理性，税负转嫁在本质上具有“纳税筹划”的某些特征，是纳税人在不违背税法的前提下降低企业实际税负的一种有效途径。但同纳税筹划相比，税负转嫁的结果会造成纳税人和负税人的分离，进而会导致税制设计的初衷与税负分配的实际结果相背离。因此，在税负转嫁这一现象中，转嫁人虽然在主观上不存在任何违反税法的动机，事实上也并不违反税法，但转嫁行为及其后果却在客观上不符合税收立法精神，它扭曲了税制设计的本意，改变了国家对税收负担的初始分配方案。

因此，从税收公平的角度看，不应当提倡利用税负转嫁进行纳税筹划。

三、纳税筹划的特征

在我国现阶段的社会经济条件下，纳税筹划应当具有以下几个本质特征。

（一）合法性

纳税筹划是纳税人按照政府的税收政策导向，合理地安排自己的涉税活动或者涉税事务，相对地降低税收负担的一种经济活动。因此，纳税筹划的合法性不应仅限于“不违法”的层面，还应赋予其“符合税收立法精神”的含义。那些公开利用税法漏洞而进行的避税操作，不应归属于纳税筹划的范畴。即便是所谓的“合理避税”，由于其违背了税收立法精神，也不应包含在纳税筹划的范畴之内。

（二）事先性

纳税筹划要求纳税人必须对涉税活动或者涉税事务进行事先的规划与安排，否则就不能称其为“筹划”。纳税义务发生后，纳税人再通过所谓的“巧妙设计与安排”来改变涉税属性，进而推迟缴纳税款或者不缴、少缴税款的行为，应当归类于“进行虚假的纳税申报”或者偷税行为，不属于纳税筹划的范畴。

（三）协调性

纳税人作为独立的经济主体，其首要目标是实现自身利益最大化或价值最大化。出于自身生存发展的需要，纳税筹划不可能成为影响纳税人行为的首要因素。企业不可能仅仅出于减轻税负的考虑，而置整体发展战略于不顾。因此，纳税筹划方案的设计与选择，必须同企业整体的发展战略规划相协调、相适应，不能单纯地“为筹划而筹划”。

另外，纳税筹划应当着眼于纳税人整体税收负担的减轻，而不是仅限于个别税种或者个别环节的税负减低。当然，能够减轻整体税负的方案，必须符合税收立法精神，并且是事先作出的。否则，便不属于纳税筹划。

四、纳税筹划的原则

纳税筹划是一项复杂的经济活动，筹划方案设计的完美与否，直接关系到纳税人战略管理目标与财务管理目标能否得到实现。由于纳税筹划与避税等活动的边界比较模糊，因而也关系到对筹划方案的设计与选择是否会给纳税人带来风险，因此，纳税筹划的方案设计与实际运作必须遵循一定的指导原则。

（一）合法性原则

合法性原则是纳税人进行纳税筹划所要遵循的首要原则，离开了这一原则，纳税筹划就无从谈起。纳税筹划的合法性原则包含两个方面的含义：一是纳税人进行纳税筹划，必须以现行的法律、行政法规为依据，不得进行违法操作，这是纳税筹划与偷税、骗税和欠税的本质区别。二是纳税人进行纳税筹划，应当符合税收立法精神，这是纳税筹划与避税的本质区别。

税收是国家为了实现其职能，按照法律预先确定的标准，强制性、无偿性地从负有纳税义务的社会成员手中取得收入的一种财政收入形式。市场经济国家的税收，一个普遍的共性原则是纳税义务的法定性，即纳税义务由税法明确规定。纳税人只要发生了纳税义务，就必须按照税法规定向国家缴纳税款，这也是税法的刚性所在。因此，纳税人在进行纳税筹划时，必须严格遵循合法性原则来进行筹划方案的设计与选择。否则，就会陷入违法的境地，不仅不会取得筹划收益，还会因违反税法而受到行政执法部门的惩处。因此，遵循合法性原则是纳税人进行纳税筹划的前提和基础，也是纳税人的筹划行为具有合法地位的基本保障。

（二）规范性原则

规范性原则也是纳税筹划的一项重要原则。纳税筹划的规范性原则是指纳税人进行纳税筹划时，对筹划方案的设计与选择必须符合税收、财务会计，以及各行业的行为规范。

纳税筹划具有复杂性。它不仅是纳税人的一项涉税行为，也是纳税人的一项管理行为。从政策角度看，纳税筹划不仅涉及税收法规和会计法规，还涉及诸如合同法、建筑法、房地产法规等各种法规。从业务范围看，纳税筹划既涉及采矿、制造、建筑、电力、燃气及水的生产和供应，也涉及商品批发和零售、交通运输、仓储租赁、邮政电信、金融保险、住宿餐饮、建筑安装、房地产开发、文体娱乐等各行各业。国际税收筹划，还会涉及不同的国家和地区。因此，纳税筹划必须遵循合法性和规范性原则，在保证纳税筹划方案合法性的前提下，保障其可行性和可持续性。

（三）协调性原则

协调性原则是指纳税人在进行纳税筹划时，其筹划安排必须与企业经营发展战略和财务目标相协调、相适应。也就是说，在企业整体发展战略的大框架下，进行纳税筹划方案的设计与选择，不能孤立地、单纯地"为筹划而筹划"。

纳税筹划旨在合法的前提下，谋求税收负担减低，税后收益或企业价值最大化。但是，决定企业生存和发展的首要因素，并不是纳税筹划行为，而是企业经营发展战略和经营行为。因此，纳税筹划必须置于企业整体发展战略的框架下进行，通过对税收负担、税后收益、市场环境、经营能力或条件等因素的综合分析，在众多可供选择的经营方案或财务方案中选出最优的方案，谋求企业价值最大化。

（四）事先性原则

事先性原则是指纳税人进行纳税筹划，必须在其所要筹划的经济行为发生之前，或者纳税义务发生之前进行；不能在应税行为或纳税义务发生之后，通过各种手段去改变法定的纳税义务。

纳税义务具有法定性。纳税义务一经发生，便不可更改，否则便属于违法行为。这就要求纳税人必须在某种经济行为或者纳税义务发生之前，根据税收法规、税收立法精神，结合社会经济政策和行业发展趋势，对自身即将发生的经济行为或财务行为进行综合分析和判断，从而选择最适宜的纳税筹划方案。坚决杜绝事后操作，避免偷逃税行为的发生，否则，将会面临行政处罚，甚至刑事处罚。

（五）整体性原则

整体性原则是指纳税人在进行纳税筹划时，应当对其所要筹划的经济行为所涉及的所有税种进行综合考虑，谋求整体税收负担减轻，税后收益最大。

我国现行税制属于复合税制，一种经济行为涉及的往往不是一个税种。比如销售货物，在货物流通环节，涉及增值税、城市维护建设税和教育费附加；在收益分配环节，还涉及所得税。各个税种之间在计算上也存在着一定的关联性。比如在计算企业所得税时，企业缴纳的消费税、营业税、资源税、关税、土地增值税、城市维护建设税、教育费附加，以及在管理费用中核算的印花税、车船税、房产税和城镇土地使用税等，可在计算应纳税所得额时扣除。这些可以在税前扣除的税费与企业所得税之间就存在一种此消彼长的关系。如果在纳税筹划中忽视了各税种之间的关系，孤立地仅就某个单一税种进行筹划，就可能背离纳税筹划的初衷，出现某一税种税负降低，而整体税负增加、税后收益减少的现象。因此，纳税筹划应当遵循整体性原则，着眼于整体税负的轻重，以获得较好的筹划效果。

（六）谨慎性原则

谨慎性原则是指纳税人在进行纳税筹划时，应当采取谨慎的态度来设计筹划方案，尽可能防范或者规避由筹划行为所带来的各种风险。

纳税人在进行纳税筹划时，应当进行综合的成本效益分析。根据社会经济和行业发展趋势、市场前景，以及税收政策、金融政策等的发展变化趋势，对自身的投入与产出进行综合判断，选择最适宜的纳税筹划方案。一般来说，收益越大，风险也就越大。因此，纳税人在进行纳税筹划时，除了考虑投资或经营风险外，还要考虑税务风险，避免产生不必要的损失。

第二章

增值税会计与纳税筹划

第一节　增值税会计

一、增值税会计概述

（一）纳税人与扣缴义务人

1. 增值税纳税人

一般地说，增值税是以商品生产、流通或劳务服务各环节的增值额为税基计算征收的一种税。我国现行增值税主要在商品生产和商品流通领域征收。纳税人包括以下三类：

1）在境内销售货物的单位和个人。货物，是指有形动产，包括电力、热力、气体在内，不包括无形资产和不动产。在境内销售货物，是指所销售货物的所在地或起运地在中国境内。

2）在境内提供应税劳务的单位和个人。应税劳务是指加工、修理修配劳务。加工，是指受托加工货物，即委托方提供原料及主要材料，受托方按照委托方的要求制造货物并收取加工费的业务；修理修配是指受托对损伤和丧失功能的货物进行修复，使其恢复原状和功能的业务。在境内提供的加工、修理修配劳务，是指所提供的加工、修理修配劳务发生在中国境内。

3）进口货物的单位和个人。凡申报进入中国海关境内的货物，均应缴纳增值税。纳税人是进口货物的收货人或办理报关手续的单位和个人。

增值税纳税人按其规模大小和会计核算情况，划分为一般纳税人和小规模纳税人两类，分别适用不同的计税管理办法和会计核算办法。

2. 增值税扣缴义务人

境外的单位或个人在境内提供应税劳务而在境内未设有经营机构的，其应纳的增值税款以代理人为扣缴义务人；没有代理人的，以购买者为扣缴义务人。扣缴义务人应组织代扣代缴增值税会计核算。

（二）会计账户设置

1. 一般纳税人的账户设置

一般纳税人销售货物或应税劳务，实行凭发票注明税款进行税款抵扣的办法。应纳税额计算公式为：

应纳税额 = 当期销项税额 - 当期进项税额

如果当期销项税额小于当期进项税额不足抵扣时，其不足部分可结转下期继续抵扣。

在会计核算上，一般纳税人应在“应交税费”账户下设置“应交增值税”和“未交增值税”两个明细账户，进行增值税会计处理。

1)“应交税费——应交增值税”明细账户。该账户采用多栏式结构。在借方设置“进项税额”、“已交税金”、“减免税款”、“出口抵减内销产品应纳税额”和“转出未交增值税”五个栏目；在贷方设置“销项税额”、“出口退税”、“进项税额转出”和“转出多交增值税”四个栏目。该明细账户的结构用T形账表示如下（见表2-1）：

表2-1 应交税费——应交增值税

借 方	贷 方
①进项税额	⑥销项税额
②已交税金	⑦出口退税
③减免税款	⑧进项税额转出
④出口抵减内销产品应纳税额	⑨转出多交增值税
⑤转出未交增值税	

各栏目核算内容如下：

(1)“进项税额”栏目，记录企业购入货物或接受应税劳务而支付的，准予从销项税额中抵扣的增值税额。购入货物或接受劳务支付的进项税额，用蓝字登记；退回所购货物应冲销的进项税额，用红字（或负数）登记。

(2)"已交税金"栏目,记录企业当月上交本月增值税。

(3)"减免税款"栏目,记录企业按规定直接减免的增值税款。

(4)"出口抵减内销产品应纳税额"栏目,反映企业按规定的退税率计算的出口货物的进项税额抵减内销产品的应纳税额。

(5)"转出未交增值税"栏目,记录企业月终转出应交未交的增值税。

(6)"销项税额"栏目,记录企业销售货物、提供应税劳务应收取的增值税额。销货时,用蓝字记录;退货时应冲销的销项税额用红字(或负数)记录。

(7)"出口退税"栏目,记录企业出口适用零税率的货物,向海关办理报关出口手续后,凭出口报关单等有关凭证,向税务机关申报办理出口退税而收到退回的税款。出口货物退回的增值税额,用蓝字登记;出口货物办理退税后发生退货或者退关而补交已退的税款,用红字(或负数)登记。

(8)"进项税额转出"栏目,记录企业的购进货物、在产品、产成品等发生非正常损失以及其他原因而不应从销项税额中抵扣,按规定转出的进项税额。

(9)"转出多交增值税"栏目,记录企业月终转出多交的增值税。

月份终了,企业将本月应交未交或多交的增值税额自"应交税费——应交增值税"账户转入"应交税费——未交增值税"账户。结转后,"应交税费——应交增值税"账户的期末借方余额,反映企业尚未抵扣的增值税。

2)"应交税费——未交增值税"明细账户。该账户采用三栏式结构,用T形账表示如下(见表2-2):

表2-2　应交税费——未交增值税

借　方	贷　方
①月终转入的多交增值税	月终转入的应交未交增值税
②在申报期交纳的增值税	

月份终了,企业将本月应交未交增值税自"应交税费——应交增值税"账户转入"应交税费——未交增值税"账户时,会计分录为:

借:应交税费——应交增值税(转出未交增值税)

　　贷:应交税费——未交增值税

月份终了,如果企业本月有多交的增值税,应将其自"应交税费——应交增值税"账户转入"应交税费——未交增值税"账户。会计分录为:

借:应交税费——未交增值税

贷:应交税费——应交增值税(转出多交增值税)

企业在本月缴纳上期应交未交的增值税时,编制会计分录:

借:应交税费——未交增值税

贷:银行存款

纳税期限届满或月末,"应交税费——未交增值税"账户的贷方余额,反映企业欠缴的增值税;若为借方余额,反映企业多缴的增值税。

2. 小规模纳税人的账户设置

小规模纳税人销售货物或提供应税劳务,按照销售额和规定的征收率计算应纳税额,不得抵扣进项税额。计税办法简单,会计核算只需设置"应交税费——应交增值税"三栏式账户,核算企业应缴、已缴及多缴或欠缴的增值税。纳税人应缴的增值税通过该账户的贷方核算;纳税人缴纳增值税时,通过该账户的借方核算。该账户的贷方余额反映企业尚未缴纳或欠缴的增值税;借方余额则反映多缴的增值税。

二、进项税额的核算

(一)进项税额申报抵扣条件

进项税额,是指一般纳税人购进货物或接受应税劳务所支付或者负担的增值税额。根据增值税制度的规定,进项税额的申报抵扣条件可以概括为:一般纳税人购进货物或应税劳务,同时具备以下三个条件的,准予将其支付或承担的进项税额从当期销项税额中抵扣:

1. 购进货物或应税劳务必须在用途上符合税收规定

一般纳税人购进货物或应税劳务必须用于应税项目的生产、经营、管理。如果一般纳税人将购进货物或应税劳务用于非增值税应税项目、免征增值税项目、集体福利、个人消费的,或者购进货物发生非正常损失,在产品、产成品发生非正常损失,则不得申报抵扣进项税额。购进自用的应征消费税的摩托车、汽车、游艇,也不得申报抵扣进项税额。

2. 购进货物或应税劳务必须取得法定的扣税凭证

增值税法定扣税凭证包括:购进货物或接受应税劳务,从销售方或应税劳务提供方取得的增值税专用发票;进口货物,从海关取得的海关进口增值税专用缴款书;购进农产品时填具的农产品收购发票或取得的农产品销售发票;购进或销售应税货物以及在生产经营过程中支付运输费用时,从运输部门取得的运输费用结算单据。

3. 在进项税额申报抵扣时限上必须符合税收规定

一般纳税人取得2010年1月1日以后开具的增值税扣税凭证,其抵扣期限按照下列规定执行：

1)取得增值税专用发票、公路内河货物运输业统一发票和机动车销售统一发票，自开具之日起180日内到税务机关办理认证，并在认证通过的次月申报期内，向主管税务机关申报抵扣进项税额。

2)实行海关进口增值税专用缴款书(简称“海关缴款书”)“先比对后抵扣”管理办法的一般纳税人取得海关缴款书，自开具之日起180日内向主管税务机关报送《海关完税凭证抵扣清单》(包括纸质资料和电子数据)申请稽核比对；未实行海关缴款书“先比对后抵扣”管理办法的一般纳税人取得海关缴款书，自在开具之日起180日后的第一个纳税申报期结束以前，向主管税务机关申报抵扣进项税额。

3)一般纳税人取得上述扣税凭证，未在规定期限内到税务机关办理认证、申报抵扣或者申请稽核比对的，不得作为合法的增值税扣税凭证，不得计算抵扣进项税额。

但是，一般纳税人发生真实交易，但由于以下客观原因造成扣税凭证(增值税专用发票、海关进口增值税专用缴款书和公路内河货物运输业统一发票)逾期的，经主管税务机关审核、逐级上报，由国家税务总局认证、稽核比对后，对比对相符的增值税扣税凭证，允许纳税人继续抵扣其进项税额：

(1)因自然灾害、社会突发事件等不可抗力因素造成增值税扣税凭证逾期；

(2)增值税扣税凭证被盗、抢，或者因邮寄丢失、误递导致逾期；

(3)有关司法、行政机关在办理业务或者检查中，扣押增值税扣税凭证，纳税人不能正常履行申报义务，或者税务机关信息系统、网络故障，未能及时处理纳税人网上认证数据等导致增值税扣税凭证逾期；

(4)买卖双方因经济纠纷，未能及时传递增值税扣税凭证，或者纳税人变更纳税地点，注销旧户和重新办理税务登记的时间过长，导致增值税扣税凭证逾期；

(5)因企业办税人员伤亡、突发危重疾病或者擅自离职，未能办理交接手续，导致增值税扣税凭证逾期；

(6)国家税务总局规定的其他情形。

(二)生产企业进项税额的核算

1.进项税额形成的核算

生产企业(一般纳税人)根据购进货物或接受应税劳务的税类和扣税凭证的取得情况，确定当期进项税额，并组织会计核算。

1)国内购进材料的核算。一般纳税人在国内购进生产经营用材料，以取得的增值税专用发票上注明的增值税额为进项税额。购进材料所支付的运输费用，准予根据运输费用结算单据(普通发票)所列运输费用金额依照7%的扣除率计算抵扣进项税额，但随同运费支付的装卸费、保险费等其他杂费不得计算扣除进项税额。

根据运费结算单据计算抵扣进项税额时，应当注意以下问题：一是企业购进自用的应征消费税的摩托车、汽车、游艇，以及购进材料用于非增值税应税项目、免税项目、集体福利和个人消费的，所支付的运输费用不得计算抵扣进项税额；二是准予作为抵扣凭证的运输费用结算单据（普通发票），是指国营铁路、民用航空、公路和水上运输单位开具的货票，以及从事货物运输的非国有运输单位开具的套印全国统一发票监制章的货票；三是准予计算抵扣进项税额的运输费用金额，是指运输费用结算单据上注明的运输费用（包括铁路临管线及铁路专线运输费用）、建设基金，不包括装卸费、保险费等其他杂费；四是现行抵扣率为7%。

运输费用的进项税额，按下列公式计算：

进项税额＝运输费用和建设基金×扣除率

按照会计准则规定，企业购进材料的采购成本，包括购买价款（不包括准予抵扣的进项税额）、进口关税和其他税费、运输费（不包括按规定计算抵扣的进项税额）、装卸费、保险费以及其他可归属于存货采购成本的费用。

在会计核算上，企业对购进材料可以按实际成本核算，也可以按计划成本核算。

（1）采用实际成本组织材料核算的，材料的收发凭证、明细分类账和总分类账全部按实际成本计价。这种方法一般适用于规模较小、存货品种简单、采购业务不多的企业。在会计核算上，分别以下情况进行：

第一，材料与凭证已到企业。企业将材料验收入库时，根据自行填制的材料入库单和取得的增值税专用发票、运输发票等做账。按购进材料的实际成本，借记“原材料”科目；按准予抵扣的进项税额，借记“应交税费——应交增值税（进项税额）”科目；按实付或应付的全部款项，贷记“银行存款”、“其他货币资金”、“应付票据”或“应付账款”等科目。

【例2－1】某生产企业（一般纳税人）本月购入一批生产用原材料并取得销售方开具的增值税专用发票，发票上注明的价款、税款分别为200 000元、34 000元；发生运杂费3 200元，其中：运费3 000元、装卸费和保险费各100元，已取得运输部门和相关部门开具的发票。材料已运抵企业并验收入库，款项已转账付讫。

进项税额＝34 000＋3 000×7%＝34 210（元）

材料购进成本＝200 000＋（3 200－3 000×7%）＝202 990（元）

会计分录为：

借：原材料　　202 990

　应交税费——应交增值税（进项税额）　　34 210

　贷：银行存款　　237 200

第二，材料已到，但凭证未到且未付款。对于材料已到达企业并已验收入库，但发票账单等结算凭证未到、尚未付款的采购业务，平时不作账务处理；若月末发票账单仍未到达企业，可暂估入账，但不得估算抵扣进项税额。月末，按材料的暂估价值，借记“原材料”科目，贷记“应付账款——暂估应付账款”科目。下月初冲回，待收到发票账单时再按正常程序进行会计处理。

【例2-2】某生产企业（一般纳税人）本月购入一批生产用原材料，材料已运抵企业，但月末尚未收到发票账单，货款未付。

月末，按材料的暂估价值入账。假设该批材料暂估价值35 000元，则会计分录为：

借：原材料　　35 000

　贷：应付账款——暂估应付账款　　35 000

下月初作相反的会计分录，予以冲回：

借：应付账款——暂估应付账款　　35 000

　贷：原材料　　35 000

收到发票账单时，按正常程序进行账务处理。假设取得销售方开具的增值税专用发票，发票上注明的价款、税款分别为40 000元、6 800元；取得运输部门开具的运输发票，运输费用200元。上述款项已转账付讫。

进项税额 = 6 800 + 200 × 7% = 6 814（元）

材料采购成本 = 40 000 + （200 − 200 × 7%） = 40 186（元）

借：原材料　　40 186

　应交税费——应交增值税（进项税额）　　6 814

　贷：银行存款　　47 000

第三，凭证已到且已付款，但材料未到。对于专用发票等结算凭证已到，企业已付款或已开出承兑商业汇票，但材料尚未到达或尚未验收入库的采购业务，根据发票账单等结算凭证，借记“在途物资”、“应交税费——应交增值税（进项税额）”科目，贷记“银行存款”或“应付票据”等科目。待材料到达、验收入库后，再根据收料单，借记“原材料”科目，贷记“在途物资”科目。

【例2-3】某生产企业（一般纳税人）2011年11月25日外购一批生产用材料，取得的销售方开具的增值税专用发票上注明：价款、税款分别为100 000元、17 000元；发生运输费用1 000元，取得运输部门开具的运输发票。企业已开出并承兑商业汇票，金额118 000元，月末，该材料尚未到达企业。

月末，企业根据专用发票、运输发票等进行账务处理：

进项税额 = 17 000 + 1 000 × 7% = 17 070（元）

材料采购成本 = 100 000 + （1 000 − 1 000 × 7%） = 100 930（元）

借:在途物资　　100 930

　应交税费——应交增值税(进项税额)　　17 070

　贷:应付票据　　118 000

假定2011年12月15日,该批材料运抵企业并验收入库。企业根据材料入库单编制会计分录:

借:原材料　　100 930

　贷:在途物资　　100 930

第四,采取预付账款方式购进材料。企业在预付材料价款时,按照实际预付的价款,借记“预付账款”科目,贷记“银行存款”科目;已经预付货款的材料验收入库时,按照发票账单等所列的价款、税款等,借记“原材料”、“应交税费——应交增值税(进项税额)”科目,贷记“预付账款”科目;预付货款不足而补付货款时,按补付金额,借记“预付账款”科目,贷记“银行存款”科目;退回多付款项时,借记“银行存款”科目,贷记“预付账款”科目。

【例2-4】某生产企业(一般纳税人)2011年10月份采用预付货款方式外购生产用材料。11月25日,向A厂预付货款200 000元。企业根据银行付款单和A厂开具的经营性收款收据编制会计分录:

借:预付账款——A厂　　200 000

　贷:银行存款　　200 000

12月30日,收到A厂发来材料一批,A厂开具的增值税专用发票上列明的价款、税款分别为300 000元、51 000元;A厂转来运输部门开具给该生产企业的运输发票一张,运输费用2 000元。

进项税额 = 51 000 + 2 000 × 7% = 51 140(元)

材料采购成本 = 300 000 + (2 000 − 2 000 × 7%) = 301 860(元)

企业根据增值税专用发票、运输发票和材料入库单编制会计分录:

借:原材料　　301 860

　应交税费——应交增值税(进项税额)　　51 140

　贷:预付账款——A厂　　353 000

12月30日,企业补付A厂上述货款153 000元。企业根据银行付款单编制会计分录:

借:预付账款——A厂　　153 000

　贷:银行存款　　153 000

第五,直接列作费用的购进材料。如果企业购进材料不需通过材料库或者不需通过“材料”类科目核算,可将材料购进成本直接列作成本费用处理;将进项税额记入“应交税费——应交增值税(进项税额)”科目。

【例2-5】某生产企业(一般纳税人)本月购入一批办公用材料,直接交给厂部管理部门使用,购进时取得的增值税专用发票上注明的价款、税款分别为500元、85元。上述款项已转账付讫。

借:管理费用	500
应交税费——应交增值税(进项税额)	85
贷:银行存款	585

第六,生产企业购进低值易耗品、包装物等货物,其会计处理办法与原材料相同,只是所使用的会计科目不同。用于生产、经营、管理的低值易耗品、包装物等,若在购进时取得增值税专用发票,其进项税额准予抵扣。

【例2-6】某生产企业(一般纳税人)本月购进一批生产经营用低值易耗品(工器具),取得的增值税专用发票上列明的价款、税款分别为2 000元、340元。该批低值易耗品已验收入库,款项已转账付讫。

根据增值税专用发票、材料验收单、银行付款单等编制会计分录:

借:低值易耗品——工器具	2 000
应交税费——应交增值税(进项税额)	340
贷:银行存款	2 340

(2)企业采用计划成本组织材料核算的,材料实际采购成本通过“材料采购”科目核算;材料收发均按计划成本计价,并通过“原材料”等科目核算;实际采购成本与计划成本之间的差异,通过“材料成本差异”科目核算。其会计处理程序如下:

第一,购进材料时,根据增值税专用发票(或其他扣税凭证)、运输发票等做账。按实际采购成本,借记“材料采购”科目;按准予扣除的进项税额,借记“应交税费——应交增值税(进项税额)”科目;按实际支付或应付的款项,贷记“银行存款”、“其他货币资金”、“应付票据”或“应付账款”等科目。

采取预付账款方式购进材料的,在预付材料价款时,借记“预付账款”科目,贷记“银行存款”科目。收到材料后,按实际采购成本,借记“材料采购”科目;按准予扣除的进项税额,借记“应交税费——应交增值税(进项税额)”科目;按发票账单上注明的应付金额,贷记“预付账款”科目。

第二,材料验收入库时,根据材料入库单按计划成本,借记“原材料”等科目,贷记“材料采购”科目。

第三,月末结转材料成本差异。若是实际成本小于计划成本形成的节约差异,借记“材料采购”科目,贷记“材料成本差异”科目。若是实际成本大于计划成本形成的超支差异,借记“材料成本差异”科目,贷记“材料采购”科目。

【例2-7】某生产企业(一般纳税人)于2011年11月10日购进一批生产用材料,取得的增值税专用发票上列明的价款、税款分别为400 000元、68 000元;支付运输费用3 000元,已取得运输部门开具的运输发票。该批材料已运抵企业并验收入库,货款已转账付讫。假定该批材料计划成本为410 000元。

进项税额 = 68 000 + 3 000 × 7% = 68 210(元)

材料购进成本 = 400 000 + (3 000 - 3 000 × 7%) = 402 790(元)

企业根据增值税专用发票、运输发票和银行付款单等编制会计分录:

借:材料采购　　402 790

　应交税费——应交增值税(进项税额)　　68 210

　贷:银行存款　　471 000

将该批材料验收入库,根据材料入库单编制会计分录:

借:原材料　　410 000

　贷:材料采购　　410 000

月末结转材料成本差异 = 402 790 - 410 000 = -7 210(元)

借:材料采购　　7 210

　贷:材料成本差异　　7 210

2)接受投资转入材料的核算。企业接受投资者投资转入的材料,按照投资合同或协议约定的价值确定实际成本,但合同或协议约定价值不公允的除外。

一般纳税人接受投资者投入原材料时,按投资各方确认的价值(不包括准予抵扣的进项税额),借记"原材料"科目;按专用发票上列明的增值税额,借记"应交税费——应交增值税(进项税额)"科目;按以上两项金额合计数在注册资本中所占的份额,贷记"实收资本"(或"股本")科目;按其差额,贷记"资本公积"科目。

【例2-8】某生产企业(一般纳税人)本月接受投资者投入一批生产用原材料,取得的增值税专用发票上列明的价款、税款分别为1 000 000元、170 000元。投资双方确定的在注册资本中所占的份额为850 000元。该批材料已运抵企业并验收入库。

企业根据增值税专用发票、材料入库单等编制会计分录:

借:原材料　　1 000 000

　应交税费——应交增值税(进项税额)　　170 000

　贷:实收资本　　850 000

　　资本公积——资本溢价　　320 000

如果企业采用计划成本组织材料核算,对投资者投入的原材料,按计划成本,借记"原材料"科目;按专用发票上注明的增值税额,借记"应交税费——应交增值税(进项税额)"科目;按投资各方确认的价值,贷记"实收资本"(或"股本")和"资本公积"科目；按计划成本与投资各方确认的价值之间的差额，借记或贷记“材料成本差异”科目。

【例2-9】沿用例2-8资料。假如该企业采用计划成本核算，该批材料的计划成本为1 020 000元，则会计分录为：

借：原材料　　1 020 000
　应交税费——应交增值税（进项税额）　　170 000
　贷：实收资本　　850 000
　　资本公积——资本溢价　　320 000
　　材料成本差异　　20 000

3）接受捐赠转入材料的核算。企业接受捐赠的材料，按其公允价值加上应支付的相关税费作为实际成本。在会计处理上，企业接受捐赠的原材料，按其实际成本，借记“原材料”科目；按准予抵扣的进项税额，借记“应交税费——应交增值税（进项税额）”科目；按接受捐赠材料的价值，贷记“营业外收入——非货币性捐赠利得”科目；按实际支付的相关税费等，贷记“银行存款”等科目。

【例2-10】某生产企业（一般纳税人）本月接受某公司捐赠转入一批生产用原材料，取得的增值税专用发票上列明的价款、税款分别为50 000元、8 500元。企业委托运输公司将其运回企业并验收入库，支付运费400元，已取得运输企业开具的运输发票。

进项税额 = 8 500 + 400 × 7% = 8 528（元）

材料实际成本 = 50 000 + (400 − 400 × 7%) = 50 372（元）

企业根据增值税专用发票、运输发票、银行付款单和材料入库单等编制会计分录：

借：原材料　　50 372
　应交税费——应交增值税（进项税额）　　8 528
　贷：营业外收入——非货币性捐赠利得　　58 500
　　银行存款　　400

如果企业采用计划成本组织材料核算，按材料计划成本登记“原材料”账户；计划成本与实际成本的差额，通过“材料成本差异”账户核算。

4）自制材料和盘盈材料的核算。企业自制材料的实际成本由自制过程中耗用的材料采购成本、加工成本，以及使材料达到目前场所或状态所发生的其他成本构成。自制完工、验收入库时，按自制材料的实际成本，借记“原材料”科目，贷记“生产成本”科目。采用计划成本组织材料核算的，按自制材料的计划成本，借记“原材料”科目，贷记“生产成本”科目；同时，结转材料成本差异：实际成本大于计划成本的差异，借记“材料成本差异”科目，贷记“生产成本”科目；实际成本小于计划成本的差异，作相反的会计分录。

企业盘盈的材料，按照同类或类似材料的市场价格作为实际成本。根据编制的“存货盘存报告单”做账：按盘盈材料的实际成本，借记“原材料”科目，贷记“待处理财产损溢——待处理流动资产损溢”科目。

材料盘盈一般是由于材料收发计量或核算上的误差造成的，所以，待查明原因后，于期末冲减管理费用。借记“待处理财产损溢——待处理流动资产损溢”科目，贷记“管理费用”科目。

值得注意的是，对自制材料和盘盈材料，不得重新计算抵扣进项税额。

5）接受外单位提供加工劳务的核算。一般纳税人委托外单位加工完成的存货，以实际耗用的原材料或半成品的实际成本、加工费、往返运杂费和消费税金（单独核算的除外）等为实际成本。在会计核算上，通过“委托加工物资”科目核算。生产企业也可将该科目名称改为“委托加工材料”。一般纳税人为生产、经营、管理应税项目而委托加工的存货，可凭从加工劳务提供方取得的增值税专用发票申报抵扣进项税额。

委托加工物资的会计处理程序如下：

（1）发出物资委托外单位加工时，根据材料或商品出库单，按发出物资的实际成本，借记“委托加工物资”科目，贷记“原材料”、“库存商品”等科目。按计划成本核算的企业，应同时结转成本差异，转入“委托加工物资”科目。

（2）支付加工费、运杂费时，根据受托加工单位开具的增值税专用发票和运输部门开具的运输发票等做账。借记“委托加工物资”、“应交税费——应交增值税（进项税额）”科目，贷记“银行存款”等科目。

值得注意的是，准予抵扣的进项税额必须满足以下条件：一是委托加工的物资必须用于应税项目的生产、经营、管理。如果用于非增值税应税项目、免税项目、集体福利或个人消费，则不得计算抵扣进项税额。二是必须取得增值税的法定扣税凭证，即支付加工费时，必须取得受托加工单位开具的增值税专用发票。否则，不得抵扣进项税额；支付运费时，须取得运输部门开具给本单位的运输发票。如果没有取得增值税专用发票，或者以自备运输工具自行运送，或者由非运输部门运送的，则不得计算抵扣进项税额。

（3）如果受托加工的物资是应税消费品，则在委托方提货时，由受托方（受托方是个人的除外）代收代缴消费税。受托方在代收代缴消费税时，向委托方开具代收代缴税款凭证。

委托方支付消费税时，分别以下情况进行会计处理：

第一，委托加工的物资收回后直接用于销售的，委托方应将受托方代收代缴的消费税计入委托加工物资的成本，借记“委托加工物资”科目，贷记“银行存款”或“应付账款”等科目。

第二，委托加工的物资收回后用于连续生产应税消费品，且按税法规定准予抵扣已支付的消费税税款的，委托方应将受托方代收代缴的消费税记入“应交税费——应交消费税”科目的借方，以备抵扣。借记“应交税费——应交消费税”科目，贷记“银行存款”或“应付账款”科目。

(4)将加工完成的物资收回并验收入库时，按其实际成本，借记“原材料”或“库存商品”科目，贷记“委托加工物资”科目。剩余材料收回入库时，借记“原材料”科目，贷记“委托加工物资”科目。

采用计划成本组织材料核算的企业，按委托加工物资的计划成本记入“原材料”等科目。同时，结转材料成本差异。

【例2-11】某生产企业(一般纳税人)2011年11月2日发出一批材料委托甲厂加工成A材料。发出材料的实际成本200 000元；11月30日加工完成并收回，支付加工费5 000元、增值税额850元，已取得甲厂开具的增值税专用发票；支付往返运输费用共计1 000元，已取得运输部门开具的运输发票。该企业采用实际成本组织材料核算。

发出材料时，根据材料出库单等原始凭证编制会计分录：

借：委托加工物资　　200 000

　贷：原材料　　200 000

支付加工费时，根据取得的增值税专用发票和银行付款单等编制会计分录：

借：委托加工物资　　5 000

　应交税费——应交增值税(进项税额)　　850

　贷：银行存款　　5 850

支付运输费用时，根据运输发票和银行付款单等编制会计分录：

借：委托加工物资　　930

　应交税费——应交增值税(进项税额)　　70

　贷：银行存款　　1 000

将加工完成的物资验收入库，根据材料入库单等编制会计分录：

借：原材料——A材料　　205 930

　贷：委托加工物资　　205 930

6)接受外单位提供修理、修配劳务的核算。一般纳税人接受外单位提供的货物修理、修配劳务，在支付修理、修配费用时按取得的增值税专用发票等做账。按支付的修理、修配费用，借记“制造费用”或“管理费用”、“销售费用”、“其他业务成本”等科目，按支付的增值税额，借记“应交税费——应交增值税(进项税额)”科目，按支付的全部款项，贷记“银行存款”等科目。

值得注意是，准予抵扣的进项税额必须满足以下条件：一是接受的修理修配劳务，必须是对货物的修理修配，并且用于应税项目的生产、经营、管理。对用于非增值税应税项目、免税项目、集体福利或个人消费的，则不得申报抵扣进项税额。二是必须取得增值税专用发票。否则，不得申报抵扣进项税额。

【例2－12】某服装厂（一般纳税人）本月支付管理设备修理费并取得增值税专用发票。发票中注明：修理费10 000元、增值税额1 700元。

借：管理费用　　10 000

　应交税费——应交增值税（进项税额）　　1 700

　贷：银行存款　　11 700

7）购进免税农产品的核算。一般纳税人购进农产品，除取得增值税专用发票或者海关进口增值税专用缴款书外，按照农产品收购发票或者销售发票上注明的农产品买价和13%的扣除率计算抵扣进项税额。进项税额计算公式：

进项税额＝买价×扣除率

免税农产品，是指直接从事植物的种植、收割和动物的饲养、捕捞的单位和个人销售的自产农业产品；其范围按《农业产品征税范围注释》执行。农产品的买价，包括纳税人购进农产品在农产品收购发票或者销售发票上注明的价款和按规定缴纳的烟叶税。

在会计处理上，按农产品的实际成本（不含准予抵扣的进项税额），借记“原材料”或“材料采购”科目；按准予抵扣的进项税额，借记“应交税费——应交增值税（进项税额）”科目，按收购价款及相关税费，贷记“银行存款”或“应付账款”等科目。

【例2－13】某罐头厂（一般纳税人）从农业生产者手中收购一批农产品，农产品收购发票上列明的收购金额100 000元。委托运输公司将其运回企业，支付运费1 000元，已取得运输公司开具的运输发票。该批农产品已运抵企业并验收入库，款项已付讫。

进项税额＝100 000×13%＋1 000×7%＝13 070（元）

农产品购进成本＝100 000＋1 000－13 070＝87 930（元）

根据农产品收购发票、运输发票、银行付款单和农产品入库单等编制会计分录：

借：原材料　　87 930

　应交税费——应交增值税（进项税额）　　13 070

　贷：银行存款　　101 000

8）进货退回或折让的核算。一般纳税人进货后尚未核算就退货的，无需进行账务处理。进货入账核算后发生退货或发生折让的，购买方应向主管税务机关填报《开具红字增值税专用发票申请单》，主管税务机关审核后出具《开具红字增值税专用发票通知单》，销货方根据通知单开具红字专用发票。购货方根据销货方开具的红字专用发票进行会计处理。

【例2-14】某生产企业(一般纳税人)于2011年11月25日购进一批生产用材料,取得的增值税专用发票上列明的价款、税款分别为200 000元、34 000元;支付运费2 000元,已取得运输部门开具的运输发票。该批材料已运抵企业并验收入库,货款未付。该企业采用实际成本组织材料核算。

企业根据增值税专用发票、运输发票和材料验收单编制会计分录:

借:原材料　　201 860

　　应交税费——应交增值税(进项税额)　　34 140

　贷:应付账款　　236 000

材料入库后,该企业发现材料规格与合同要求不符,故要求退货。经双方协商,不作退货处理,销售方按含税销售额给予该企业5%的价格折让。该企业于11月30日向主管税务机关填报了《开具红字增值税专用发票申请单》,并取得《开具红字增值税专用发票通知单》送交给销售方。销售方据此开具了红字增值税专用发票,价款、税款分别为10 000元、1 700元。

该企业根据红字增值税专用发票编制会计分录:

借:应付账款　　11 700

　贷:原材料　　10 000

　　应交税费——应交增值税(进项税额)　　1 700

注:记账时,在"应交税费——应交增值税"账户借方"进项税额"栏目,用红字(或负数)登记1 700元。

9)进口原材料或零部件的核算。生产企业进口原材料或零部件,应向海关缴纳关税、增值税和消费税。进口原材料或零部件的实际成本,包括该货物的到岸价格、进口关税和消费税。

$$进口关税=关税完税价格\times关税税率$$

$$增值税组成计税价格=关税完税价格+关税+消费税$$

$$进口环节增值税=增值税组成计税价格\times增值税税率$$

一般纳税人生产企业进口原材料或零部件时,根据完税凭证、材料入库单等编制会计分录。按进口货物的实际成本,借记"材料采购"或"原材料"等科目;按海关完税凭证上注明的增值税额,借记"应交税费——应交增值税(进项税额)"科目;按应付或实付的全部款项,贷记"应付账款"或"银行存款"等科目。

企业也可以将关税、消费税在"应交税费"账户下设置二级科目核算,但最终要计入进口货物的采购成本。

10)支付水电费的核算。一般纳税人支付水费、电费,根据其用途计算抵扣进项税额。用于非增值税应税项目、免税项目、集体福利或个人消费的水电,不得计算抵扣其进项税额。

企业支付水电费时，根据自来水公司和供电部门开具的增值税专用发票和银行付款单等编制会计分录：

借：生产成本——辅助生产成本等

　　应交税费——应交增值税（进项税额）

　贷：银行存款

月末，企业分配辅助生产费用时，将用于非增值税应税项目、免税项目、集体福利或个人消费的水电所承担的进项税额，作进项税额转出处理。

11）销货运费的核算。一般纳税人销售应税货物所支付的运输费用除按规定不并入销售额的代垫运费以外，准予根据运输费用结算单据（普通发票）所列运输费用金额依7%的扣除率计算抵扣进项税额，但支付的装卸费、保险费等其他杂费不得计算抵扣进项税额。对纳税人销售免税货物所发生的运输费用，也不得计算进项税额抵扣。

【例2-15】某生产企业（一般纳税人）本月销售应税货物发生的运输费用5 000元、装卸费100元、保险费100元，已取得运输部门和其他相关部门开具的发票。

进项税额 = 5 000 × 7% = 350（元）

销售费用 = 5 000 + 100 + 100 - 350 = 4 850（元）

企业根据发票和银行付款单等编制会计分录：

借：销售费用	4 850
应交税费——应交增值税（进项税额）	350
贷：银行存款	5 200

12）购进机器设备等固定资产的核算。这里所说的固定资产，是指使用期限超过12个月的机器、机械、运输工具以及其他与生产经营有关的设备、工具、器具等。一般纳税人购进固定资产，包括从各种渠道增加的固定资产，用于增值税应税项目生产、经营、管理的，可以凭法定扣税凭证抵扣进项税额，包括承担的运输费用进项税额。但是，一般纳税人购进自用的应征消费税的摩托车、汽车、游艇，以及专门用于非增值税应税项目、免税项目、集体福利或个人消费的固定资产及其运输费用，不得计算抵扣进项税额。

【例2-16】某生产企业（一般纳税人）于2011年11月25日购入一套生产用设备，取得销售方开具的增值税专用发票上注明的价款、税款分别为400 000元、68 000元；支付运输费用2 000元，取得运输部门开具的运输发票。该设备已运抵企业，款项已转账付讫。

进项税额 = 68 000 + 2 000 × 7% = 68 140（元）

设备购进成本 = 400 000 + （2 000 - 2 000 × 7%） = 401 860（元）

企业根据增值税专用发票、设备验收单和银行付款单等编制会计分录：

借：固定资产　　401 860

　应交税费——应交增值税（进项税额）　　68 140

　贷：银行存款　　470 000

2. 不予抵扣进项税额的核算

根据增值税制度规定，不予抵扣进项税额的情形主要有两种：一是购进货物或应税劳务，未取得法定扣税凭证的；二是购进自用的应征消费税的摩托车、汽车、游艇，或者购进用于非增值税应税项目、免税项目、集体福利和个人消费的购进货物或应税劳务，以及购进货物、在产品和产成品发生非正常损失等。在会计核算上，企业发生上述项目，应将其支付或承担的增值税额计入购进项目的成本。

1）未取得法定扣税凭证的购进货物的核算。一般纳税人购进货物，未取得法定扣税凭证的，不得计算抵扣进项税额。

【例2－17】某生产企业（一般纳税人）本月购进一批生产用材料并取得普通发票，发票中注明的金额为10 300元。材料已运抵企业，货款已转账支付。

企业根据普通发票、材料入库单和银行付款单等编制会计分录：

借：原材料　　10 300

　贷：银行存款　　10 300

2）购进不得抵扣进项税额的固定资产的核算。一般纳税人购进自用的应征消费税的摩托车、汽车、游艇，以及专门用于非增值税应税项目、免税项目、集体福利或个人消费的固定资产及其运输费用，不得计算抵扣进项税额。在会计核算上，将其税额计入固定资产的原值。

【例2－18】某生产企业（一般纳税人）于2011年11月10日购入一辆小轿车作为固定资产使用。支付价款200 000元、增值税款34 000元，已取得机动车销售统一发票；缴纳车辆购置税20 000元，已取得完税凭证；支付其他费用5 000元，已取得相关票据。

企业根据机动车销售统一发票、完税凭证、相关票据、固定资产验收单和银行付款单等编制会计分录：

借：固定资产　　259 000

　贷：银行存款　　259 000

3）购进用于非增值税应税项目的货物或应税劳务的核算。非增值税应税项目，是指提供非增值税应税劳务、转让无形资产、销售不动产和不动产在建工程。不动产是指不能移动或者移动后会引起性质、形状改变的财产，包括建筑物、构筑物和其他土地附着物。纳税人新建、改建、扩建、修缮、装饰不动产，均属于不动产在建工程。

【例 2－19】某生产企业(一般纳税人)本月购进一批用于厂房扩建的建筑材料，取得的普通发票上注明的金额为 351 000 元。支付运输费用 2 000 元，取得运输部门开具的运输发票。该批建筑材料已运抵企业，款项已转账支付。

企业根据普通发票、材料入库单和银行付款单等编制会计分录：

借：工程物资　　353 000

　贷：银行存款　　353 000

值得注意的是，一般纳税人发生的应当一并缴纳增值税的混合销售行为，其非应税劳务所耗用的购进货物或应税劳务的进项税额，如果符合税法规定，可以从销项税额中抵扣。

4) 购进用于免税项目的货物或应税劳务的核算。免税项目，是指免征增值税的项目。一般纳税人购进货物或应税劳务，如果在购进时能够区分是用于免税项目的，不得计算抵扣进项税额，在会计处理上，直接计入购进项目的成本。如果在购进时不能区分是否用于免税项目，可以先核算进项税额；待用于免税项目时作进项税额转出处理。

5) 购进用于集体福利、个人消费的货物或应税劳务的核算。一般纳税人将购进货物或应税劳务，用于企业内部设置的供职工使用的食堂、浴室、理发室、宿舍、幼儿园等方面，或者以福利、奖励、津贴等形式发放给职工个人，以及用于交际应酬消费的，不得计算抵扣进项税额。在会计核算上，将不得抵扣的增值税额计入相关项目的成本。

6) 购货中发生非正常损失的核算。在货物购进过程中，因管理不善致使购进货物发生非正常损失的，不得计算抵扣损失货物的进项税额。如果企业已将其进项税额记入"应交税费——应交增值税(进项税额)"科目，应作进项税额转出处理。

3. 进项税额转出的核算

一般纳税人发生下列情形，应将其进项税额从当期发生的进项税额中扣减，无法准确确定该进项税额的，按当期实际成本和该项目的税率计算扣减：一是已作进项税额抵扣的购进货物或应税劳务，事后改变用途，用于非增值税应税项目、免税项目、集体福利或者个人消费的；二是已作进项税额抵扣的购进货物发生非正常损失、在产品或产成品发生非正常损失。另外，对出口货物不予退税且不得从内销货物销项税额中抵扣的增值税额，税务机关查出的违反增值税专用发票使用规定抵扣的增值税额，均应作进项税额转出处理。

1) 将购进货物用于不动产在建工程的核算。一般纳税人将购进货物用于不动产在建工程的，应将已申报抵扣的进项税额计入在建工程成本。按发出货物的实际成本和应负担的进项税额，借记"在建工程"科目；按发出货物的成本，贷记"原材料"等科目；按发出货物负担的进项税额，贷记"应交税费——应交增值税(进项税额转出)"科目。采用计划成本组织材料核算的，在结转发出材料计划成本的同时，结转发出材料应负担的成本差异：超支差异用蓝字结转，节约差异用红字结转。

【例2-20】某机械厂（一般纳税人）本月将一批外购的生产用钢材（购进时已取得增值税专用发票）用于厂房扩建工程，该批钢材的计划成本20 000元，成本差异率2%，增值税税率为17%。

进项税额转出额＝20 000×（1+2%）×17%＝3 468（元）

企业根据材料领用单编制会计分录为：

借：在建工程——厂房扩建工程　　23 868
　贷：原材料　　20 000
　　材料成本差异　　400
　　应交税费——应交增值税（进项税额转出）　　3 468

2）将购进货物用于集体福利或个人消费的核算。一般纳税人将购进货物用于集体福利或个人消费的，应将已申报抵扣的进项税额列入福利费。按发出货物的实际成本和应负担的进项税额，借记“应付职工薪酬——非货币性福利”科目；按发出货物的成本，贷记“原材料”等科目；按发出货物负担的进项税额，贷记“应交税费——应交增值税（进项税额转出）”科目。采用计划成本组织材料核算的，在结转发出材料计划成本的同时，结转发出材料应负担的成本差异：超支差异用蓝字结转，节约差异用红字结转。

【例2-21】某生产企业（一般纳税人）本月将库存的外购生产用材料（购进时已取得增值税专用发票）以福利形式平均分给本单位职工。该批材料实际成本30 000元，增值税税率为17%。该厂共有职工50人，其中：生产工人30人，车间管理人员4人，厂部营销人员5人，其他管理人员11人。

进项税额转出额＝30 000×17%＝5 100（元）

应列入福利支出的金额＝30 000+5 100＝35 100（元）

其中：

生产成本＝35 100×30/50＝21 060（元）

制造费用＝35 100×4/50＝2 808（元）

销售费用＝35 100×5/50＝3 510（元）

管理费用＝35 100×11/50＝7 722（元）

企业决定发放非货币性福利时，编制会计分录：

借：生产成本　　21 060
　制造费用　　2 808
　销售费用　　3 510
　管理费用　　7 722
　贷：应付职工薪酬——非货币性福利　　35 100

实际发放时，编制会计分录：

借：应付职工薪酬——职工福利　　35 100

　贷：原材料　　30 000

　　应交税费——应交增值税(进项税额转出)　　5 100

3)将购进货物用于非增值税应税项目或免税项目的核算。一般纳税人将购进货物用于非增值税应税劳务或免税项目的，应将已申报抵扣的进项税额计入其他业务成本或主营业务成本。按发出材料的实际成本和应负担的进项税额，借记“其他业务成本”、“主营业务成本”等科目；按发出材料的成本，贷记“原材料”科目；按应转出的进项税额，贷记“应交税费——应交增值税(进项税额转出)”科目。采用计划成本组织材料核算的，在结转发出材料计划成本的同时，结转发出材料应负担的成本差异：超支差异用蓝字结转，节约差异用红字结转。

一般纳税人兼营免税项目或者非增值税应税劳务而无法划分不得抵扣的进项税额的，按下列公式计算不得抵扣的进项税额：

不得抵扣的进项税额 = 当月无法划分的全部进项税额 × 当月免税项目销售额、非增值税应税劳务营业额合计 ÷ 当月全部销售额、营业额合计

【例 2-22】某生产企业(一般纳税人)主要从事 A、B 两种产品生产销售业务，共同耗用购进的各种货物和接受的应税劳务。各项货物或应税劳务在购进时所支付的增值税额均在购进月份申报抵扣。当月进项税额 60 000 元；当月 A 产品销售额 400 000 元，增值税税率为 17%；B 产品销售额 100 000 元，免征增值税。

当月不得抵扣的进项税额 = 60 000 × [100 000 ÷ (400 000 + 100 000)] = 12 000(元)

借：主营业务成本——B 产品　　12 000

　贷：应交税费——应交增值税(进项税额转出)　　12 000

4)已申报抵扣进项税额的购进货物发生非正常损失的核算。非正常损失，是指因管理不善造成货物被盗、丢失、霉烂变质的损失。一般纳税人已申报抵扣进项税额的购进货物发生非正常损失，按损失货物的实际成本和应负担的进项税额，借记“待处理财产损溢——待处理流动资产损溢”科目；按损失货物的成本，贷记“原材料”等科目；按损失货物负担的进项税额，贷记“应交税费——应交增值税(进项税额转出)”科目。采用计划成本组织材料核算的，在结转发出材料计划成本的同时，结转发出材料应负担的成本差异：超支差异用蓝字结转，节约差异用红字结转。

【例 2-23】某生产企业(一般纳税人)因管理不善致使库存生产用材料(购进时已取得增值税专用发票)丢失。该批材料实际成本 10 000 元，增值税税率为 17%；保管人员负责赔偿 7 000 元，净损失部分由企业自行核销。

进项税额转出额 = 10 000 × 17% = 1 700(元)

企业根据材料损失报告单编制会计分录：

借：待处理财产损溢——待处理流动资产损溢　　11 700

　贷：原材料　　10 000

　　应交税费——应交增值税（进项税额转出）　　1 700

经批准作核销处理时，编制会计分录：

借：其他应收款——保管员　　7 000

　营业外支出——非常损失　　4 700

　贷：待处理财产损溢——待处理流动资产损溢　　11 700

5）在产品、产成品发生非正常损失的核算。一般纳税人在产品、产成品发生非正常损失，按其损失的实际成本和所耗外购货物或应税劳务负担的进项税额，借记“待处理财产损溢——待处理流动资产损溢”科目，按其损失的在产品或产成品的实际成本，贷记“生产成本”或“库存商品”等科目，按所耗外购货物或应税劳务负担的进项税额，贷记“应交税费——应交增值税（进项税额转出）”科目。

【例2-24】某生产企业（一般纳税人）因管理不善致使库存商品被盗，实际成本100 000元。该批商品成本中所耗购进材料成本占80%，材料适用的增值税税率为17%；保险公司负责赔偿95 000元，净损失部分由企业自行核销。

进项税额转出额 = 100 000 × 80% × 17% = 13 600（元）

企业根据库存商品损失报告单编制会计分录：

借：待处理财产损溢——待处理流动资产损溢　　113 600

　贷：库存商品　　100 000

　　应交税费——应交增值税（进项税额转出）　　13 600

经批准作核销处理时，编制会计分录：

借：其他应收款——保险公司　　95 000

　营业外支出——非常损失　　18 600

　贷：待处理财产损溢——待处理流动资产损溢　　113 600

6）固定资产进项税额转出的核算。已抵扣进项税额的固定资产，如果改变用途，专门用于非增值税应税项目、免征增值税项目、集体福利或者个人消费，或者发生非正常损失，在当月按下列公式计算不得抵扣的进项税额：

不得抵扣的进项税额 = 固定资产净值 × 适用税率

固定资产净值，是指纳税人按照财务会计制度计提折旧后计算的固定资产净值。

【例2-25】某生产企业（一般纳税人）本月将一套经营用器具交付本企业福利部门使用。该套器具是企业于2010年11月购入的，原值（不含增值税）50 000元；进项税额8 500元已在购进月份申报抵扣。企业确定的该套器具折旧年限为5年，现已使用

1 年，累计折旧 10 000 元。

进项税额转出额 =（50 000 - 10 000）×17% =6 800（元）

借：固定资产——器具（福利部门）　56 800

　贷：固定资产——器具（经营部门）　50 000

　　应交税费——应交增值税（进项税额转出）　6 800

【例 2 - 26】某生产企业（一般纳税人）因管理不善，致使一台生产用设备丢失。该台设备是企业于 2010 年 11 月购入的，原值（不含增值税）200 000 元；进项税额 34 000 元已在购进月份申报抵扣。企业确定的该台设备折旧年限为 10 年，现已使用 1 年，累计折旧 20 000 元。保险公司负责赔偿 140 000 元，相关责任人员王强负责赔偿 4 000 元，净损失部分由企业自行核销。

进项税额转出额 =（200 000 - 20 000）×17% =30 600（元）

企业根据固定资产损失报告单编制会计分录：

借：待处理财产损溢——待处理固定资产损溢　210 600

　累计折旧　20 000

　贷：固定资产　200 000

　　应交税费——应交增值税（进项税额转出）　30 600

经批准作核销处理时，编制会计分录：

借：其他应收款——保险公司　140 000

　　　　　　——王强　4 000

　营业外支出——盘亏损失　66 600

　贷：待处理财产损溢——待处理固定资产损溢　210 600

（三）商品流通企业进项税额的核算

1. 进项税额形成的核算

1）国内购进商品的核算。商品流通企业国内购进商品的采购成本主要是进价成本。在采购商品过程中发生的运输费、装卸费、保险费以及其他可归属于存货采购成本的费用等进货费用，应当计入存货采购成本；也可以先进行归集，期末根据所购商品的存销情况进行分摊。对于已售商品的进货费用，计入当期损益；对于未售商品的进货费用，计入期末存货成本。企业采购商品的进货费用金额较小的，可以在发生时直接计入当期损益。在采购过程中支付的增值税金，凭法定扣税凭证计算抵扣进项税额。

由于商品流通企业对库存商品采取的核算方法不同，其购进商品的会计处理也不尽相同。

（1）进价核算企业（商品批发企业一般采用进价核算制）库存商品的收发核算均采

用实际进价成本计价。在商品到达验收入库后，按商品进价成本，借记“库存商品”科目，贷记“银行存款”、“在途物资”等科目。

【例 2－27】某商品批发企业（一般纳税人）本月购进一批商品，取得的增值税专用发票上注明的价款、税款分别为 100 000 元、17 000 元；发生运杂费 3 200 元，其中：运费 3 000 元，装卸费 200 元；已取得运输部门开具给本企业的运输发票。上述款项已付讫，商品已验收入库。

进项税额 = 17 000 + 3 000 × 7% = 17 210（元）

企业根据增值税专用发票、运输发票、银行付款单、商品入库单等编制会计分录：

借：库存商品	102 990	
应交税费——应交增值税（进项税额）	17 210	
贷：银行存款		120 200

（2）售价核算企业（商品零售企业一般采用售价核算制）平时库存商品的进、销、存均按售价金额（含增值税，下同）记账，售价金额与进价的差额记入“商品进销差价”科目。在商品到达验收入库后，按商品售价，借记“库存商品”科目；按商品进价，贷记“银行存款”、“在途物资”等科目；按商品售价与进价的差额，贷记“商品进销差价”科目。期末计算结转已销商品的进销差价，以调整计算本期已销商品的实际成本。

【例 2－28】某商品零售企业（一般纳税人）本月购进一批商品，取得的增值税专用发票上注明的价款、税款分别为 200 000 元、34 000 元。上述款项已付讫，商品已验收入库，售价金额为 280 800 元。

企业根据增值税专用发票、银行付款单、商品入库单等编制会计分录：

借：库存商品	280 800	
应交税费——应交增值税（进项税额）	34 000	
贷：银行存款		234 000
商品进销差价		80 800

2）国内购进材料物资的核算。商品流通企业购进材料物资、包装物、低值易耗品等，按买价和支付的可直接认定的运杂费等计价。在会计处理上，商品批发企业与商品零售企业采用的核算办法相同。

企业购进材料物资、低值易耗品或包装物并验收入库时，按实际采购成本，借记“材料物资”、“低值易耗品”、“包装物”等科目；按准予抵扣的进项税额，借记“应交税费——应交增值税（进项税额）”科目；按实际支付或应付的款项，贷记“银行存款”或“应付票据”、“应付账款”等科目。

企业购进的材料物资直接用于经营管理方面的，其购进成本可不通过存货科目核算，可直接计入费用项目。即按实际采购成本，借记“管理费用”或“销售费用”等科目；

按准予抵扣的进项税额，借记“应交税费——应交增值税（进项税额）”科目；按实际支付或应付的款项，贷记“银行存款”或“应付票据”、“应付账款”等科目。

值得注意的是，企业购进的材料物资、低值易耗品、包装物等，只有在符合税法规定的抵扣条件的前提下，才能计算抵扣进项税额。

3）接受投资转入货物的核算。进价核算企业接受投资方投资转入的商品，按增值税专用发票上注明的价款，借记“库存商品”科目；按取得的增值税专用发票上注明的增值税额，借记“应交税费——应交增值税（进项税额）”科目；按投资双方确定的在注册资本中所占的份额，贷记“实收资本”（或“股本”）科目；按其差额，贷记“资本公积”科目。

售价核算企业接受投资方投资转入的商品，按其售价金额，借记“库存商品”科目；按取得的增值税专用发票上注明的增值税额，借记“应交税费——应交增值税（进项税额）”科目；按投资双方确定的在注册资本中所占的份额，贷记“实收资本”（或“股本”）科目；按增值税专用发票上注明的价税合计数与在注册资本中所占份额的差额，贷记“资本公积”科目；按售价金额与增值税专用发票上列明的价款金额（不含增值税）之间的差额，贷记“商品进销差价”科目。

【例2－29】某商品零售企业（一般纳税人）本月接受A公司投资转入一批商品，取得的增值税专用发票上注明的价款、税款分别为2 000 000元、340 000元。投资双方确定的在注册资本中所占的份额为2 210 000元。该批商品售价金额2 925 000元。

企业将接受投资转入的商品验收入库，根据增值税专用发票、商品入库单、投资协议等编制会计分录：

借：库存商品	2 925 000	
应交税费——应交增值税（进项税额）	340 000	
贷：实收资本		2 210 000
资本公积		130 000
商品进销差价		925 000

商品流通企业接受投资转入的材料物资、低值易耗品、包装物，按其实际成本，借记“材料物资”、“低值易耗品”、“包装物”等科目；按准予抵扣的进项税额，借记“应交税费——应交增值税（进项税额）”科目；按投资双方确定的在注册资本中所占的份额，贷记“实收资本”（或“股本”）科目；按其差额，贷记“资本公积”科目。

4）接受捐赠货物的核算。进价核算企业接受捐赠转入的商品，按其实际成本，借记“库存商品”科目；按取得的增值税专用发票上注明的增值税额，借记“应交税费——应交增值税（进项税额）”科目；按增值税专用发票上列明的价税合计数，贷记“营业外收入——非货币性捐赠利得”科目。

售价核算企业接受捐赠转入的商品，按其售价金额，借记“库存商品”科目；按取得的增值税专用发票上注明的增值税额，借记“应交税费——应交增值税（进项税额）”科目；按增值税专用发票上列明的价税合计数，贷记“营业外收入——非货币性捐赠利得”科目；按售价金额与增值税专用发票上列明的价款金额之间的差额，贷记“商品进销差价”科目。

【例2-30】某商品零售企业（一般纳税人）本月接受B公司捐赠一批商品，取得的增值税专用发票上注明的价款、税款分别为100 000元、17 000元。该批商品售价金额140 400元。

企业将接受捐赠的商品验收入库，根据增值税专用发票、商品入库单编制会计分录：

借：库存商品	140 400
应交税费——应交增值税（进项税额）	17 000
贷：营业外收入——非货币性捐赠利得	117 000
商品进销差价	40 400

商品流通企业接受捐赠转入的材料物资、低值易耗品、包装物，按其实际成本，借记“材料物资”、“低值易耗品”、“包装物”等科目；按准予抵扣的进项税额，借记“应交税费——应交增值税（进项税额）”科目；按增值税专用发票上列明的价税合计数，贷记“营业外收入——非货币性捐赠利得”科目；按支付的相关费用，贷记“银行存款”等科目。

5）接受外单位提供加工劳务的核算。商品流通企业接受外单位提供的加工劳务，在会计核算上，通过“委托加工物资”科目核算。企业也可将该科目名称改为“委托加工商品”。

（1）进价核算企业发给外单位加工的商品，按其实际成本，借记“委托加工物资”科目，贷记“库存商品”科目。

售价核算企业发给外单位加工的商品，按其售价金额减去该商品负担的进销差价后的余额，借记“委托加工物资”科目；按该商品负担的进销差价，借记“商品进销差价”科目；按该商品的售价金额，贷记“库存商品”科目。

（2）支付加工费、运杂费时，按应计入商品成本的金额，借记“委托加工物资”科目；按准予抵扣的进项税额，借记“应交税费——应交增值税（进项税额）”科目；按实际支付或应付的全部款项，贷记“银行存款”、“应付票据”或“应付账款”等科目。

（3）加工完成收回验收入库时，进价核算企业按加工收回商品实际成本，借记“库存商品”科目，贷记“委托加工物资”科目。

售价核算企业按加工收回商品的售价金额，借记“库存商品”科目；按其实际成本，贷记“委托加工物资”科目；按两者的差额，贷记“商品进销差价”科目。

6）接受外单位提供修理修配劳务的核算。商品流通企业接受外单位提供的修理修配劳务，在支付修理、修配费用时，按取得的增值税专用发票上列明的价款，借记“管理费用”或“销售费用”、“其他业务成本”等科目；按增值税专用发票上列明的增值税额，借记“应交税费——应交增值税（进项税额）”科目；按支付的全部款项，贷记“银行存款”等科目。

商品流通企业接受应税劳务，其增值税进项税额的申报抵扣条件与生产企业相同。

7）收购免税农业产品的核算。作为一般纳税人的商品流通企业购进农产品，除取得增值税专用发票或者海关进口增值税专用缴款书外，按照农产品收购发票或者销售发票上注明的农产品买价和13%的扣除率计算抵扣进项税额。农产品的买价，包括纳税人购进农产品在农产品收购发票或者销售发票上注明的价款和按规定缴纳的烟叶税。在会计处理上，按农产品的实际成本（不含准予抵扣的进项税额），借记“在途物资”或“库存商品”科目；按准予抵扣的进项税额，借记“应交税费——应交增值税（进项税额）”科目；按收购价款及相关税费，贷记“银行存款”或“应付账款”等科目。

商品流通企业购进农产品（鲜活商品），一般采用进价金额核算。

8）进货途中发生非正常损失的核算。商品流通企业购进商品在运输途中发生非正常损失，按实收数量计算购进成本和准予抵扣的进项税额，将损失部分的成本和税金留待处理。

【例2－31】某商品批发企业（一般纳税人）本月从C公司购进商品1 000件，单价100元/件，取得的增值税专用发票上注明的价款、税款分别为100 000元、17 000元。该批商品已运抵企业，货款未付。

企业根据增值税专用发票编制会计分录：

借：在途物资	100 000
应交税费——应交增值税（进项税额）	17 000
贷：应付账款——C公司	117 000

在商品验收入库时，发现短缺商品400件，原因待查。

待处理损失＝40 000＋17 000×40 000/100 000＝46 800（元）

其中：

不得抵扣的进项税额＝17 000×40 000/100 000＝6 800（元）

企业根据商品验收单等编制会计分录：

借：库存商品	60 000
待处理财产损溢——待处理流动资产损溢	46 800
贷：应交税费——应交增值税（进项税额转出）	6 800
在途物资	100 000

9)外贸企业进口商品的核算。外贸企业进口商品的实际成本,包括进口商品的到岸价格、进口关税和进口货物的消费税等。企业进口商品,按其实际成本,借记"在途物资"或"库存商品"科目;按海关进口增值税专用缴款书上列明的增值税额,借记"应交税费——应交增值税(进项税额)"科目;按实际支付或应付的全部款项,贷记"银行存款"、"应付账款"等科目。

10)企业支付水电费的核算。商业流通企业支付的水电费,按其取得的增值税专用发票上列明的价款金额,借记"管理费用"、"销售费用"等科目;按增值税专用发票上列明的增值税额,借记"应交税费——应交增值税(进项税额)"科目;按实际支付的款项,贷记"银行存款"等科目。

但是,对企业从事非增值税应税项目、免征增值税项目和福利部门等耗用的水电费,不得抵扣其进项税额,应将其计入相关业务的成本。

11)购进经营管理用固定资产的核算。商品流通企业购进用于增值税应税项目经营管理,使用期限超过12个月的机器、机械、运输工具(不包括购进自用的应征消费税的摩托车、汽车、游艇),以及其他与生产经营有关的设备、工具、器具等,可以凭法定扣税凭证抵扣进项税额,包括承担的运输费用进项税额。

【例2-32】某商品零售企业(一般纳税人)于2011年11月2日购入一套办公家具作为固定资产使用,取得销售方开具的增值税专用发票上注明的价款、税款分别为20 000元、3 400元。该套家具已送抵企业并交办公科室使用,款项已转账付讫。

企业根据增值税专用发票、办公家具验收单和银行付款单等编制会计分录:

借:固定资产	20 000	
应交税费——应交增值税(进项税额)	3 400	
贷:银行存款		23 400

2. 不予抵扣进项税额的核算

商品流通企业购进自用的应征消费税的摩托车、汽车、游艇,以及购进用于非增值税应税项目、免税项目、集体福利或个人消费的货物,不得抵扣其进项税额。其会计核算办法与生产企业基本相同。

3. 进项税额转出的核算

商品流通企业涉及进项税额转出的情形与生产企业相类似。这里仅以购进货物发生非正常损失和平销返利为例,说明进项税额转出的核算。

1)库存商品发生非正常损失的核算。商品流通企业购进的经营性商品发生非正常损失(因管理不善造成货物被盗、丢失、霉烂变质等损失)的,应将其已申报抵扣的进项税额作转出处理。在会计处理上,将损失商品的进价成本和应负担的增值税额记入"待处理财产损溢"科目。

进价核算企业按损失商品的进价成本和应负担的增值税额，借记“待处理财产损溢——待处理流动资产损溢”科目；按损失商品的进价成本，贷记“库存商品”科目；按损失商品应负担的增值税额，贷记“应交税费——应交增值税（进项税额转出）”科目。

售价核算企业按损失商品的进价成本和应负担的增值税额，借记“待处理财产损溢——待处理流动资产损溢”科目；按损失商品分摊的进销差价，借记“商品进销差价”科目；按损失商品的售价金额，贷记“库存商品”科目；按损失商品应负担的增值税额，贷记“应交税费——应交增值税（进项税额转出）”科目。

【例 2－33】某商品零售企业（一般纳税人）因管理不善致使库存商品丢失，损失商品账面金额 58 500 元，进销差价率 20%，增值税税率为 17%，其进项税额已在购进当期申报抵扣。

损失商品分摊的进销差价＝58 500×20%＝11 700（元）

损失商品的进价成本＝58 500－11 700＝46 800（元）

损失商品负担的进项税额＝46 800×17%＝7 956（元）

待处理损失金＝:46 800＋7 956＝54 756（元）

企业根据商品损失报告单编制会计分录：

借：待处理财产损溢——待处理流动资产损溢	54 756	
商品进销差价	11 700	
贷：库存商品		58 500
应交税费——应交增值税（进项税额转出）		7 956

2）材料物资发生非正常损失的核算。商品流通企业购进的经营用材料物资、低值易耗品和包装物等发生非正常损失的，应将其已申报抵扣的进项税额从当期的进项税额中转出，其会计处理办法与生产企业基本相同。

3）平销返利及进项税额转出的核算。商业企业向供货方收取的与商品销售量、销售额挂钩（如以一定比例、金额、数量计算）的各种返还收入，应按照平销返利行为的有关规定冲减当期进项税金。

商业企业向供货方收取的各种返还收入，一律不得开具增值税专用发票。

冲减进项税额的计算公式为：

$$当期应冲减进项税金＝当期取得的返还资金÷(1+所购货物适用的增值税税率)×所购货物适用的增值税税率$$

在会计处理上，按实际收取的返还资金，借记“银行存款”等科目；按实收金额减去应冲减的进项税额后的差额，贷记“主营业务成本”科目（进价核算企业）或者“商品进销差价”科目（售价核算企业）；按应冲减的进项税额，贷记“应交税费——应交增值税（进项税额转出）”科目。

三、销项税额的核算

销项税额是指一般纳税人销售货物或提供加工、修理修配劳务按照取得的销售额和增值税税率计算并向购买方或接受劳务方收取的增值税额。

销项税额 = 销售额 × 增值税税率

（一）应税销售的确认与计量

1. 应税销售的确认

应税销售是指按照增值税制度确认的销售业务。应税销售可以概括为两方面：一是一般意义上的销售业务，即"有偿转让货物所有权的行为"；二是视同销售业务。根据增值税制度的规定，单位或个体工商户发生下列行为，视同销售货物：

1）将货物交付其他单位或者个人代销。

2）销售代销货物。

3）设有两个以上机构并实行统一核算的纳税人，将货物从一个机构移送其他机构用于销售，但相关机构设在同一县（市）的除外。

4）将自产、委托加工的货物用于非增值税应税项目。

5）将自产、委托加工的货物用于集体福利或者个人消费。

6）将自产、委托加工或者购进的货物作为投资，提供给其他单位或者个体工商户。

7）将自产、委托加工或者购进的货物分配给股东或者投资者。

8）将自产、委托加工或者购进的货物无偿赠送其他单位或者个人。

2. 应税销售额的计量

增值税制度规定，销售额是指纳税人销售货物或者应税劳务向购买方收取的全部价款和价外费用。价外费用，是指在价外向购买方收取的手续费、补贴、基金、集资费、返还利润、奖励费、违约金、滞纳金、延期付款利息、赔偿金、代收款项、代垫款项、包装费、包装物租金、储备费、优质费、运输装卸费以及其他各种性质的价外收费。

但是，下列项目不属于价外费用，不包括在销售额之内：

1）向购买方收取的增值税额。

2）受托加工应征消费税的消费品所代收代缴的消费税。

3）同时符合以下条件的代垫运输费用：承运部门的运输费用发票开具给购买方的；纳税人将该项发票转交给购买方的。

4）同时符合以下条件代为收取的政府性基金或者行政事业性收费：由国务院或者财政部批准设立的政府性基金，由国务院或者省级人民政府及其财政、价格主管部门批准设立的行政事业性收费；收取时开具省级以上财政部门印制的财政票据；所收款项全额上缴财政。

5）销售货物的同时代办保险等而向购买方收取的保险费，以及向购买方收取的代购买方缴纳的车辆购置税、车辆牌照费。

在确定销售额时，应当注意以下问题：

第一，销售货物或应税劳务，采用销售额和销项税额合并定价方法的，以及取得的应并入销售额的价外费用，先将其含税销售额换算为不含税销售额，再据以计算销项税额。

销售额＝含税销售额÷（1＋增值税税率）

第二，纳税人销售货物或应税劳务的价格明显偏低且无正当理由的，或发生视同销售货物行为而无销售额的，按下列顺序确定销售额：①按纳税人最近时期同类货物的平均销售价格确定；②按其他纳税人最近时期同类货物的平均销售价格确定；③按组成计税价格确定。组成计税价格的公式为：

组成计税价格＝成本×（1＋成本利润率）

成本是指：销售自产货物的，为实际生产成本；销售外购货物的，为实际采购成本。成本利润率是由国家税务总局确定的成本利润率（10%）。

属于应征消费税的货物，其组成计税价格中应加计消费税税额。

（二）生产企业销项税额的核算

1. 一般销售业务及销项税额的核算

一般纳税人国内销售货物，按照实现的销售额和增值税额，借记“应收账款”、“应收票据”、“银行存款”等科目；按照实现的销售额，贷记“主营业务收入”、“其他业务收入”等科目；按收取的增值税税额，贷记“应交税费——应交增值税（销项税额）”科目。发生销货退回，作相反的会计分录。

1）采取直接收款方式销售货物。纳税人采取直接收款方式销售货物的，不论货物是否发出，增值税纳税义务发生时间为收到销售款或者取得索取销售款凭据的当天。在会计处理上，一般纳税人按收到的款项，借记“银行存款”等科目；按实现的不含税销售额，贷记“主营业务收入”等科目；按收取的增值税额，贷记“应交税费——应交增值税（销项税额）”科目。结转销售成本时，借记“主营业务成本”等科目，贷记“库存商品”等科目。

2）采取托收承付或委托收款方式销售货物。纳税人采取托收承付和委托银行收款方式销售货物的，增值税纳税义务发生时间为发出货物并办妥托收手续的当天。在会计处理上，一般纳税人在发出货物并办妥托收手续后，按应收取的货款，借记“应收账款”科目；按实现的不含税销售额，贷记“主营业务收入”等科目；按应收取的增值税额,贷记"应交税费——应交增值税(销项税额)"科目。

【例2-34】甲公司(生产企业,一般纳税人)采取托收承付结算方式向乙公司销售一批产品,并向购买方开具了增值税专用发票,销售额300 000元、增值税额51 000元。商品已发出,并办妥托收手续,货款尚未收回。发生运输费用2 000元,已取得运输部门开具给甲公司的运输发票。合同规定,运输费用销售方负担。

甲公司发出商品、办妥托收手续后,根据增值税专用发票和托收承付结算凭证编制会计分录:

借:应收账款——乙公司　　351 000
　贷:主营业务收入　　300 000
　　应交税费——应交增值税(销项税额)　　51 000

根据运输发票和银行付款单或支票存根编制会计分录:

借:销售费用　　1 860
　应交税费——应交增值税(进项税额)　　140
　贷:银行存款　　2 000

值得注意的是,如果销售方发生的运输费用属于代垫运费,应分别以下两种情况处理:

第一种情况:承运部门将运输发票开具给购买方的,销售方应将代垫运费记入"应收账款"科目,但不得计算抵扣进项税额。

【例2-35】沿用例2-34资料,如果合同规定由甲公司代垫运费。甲公司支付运输费用时,运输部门将运输发票开具给乙公司。甲公司将增值税专用发票、运输发票一并交给乙公司。

甲公司在发出商品、办妥托收手续后,根据增值税专用发票、银行付款单或支票存根和托收承付结算凭证编制会计分录:

借:应收账款——乙公司　　353 000
　贷:主营业务收入　　300 000
　　应交税费——应交增值税(销项税额)　　51 000
　　银行存款　　2 000

第二种情况:承运部门将运费发票开具给销售方,由销售方另开发票向购买方收取的代垫运费,销售方既可以根据运输发票计算抵扣进项税额,又要将代垫的运杂费作为价外费用并入销售额计算销项税额。

【例2-36】沿用例2-34资料,如果合同规定由甲公司代垫运费。甲公司支付运输费用时,运输部门将运输发票开具给甲公司。甲公司以相同金额向乙公司收取该笔运输费用。

甲公司支付代垫运费时,根据运输发票和银行付款单或支票存根编制会计分录:

借:销售费用 1 860

应交税费——应交增值税(进项税额) 140

贷:银行存款 2 000

甲公司向乙公司开具增值税专用发票时,可以将代垫的运输费用并入货款一并开具。因甲公司以相同金额向乙公司收取代垫的运输费用,所以,增值税专用发票可按下列金额开具:

专用发票上列明的销售额:$300\ 000 + 2\ 000 \div (1 + 17\%) = 301\ 709.40$(元)

专用发票上列明的增值税额:$301\ 709.40 \times 17\% = 51\ 290.60$(元)

企业办妥托收手续后,根据增值税专用发票和托收承付结算凭证编制会计分录:

借:应收账款——乙公司 353 000

贷:主营业务收入 301 709.40

应交税费——应交增值税(销项税额) 51 290.60

3)采取赊销和分期收款方式销售货物。纳税人采取赊销和分期收款方式销售货物的,增值税纳税义务发生时间为书面合同约定的收款日期的当天;无书面合同的或者书面合同没有约定收款日期的,纳税义务发生时间为货物发出的当天。在会计处理上,一般纳税人在发出商品时,按发出商品的成本,借记"发出商品"科目,贷记"库存商品"科目。在每期收入实现时,按本期应收的货款金额,借记"应收账款"或"银行存款"科目;按实现的不含税销售额,贷记"主营业务收入"科目;按计算收取的增值税额,贷记"应交税费——应交增值税(销项税额)"科目。同时,按全部销售成本和全部销售收入的比率,计算出本期应结转的销售成本,借记"主营业务成本"科目,贷记"发出商品"科目。

在会计核算上,应当注意以下问题:

(1)企业应在合同约定的收款日期分期开具发票,不要在发出商品时一次性全额开具发票。因为税收制度规定,先开具发票的,增值税纳税义务发生时间为开具发票的当天。

【例2-37】某生产企业(一般纳税人)于5月5日采取分期收款方式向B企业销售商品,该批商品实际成本300 000元,售价金额(不含税)450 000元,增值税税率为17%。合同约定,货款分三期等额收取:5月10日收取首笔货款,其余款将在6月10日、7月10日收取。

企业发出商品时,不向对方开具发票。企业根据填制的商品出库单编制会计分录:

借:发出商品 300 000

贷:库存商品 300 000

5月10日，企业在收取首笔货款时，向对方开具发票，销售额150 000元，增值税额25 500元。企业根据发票和银行进账单编制会计分录：

借：银行存款　　175 500

　贷：主营业务收入　　150 000

　　应交税费——应交增值税（销项税额）　　25 500

计算结转本期商品销售成本：150 000×（300 000÷450 000）=100 000元。

或：销售成本=300 000×（150 000÷450 000）=100 000元。

借：主营业务成本　　100 000

　贷：发出商品　　100 000

6月10日、7月10日的会计处理同首期收款。

例2－3中，如果企业在发出商品时一次性全额开具发票，则在发出商品时按全部销售额计算纳税。

（2）企业采取分期收款方式销售商品，如果延期收取价款（通常为3年以上）具有融资性质的，根据会计准则规定，按照应收合同价款的现值确定其公允价值。应收合同价款与其公允价值之间的差额，在合同期间内，按照应收款项的摊余成本和实际利率计算确定的摊销金额，冲减财务费用。在会计处理上，按应收合同价款，借记"长期应收款"科目，按应收合同价款的公允价值（折现值），贷记"主营业务收入"科目，按其差额，贷记"未实现融资收益"科目。采用实际利率法按期计算确定的利息收入，借记"未实现融资收益"科目，贷记"财务费用"科目。

【例2－38】某生产企业（一般纳税人）采取分期收款方式向A公司销售一套自产的大型设备。合同约定的销售价格为2 000万元，分5次于每年12月31日等额收取。该套设备实际成本1 560万元。在现销方式下，该套设备的销售价格为1 600万元。企业在发出商品时，全额开具了发票，金额为2 340万元；其中增值税340万元，已于发出商品当天收取。

第一，会计处理：会计上确认的销售收入为1 600万元。

企业发出商品时，根据商品出库单、银行进账单和发票等编制会计分录：

借：长期应收款　　20 000 000

　银行存款　　3 400 000

　贷：主营业务收入　　16 000 000

　　未实现融资收益　　4 000 000

　　应交税费——应交增值税（销项税额）　　3 400 000

结转商品销售成本1 560万元。

借：主营业务成本　　15 600 000

贷:库存商品　　15 600 000

5 年间,每年 12 月 31 日收款 400 万元(2 000/5)时,编制会计凭证:

借:银行存款　　4 000 000

贷:长期应收款　　4 000 000

同时,将按应收款项的摊余成本和实际利率计算确定的摊销金额,作为利息收入。利用插值法计算的折现率为 7.93%,故 5 年间计算确认的利息收入分别为 1 268 800 元、1 052 200 元、818 500 元、566 200 元、294 300 元。

各年会计分录为:

借:未实现融资收益

贷:财务费用

第二,税务处理:该项业务应视为正常的销售业务。发出商品时,确认商品销售收入 2 000 万元。在计算增值税和企业所得税时,均以 2 000 万元为计税销售额。5 年间,每年增加的利息收入,不再确认为计税收入。

4)采取预收款方式销售货物。纳税人采取预收货款方式销售货物的,增值税纳税义务发生时间为货物发出的当天。但生产销售生产工期超过 12 个月的大型机械设备、船舶、飞机等货物,纳税义务发生时间为收到预收款或者书面合同约定的收款日期的当天。会计准则规定,销售商品采用预收款方式的,在发出商品时确认收入,预收的货款应确认为负债。在会计处理上,一般纳税人收到预收款时,借记"银行存款"科目,贷记"预收账款"或"应收账款"科目。发出商品时,确认销售实现,按应收的款项,借记"预收账款"或"应收账款"科目;按实现的不含税销售收入,贷记"主营业务收入"科目;按收取的增值税额,贷记"应交税费——应交增值税(销项税额)"科目。收到补付货款时,借记"银行存款"科目,贷记"预收账款"或"应收账款"科目;退回多预收的货款时,编制相反的会计分录。

【例 2-39】某生产企业(一般纳税人)采取预收款方式向 A 公司销售产品。5 月 20 日预收 A 公司货款 100 000 元;6 月 15 日向 A 公司发出商品,销售额(不含税)120 000元,该批商品实际成本 95 000 元,增值税税率为 17%;6 月 18 日收到 A 公司补付的余款。

5 月 20 日,收到预收款时,向 A 公司开具经营性收款收据(不能开具发票)。企业根据经营性收款收据和银行进账单编制会计分录:

借:银行存款　　100 000

贷:预收账款——A 公司　　100 000

6 月 15 日,发出商品时,向 A 公司开具发票,确认收入实现。企业根据开具的发票编制会计分录:

借:预收账款——A 公司　　140 400
　贷:主营业务收入　　120 000
　　应交税费——应交增值税(销项税额)　　20 400

结转销售成本时编制会计分录:

借:主营业务成本　　95 000
　贷:库存商品　　95 000

6 月 18 日,企业收到 A 公司补付的余款,根据银行进账单编制会计分录:

借:银行存款　　40 400
　贷:预收账款——A 公司　　40 400

值得注意的是,纳税人生产销售生产工期超过 12 个月的大型机械设备、船舶、飞机等货物,应在收到预收款或者书面合同约定的收款日期,按规定计算并核算增值税销项税额。

5)采取折扣方式销售货物。纳税人采取折扣方式销售货物的,如果折扣额与销售额在同一张发票上的“金额”栏分别注明的,可以从销售额中减除折扣额;如果未将折扣额在同一张发票“金额”栏注明,而仅在发票的“备注”栏注明的,或者将折扣额另开发票的,其折扣额不得从销售额中减除。

在会计核算上,应当注意以下问题:

(1)商业折扣,是指企业为促进商品销售而在商品标价上给予的价格扣除。销售商品涉及商业折扣的,按照扣除商业折扣后的金额确定销售商品收入金额。但在计税时,发票开具必须符合税收规定。

企业按应收或实收的货款,借记“应收账款”或“银行存款”科目;按专用发票上列明的销售额(减去折扣后的销售额),贷记“主营业务收入”科目;按专用发票上列明的增值税额,贷记“应交税费——应交增值税(销项税额)”科目。

【例 2-40】某生产企业(一般纳税人)采取折扣方式销售商品。本期向 A 公司销售商品 1 000 件,单位售价(不含增值税)500 元,单位成本 400 元,增值税税率为 17%。合同约定,该企业按销售额的 2% 给予 A 公司折扣。商品已发出,货款已收讫,发票开具符合税收规定。

销售额 $=500\times1\ 000\times(1-2\%)=490\ 000$(元)

销项税额 $=490\ 000\times17\%=83\ 300$(元)

企业根据开具的发票和银行进账单编制会计分录:

借:银行存款　　573 300
　贷:主营业务收入　　490 000
　　应交税费——应交增值税(销项税额)　　83 300

结转商品销售成本时,编制会计分录:

借:主营业务成本　　400 000

　贷:库存商品　　400 000

(2)现金折扣,是指债权人为鼓励债务人在规定的期限内付款而向债务人提供的债务扣除。会计准则规定,销售商品涉及现金折扣的,按照扣除现金折扣前的金额确定销售商品收入金额。现金折扣在实际发生时计入当期损益。税收制度认同这一做法。

【例2-41】某生产企业(一般纳税人)向B公司销售一批商品,售价金额(不含增值税)100 000元,增值税税率为17%。合同规定的现金折扣条件是:2/10,*n*/30。商品已发出,并办妥托收手续。

企业发出商品时,按销售全额开具发票。根据发票和托收凭证编制会计分录:

借:应收账款——B公司　　117 000

　贷:主营业务收入　　100 000

　　应交税费——应交增值税(销项税额)　　17 000

假定企业在10天内收到上述货款,给予B公司折扣额为:117 000×2%=2 340(元)。企业根据现金折扣额用红字向B公司开具发票。

企业根据红字发票和银行进账单编制会计分录:

借:银行存款　　114 660

　财务费用　　2 340

　贷:应收账款——B公司　　117 000

6)采取还本销售方式销售货物。纳税人采取还本销售方式销售货物,不得从销售额中减除还本支出。在会计处理上,实现销售时,按实际应收或实收的货款,借记"应收账款"或"银行存款"科目;按实现的不含税销售收入,贷记"主营业务收入"科目;按收取的增值税额,贷记"应交税费——应交增值税(销项税额)"科目。发生还本支出时,按实际支付金额,借记"销售费用"科目,贷记"银行存款"或"库存现金"科目。

7)具有融资性质的售后回购。会计准则规定,采用售后回购方式销售商品的,收到的款项应确认为负债;回购价格大于原售价的,差额应在回购期间按期计提利息,计入财务费用。有确凿证据表明售后回购交易满足销售商品收入确认条件的,销售的商品按售价确认收入,回购的商品作为购进商品处理。

在会计处理上,对于具有融资性质的售后回购,按实际收到的融入资金,借记"银行存款"科目,贷记"其他应付款"科目。回购价格与原销售价格之间的差额,在售后回购期间内按期计提利息费用,借记"财务费用"科目,贷记"其他应付款"科目。按照合同约定购回该项商品等时，按实际支付的金额，借记“其他应付款”科目，贷记“银行存款”科目。

国家税务总局规定，采用售后回购方式销售商品的，销售的商品按售价确认收入，回购的商品作为购进商品处理。有证据表明不符合销售收入确认条件的，如以销售商品方式进行融资，收到的款项应确认为负债，回购价格大于原售价的，差额应在回购期间确认为利息费用。

由此可见，对于具有融资性质的售后回购业务处理，会计准则与税收制度的规定基本一致。但在实际执行中，应当注意相关票据的开具问题。

8）需要安装和检验的货物销售。纳税人销售商品需要安装和检验的，在购买方接受商品以及安装和检验完毕前，不确认收入；待安装和检验完毕时确认收入，并向购买方开具发票。如果安装程序比较简单，可在发出商品时确认收入。

在会计处理上，对不符合收入确认条件的发出商品，通过“发出商品”科目核算。企业按发出商品的成本，借记“发出商品”科目，贷记“库存商品”科目。待安装、检验完毕后确认收入时，按已收或应收的款项，借记“银行存款”或“应收账款”等科目，按实现的不含税销售收入，贷记“主营业务收入”科目，按收取的增值税额，贷记“应交税费——应交增值税（销项税额）”科目。结转销售成本时，借记“主营业务成本”科目，贷记“发出商品”科目。

9）附有销售退回条件的货物销售。根据会计准则规定，如果企业能够按照以往的经验对退货的可能性作出合理估计的，在发出商品时，将估计不会发生退货的部分确认收入，估计可能发生退货的部分，不确认收入；如果企业不能合理地确定退货的可能性，则在售出商品的退货期满时确认收入。按照税收制度规定，企业发出商品、取得了索取销售款凭据，就应确认收入实现，并按规定计算纳税。待实际发生销货退回时，再冲减收入。

10）带包装物销售货物。一般纳税人带包装物销售货物，应分别以下几种情况处理：

（1）包装物不单独计价随同货物出售。实现销售时，按实收或应收的全部货款，借记“银行存款”或“应收账款”科目；按实现的不含税销售收入，贷记“主营业务收入”科目；按收取的增值税额，贷记“应交税费——应交增值税（销项税额）”科目。结转产品销售成本时，借记“主营业务成本”科目，贷记“库存商品”科目；结转包装物成本时，借记“销售费用”科目，贷记“包装物”科目。

（2）包装物单独计价随同货物出售。实现销售时，按实收或应收的全部货款，借记“银行存款”或“应收账款”科目；按实现的产品销售收入，贷记“主营业务收入”科目，按实现的包装物销售收入，贷记“其他业务收入”科目，按收取的增值税额，贷记“应交税费——应交增值税(销项税额)”科目。结转产品销售成本时,借记“主营业务成本”科目,贷记“库存商品”科目;结转包装物成本时,借记“其他业务成本”科目,贷记“包装物”科目。

(3)在商品销售过程中出租出借包装物,因其包装物逾期未退还而押收的包装物押金,应并入销售额计税。具体处理时,分别以下两种情况处理:

第一种情况:企业收取包装物押金时,借记“银行存款”科目,贷记“其他应付款”科目。没收押金时,按没收的押金数额,借记“其他应付款”科目,按换算的不含税收入,贷记“其他业务收入”科目,按计算的增值税销项税额,贷记“应交税费——应交增值税(销项税额)”科目。

【例 2-42】某生产企业(一般纳税人)本期没收上年随货物销售出借的包装物所收取的押金 3 510 元。该货物适用的增值税税率为 17%。

销项税额 = 3 510 ÷ (1 + 17%) × 17% = 510(元)

借:其他应付款	3 510
贷:其他业务收入	3 000
应交税费——应交增值税(销项税额)	510

对于实际未逾期但按税法规定应作没收处理的包装物押金(收取在 1 年以上的包装物押金),在财务会计上可不确认收入,但在计算纳税时应确认收入并计算销项税额。

第二种情况:销售除黄酒、啤酒以外的其他酒类产品而收取的包装物押金,不论是否归还,也不论在会计上如何核算,均应并入销售额据以计税。

企业收取押金时,按实际收取的押金,借记“银行存款”科目,贷记“其他应付款”科目。同时,计算增值税销项税额和消费税额。

对于计算的增值税销项税额,借记“其他应付款”科目,贷记“应交税费——应交增值税(销项税额)”科目。待实际没收包装物押金时,按不含税收入,借记“其他应付款”科目,贷记“其他业务收入”科目。若企业将收取的包装物押金退给购买方,将已计算的销项税额列作当期支出。按已计算的销项税额,借记“其他业务成本”科目;按扣除销项税额后的押金数额,借记“其他应付款”科目;按实际退回的押金数额,贷记“银行存款”科目。

对于按酒类产品(黄酒、啤酒除外)的包装物押金计算的消费税额,借记“营业税金及附加”科目,贷记“应交税费——应交消费税”科目。

11)销货退回或折让。销售退回,是指企业售出的商品由于质量、品种不符合要求等原因而发生的退货。销售折让,是指企业因售出商品的质量不合格等原因而在售价上给予的减让。会计准则规定,企业已经确认销售商品收入的售出商品发生销售退回或折让的，应在发生时冲减当期销售商品收入。销售退回或折让属于资产负债表日后事项的，按照资产负债表日后事项的相关规定处理。

按照税收制度规定，一般纳税人因销售货物退回或者折让而退还给购买方的增值税额，应从发生销售货物退回或者折让当期的销项税额中扣减。一般纳税人开具增值税专用发票后，发生销售货物退回或者折让、开票有误等情形，应按照国家税务总局的规定开具红字增值税专用发票；未按规定开具红字增值税专用发票的，其增值税额不得从销项税额中扣减。

2. 提供应税劳务及销项税额的核算

根据增值税制度规定，一般纳税人对外提供货物加工、修理修配业务，按照取得的不含税销售额和增值税税率计算销项税额。

一般纳税人提供货物加工劳务，其会计处理办法如下：

1）生产企业收到委托方提供的原材料、零配件等，通过单独设置的“委托加工来料登记簿”记载。收到时作增加登记；加工领用时作减少登记，但不记入“生产成本”账户。

2）在加工过程中耗用的人工费和代垫的辅助材料费，在本企业的“生产成本”账户中记载。借记“生产成本”科目，贷记“应付职工薪酬”、“原材料”等科目。

3）在加工商品完工验收入库时，按其实际成本，借记“库存商品——代制品”科目，贷记“生产成本”科目。

4）在加工商品移交给委托方时，结转销售成本，借记“主营业务成本”科目，贷记“库存商品——代制品”科目。

收取加工费、代垫辅助材料费等时，按实际应收或实收的货款，借记“应收账款”或“银行存款”科目，按实现的加工收入（不含增值税），贷记“主营业务收入”科目，按收取的增值税额，贷记“应交税费——应交增值税（销项税额）”科目。

如果企业所加工的商品是属于应征消费税的货物，还应代收代缴消费税。

3. 视同销售货物及销项税额的核算

1）委托代销货物。增值税制度规定，纳税人委托其他纳税人代销货物，纳税义务发生时间为收到代销单位的代销清单或者收到全部或者部分货款的当天。未收到代销清单及货款的，为发出代销货物满 180 天的当天。

会计核算时，分别以下情况处理：

（1）以不支付手续费方式委托代销货物。以这种方式委托代销，也称视同买断。即委托方与受托方签订协议，委托方按协议价格收取所代销的货款，实际售价由受托方自定，实际售价与协议价之间的差额归受托方所有。由于这种销售方式本质上是代销，委托方将货物交付给受托方时，货物所有权上的风险和报酬并未转移给受托方，因此，委托方在交付货物时不确认收入,受托方也不作为购进商品处理。

实务中,受托方将货物销售后,按实际售价确认销售收入,并向委托方开具代销清单。委托方收到代销清单时,开具发票并确认收入。

【例2-43】某生产企业(一般纳税人)于2011年6月2日向C商场发出自制甲产品110件,委托C商场代销。该商品协议价格为200元/件,实际成本120元/件,增值税税率为17%。6月30日,收到C商场开具的代销清单,清单中列明销售数量100件。7月2日,双方就100件商品结算了货款。

6月2日,发出商品委托代销时,根据商品出库单编制会计分录:

借:委托代销商品　　13 200

　贷:库存商品　　13 200

6月30日,收到C商场开具的代销清单时,按照销售数量及协议价格开具发票。因本月只销售100件,故专用发票上注明的价格为20 000元、税款3 400元。企业根据专用发票编制会计分录:

借:应收账款——C商场　　23 400

　贷:主营业务收入　　20 000

　　应交税费——应交增值税(销项税额)　　3 400

同时,结转销售成本12 000元(120×100):

借:主营业务成本　　12 000

　贷:委托代销商品　　12 000

7月2日,收到C商场汇来货款23 400元时,根据银行进账单编制会计分录:

借:银行存款　　23 400

　贷:应收账款——C商场　　23 400

(2)以支付手续费方式委托代销货物。这种方式的特点是受托方按照委托方规定的价格销售,不能自行改变售价。在这种方式下,委托方在受托方将商品销售后,根据受托方开具的代销清单开具发票,确认收入;受托方在商品销售后,按应收取的手续费确认收入。

【例2-44】某生产企业(一般纳税人)于2011年7月5日向D商场发出自制产品130件委托商场代销。协议规定销售价格(不含税)300元/件,代销手续费按含税销售额的10%支付。该商品成本250元/件,适用的增值税税率为17%。7月31日,收到D商场开具的代销清单,列明销售数量100件,含税销售额35 100元。双方于8月1日结算了货款。

7月5日,发出商品委托代销时,根据商品出库单编制会计分录:

借:委托代销商品　　32 500

　贷:库存商品　　32 500

7月31日，收到D商场开具的代销清单时开具发票，销售额30 000元(300×100)，增值税额5 100元。企业根据发票编制会计分录：

借：应收账款——D商场　　35 100
　贷：主营业务收入　　30 000
　　　应交税费——应交增值税(销项税额)　　5 100

同时，结转商品销售成本25 000元(250×100)：

借：主营业务成本　　25 000
　贷：委托代销商品　　25 000

计提代销手续费：35 100×10% =3 510元：

借：销售费用——代销手续费　　3 510
　贷：应收账款——D商场　　3 510

8月1日，收到D商场汇来货款金额31 590元(35 100－3 510)，根据银行进账单编制会计分录：

借：银行存款　　31 590
　贷：应收账款——D商场　　31 590

2)销售代销货物。该项业务一般发生在商品流通企业，故将在商品流通企业销项税额的核算中说明。

3)将货物移送外地非独立核算机构销售。增值税制度规定，设有两个以上机构并实行统一核算的纳税人，将货物从一个机构移送其他机构用于销售，应视同销售货物，但相关机构设在同一县(市)的除外。这项规定，主要是出于方便税源监管的角度提出的，但从会计的角度看，在货物移送时，销售并未实现，此时不宜确认收入。在会计核算上，可以按照下列办法处理：

(1)一般纳税人向设在外地的非独立核算的分支机构发出商品用于销售时，根据商品出库单按成本价做账。借记"发出商品"(或"库存商品——某分支机构")科目，贷记"库存商品"科目。同时，按发出商品的销售额和适用税率计算出销项税额，借记"应收账款"科目，贷记"应交税费——应交增值税(销项税额)"科目。

(2)待外地的非独立核算的分支机构转来销售单据时确认收入，借记"应收账款"科目，贷记"主营业务收入"科目。收到货款和税金时，借记"银行存款"科目，贷记"应收账款"科目。结转已销商品销售成本时，借记"主营业务成本"科目，贷记"发出商品"(或"库存商品——某分支机构")科目。

4)将自产或委托加工的货物用于非增值税应税项目。该类业务因其未改变货物所有权，也未给企业带来经济利益的流入，所以，不构成会计销售业务。但毕竟使货物进入了消费领域，如果此时不纳税，势必造成增值税流失。因此，增值税制度规定，该类业务应视同销售货物,计算缴纳增值税。

一般纳税人发生此类业务不开具发票,直接根据商品出库单或材料领用单做账。按发出的自产货物或委托加工收回货物的实际成本和承担的增值税额,借记"在建工程"或"劳务成本"等科目;按发出货物的实际成本,贷记"库存商品"或"原材料"等科目;按销售额和适用税率计算的增值税额,贷记"应交税费——应交增值税(销项税额)"科目。如果企业对存货采用计划成本核算,还应结转其实际成本与计划成本的差异(下同)。

【例2-45】某轧钢厂(一般纳税人)本月将一批自制钢材用于扩建厂房。该批钢材实际成本30万元,售价金额(不含增值税)40万元。

销项税额=400 000×17%=68 000(元)

轧钢厂根据商品出库单编制会计分录:

借:在建工程——厂房扩建工程　368 000

　贷:库存商品——钢材　300 000

　　应交税费——应交增值税(销项税额)　68 000

5)将自产或委托加工的货物用于集体福利或个人消费。该类业务既属于应税销售业务,也属于会计销售业务。在会计处理中,企业决定将自产或委托加工的货物用于职工福利时,按发出的自产货物或委托加工收回货物的公允价值和承担的增值税额,借记"生产成本"、"制造费用"、"管理费用"、"销售费用"、"在建工程"等科目,贷记"应付职工薪酬——非货币性福利"科目;向职工发放时,借记"应付职工薪酬——职工福利"科目,贷记"主营业务收入"、"应交税费——应交增值税(销项税额)"科目;结转自产或委托加工的货物时,借记"主营业务成本"科目,贷记"库存商品"等科目。

【例2-46】某生产企业(一般纳税人)本月将一批自制产品以福利形式平均分给本单位职工。该批商品售价金额(不含增值税)50 000元,实际成本40 000元,增值税税率为17%。该厂共有职工50人,其中:生产工人30人,车间管理人员4人,厂部营销人员5人,其他管理人员11人。

销项税额=50 000×17%=8 500(元)

应列入福利支出的金额=50 000+8 500=58 500(元)

其中:

生产成本=58 500×30/50=35 100(元)

制造费用=58 500×4/50=4 680(元)

销售费用=58 500×5/50=5 850(元)

管理费用=58 500×11/50=12 870(元)

企业决定发放非货币性福利时,编制会计分录:

借:生产成本　　35 100

　制造费用　　4 680

　销售费用　　5 850

　管理费用　　12 870

　贷:应付职工薪酬——非货币性福利　　58 500

实际发放时,编制会计分录:

借:应付职工薪酬——职工福利　　58 500

　贷:主营业务收入　　50 000

　　应交税费——应交增值税(销项税额)　　8 500

同时,结转货物销售成本40 000元:

借:主营业务成本　　40 000

　贷:库存商品　　40 000

6)以自产、委托加工或者外购的货物对外进行股权投资。该类业务既属于应税销售业务,也属于会计销售业务。在会计处理上,按存货的公允价值和相关税费,借记"长期股权投资"科目,贷记"主营业务收入"、"其他业务收入"、"应交税费——应交增值税(销项税额)"等科目;同时结转存货成本,借记"主营业务成本"、"其他业务成本"科目,贷记"库存商品"、"原材料"等科目。

【例2-47】某生产企业(一般纳税人)以一批自制产品向A公司投资,占A公司注册资本的5%,并准备长期持有。投出自制产品的实际成本为250万元,售价金额(不含增值税)300万元,增值税税率为17%。

销项税额=3 000 000×17%=510 000(元)

借:长期股权投资　　3 510 000

　贷:主营业务收入　　3 000 000

　　应交税费——应交增值税(销项税额)　　510 000

结转自制产品成本250万元:

借:主营业务成本　　2 500 000

　贷:库存商品　　2 500 000

7)以货物支付利润或股息。纳税人将自产、委托加工或购买的货物分配给股东或投资者,应视同销售货物计算缴纳增值税。该类业务也构成会计销售业务,其会计处理办法如下:在物权转移时,按抵付的利润或股息,借记"应付股利"科目;按其销售额,贷记"主营业务收入"或"其他业务收入"科目;按销售额和适用税率计算的增值税额,贷记"应交税费——应交增值税(销项税额)"科目。结转销售成本时,借记"主营业务成本”或“其他业务成本”科目,贷记“库存商品”或“原材料”等科目。

8)将自产、委托加工或购买的货物无偿赠送他人。该类业务,尽管使货物的所有权发生转移,但未使企业获得实在的经济利益,因此,它不构成会计销售业务。但是,为避免买卖双方的互相赠送而损害政府利益,税收制度规定,该类业务应视同销售货物。

企业发生此类业务,可以向受赠方开具发票,并根据发票和出库单进行账务处理。按发出货物的实际成本和承担的增值税额,借记“营业外支出”科目;按发出货物的实际成本,贷记“库存商品”或“原材料”等科目;按销售额和适用税率计算的增值税额,贷记“应交税费——应交增值税(销项税额)”科目。

【例2-48】某生产企业(一般纳税人)将一批自制商品通过希望工程基金会捐赠给某学校。该批商品实际成本为20 000元,售价金额(不含增值税)30 000元,适用的增值税税率为17%。

销项税额=30 000×17%=5 100(元)

借:营业外支出——捐赠支出　　25 100

　贷:库存商品　　20 000

　　应交税费——应交增值税(销项税额)　　5 100

企业将货物无偿赠送给他人,在所得税处理上也应作视同销售处理,按税法规定确认计税收入和计税成本。同时,按税法规定确认捐赠支出额。

(三)商品流通企业销项税额的核算

1.一般销售业务及销项税额的核算

商品流通企业销售货物,其销售实现时间和增值税纳税义务发生时间与生产企业销售货物相同,只是会计处理办法略有不同。

1)进价核算企业销售货物。进价核算企业实现货物销售时,根据发票账单和营业报表等,按实现的价税合计金额,借记“银行存款”、“应收票据”或“应收账款”等科目;按实现的销售额(不含增值税),贷记“主营业务收入”科目;按规定计算收取的增值税额,贷记“应交税费——应交增值税(销项税额)”科目。

期末计算结转已销货物进价成本时,根据已销货物成本计算单,借记“主营业务成本”科目,贷记“库存商品”科目。

企业已销货物成本的计算,可以采用先进先出法、加权平均法、移动平均法、分批实际进价法和毛利率法。计算方法一经选定,年度内不得任意变更,以保持会计核算的一致性。

比如,采用毛利率法计算的,其成本计算公式为:

本月货物销售成本=本月货物销售总额×(1-上季实际或本月计划毛利率)

到季末时,再按其他方法进行调整,以弥补此方法的不足。

2)售价核算企业销售货物。其会计处理程序如下:

(1)实现销售时,根据发票账单和营业报表,按零售金额(含增值税,下同),借记"银行存款"、"应收票据"或"应收账款"等科目,贷记"主营业务收入"科目。

同时,根据商品出库单,按零售金额结转货物销售成本,借记"主营业务成本"科目,贷记"库存商品"科目。

(2)将货物零售金额换算为不含增值税收入额,并依照适用税率计算销项税额。企业根据销项税额计算单,借记"主营业务收入"科目,贷记"应交税费——应交增值税(销项税额)"科目。

计算结转销项税额后,"主营业务收入"账户的贷方余额,即为不含增值税的货物销售收入。

(3)计算结转已销货物的进销差价,把货物销售成本调整为实际进价成本。企业根据商品进销差价计算单编制会计分录,借记"商品进销差价"科目,贷记"主营业务成本"科目。

计算结转已销货物进销差价后,"主营业务成本"账户的借方余额,即为已销货物的实际进价成本。

已销货物的进销差价可以按照商品总额或分类(柜组)商品的存销比例(即综合差价率或分类差价率)计算结转。其计算公式为:

$$进销差价率=\frac{期初库存商品进销差价+本期发生的库存商品差价}{期初库存商品售价金额+本期发生的商品售价金额}\times 100\%$$

$$本期已销商品应分摊的进销差价=本期商品零售金额\times 进销差价率$$

或者,按下列方法计算:

$$进销差价率=\frac{月末调整前“商品进销差价”账户余额}{月末“库存商品”账户余额+本月“主营业务成本”账户借方发生额}\times 100\%$$

$$本月已销商品分摊的进销差价=本月“主营业务成本”账户借方发生额\times 进销差价率$$

值得注意的是,按这种方法计算进销差价率时,应将不以收取手续费方式"受托代销商品"的余额和尚未分摊进销差价的"发出商品"的余额,计入库存商品余额中,一并计算分摊商品进销差价。

【例2-49】某商场采取售价核算制。该商场有三个营业柜组,月末有关资料见表2-3。

表 2-3　营业柜组(商品)情况表

组别	“商品进销差价”账户余额	“库存商品”账户余额	“主营业务成本”借方发生额
A 组	30 000	60 000	90 000
B 组	25 000	55 000	80 000
C 组	5 000	15 000	30 000
合计	60 000	130 000	200 000

第一种方法:按综合差价率计算结转已销商品的进销差价。

综合差价率 = 60 000 ÷ (130 000 + 200 000) × 100% = 18.18%

本月已销商品应负担的进销差价 = 200 000 × 18.18% = 36 360(元)

借:商品进销差价　　36 360

　贷:主营业务成本　　36 360

第二种方法:按分类(或柜组)差价率计算结转已销商品的进销差价。

A 组差价率 = 30 000 ÷ (60 000 + 90 000) × 100% = 20%

A 组本月销售商品应分摊的进销差价 = 90 000 × 20% = 18 000(元)

B 组差价率 = 25 000 ÷ (55 000 + 80 000) × 100% = 18.52%

B 组本月销售商品应分摊的进销差价 = 80 000 × 18.52% = 14 816(元)

C 组差价率 = 5 000 ÷ (15 000 + 30 000) × 100% = 11.11%

C 组本月销售商品应分摊的进销差价 = 30 000 × 11.11% = 3 333(元)

根据上述计算结果,编制如下会计分录:

借:商品进销差价——A 组　　18 000

　　　　　　　——B 组　　14 816

　　　　　　　——C 组　　3 333

　贷:主营业务成本——A 组　　18 000

　　　　　　　——B 组　　14 816

　　　　　　　——C 组　　3 333

年终时,企业应对各种商品的进销差价进行一次核实调整:

- 按年终“商品盘点表”所列的各种商品实存数量,分别乘以其原进价或最后一次进价,计算出库存商品的进价金额。
- 以全部库存商品售价金额减去进价总额,求出年末全部库存商品应保留的进销差价数。

• 以“商品进销差价”账户期末余额减去库存商品应保留的进销差价数，求出核实后应作调整的进销差价数。

• 若为正数，则借记“商品进价差价”账户，贷记“主营业务成本”账户；若是负数，编制相反的会计分录。

2. 几种特殊业务及销项税额的核算

1）采取“以旧换新”方式销售货物。以旧换新销售，是指销售方在销售货物的同时回收与所售货物相同的旧货物。会计准则与企业所得税法规均规定，采用以旧换新方式销售商品的，销售的商品按照销售商品收入确认条件确认收入，回收的商品作为购进商品处理。增值税制度规定，纳税人采取以旧换新方式销售货物的，按新货物的同期销售价格确定销售额，不得减去旧货物的收购价格。但是，考虑到金银首饰以旧换新业务的特殊情况，对金银首饰以旧换新业务，可以按销售方实际收取的不含增值税的全部价款缴纳增值税。

【例2-50】某商场（一般纳税人）采取“以旧换新”方式销售某A商品。本月销售A商品100台，零售价格（含增值税）3 510元/台；取得现金收入245 700元，旧的A商品收购金额105 300元。A商品适用的增值税税率为17%。

实现销售时，编制会计分录：

借：银行存款　　245 700

　　材料物资　　105 300

　贷：主营业务收入　　351 000

计提销项税额 = 351 000 ÷ (1 + 17%) × 17% = 51 000（元）

借：主营业务收入　　51 000

　贷：应交税费——应交增值税（销项税额）　　51 000

2）采取折扣方式销售货物。商业零售企业为促销商品大多采用商业折扣方式，即在商品标价上给予顾客一定的价格扣除。会计准则与企业所得税法规均规定，商品销售涉及商业折扣的，按照扣除商业折扣后的金额确定销售商品收入金额。增值税制度规定，纳税人采取折扣方式销售货物的，如果将折扣额与销售额在同一张发票上的“金额”栏分别注明，可以从销售额中减除折扣额；如果未将折扣额在同一张发票“金额”栏注明而仅在发票的“备注”栏注明，或者将折扣额另开发票，其折扣额不得从销售额中减除。

【例2-51】某商场（一般纳税人）采取折扣方式销售B商品。B商品原零售价2 000元/件，现零售价1 600元/件；该商品原进销差价率为25%，适用的增值税税率为17%。本月零售B商品100件，取得零售收入160 000元。向顾客开具发票时，将折扣额与销售额在同一张发票上的“金额”栏分别注明。

实现销售时，编制会计分录：

借：银行存款 160 000

贷：主营业务收入 160 000

计提销项税额 = 160 000 ÷ (1 + 17%) × 17% = 23 247.86(元)

借：主营业务收入 23 247.86

贷：应交税费——应交增值税(销项税额) 23 247.86

结转销售成本：2 000 × 100 = 200 000(元)

借：主营业务成本 200 000

贷：库存商品 200 000

结转已销商品进销差价：200 000 × 25% = 50 000(元)

借：商品进销差价 50 000

贷：主营业务成本 50 000

商品流通企业的其他销售事项的会计处理与生产企业基本相同。

3. 视同销售货物及销项税额的核算

1）销售代销货物。商品流通企业受托代销货物，一般有两种方式：一是视同买断，即以不收取手续费方式代销商品；二是以收取手续费方式代销商品。

（1）以视同买断方式代销商品的核算，分别以下两种情况进行：

第一，进价核算企业以视同买断方式代销商品可按下列办法核算：

进价核算企业收到受托代销商品时，按接收价，借记“受托代销商品”科目，贷记“代销商品款”科目。

出售受托代销商品时，借记“银行存款”或“应收账款”科目，贷记“主营业务收入”、“应交税费——应交增值税(销项税额)”科目。

结转销售成本时，按接收价，借记“主营业务成本”科目，贷记“受托代销商品”科目。

收到委托方开具的专用发票时，按接收价(发票上注明的价格)，借记“代销商品款”科目；按专用发票上注明的增值税额，借记“应交税费——应交增值税(进项税额)”科目；按应付委托单位的款项，贷记“应付账款——××委托代销单位”科目。

支付代销款项时，借记“应付账款——××委托代销单位”科目，贷记“银行存款”科目。

【例2－52】某百货批发公司(一般纳税人)接受甲企业委托销售产品100件，协议价格200元/件，成本价120元/件，增值税税率为17%。该批发公司以240元/件的价格全部售出。上述价格均不含增值税。

该百货批发公司采取进价核算制，其账务处理如下：

(1)收到代销的商品时,根据商品入库单,按协议价格编制会计分录:

借:受托代销商品　　20 000

　贷:代销商品款　　20 000

(2)实现销售时,根据开具的发票账单和营业报表等编制会计分录:

借:银行存款　　28 080

　贷:主营业务收入　　24 000

　　应交税费——应交增值税(销项税额)　　4 080

结转销售成本(协议价格)时,根据成本计算单编制会计分录:

借:主营业务成本　　20 000

　贷:受托代销商品　　20 000

(3)向甲企业开具代销清单后,收到甲企业开具给本公司的增值税专用发票时:

借:代销商品款　　20 000

　应交税费——应交增值税(进项税额)　　3 400

　贷:应付账款——甲企业　　23 400

(4)按合同协议价格向甲企业支付货款时:

借:应付账款——甲企业　　23 400

　贷:银行存款　　23 400

第二,售价核算企业以视同买断方式代销商品可按下列办法核算:

收到受托代销商品时,按含税售价,借记"受托代销商品"科目;按接收价,贷记"代销商品款"科目;按含税售价与接收价之间的差额,贷记"商品进销差价"科目。

出售受托代销商品时,按含税售价,借记"银行存款"或"应收账款"科目,贷记"主营业务收入"科目。同时按含税售价,借记"主营业务成本"科目,贷记"受托代销商品"科目。

收到委托方开具的专用发票时,按接收价(发票上注明的价格),借记"代销商品款"科目;按专用发票上注明的增值税额,借记"应交税费——应交增值税(进项税额)"科目;按应付委托单位的款项,贷记"应付账款——××委托代销单位"科目。

支付代销款项时,借记"应付账款——××委托代销单位"科目,贷记"银行存款"科目。

月度终了,还应分摊已销代销商品的进销差价。

【例2-53】某商场(一般纳税人)接受乙企业委托为其代销商品。本期收到乙企业发来商品1 000件,协议价格(不含增值税)200元/件,成本价120元/件,增值税税率17%。该商场本月将其全部售出,零售价280.80元/件。该商场已按实际销售额向乙企业开具了代销清单,取得了乙企业开具商场的增值税专用发票。双方已办理了价款结算。

该商场采用售价核算制,其会计处理如下:

(1)收到受托代销商品时,根据商品入库单编制会计分录:

借:受托代销商品 280 800(含税售价:280.80×1 000)

贷:代销商品款 200 000(不含税进价:200×1 000)

商品进销差价 80 800(差价)

(2)实现销售时,根据开具的发票账单和营业报表编制会计分录:

借:银行存款 280 800(含税售价:280.80×1 000)

贷:主营业务收入 280 800

计提销项税额:280 800÷(1+17%)×17%=40 800(元)

借:主营业务收入 40 800

贷:应交税费——应交增值税(销项税额) 40 800

按零售金额结转销售成本:280.80×1 000=280 800(元)

借:主营业务成本 280 800

贷:受托代销商品 280 800

计算结转已销商品进销差价 80 800 元:

借:商品进销差价 80 800

贷:主营业务成本 80 800

(3)向乙企业开具代销清单后,收到乙企业开具的增值税专用发票时:

借:代销商品款 200 000(协议价:200×1 000)

应交税费——应交增值税(进项税额) 34 000

贷:应付账款——乙企业 234 000

(4)按合同协议价格支付货款时:

借:应付账款——乙企业 234 000

贷:银行存款 234 000

(2)以收取手续费方式销售代销商品。由于商品销售价格已事先确定,不论是进价核算企业还是售价核算企业,其会计处理办法应该是相同的。

【例 2-54】某公司(一般纳税人)接受丙企业委托为其代销商品,本期收到丙企业发来商品 100 件,协议规定零售价(含增值税)351 元/件,丙企业按零售金额的 10% 支付手续费。该商品适用的增值税税率为 17%。该公司本月将其全部售出,并已办理了价款结算。

该公司可以按照以下办法处理:

(1)收到受托代销商品时,根据代销商品入库单编制会计分录:

借:受托代销商品　　35 100

　贷:代销商品款　　35 100

(2)实现销售时,根据代销营业表和银行进账单编制会计分录:

借:银行存款　　35 100

　贷:应付账款——A企业　　35 100

同时,注销代销商品款和受托代销商品:

借:代销商品款　　35 100

　贷:受托代销商品　　35 100

(3)该公司向A企业开具代销清单,由A企业向购买方开具发票,并由该公司转交给购买方。在这种情况下,该公司无须确定销项税额和进项税额。

(4)计算扣收代销手续费并按合同规定支付余款:

代销手续费 =35 100×10% =3 510(元)

借:应付账款——A企业　　35 100

　贷:其他业务收入　　3 510

　　银行存款　　31 590

(5)计提营业税金

营业税金 =3 510×5% =175.50(元)

借:营业税金及附加　　175.50

　贷:应交税费——应交营业税　　175.50

2)存货投资业务。商品流通企业将库存商品、材料物资、低值易耗品和包装物等货物作为投资,提供给其他单位和个体经营者,应按规定计算缴纳增值税。

进价核算企业,按发出货物的公允价值(包括增值税),借记"长期股权投资"科目,贷记"主营业务收入"、"其他业务收入"、"应交税费——应交增值税(销项税额)"等科目。按发出货物的实际成本,借记"主营业务成本"、"其他业务成本"科目,贷记"库存商品"、"材料物资"、"低值易耗品"、"包装物"等科目。

售价核算企业,以材料物资、低值易耗品和包装物对外投资,其会计处理同进价核算企业。以库存商品对外投资,按商品的公允价值(包括增值税),借记"长期股权投资"科目,贷记"主营业务收入"科目;同时,借记"主营业务成本"科目,贷记"库存商品"科目;计提销项税额时,借记"主营业务收入"科目、贷记"应交税费——应交增值税(销项税额)"科目;结转库存商品进销差价时,借记"商品进销差价"科目,贷记"主营业务成本"科目。

【例2-55】某商场(一般纳税人)以一批库存商品向甲公司投资,占甲公司注册资本的5%,并准备长期持有。投出商品的售价金额(含增值税)585万元,进销差价率为20%;该批商品适用的增值税税率为17%。

根据开具的发票等凭证编制会计分录：

借：长期股权投资 5 850 000

贷：主营业务收入 5 850 000

计提销项税额：5 850 000 ÷ (1 + 17%) × 17% = 850 000(元)

借：主营业务收入 850 000

贷：应交税费——应交增值税(销项税额) 850 000

根据商品出库单结转销售成本：

借：主营业务成本 5 850 000

贷：库存商品 5 850 000

结转发出商品的进销差价：5 850 000 × 20% = 1 170 000(元)

借：商品进销差价 1 170 000

贷：主营业务成本 1 170 000

3)将货物无偿赠与他人。商品流通企业将库存商品、材料物资、低值易耗品和包装物无偿赠送他人，不构成会计销售，但按税收制度规定应视同销售货物，计算缴纳增值税。

进价核算企业，按发出货物的实际成本和承担的增值税额，借记"营业外支出"科目；按发出货物的实际成本，贷记"库存商品"或"材料物资"、"低值易耗品"、"包装物"等科目；按销售额和适用税率计算的增值税额，贷记"应交税费——应交增值税(销项税额)"科目。

售价核算企业，按发出商品的实际进价成本或材料物资等货物的实际成本和承担的增值税额，借记"营业外支出"科目；按发出商品分摊的进销差价，借记"商品进销差价"科目；按发出商品的售价金额(含增值税)或材料物资等货物的实际成本，贷记"库存商品"或"材料物资"、"低值易耗品"、"包装物"等科目；按销售额和适用税率计算的增值税额，贷记"应交税费——应交增值税(销项税额)"科目。

【例2-56】某商场(一般纳税人)本月份将一批库存商品通过市教育局赠送给某学校。该批商品的账面售价金额(含增值税)46 800元，商品进销差价率为20%，适用的增值税税率为17%。

销项税额 = 46 800 ÷ (1 + 17%) × 17% = 6 800(元)

分摊的进销差价 = 46 800 × 20% = 9 360(元)

应计入营业外支出的金额：(46 800 - 9 360) + 6 800 = 44 240(元)

根据发票和商品出库单编制会计分录：

借：营业外支出——捐赠支出 44 240

商品进销差价 9 360

贷：库存商品 46 800

应交税费——应交增值税(销项税额) 6 800

商品流通企业将材料物资、低值易耗品和包装物等无偿赠送他人,不论是进价核算企业还是售价核算企业,其会计处理办法相同。

企业将货物对外捐赠,在所得税处理上也应作视同销售处理,按税法规定确认计税收入和计税成本。同时,按税法规定确认捐赠支出额。

4)以货物支付利润或股息。商品流通企业将库存商品、材料物资、低值易耗品和包装物,以支付利润或股息的形式分配给股东或投资者,既构成会计销售又构成应税销售业务,按照一般销售业务进行会计处理。

进价核算企业,按抵付的利润或股息,借记"应付股利"科目;按其销售额,贷记"主营业务收入"或"其他业务收入"科目;按销售额和适用税率计算的增值税额,贷记"应交税费——应交增值税(销项税额)"科目。结转销售成本时,按其实际成本,借记"主营业务成本"或"其他业务成本"科目,贷记"库存商品"或"材料物资"、"低值易耗品"、"包装物"等科目。

售价核算企业,以库存商品抵付应付利润或股息的,按抵付的利润或股息,借记"应付股利"科目,按其零售金额(含增值税),贷记"主营业务收入"科目。同时,按其零售金额(含增值税),借记"主营业务成本"科目,贷记"库存商品"科目。按销售额和适用税率计算的增值税额,借记"主营业务收入"科目,贷记"应交税费——应交增值税(销项税额)"科目。按发出商品应分摊的进销差价,借记"商品进销差价"科目,贷记"主营业务成本"科目。

售价核算企业以材料物资、低值易耗品和包装物抵付应付利润或股息的,其会计处理办法与进价核算企业相同。

四、一般纳税人缴纳增值税的核算

一般纳税人的增值税纳税期限分别为1日、3日、5日、10日、15日或者1个月。具体纳税期限,由主管税务机关根据纳税人应纳税额的大小分别核定;不能按照固定期限纳税的,可以按次纳税。

纳税人以1个月为1个纳税期的,自期满之日起15日内申报纳税;以1日、3日、5日、10日或者15日为1个纳税期的,自期满之日起5日内预缴税款,于次月1日起15日内申报纳税并结清上月应纳税款。

(一)"应交税金"的期末转账与税款缴纳

1.按月纳税情况下的期末转账

在采取按月纳税的情况下,月末"应交税费——应交增值税"账户出现借方余额,反映本月尚未抵扣的进项税额,应继续保留在账面上,不作转出处理。若该账户出现贷方余额,表示本月应交未交的增值税,应将其从该账户的借方“转出未交增值税”栏目转入“应交税费——未交增值税”账户的贷方。借记“应交税费——应交增值税(转出未交增值税)”科目,贷记“应交税费——未交增值税”科目。

2. 按期(次)预缴、按月结算情况下的期末转账

企业预缴税款时,借记“应交税费——应交增值税(已交税金)”科目,贷记“银行存款”科目。

月末,“应交税费——应交增值税”账户出现贷方余额,表明本月应交未交的增值税,应将其转入“应交税费——未交增值税”账户:借记“应交税费——应交增值税(转出未交增值税)”科目,贷记“应交税费——未交增值税”科目。

若月末“应交税费——应交增值税”账户出现借方余额,表明本月尚未抵扣的进项税额或者本月多交的增值税额。在会计处理上,可以根据下列情况办理:

1)如果“应交税费——应交增值税”账户借方余额大于该账户“已交税金”栏目合计数,则表明本月销项税额小于准予抵扣的进项税额,本月无应交税费,“已交税金”专栏合计数即为本月多交税金数额,应将其从该账户的贷方“转出多交增值税”专栏转入“应交增值税——未交增值税”账户的借方:借记“应交税费——未交增值税”科目,贷记“应交税费——应交增值税(转出多交增值税)”科目。

【例2-57】某生产企业(一般纳税人)2011年4月份“应交税费——应交增值税”账户资料见表2-4。

表2-4 “应交税费——应交增值税”明细账

年		凭证号	摘要	借方						贷方					借或贷	余额
月	日			进项税额	已交税金	减免税款	出口抵减内销产品应纳税额	转出未交增值税	合计	销项税额	出口退税	进项税额转出	转出多交增值税	合计		
-	-	-		28 000	21 000				49 000	27 000		500		27 500	借	21 500

表2-4中“应交税费——应交增值税”账户借方余额21 500元,包括了多交税款21 000元和尚未抵扣的进项税额500元。

月末,企业可编制如下会计分录:

借:应交税费——未交增值税　　21 000

　贷:应交税费——应交增值税(转出多交增值税)　　21 000

结转后，尚未抵扣的进项税额500元仍保留在“应交税费——应交增值税”账户的借方。

2）如果“应交税费——应交增值税”账户借方余额等于该账户“已交税金”栏目合计数，则表明本月销项税额等于准予抵扣的进项税额，本月无应交税费，也无留抵税额，“已交税金”专栏合计数即为本月多交税金数额，应将其从该账户的贷方“转出多交增值税”专栏转入“应交增值税——未交增值税”账户的借方。结转后，“应交税费——应交增值税”账户无余额。

【例2-58】若例2-57中，该企业4月份“应交税费——应交增值税”账户资料如表2-5所示。

表2-5 “应交税费——应交增值税”明细账

年		凭证号	摘要	借方						贷方					借或贷	余额
月	日			进项税额	已交税金	减免税款	出口抵减内销产品应纳税额	转出未交增值税	合计	销项税额	出口退税	进项税额转出	转出多交增值税	合计		
-	-	-		28 000	21 000				49 000	27 500		500		28 000	借	21 000

表2-5中“应交税费——应交增值税”账户借方余额21 000元，即为多交的税款。月末将其转入“应交增值税——未交增值税”账户的借方后，“应交税费——应交增值税”账户无余额。

3）如果“应交税费——应交增值税”账户借方余额小于该账户“已交税金”栏目合计数，则表明本月已交税金中，部分为应交税金，部分为多交税金。该账户的借方余额即为本月多交税金数额，应将其从该账户的贷方“转出多交增值税”专栏转入“应交增值税——未交增值税”账户的借方。结转后，“应交税费——应交增值税”账户无余额。

【例2-59】若例2-57中该企业4月份“应交税费——应交增值税”账户资料如表2-6所示。

表 2-6 “应交税费——应交增值税”明细账

年		凭证号	摘要	借方						贷方					借或贷	余额
月	日			进项税额	已交税金	减免税款	出口抵减内销产品应纳税额	转出未交增值税	合计	销项税额	出口退税	进项税额转出	转出多交增值税	合计		
–	–	–		28 000	21 000				49 000	42 500		1 500		44 000	借	5 000

表 2-6 中，本月应交增值税为 16 000 元（44 000 - 28 000），已交税金 21 000 元，多交税金 5 000 元（21 000 - 16 000）。从账户上看，反映为“应交税费——应交增值税”账户借方余额 5 000 元，即为多交的税款。月末将其转入“应交增值税——未交增值税”账户的借方后，“应交税费——应交增值税”账户无余额。

3. 税款缴纳的核算

一般纳税人预缴增值税的核算前已述及。

一般纳税人在月初缴纳上月应交增值税或补缴以前月份（年度）欠缴的增值税时，编制如下会计分录：借记“应交税费——未交增值税”科目，贷记“银行存款”科目。

（二）一般纳税人采取简易办法缴纳增值税的核算

简易办法是指纳税人销售货物或者提供应税劳务，按照取得的销售额（不含增值税）和适用的征收率，直接计算应纳增值税的办法。

1. 可选择按照简易办法计算缴纳增值税的货物

一般纳税人销售自产的下列货物，可以选择按照简易办法依照 6% 征收率计算缴纳增值税：①县级及县级以下小型水力发电单位生产的电力。小型水力发电单位，是指各类投资主体建设的装机容量为 5 万千瓦以下（含 5 万千瓦）的小型水力发电单位。②建筑用和生产建筑材料所用的砂、土、石料。③以自己采掘的砂、土、石料或其他矿物连续生产的砖、瓦、石灰（不含黏土实心砖、瓦）。④用微生物、微生物代谢产物、动物毒素、人或动物的血液或组织制成的生物制品。⑤自来水。⑥商品混凝土（仅限于以水泥为原料生产的水泥混凝土）。

一般纳税人选择简易办法计算缴纳增值税后，36 个月内不得变更。

2. 暂按简易办法计算缴纳增值税的特殊情形

一般纳税人销售货物属于下列情形之一的，暂按简易办法依照 4% 征收率计算缴纳增值税：①寄售商店代销寄售物品（包括居民个人寄售的物品在内）；②典当业销售死当物品；③经国务院或国务院授权机关批准的免税商店零售的免税品。

一般纳税人按照规定采取简易办法计算缴纳增值税的，在会计核算上，比照小规模纳税人的核算办法进行增值税的核算。

（三）一般纳税人销售固定资产缴纳增值税的核算

纳入增值税征收范围的固定资产，是指纳税人销售的已作为固定资产使用过的有形动产，不包括不动产。

1. 税收政策

自2009年1月1日起，一般纳税人销售已使用过的已抵扣（或退还）进项税额的固定资产，按照适用税率缴纳增值税；销售已使用过的未抵扣进项税额的固定资产，按照4%的征收率减半缴纳增值税。

2. 会计核算

纳税人销售自己使用过的固定资产，在会计核算上通过“固定资产清理”账户核算。

1）一般纳税人销售自己使用过的固定资产，按照适用税率计算缴纳增值税的，计算公式为：

$$销售额=含税销售额\div(1+增值税税率)$$

$$销项税额=销售额\times增值税税率$$

【例2－60】某生产企业（一般纳税人）因转产出售一套生产设备，取得价款234 000元。该套生产设备是企业于2010年1月份购入的，购入时取得的增值税专用发票上注明的价款198 000元、增值税税额33 660元，未发生其他税费。企业已将其作为固定资产核算，原值198 000元。企业确定的折旧年限为10年，现已使用1年，已提折旧19 800元。

(1) 转入固定资产清理：

借：固定资产清理	178 200
累计折旧	19 800
贷：固定资产	198 000

(2) 反映价款和税额：

$$销项税额=234\ 000\div(1+17\%)\times17\%=34\ 000(元)$$

借：银行存款	234 000
贷：固定资产清理	200 000
应交税费——应交增值税（销项税额）	34 000

(3)反映净收益:

借:固定资产清理 21 800

贷:营业外收入——处置非流动资产利得 21 800

2)一般纳税人销售自己使用过的固定资产,按照4%征收率减半征收增值税的,应开具普通发票,不得开具增值税专用发票。销售额和应纳税额的计算公式为:

销售额=含税销售额÷(1+4%)

应纳增值税税额=销售额×4%÷2

【例2-61】某生产企业(一般纳税人)出售一辆小轿车,取得价款170 560元。该辆小轿车是企业于2010年10月份购入的,原值(包括增值税和其他税费)169 600元。企业确定的折旧年限为8年,现已计提折旧10 600元。

(1)转入固定资产清理:

借:固定资产清理 159 000

累计折旧 10 600

贷:固定资产 169 600

(2)反映价款和税额:

应纳增值税税额=170 560÷(1+4%)×4%÷2=3 280(元)

借:银行存款 170 560

贷:固定资产清理 167 280

应交税费——应交增值税 3 280

(3)反映净收益:

借:固定资产清理 8 280

贷:营业外收入——处置非流动资产利得 8 280

值得注意的是,纳税人发生固定资产视同销售行为,对已使用过的固定资产无法确定销售额的,以固定资产净值为销售额。固定资产净值,是指纳税人按照财务会计制度计提折旧后计算的固定资产净值。

五、小规模纳税人应纳增值税的核算

(一)销售货物或应税劳务应纳增值税的计算

小规模纳税人销售货物或应税劳务,实行按销售额和征收率计算应纳税额的简易办法,且不得抵扣进项税额。

应纳税额=销售额×征收率

公式中的销售额不包括应纳税额。

小规模纳税人销售货物或应税劳务采用销售额和应纳税额合并定价方法的，按下列公式计算销售额：

销售额 = 含税销售额 ÷（1 + 征收率）

从2009年1月1日起，小规模纳税人适用的征收率为3%。

（二）购进货物和销售货物及其税额核算

小规模纳税人应纳增值税的计算和会计处理比较简单。在会计核算上，小规模纳税人仍沿用"应交税费——应交增值税"三栏式账户，核算企业应缴、已缴及多缴或欠缴的增值税。

企业购进货物或接受应税劳务时，不核算进项税额，而将其计入购进货物或劳务的成本。借记"原材料"或"库存商品"、"委托加工物资"、"管理费用"等科目，贷记"银行存款"、"应付账款"等科目。

企业销售货物或提供应税劳务时，按实际收取或应收的款项，借记"银行存款"或"应收票据"、"应收账款"等科目，按实现的销售额（不含增值税，下同），贷记"主营业务收入"或"其他业务收入"等科目，按销售额和规定的征收率计算的增值税额，贷记"应交税费——应交增值税"科目。

企业将自产、委托加工的货物用于不动产在建工程时，按发出货物的实际成本和应交的增值税额借记"在建工程"科目，按发出货物的实际成本，贷记"库存商品"、"原材料"等科目，按应交的增值税额，贷记"应交税费——应交增值税"科目。

企业将自产、委托加工的货物用于职工福利时，按发出货物的公允价值（包括增值税），借记"生产成本"、"制造费用"、"管理费用"、"销售费用"等科目，贷记"应付职工薪酬——非货币性福利"科目；实际发放时，借记"应付职工薪酬——非货币性福利"科目，贷记"主营业务收入"或"其他业务收入"、"应交税费——应交增值税"科目；结转货物成本时，借记"主营业务成本"或"其他业务成本"科目，贷记"库存商品"或"原材料"科目。

企业将自产、委托加工的货物和外购的货物用于对外投资时，按发出货物的公允价值（包括增值税），借记"长期股权投资"科目，贷记"主营业务收入"或"其他业务收入"、"应交税费——应交增值税"科目；结转货物成本时，借记"主营业务成本"或"其他业务成本"科目，贷记"库存商品"或"原材料"科目。

企业将自产、委托加工的货物和外购的货物对外捐赠时，按发出货物的实际成本和应交的增值税额，借记"营业外支出"等科目，按发出货物的实际成本，贷记"库存商品"、"原材料"等科目，按应交的增值税额，贷记"应交税费——应交增值税"科目。

（三）销售固定资产应纳增值税的核算

小规模纳税人（除其他个人外）销售自己使用过的固定资产（已作为固定资产使用过的有形动产），减按2%征收率征收增值税。在发票开具上，只能开具普通发票，不得由税务机关代开增值税专用发票。销售额和应纳税额的计算公式为：

销售额＝含税销售额÷（1＋3%）

应纳税额＝销售额×2%

小规模纳税人发生固定资产视同销售行为，对已使用过的固定资产无法确定销售额的，以固定资产净值为销售额。

在会计核算上，小规模纳税人销售自己使用过的固定资产，其账务处理与一般纳税人相类似，只是税款计算办法不同。

（四）税款缴纳及会计核算

小规模纳税人的增值税纳税期限可以核定为1个月或者1个季度。具体纳税期限，由主管税务机关根据纳税人应纳税额的大小分别核定；不能按照固定期限纳税的，可以按次纳税。纳税人以1个月或者1个季度为1个纳税期的，自期满之日起15日内申报纳税。

企业按期缴纳增值税时，借记"应交税费——应交增值税"科目，贷记"银行存款"科目。

值得注意的是，非企业性单位、不经常发生增值税应税行为的企业，如果发生增值税应税行为，可以选择按小规模纳税人纳税。

六、增值税减免与返还的核算

（一）直接免征增值税的核算

减免税是国家在税收上为照顾、扶持某些单位或个人，减轻或免除其税收负担。增值税制度规定的减免税项目较多，就其照顾对象而言，大体上可以分为两类：

一类是照顾某些纳税人，即照顾销售货物或提供应税劳务的单位或个人，比如，农业生产者销售的自产初级农业产品；企业生产销售的再生水；以废旧轮胎为全部生产原料生产的胶粉；翻新轮胎；生产原料中掺兑废渣比例不低于30%的特定建材产品；垃圾处理、污泥处理、污水处理劳务，免征增值税。享受免税照顾的纳税人，在销售货物和提供应税劳务时，可以按价款、增值税款合并定价向购买方收取货款或费用，但收取的增值税款不必缴纳。

另一类是照顾某些负税人，即照顾购进货物或接受应税劳务的单位或个人，或者说是直接消费者，如残疾人专用的假肢、轮椅和矫形器，免征增值税。单位或个人销售这类免税货物，只能向购买方收取价款，不能在价款之外收取增值税款，即消费者不承担增值税款。

纳税人销售免税项目（不论照顾对象是纳税人还是负税人）不得向购买方开具增值税专用发票，购进用于免税项目的货物或应税劳务不得计算抵扣进项税额，也不能取得增值税专用发票。企业销售免税项目时，会计上不要求单独反映直接减免的税金，只是按规定核算销售收入；即使收取了增值税款，也不单独核算销项税额。企业购进货物或接受应税劳务时，不核算进项税额，而将其支付的增值税额计入购进货物或劳务的成本。

【例2-62】某生产企业本月销售一批免税产品，开具普通发票，金额14 200元。现已收到货款。

企业根据发票、银行进账单编制会计分录：

借：银行存款	14 200	
贷：主营业务收入		14 200

（二）减半征收增值税的核算

比如，增值税制度规定，一般纳税人销售旧货，按照简易办法依照4%征收率减半征收增值税。销售额和应纳税额按下列公式计算：

$$销售额 = 含税销售额 \div (1 + 4\%)$$

$$应纳税额 = 销售额 \times 4\% \div 2$$

小规模纳税人销售旧货，减按2%的征收率计算增值税。销售额和应纳税额按下列公式计算：

$$销售额 = 含税销售额 \div (1 + 3\%)$$

$$应纳税额 = 销售额 \times 2\%$$

旧货，是指进入二次流通的具有部分使用价值的货物（含旧汽车、旧摩托车和旧游艇）。纳税人销售旧货，应开具普通发票，不得自行开具或者由税务机关代开增值税专用发票。

【例2-63】某旧货经营单位（小规模纳税人）本月销售一批旧货，向购买方开具了普通发票，金额103 000元，货款已收讫。

应纳增值税税额 $= 103\ 000 \div (1 + 3\%) \times 2\% = 2\ 000$（元）

借：银行存款	103 000	
贷：主营业务收入		101 000
应交税费——应交增值税		2 000

（三）即征即退增值税的核算

1. 基本政策

即征即退是增值税优惠的一种特殊方式，由税务机关按照有关规定办理。根据增值税制度规定，实行即征即退增值税政策的，主要包括以下几个方面：

1）一般纳税人销售其自行开发生产的软件产品，包括将进口软件产品进行本地化改造后对外销售，按17%税率征收增值税后，对其增值税实际税负超过3%的部分实行即征即退政策。

本地化改造，是指对进口软件产品进行重新设计、改进、转换等，单纯对进口软件产品进行汉字化处理不包括在内。

2）纳税人销售下列自产货物实现的增值税，实行即征即退50%的政策：

（1）以退役军用发射药为原料生产的涂料硝化棉粉。退役军用发射药在生产原料中的比重不低于90%。

（2）对燃煤发电厂及各类工业企业产生的烟气、高硫天然气进行脱硫生产的副产品。副产品是指石膏（二水硫酸钙含量不低于85%）、硫酸（浓度不低于15%）、硫酸铵（总氮含量不低于18%）和硫磺。

（3）以废弃酒糟和酿酒底锅水为原料生产的蒸汽、活性炭、白碳黑、乳酸、乳酸钙、沼气。废弃酒糟和酿酒底锅水在生产原料中所占的比重不低于80%。

（4）以煤矸石、煤泥、石煤、油母页岩为燃料生产的电力和热力。煤矸石、煤泥、石煤、油母页岩用量占发电燃料的比重不低于60%。

（5）利用风力生产的电力。

（6）部分新型墙体材料产品。具体范围按照《享受增值税优惠政策的新型墙体材料目录》执行。

3）纳税人销售下列自产货物，实行增值税即征即退的政策：

（1）以工业废气为原料生产的高纯度二氧化碳产品。高纯度二氧化碳产品，应当符合GB10621—2006的有关规定。

（2）以垃圾为燃料生产的电力或者热力，包括利用垃圾发酵产生的沼气生产销售的电力或者热力[①]。垃圾用量占发电燃料的比重不低于80%，并且生产排放达到GB13223—2003第1时段标准或者GB18485—2001的有关规定。垃圾，是指城市生活垃圾、农作物秸秆、树皮废渣、污泥、医疗垃圾。

---

① 财政部，国家税务总局：《关于资源综合利用及其他产品增值税政策的补充的通知》，财税〔2009〕163号，2009－12－29.

(3)以煤炭开采过程中伴生的舍弃物油母页岩为原料生产的页岩油。

(4)以废旧沥青混凝土为原料生产的再生沥青混凝土(废旧沥青混凝土用量占生产原料的比重不低于30%);

(5)采用旋窑法工艺生产的水泥(包括水泥熟料,下同)或者外购水泥熟料采用研磨工艺生产的水泥,水泥生产原料中掺兑废渣比例不低于30%。

4)对安置残疾人的单位,符合税法规定条件的,实行由税务机关按单位实际安置残疾人的人数,限额即征即退增值税或减征营业税的办法。具体限额由县级以上税务机关根据单位所在区县(含县级市、旗)适用的经省(含自治区、直辖市、计划单列市)级人民政府批准的最低工资标准的6倍确定,但最高不得超过每人每年3.5万元。

2. 会计核算

在会计核算上,一般情况下,企业应按正常会计核算程序核算应纳增值税额。在办理税款申报缴纳手续后,申请办理增值税退还手续。

【例2-64】某软件开发企业(一般纳税人)本期销售自行开发的软件产品实现销售额100万元,销项税额17万元;本期进项税额8万元;企业已将其入账核算。该企业增值税纳税期限为1个月。

月末,将应纳增值税额转入"应交税费——未交增值税"账户:

借:应交税费——应交增值税(转出未交增值税)　90 000

　贷:应交税费——未交增值税　90 000

下月初,缴纳增值税时编制会计分录:

借:应交税费——未交增值税　90 000

　贷:银行存款　90 000

办理增值税退税手续,即退增值税额 = 90 000 - 1 000 000 × 3% = 60 000(元)

收到退税款时编制会计分录:

借:银行存款　60 000

　贷:营业外收入——政府补助　60 000

(四)先征后退增值税的核算

1. 基本政策

先征后退是增值税优惠的一种特殊方式,由财政部驻各地财政监察专员办事处及相关财政机关分别按照现行有关规定办理。根据增值税制度规定,实行先征后退(返)增值税政策的,主要包括以下方面:

1)煤层气抽采企业(一般纳税人)抽采销售煤层气,实行增值税先征后退政策。先征后退税款由企业专项用于煤层气技术的研究和扩大再生产,不征收企业所得税。

煤层气，是指赋存于煤层及其围岩中与煤炭资源伴生的非常规天然气，也称煤矿瓦斯。

煤层气抽采企业应将享受增值税先征后退政策的业务和其他业务分别核算，不能分别准确核算的，不得享受增值税先征后退政策。

2）纳税人销售自产的综合利用生物柴油，实行增值税先征后退政策。

综合利用生物柴油，是指以废弃的动物油和植物油为原料生产的柴油。废弃的动物油和植物油用量占生产原料的比重不低于70%。

3）符合条件的一般纳税人销售再生资源缴纳的增值税，实行先征后退政策：2009年销售再生资源实现的增值税，按70%的比例退回；2010年销售再生资源实现的增值税，按50%的比例退回。

一般纳税人享受上述优惠政策，应当同时满足以下条件：按照商务部制定的《再生资源回收管理办法》的规定，在有关部门备案的；有固定的再生资源仓储、整理、加工场地；通过金融机构结算的再生资源销售额占全部再生资源销售额的比重不低于80%；自2007年1月1日起，未因违反《反洗钱法》、《环境保护法》、《税收征收管理法》、《发票管理办法》或者《再生资源回收管理办法》受到刑事处罚或者县级以上工商、商务、环保、税务、公安机关相应的行政处罚（警告和罚款除外）。

报废船舶拆解和报废机动车拆解企业，也按照上述规定执行。

2. 会计核算

首先，按照正常会计处理程序核算增值税销项税额、进项税额和应纳税额，并按规定的纳税期限缴纳税款。然后，按照规定计算应退回的增值税额，申请办理退税手续。

月末，一般纳税人按应纳的增值税额，借记“应交税费——应交增值税（转出未交增值税）”科目，贷记“应交税费——未交增值税”科目。

下月初，缴纳增值税时，借记“应交税费——未交增值税”科目，贷记“银行存款”科目。

收到退回的增值税款时，借记“银行存款”科目，贷记“营业外收入——政府补助”科目。

七、出口货物退（免）税的核算

（一）出口货物退（免）税基本政策

出口货物退（免）税是国际社会的通行惯例。通过出口退（免）税，使出口货物不受税收因素影响，有利于鼓励各国出口货物公平竞争。我国对出口货物，在遵循“征多少、退多少”、“未征不退和彻底退税”基本原则的基础上，实行免税和退税相结合的政策。具体分为以下三种形式：

1. 出口免税并退税

出口免税，是指对出口货物在出口环节免征增值税。出口退税，是指对出口货物在出口前实际承担的税款，按规定退还给出口企业。

2. 出口免税但不退税

对某些出口货物，免征出口环节的增值税，但不退税。适用这一政策的，一般是因为货物在出口前的各个环节是免税的，所以，在出口环节无须退税。

3. 出口不免税也不退税

对某些出口货物，按照内销货物的征收办法照章征税，不免税也不退税。适用这一政策的主要是税收制度列举限制或禁止出口的货物等。

（二）生产企业出口货物退（免）税的核算

1. 基本规定

1）生产企业出口货物适用“出口不免税也不退税”政策的，其出口环节应视同内销环节，照章征税。其税款的计算和会计处理与内销货物相同。

2）生产企业出口货物适用“出口免税但不退税”政策的，在货物出口时，不计算反映增值税额，只核算销售收入。若个别出口货物涉及增值税进项税额的，应将其从“应交税费——应交增值税（进项税额转出）”账户转入“主营业务成本”账户。

一般纳税人出口实行简易办法征税的自产货物和小规模纳税人出口自产货物，实行免征增值税办法，不予退税。

3）一般纳税人的生产企业自营出口或委托外贸企业代理出口的自产货物，适用“出口免税并退税”政策的，除另有规定外，一律实行“免、抵、退税”管理办法。

“免税”，是指对出口的自产货物，免征生产销售环节增值税；“抵税”，是指出口自产货物所耗用的原材料、零部件、燃料、动力等所含应予退还的进项税额，抵顶内销货物的应纳税额；“退税”，是指出口的自产货物在当月内应抵顶的进项税额大于应纳税额时，对未抵顶完的部分予以退税。

2. 具体处理办法

“免、抵、退税”的计算程序、方法与会计处理如下：

1）出口货物免税。在会计处理上，不反映增值税额，只核算货物销售收入。

借：应收账款或银行存款

　贷：主营业务收入

2）计算当期免抵退税不得免征或抵扣税额。在出口货物征税率与退税率不一致的情况下，计算不予退税和不予抵扣的税额。这部分税额在会计上应作进项税额转出处理。

免抵退税不得免征或抵扣税额 = 当期出口货物离岸价 × 外汇人民币牌价 ×（出口货物征税率 − 出口货物退税率）− 免抵退税不得免征或抵扣税额抵减额

其中：免抵退税不得免征或抵扣税额抵减额 = 免税购进原材料价格 ×（出口货物征税率 − 出口货物退税率）

免税购进原材料，包括从国内购进免税原材料和进料加工免税进口料件，其中，进料加工免税进口料件的价格为组成计税价格。

进料加工免税进口料件的组成计税价格 = 货物到岸价 + 海关实征关税 + 海关实征消费税

计算出免抵退税不得免征或抵扣税额，编制如下会计分录：

借：主营业务成本

　贷：应交税费——应交增值税（进项税额转出）

3）计算当期应纳税额：

当期应纳税额 = 当期内销货物的销项税额 −（期初进项税额 + 当期发生的准予抵扣的进项税额 − 当期免抵退税不得免征或抵扣税额）

4）计算免抵退税额。免抵退税额，是指按出口货物离岸价计算的应退税额。

免抵退税额 = 出口货物离岸价 × 外汇人民币牌价 × 出口货物退税率 − 免抵退税额抵减额

其中：出口货物离岸价（FOB）以出口发票计算的离岸价为准。

免抵退税额抵减额 = 免税购进原材料价格 × 出口货物退税率。

5）计算当期退税额和当期免抵税额：

（1）如果上述计算的“当期应纳税额”为正数，则为内销货物销项税额与所有进项税额相抵后的应纳税额，即内销货物应纳税额与出口货物退税额相抵后的应纳税额。本期实际退税额为0。

企业按当期应纳税额，编制会计分录：

借：应交税费——应交增值税（转出未交增值税）

　贷：应交税费——未交增值税

此时，免抵税额，即出口货物应退税额与内销货物的应纳税额相抵的金额，即上述计算的“免抵退税额”。这部分税额已与内销货物的应纳税额相抵顶了，无须退税。

企业按当期免抵税额编制会计分录：

借：应交税费——应交增值税（出口抵减内销产品应纳税额）

　贷：应交税费——应交增值税（出口退税）

经过上述处理，“应交税费——应交增值税”账户无余额。

（2）如果上述计算的“当期应纳税额”为负数，则为内销货物销项税额与所有进项税额相抵后尚未抵扣完的进项税额。也就是说，内销货物应纳税额与出口货物退税额相抵后尚未抵顶完的进项税额，是退税前的期末留抵税额。此时，应分别以下两种情况确定退税额和免抵税额：

第一种情况：退税前的期末留抵税额≤当期免抵退税额，则：

当期退税额 = 退税前的期末留抵税额

当期免抵税额 = 当期免抵退税额 - 当期退税额

企业按当期应退税额编制会计分录：

借：其他应收款

　贷：应交税费——应交增值税（出口退税）

同时，按当期免抵税额作编制会计分录：

借：应交税费——应交增值税（出口抵减内销产品应纳税额）

　贷：应交税费——应交增值税（出口退税）

经过上述处理，“应交税费——应交增值税”账户无余额。

第二种情况：退税前的期末留抵税额 > 当期免抵退税额，则：

当期退税额 = 当期免抵退税额

当期免抵税额 = 0

留待下期抵扣的税额 = 退税前的期末留抵税额 - 当期退税额

企业按当期应退税额编制会计分录：

借：其他应收款

　贷：应交税费——应交增值税（出口退税）

经过上述处理，“应交税费——应交增值税”账户借方余额反映留待下期抵扣的进项税额。

3. 生产企业“免、抵、退税”举例

【例 2-65】某有进出口经营权的生产企业，系增值税一般纳税人。该企业采用实际成本组织存货核算，各类货物适用的增值税税率均为 17%，出口退税率为 13%；各月均无免税购进原材料。假定某年 11 月份、12 月份美元与人民币的比价均为 1∶7.60，该企业采用“免、抵、退税”办法办理出口货物退（免）税。

1）11 月份购销情况及会计处理：

（1）购进生产用原材料、辅助材料，均取得增值税专用发票，价款合计 1 200 万元，税款合计 204 万元；发生运输费用 15 万元，其中：运费 10 万元、装卸费和保险费 5 万元，取得运输部门和其他相关部门开具的普通发票；货物均已运抵企业，货款已付讫。

借：原材料	12 143 000
应交税费——应交增值税（进项税额）	2 047 000
贷：银行存款	14 190 000

(2)购进一批扩建厂房用建筑材料,支付价款、税款合计187 200元,货款已付,材料已运抵企业。

借:工程物资 187 200

贷:银行存款 187 200

(3)国内销售货物,取得销售额(不含税)共计200万元人民币,货已发出,款项收讫。

借:银行存款 2 340 000

贷:主营业务收入 2 000 000

应交税费——应交增值税(销项税额) 340 000

(4)报关离境出口货物一批,离岸价1 100 000美元,折合人民币8 360 000元;月末已收讫货款。

借:应收账款——美元户(1 100 000美元) 8 360 000

贷:主营业务收入 8 360 000

收到货款时:

借:银行存款——美元户(1 100 000美元) 8 360 000

贷:应收账款——美元户(1 100 000美元) 8 360 000

(5)月末申报办理出口退税时,计算出口不得免征或不得抵扣税额:

8 360 000×(17%-13%)=334 400(元)

借:主营业务成本 334 400

贷:应交税费——应交增值税(进项税额转出) 334 400

(6)计算当期应纳税额:340 000-(2 047 000-334 400)=-1 372 600(元)

(7)计算当期免抵退税额:8 360 000×13%=1 086 800(元)

(8)计算当期应退税额和免抵税额:

因退税前的当期期末留抵税额1 372 600元大于当期免抵退税额1 086 800元,故当期实际应退税额为1 086 800元。

当期免抵税额为0。

结转12月份抵扣的税额=1 372 600-1 086 800=285 800(元)

企业按退税额编制会计分录:

借:其他应收款 1 086 800

贷:应交税费——应交增值税(出口退税) 1 086 800

结转后,"应交税费——应交增值税"账户出现借方余额285 800元,反映退税以后的留抵税额。

上述处理情况用T形账表示,见表2-7。

表 2-7 应交税费——应交增值税

(1)进项税额 2 047 000 元	(3)内销货物销项税额 340 000 元 (5)进项税额转出(出口不得免征或抵扣税额)334 400元
借方余额 1 372 600 元	
	(8)出口退税 1 086 800 元
借方余额 285 800 元	

2)12 月份购销情况及会计处理:

(1)购进生产用原材料并取得增值税专用发票,价款、税款分别为 500 万元、85 万元;发生运输费用 4 万元,取得运输部门开具的普通发票;货物已运抵企业并验收入库,货款已转账付讫。

借:原材料　　5 037 200
　应交税费——应交增值税(进项税额)　　852 800
　贷:银行存款　　5 890 000

(2)企业扩建厂房领用上月购进的建筑材料 16 万元、生产用材料 3 万元。

借:在建工程——厂房扩建工程　　195 100
　贷:工程物资　　160 000
　　原材料　　30 000
　　应交税费——应交增值税(进项税额转出)　　5 100

(3)国内销售货物若干批,销售额(不含税)共计 350 万元人民币,货已发出,货款已收讫。

借:银行存款　　4 095 000
　贷:主营业务收入　　3 500 000
　　应交税费——应交增值税(销项税额)　　595 000

(4)报关离境出口货物一批,离岸价 160 万美元,折合人民币 1 216 万元;月末收到货款。

借:银行存款——美元户(1 600 000 美元)　　12 160 000
　贷:主营业务收入　　12 160 000

(5)月末申报办理出口退税时,计算出口不得免征或不得抵扣税额:

1 216 × (17% − 13%) = 48.64(万元)

借:主营业务成本　　486 400

　贷:应交税费——应交增值税(进项税额转出)　　486 400

(6)计算当期应纳税额:595 000 - (285 800 + 852 800 - 5 100 - 486 400) = -52 100(元)

(7)计算当期免抵退税额:1 216 × 13% = 158.08(万元)

(8)计算当期应退税额和免抵税额:

因退税前的当期期末留抵税额52 100元小于当期免抵退税额1 580 800元,故当期实际应退税额为52 100元。

借:其他应收款　　52 100

　贷:应交税费——应交增值税(出口退税)　　52 100

当期免抵税额 = 1 580 800 - 52 100 = 1 528 700(元)

借:应交税费——应交增值税(出口抵减内销产品应纳税额)　　1 528 700

　贷:应交税费——应交增值税(出口退税)　　1 528 700

结转后,"应交税费——应交增值税"账户无余额。

上述处理情况用T形账表示,见表2-8。

表2-8　应交税费——应交增值税

月初进项税额285 800元 (1)本月发生进项税额852 800元	(2)进项税额转出5 100元 (3)内销货物销项税额595 000元 (5)进项税额转出(出口不得免征或抵扣税额)486 400元
借方余额52 100元	
借方余额52 100元 (8)出口抵减内销产品应纳税额1 528 700元	(8)出口退税(实际)52 100元 出口退税(免抵)1 528 700元
借方余额:0	

经过上述处理后,该企业12月份"应交税费——应交增值税"账户资料,见表2-9。

表 2－9 "应交税费——应交增值税"明细账

××年		凭证号	摘要	借方						贷方					借或贷	余额
月	日			进项税额	已交税金	减免税款	出口抵减内销产品应纳税额	转出未交增值税	合计	销项税额	出口退税	进项税额转出	转出多交增值税	合计		
12	1	略	月初	285 800											借	285 800
－	略	略	进货	852 800											借	1138 600
	略	略	领料									5 100			借	1133 500
	略	略	内销							595 000					借	538 500
	31	略	出口									486 400			借	52 100
	31	略	出口抵减				1 528 700				1 528 700				借	52 100
	31	略	出口退税								52 100				借	0
	31	略	本月小计	1 138 600			1 528 700		2 667 300	595 000	1 580 800	491 500		2 667 300	平	0
	31	略	结转下年												平	0

4. 生产企业出口货物免抵退申报汇总表的填列

生产企业将货物报关离境并按规定作出口销售后，应在规定的期限内办理增值税纳税申报和免抵退税申报。

沿用例 2－64 资料，根据该企业本年 12 月份的资料，填列《生产企业出口货物免抵退申报汇总表》。填列结果见表 2－10；其他项目，略。

表2-10 生产企业出口货物免抵退税申报汇总表

（适用于增值税一般纳税人）

纳税人识别号： 纳税人名称（公章）：

海关代码： 税款所属期： 年 月至 年 月

申报日期： 年 月 金额单位：元（列至角分）

项目	栏次	当期	本年累计	与增值税纳税申报表差额
		(a)	(b)	(c)
免抵退出口货物销售额（美元）	1	1 600 000		—
免抵退出口货物销售额	2=3+4	12 160 000		
其中：单证不齐销售额	3			—
单证齐全销售额	4	12 160 000		—
前期出口货物当期收齐单证销售额	5		—	—
单证齐全出口货物销售额	6=4+5	12 160 000		—
不予免抵退出口货物销售额	7			
出口销售额乘征税率之差	8	486 400		—
上期结转免抵退税不得免征和抵扣税额抵减额	9		—	—
免抵退税不得免征和抵扣税额抵减额	10			—
免抵退税不得免征和抵扣税额	11（如8>9+10则为8-9-10，否则为0）	486 400		
结转下期免抵退税不得免征和抵扣税额抵减额	12（如9+10>8则为9+10-8，否则为0）		—	—
出口销售额乘退税率	13	1 580 800		—
上期结转免抵退税额抵减额	14		—	—
免抵退税额抵减额	15			—
免抵退税额	16（如13>14+15则为13-14-15，否则为0）	1 580 800		—

续表

项　目	栏次	当期	本年累计	与增值税纳税申报表差额
		(a)	(b)	(c)
结转下期免抵退税额抵减额	17(如14+15>13则为14+15-13,否则为0)		—	—
增值税纳税申报表期末留抵税额	18	52 100	—	—
计算退税的期末留抵税额	19=18-11c	52 100	—	—
当期应退税额	20(如16>19则为19,否则为16)	52 100		—
当期免抵税额	21=16-20	1 528 700		—
出口企业申明：			退税部门	
此表各栏目填报内容是真实、合法的,与实际出口货物情况相符。此次申报的出口业务不属于"四自三不见"等违背正常出口经营程序的出口业务。否则,本企业愿承担由此产生的相关责任。 经办人： 财务负责人：　（公章） 企业负责人：　年　月　日			经办人： 复核人：　（章） 负责人：　年　月　日	

受理人：　　受理日期：　年　月　　受理税务机关(签章)

注:第(c)列"与增值税纳税申报表差额"为退税部门审核确认的第(b)列"累计"申报数减《增值税纳税申报表》对应项目的累计数的差额,企业应作相应账务调整并在下期增值税纳税申报时对《增值税纳税申报表》进行调整。

(三)外贸企业出口货物退(免)税的核算

外贸企业在国内收购货物后直接出口或委托其他外贸企业代理出口,除另有规定外,适用"免税并退税"政策。外贸企业将国家规定的免税货物出口,适用"免税但不退税"政策;将国家限制或禁止出口的货物出口,适用"不免税也不退税"政策。

在会计处理上,外贸企业出口货物适用"出口不免税也不退税"政策的,其出口环节应视同内销环节,照章征税。其税款的计算和会计处理与内销货物相同。出口货物适用"出口免税但不退税"政策的,在货物出口时,不计算和反映增值税额,只核算销售收入。若个别出口货物涉及增值税进项税额,应将其从"应交税费——应交增值税

(进项税额转出)”账户转入“主营业务成本”账户。

这里,主要介绍外贸企业适用“出口免税并退税”政策的出口货物的核算办法。

1. 外贸企业购进货物的核算

外贸企业购进货物以供出口的,通过出口货物库存账核算。

企业购进货物时,按增值税专用发票上注明的价款,借记“库存商品(出口)”科目;按增值税专用发票上注明的增值税额,借记“应交税费——应交增值税(进项税额)”科目;按应付或实付的款项,贷记“应付账款”或“银行存款”等科目。

从小规模纳税人购进由税务机关代开增值税专用发票的货物,也依照上述办法核算。但是,从小规模纳税人购进货物取得普通发票的,按发票所列金额,借记“库存商品”科目,贷记“银行存款”或“应付账款”科目。

2. 外贸企业出口货物的核算

外贸企业出口货物时,按实收或应收的款项,借记“银行存款”或“应收账款”科目,贷记“主营业务收入”科目。

结转销售成本时,按出口商品的账面金额,借记“主营业务成本”科目,贷记“库存商品(出口)”科目。

3. 出口退税的计算和会计处理

1)出口在国内购进的取得增值税专用发票的货物,按下列办法处理:

(1)计算出口不予退税或不予抵扣的税额:

不予退税或不予抵扣的税额 = 购进货物时取得的增值税专用发票上列明的买价金额 ×(出口货物税率 - 出口货物退税率)

对出口货物库存账和销售账均采用加权平均价核算的企业,也可以按适用不同退税率的货物,依照下列公式计算:

不予退税或不予抵扣的税额 = 出口数量 × 加权平均单价 ×(出口货物税率 - 出口货物退税率)

根据计算结果进行账务处理:借记“主营业务成本”科目,贷记“应交税费——应交增值税(进项税额转出)”科目。

(2)计算出口退税额:

出口退税额 = 购进货物时取得的增值税专用发票上列明的买价金额 × 退税率

对出口货物库存账和销售账均采用加权平均价核算的企业,也可以按适用不同退税率的货物,依照下列公式计算应退税额:

出口退税额 = 出口数量 × 加权平均单价 × 退税率

根据计算结果进行账务处理:借记“其他应收款”科目,贷记“应交税费——应交增值税(出口退税)”科目。

(3)收到退税款时,借记“银行存款”科目,贷记“其他应收款”科目。

值得注意的是，外贸企业出口从小规模纳税人购进由税务机关代开增值税专用发票的货物，按下列公式计算应退税额：

应退税额＝增值税专用发票列明的买价金额×退税率（一般为发票上列明的征收率）

2）出口委托生产企业加工收回后的货物。外贸企业委托生产企业加工收回后报关出口的货物，按购进国内原辅料取得的增值税专用发票上注明的买价金额，依原辅料的退税率计算原辅料应退税额；支付的加工费，按受托方开具的增值税专用发票所列计税金额和退税率计算加工费的应退税额。若其适用的增值税税率与出口退税率不一致，应计算出口货物不予退税或不予抵扣的税额，将其计入出口货物的成本。

会计处理办法同上。

八、增值税纳税申报

（一）一般纳税人增值税纳税申报

一般纳税人实行凭发票注明税款抵扣制度，管理要求较高。

1．纳税申报资料

1）纳税申报必报资料。一般纳税人在进行纳税申报时，应当报送下列资料：

（1）《增值税纳税申报表（适用于增值税一般纳税人）》、《增值税纳税申报表附列资料（表一）、（表二）》和《固定资产进项税额抵扣情况表》；

（2）使用防伪税控系统的纳税人，必须报送记录当期纳税信息的IC卡、《增值税专用发票存根联明细表》及《增值税专用发票抵扣联明细表》；

（3）《资产负债表》和《利润表》；

（4）《成品油购销存情况明细表》（发生成品油零售业务的纳税人填报）；

（5）主管税务机关规定的其他必报资料。

纳税申报实行电子信息采集的纳税人，除向主管税务机关报送上述必报资料的电子数据外，还需报送纸介的《增值税纳税申报表（适用于一般纳税人）》（主表及附表）。

2）纳税申报备查资料。主要包括：已开具的增值税专用发票和普通发票存根联；符合抵扣条件并且在本期申报抵扣的增值税专用发票抵扣联；海关进口货物完税凭证、运输发票、购进农产品普通发票的复印件；收购凭证的存根联或报查联；代扣代缴税款凭证存根联；主管税务机关规定的其他备查资料。

备查资料是否需要在当期报送，由各省级国家税务局确定。

2．纳税申报操作程序及要求

纳税人办理纳税申报时，根据增值税纳税申报的内容，按下列程序及要求进行：

1）核实销售和视同销售业务，确定当期应税销售额，并依照适用税率计算当期销项税额，并与“应交税费——应交增值税”明细账贷方销项税额核对相符。

2）核实货物和应税劳务的购进及购进后的使用保管情况，确定本期进项税额合计数、进项税额转出数，并与“应交税费——应交增值税”明细账核对相符。

3）收集整理纳税申报备查资料，分析填列纳税申报必报资料。

4）按照主管税务机关根据税法规定核定的纳税期限，办理纳税申报。

3. 填列纳税申报表及其附表

按照纳税申报表的填列要求，填报《增值税纳税申报表（适用于一般纳税人）》（见表2－11）及其附表。附表内容包括：本期销售情况明细、本期进项税额明细和固定资产进项税额抵扣情况。

表2－11 增值税纳税申报表

（适用于增值税一般纳税人）

根据《中华人民共和国增值税暂行条例》第二十二条和第二十三条的规定制定本表。纳税人不论有无销售额，均应按主管税务机关核定的纳税期限按期填报本表，并于次月一日起十五日内，向当地税务机关申报。

税款所属时间：自 年 月 日至 年 月 日 填表日期： 年 月 日 金额单位：元至角分

纳税人识别号						所属行业：
纳税人名称	（公章）	法定代表人姓名		注册地址		营业地址
开户银行及账号		企业登记注册类型		电话号码		

项目		栏次	一般货物及劳务		即征即退货物及劳务	
			本月数	本年累计	本月数	本年累计
销售额	（一）按适用税率征税货物及劳务销售额	1				
	其中：应税货物销售额	2				
	应税劳务销售额	3				
	纳税检查调整的销售额	4				
	（二）按简易征收办法征税货物销售额	5				
	其中：纳税检查调整的销售额	6				
	（三）免、抵、退办法出口货物销售额	7			—	—
	（四）免税货物及劳务销售额	8			—	—
	其中：免税货物销售额	9			—	—
	免税劳务销售额	10			—	—

续表

税款计算	销项税额	11				
	进项税额	12				
	上期留抵税额	13		—		—
	进项税额转出	14				
	免抵退货物应退税额	15			—	—
	按适用税率计算的纳税检查应补缴税额	16			—	—
	应抵扣税额合计	17 = 12 + 13 - 14 - 15 + 16		—		—
	实际抵扣税额	18(如 17 < 11,则为 17,否则为 11)				
	应纳税额	19 = 11 - 18				
	期末留抵税额	20 = 17 - 18		—		—
	简易征收办法计算的应纳税额	21				
	按简易征收办法计算的纳税检查应补缴税额	22			—	—
	应纳税额减征额	23				
	应纳税额合计	24 = 19 + 21 - 23				
税款缴纳	期初未缴税额(多缴为负数)	25				
	实收出口开具专用缴款书退税额	26			—	—
	本期已缴税额	27 = 28 + 29 + 30 + 31				
	①分次预缴税额	28		—		—
	②出口开具专用缴款书预缴税额	29		—	—	—
	③本期缴纳上期应纳税额	30				
	④本期缴纳欠缴税额	31				
税款缴纳	期末未缴税额(多缴为负数)	32 = 24 + 25 + 26 - 27				
	其中:欠缴税额(≥0)	33 = 25 + 26 - 27		—		—
	本期应补(退)税额	34 = 24 - 28 - 29		—		—
	即征即退实际退税额	35	—	—		
	期初未缴查补税额	36			—	—
	本期入库查补税额	37			—	—
	期末未缴查补税额	38 = 16 + 22 + 36 - 37			—	—

续表

<table>
<tr><td>授权声明</td><td>如果你已委托代理人申报，请填写下列资料：
为代理一切税务事宜，现授权
（地址）
为本纳税人的代理申报人，任何与本申报表有关的往来文件，都可寄予此人。
授权人签字：</td><td>申报人声明</td><td>此纳税申报表是根据《中华人民共和国增值税暂行条例》的规定填报的，我相信它是真实的、可靠的、完整的。
声明人签字：</td></tr>
<tr><td colspan="4">以下由税务机关填写：</td></tr>
<tr><td colspan="2">收到日期：</td><td>接收人：</td><td>主管税务机关盖章：</td></tr>
</table>

（二）小规模纳税人增值税纳税申报

小规模纳税人实行简易征税办法，其当期应纳税额为当期实现的不含税销售额与征收率的乘积。小规模纳税人办理纳税申报时，首先应核实货物、应税劳务和视同销售业务的销售额，并依照征收率计算当期应纳增值税税额；同时，对照审核收入账户和"应交税费——应交增值税"账户。审核无误后，再据实填写《增值税纳税申报表（适用小规模纳税人）》（见表2－12）。填写完毕后，按照税务机关依照税法规定确定的期限办理纳税申报手续。

表2－12　增值税纳税申报表（适用小规模纳税人）

纳税人识别号：

纳税人名称（公章）：　　　　　　　　　　金额单位：元（列至角分）

税款所属期：　年　月　日至　年　月　日　　填表日期：　年　月　日

	项　目	栏次	本期数	本年累计
一、计税依据	（一）应征增值税货物及劳务不含税销售额	1		
	其中：税务机关代开的增值税专用发票不含税销售额	2		
	税控器具开具的普通发票不含税销售额	3		
	（二）销售使用过的应税固定资产不含税销售额	4	—	—
	其中：税控器具开具的普通发票不含税销售额	5	—	—
	（三）免税货物及劳务销售额	6		
	其中：税控器具开具的普通发票销售额	7		
	（四）出口免税货物销售额	8		
	其中：税控器具开具的普通发票销售额	9		

续表

二、税款计算	本期应纳税额	10		
	本期应纳税额减征额	11		
	应纳税额合计	12 = 10 - 11		
	本期预缴税额	13		—
	本期应补（退）税额	14 = 12 - 13		—

纳税人或代理人声明： 此纳税申报表是根据国家税收法律的规定填报的，我确定它是真实的、可靠的、完整的。	如纳税人填报，由纳税人填写以下各栏： 办税人员（签章）：　财务负责人（签章）： 法定代表人（签章）：　联系电话： 如委托代理人填报，由代理人填写以下各栏： 代理人名称：　经办人（签章）： 代理人（公章）：　联系电话：

受理人：　受理日期：　年　月　日　受理税务机关（签章）：

第二节　增值税纳税筹划

一、销项税额的纳税筹划

销项税额的纳税筹划，关键是对销售额的纳税筹划。增值税制度对不同经营方式下销售额的构成和实现时间，均作了明确的规定。这些规定，为纳税人确认与计量销售额提供了法律依据，也为纳税人进行销售额的纳税筹划提供了可能。纳税人可以在符合税收立法精神和税收管理意图的前提下，通过对经营方式或者销售方式的灵活安排，从空间和时间两个角度获得纳税筹划收益。

（一）两种行为的纳税筹划

纳税筹划时，主要应当关注与货物销售相关的劳务。与货物销售相关的劳务，是指纳税人在货物销售过程中或者销售后发生的劳务。根据劳务发生的环节或时点，可以将经营行为划分为混合销售行为和兼营行为，分别适用不同的税务处理办法。

1. 两种经营行为的税务处理办法

增值税制度规定，一项销售行为，如果既涉及货物又涉及非增值税应税劳务，为混合销售行为。非增值税应税劳务，是指属于应纳营业税的交通运输业、建筑业、金融保险业、邮电通信业、文化体育业、娱乐业、服务业税目征收范围的劳务。

纳税人发生混合销售行为的，其税务处理办法如下：生产企业销售自产货物并同时提供建筑业劳务的，按照货物销售额计算缴纳增值税，按照建筑业劳务营业额计算缴纳营业税。除此以外，以缴纳增值税为主的企业、企业性单位和个体工商户发生的混合销售行为，一并计算缴纳增值税；其他单位和个人发生的混合销售行为，一并计算缴纳营业税。

兼营非增值税应税项目，是指纳税人在销售货物或提供应税劳务的同时，还从事非增值税应税项目，且两者之间没有直接的联系和从属关系。在税务处理上，纳税人兼营非增值税应税项目，无论是否分别核算，均应当分别计算纳税。

2. 经营行为筹划的基本思路

纳税筹划时，除生产企业销售自产货物并同时提供建筑业劳务外，其他企业可以考虑增值税与营业税的税负状况，确定相关劳务发生的环节或时点，以及劳务收入的结算办法，选择有利于自身的经营方式。至于哪种方式对纳税人更为有利，需要具体问题具体分析。

【例 2-66】A 公司（一般纳税人）系大型化工企业。每年化工产品销售收入（不含增值税）15 000 万元。由于产品的特殊性，只能由企业自行运输，因此 A 公司拥有自己的运输力量（包括运输工具、办公场地、工作人员），每年承运自产化工产品向购买方收取运输费 2 340 万元。A 公司每年增值税进项税额 1 450 万元（其中运输工具耗用货物或劳务的进项税额 150 万元）。

从税收角度分析，以下两种方案中，哪种方案对 A 公司有利？

第一种方案：将拥有的运输力量由 A 公司统一管理、统一核算。

在这种情况下，动用自己的运输力量运输自产化工产品，属于混合销售行为，应当一并计算缴纳增值税。

销售额 = 15 000 + 2 340 ÷ (1 + 17%) = 17 000（万元）

销项税额 = 17 000 × 17% = 2 890（万元）

应纳增值税额 = 2 890 - 1 450 = 1 440（万元）

第二种方案：实行改组，将拥有的运输力量剥离，成立独立核算的全资子公司（B 运输公司），由 A 公司控制，走专业化、协作化发展的路子。

在这种情况下，A 公司和 B 运输公司均属于独立法人，独立履行纳税义务。

A 公司销项税额 = 15 000 × 17% = 2 550（万元）

A公司进项税额 = 1 450 - 150 = 1 300(万元)

A公司应纳增值税额 = 2 550 - 1 300 = 1 250(万元)

B公司应纳营业税额 = 2 340 × 3% = 70.20(万元)

税额合计:1 250 + 70.20 = 1 320.20(万元)

第二种方案比第一种方案少纳税款119.80万元(1 440 - 1 320.20)。

可以看出,选择第二种方案对企业有利。

【例2-67】某软件生产企业(一般纳税人)每年营业收入情况如下:自产软件销售收入(不含增值税)5 000万元,软件安装费收入81.90万元,维护和技术服务费收入117万元、培训费收入35.10万元。全年进项税额340万元。从增值税和营业税角度,如何运作对企业有利?

第一种方案:在销售软件产品时一并收取软件安装费、维护费、技术服务费和培训费,并与软件价款开列在一张发票上(或附清单)。

这种情况属于混合销售行为,应当一并计算缴纳增值税,并可享受软件产品的优惠政策。

销售额 = 5 000 + (81.90 + 117 + 35.10) ÷ (1 + 17%) = 5 200(万元)

销项税额 = 5 200 × 17% = 884(万元)

应纳税额 = 884 - 340 = 544(万元)

即征即退增值税额 = 544 - 5 200 × 3% = 388(万元)

由于企业享受增值税优惠政策,实际上仅就全部销售额承担了3%的增值税税负156万元(5 200 × 3%)。

第二种方案:在销售软件产品时,软件安装费随软件价款收取,并开列在一张发票上。维护费、技术服务费和培训费在以后发生时按次或按期收取,另开发票。

这种情况属于兼营非增值税应税项目。其应纳税额测算如下:

软件销售额 = 5 000 + 81.90 ÷ (1 + 17%) = 5 070(万元)

销项税额 = 5 070 × 17% = 861.90(万元)

应纳税额 = 861.90 - 340 = 521.90(万元)

即征即退增值税额 = 521.90 - 5 070 × 3% = 369.80(万元)

应纳营业税额 = 117 × 5% + 35.10 × 3% = 6.90(万元)

实际上,该企业承担的增值税和营业税税负为159万元(5 070 × 3% + 6.90),比第一种方案多纳税款3万元(159 - 156)。这种税负差别,在软件维护费、技术服务费和培训费较大的情况下,将会更加突出。

上述软件企业的案例只是个案,并不代表混合销售行为的税负比兼营行为的轻,有时可能结果相反。

(二)折扣与折让的纳税筹划

纳税人在销售货物过程中,为达到促销目的,会经常采取各种有利于交易实现的促销手段,折扣销售和销售折让便是纳税人常用的促销手段之一。从购买者或消费者的角度看,折扣、折让的具体方式对其没有任何影响,而关心的是折扣、折让的额度。但从销售者的角度看,由于增值税制度对不同的折扣、折让方式有着不同的税务处理规定,因此,纳税人可以运用税收上的不同规定,选择有利自身的折扣、折让方式。

1. 折扣与折让的税务处理办法

实务中,折扣与折让主要分为:商业折扣、现金折扣、销售折让。其税务处理办法见表2-13。

表2-13 商业折扣、现金折扣、销售折让分析表

折扣方式	发生时间	发生原因	经济性质	税务处理方法
1. 商业折扣	折扣发生在销售之前	因讨价还价或购买数量较大等原因而给予购买方的利益让渡	又称折扣销售或价格折扣,在性质上属于企业正常的交易行为	折扣额与销售额在同一张发票上的"金额"栏分别注明的,可以从销售额中减除折扣额。否则,不得从销售额中减除折扣额
2. 现金折扣	折扣发生在销售之后	为鼓励购买方尽早付款,而给予购买方的带有约束条件的利益让渡	又称销售折扣,属于企业带有融资性质的理财费用	不论纳税人在财务上如何处理,现金折扣不得从销售额中减除
3. 销售折让	折让发生在销售之后	因产品品种、质量等方面的问题而给予购买方的利益让渡	在性质上相当于销货退回	折让额可以从销售额中减除,但发票的开具必须符合税法规定

增值税制度对折扣、折让行为的规定,主要是防止纳税人利用折扣、折让方式隐瞒或分解销售额。现金折扣不能从销售额中减除,主要原因是按照"权责明确、盈亏自负"的原则,纳税人自身的财务风险由纳税人自己承担。

2. 折扣与折让筹划的基本思路

纳税人利用折扣或折让进行纳税筹划,可以从以下几方面入手:

1)采用商业折扣方式销售货物时,必须将折扣额与销售额在同一张发票上的"金额"栏分别注明。这样,就可以从销售额中减除折扣额,按照折扣后的销售额计算缴纳增值税。同时,按照折扣后的销售额作为企业所得税的计税收入,减少应纳税所得额。如果未将折扣额在同一张发票“金额”栏注明而仅在发票的“备注”栏注明,或者将折扣额另开发票,则不得从销售额中减除折扣额。

2)采用现金折扣方式销售货物时,无论在财务上如何处理,都不得将折扣额从销售额中减除。否则,会构成偷税行为,不仅不会获得节税收益,而且还会受到税务部门的行政处罚。另外,对给予购买方的现金折扣,应当有购销合同和红字发票,在会计上通过“财务费用”科目核算。这样,方可在计算应纳税所得额时扣除。

3)在销售货物过程中,如果因所售货物存在品种、质量等方面的问题,在购买方可以不退货而要求给予销售折让时,应当分别不同情况处理:第一,在增值税专用发票开具之前发生销售折让的,可以按照折让后的销售额开具增值税专用发票,按折让后的销售额计算纳税。第二,在增值税专用发票开具之后发生销售折让的,先由购买方填报《开具红字增值税专用发票申请单》,由其主管税务机关审核后出具《开具红字增值税专用发票通知单》,销售方凭通知单开具红字增值税专用发票。开具之后,将该笔业务的相应记账凭证复印件报送主管税务机关备案。此时,可以将折让额从销售额中减除。

(三)代垫运费的纳税筹划

1.代垫运费的税务处理办法

纳税人在销售货物过程中,将货物交付运输公司,由运输公司负责运输给购货方,常常会发生代垫运输费用的情况。从运输发票的开具和运输费用的结算方式看,可以分为以下几种情况:

1)销售方将运输费用支付给运输公司,运输公司将运输发票开具给销售方,即运输发票中“付款单位”栏写的是销售方。销售方支付运输费用后,将其并入货物销售额,向购货方开具增值税专用发票或普通发票,随货物价款收取代垫的运输费用。

在这种情况下,对于销售方来说,一方面,可以根据取得的运输发票计算抵扣进项税额;另一方面,按照包括不含税的代垫运费在内的销售额计算销项税额。对于一般纳税人的购货方来说,以增值税专用发票上注明的税额作为进项税额申报抵扣,其中包括了运输费用的进项税额。

2)销售方将运输费用支付给运输公司,运输公司将运输发票开具给购货方,即运输发票中“付款单位”栏写的是购货方。销售方取得运输发票后,将其转交给购货方,据此向购货方收取代垫的运输费用。

在这种情况下,销售方代垫的运输费用不计算抵扣进项税额,也不并入货物销售额计算销项税额。购货方可以凭运输发票计算抵扣进项税额。

2. 代垫运费筹划的基本思路

下面，举例分析两种情况下对销售方和购货方增值税税负的影响。

【例2-68】假设A、B两个企业，二者都不具备独立的货物运输能力。A企业向B企业销售一批货物，不含税销售额100万元，增值税税率为17%。双方约定，货物由A企业所在地的C运输公司负责运输，运输费用先由A企业垫付，再由B企业在支付货款时，按A企业实际代垫的运输费用一并支付给A企业。

(1)如果C运输公司在开具运输发票时，将运输发票开具给A企业，运输费用11 700元。A企业取得运输发票后，将其代垫的运输费用作为价外费用并入货物销售额，向购货方开具增值税专用发票。则该笔代垫运输费用对A、B两企业增值税纳税义务的影响如下：

A企业应纳增值税额＝11 700÷(1＋17%)×17%－11 700×7%＝881(元)

B企业应纳增值税额＝0－1 700＝－1 700(元)

原因是A企业将代垫运输费用11 700并入销售额后，在开具的增值税专用发票上，销售额增加了10 000元，增值税额增加了1 700元。由此，销售方销项税额增加了1 700元，购货方可以抵扣的进项税额为1 700元。

(2)如果C运输公司在开具运输发票时，将运输发票开具给B企业，运输费用11 700元。A企业取得运输发票后，将其转交给B企业，向B企业收取该笔代垫运输费用。则该笔代垫运输费用对A、B两企业增值税纳税义务的影响如下：

A企业应纳增值税额＝0

B企业应纳增值税额＝0－11 700×7%＝－819(元)

通过以上分析，就可以判断出这两种情况对A、B两企业的利弊了。

(四)纳税义务发生时间筹划

增值税制度针对不同销售方式或结算办法，分别规定了纳税义务发生时间。纳税人可以顺应税收管理要求，根据购销双方的实际情况，通过对销售方式和结算办法的事先安排，以及发票开具方面的合规性操作，实现递延纳税收益。

实务中，应当关注以下问题：

1. 采取赊销和分期收款方式销售货物

增值税制度规定，纳税人采取赊销和分期收款方式销售货物的，纳税义务发生时间为书面合同约定的收款日期的当天；无书面合同或者书面合同没有约定收款日期的，为货物发出的当天。

【例2-69】某生产企业(一般纳税人)于当年6月5日向A公司销售一批货物，该批货物售价金额(不含税)300万元，增值税税率为17%。由于A公司资金周转困难，无力一次性支付全部货款。于是,A 公司承诺货款分三期等额支付:6 月 30 日支付首笔货款,其余款将分别在 7 月 30 日、8 月 30 日支付。

从税收角度看,该企业在运作时应当注意哪些问题?

(1)与 A 公司签订书面购销合同。合同中明确规定收款日期。如果不签订书面合同或者书面合同中没有约定收款日期,则在发出货物时产生纳税义务,企业就会面临资金周转上的压力。

(2)在发出货物时,不要开具发票。如果企业在发出货物时开具发票,就要按照发票金额履行纳税义务。

(3)在合同约定的收款日期,按照约定的结算金额开具发票,确立纳税义务。就本例而言,企业应在 6 月 30 日、7 月 30 日、8 月 30 日分别就实际结算金额开具发票,每月按照销售额 100 万元计算销项税额。

(4)如果 A 公司确实无力支付货款,企业可以在纳税期到来之前,与 A 公司协商,修改合同,重新约定收款日期。发票按重新约定的收款日期开具,这样,可以推迟纳税义务发生时间。

2. 采取预收货款方式销售货物

增值税制度规定,纳税人采取预收货款方式销售货物的,纳税义务发生时间为货物发出的当天;但生产销售生产工期超过 12 个月的大型机械设备、船舶、飞机等货物,为收到预收款或者书面合同约定的收款日期的当天。

实际运作时,应当注意以下问题:

1)一般情况下,收到预收款时不开具发票,不确立纳税义务。在发出货物时,开具发票,确立纳税义务。

2)对生产销售生产工期超过 12 个月的大型机械设备、船舶、飞机等货物,在收到预收款时,按预收的款项确认销售额计算纳税;到了书面合同约定的收款日期,按合同约定的结算金额确认销售额计算纳税。发票按纳税义务发生时间开具,不要提前开具。

3)如果购买方确有困难无力支付货款,双方可以在纳税期之前修订合同,另行规定结算日期,按新议定的结算日期确定纳税义务发生时间。

3. 采取委托代销方式销售货物

增值税制度规定,纳税人采取委托代销方式销售货物的,纳税义务发生时间为收到代销单位出具的代销清单或者收到全部或者部分货款的当天;未收到代销清单及货款的,为发出代销货物满 180 天的当天。

【例 2-70】A 企业采取支付手续费方式委托 B 商场代销货物。该批货物实际成本 35 万元,含税售价金额 58.50 万元,增值税税率为 17%;代销手续费按含税销售额的

5%支付。

从税收角度看,A企业在运作时应当注意哪些问题?

(1)与B商场签订委托代销合同。在合同中明确规定B商场开具代销清单的日期、票款结算日期(比如按月结算),以及代销手续费的比例等。

(2)向B商场发出代销货物时,不能开具发票。否则,在发出货物时便产生纳税义务。

(3)在收到B商场开具的代销清单时,按代销清单所列的销售数量、销售额开具发票,按照发票金额履行纳税义务。支付手续费时,要取得B商场开具的服务业发票。

(4)自发出代销货物之日起180天之内,不要发生既未收到代销清单也未收到货款的情况。否则,将在发出代销货物满180天的当天确立纳税义务。在这种情况下,即使代销货物未全部实现销售,也要全额计算税款。

二、进项税额的纳税筹划

进项税额纳税筹划的目标是实现进项税额的充分抵扣,使纳税人税负最小化、收益最大化。这是符合增值税立法精神和管理意图的。第一,从立法精神上看,实施增值税的一个重要原因是为了解决商品或劳务的重复征税问题,克服多环节、阶梯式商品税的弊端,避免对企业的生产经营方式产生扭曲作用。同时,也有利于出口退税。企业购进货物或劳务承担的进项税额,实际上是上一环节销货方实现的销项税额,企业将其从自身实现的销项税额中充分抵扣,就可以彻底解决对购进货物或劳务的重复征税问题。第二,从税收管理的角度看,由于进项税额是应纳税额的减项,直接影响应纳税额的大小,所以在税收管理上有较高的要求。在纳税筹划过程中,要顺应税收管理要求,实现进项税额的充分抵扣。

在本章第一节中,已详细阐述过一般纳税人申报抵扣进项税额所必备的三个条件:购进货物或应税劳务必须用于应税项目的生产、经营、管理;必须取得法定扣税凭证;必须在规定的时间内申报抵扣。在纳税筹划过程中,要准确把握和运用进项税额申报抵扣条件,以实现进项税额的充分抵扣。

在具体运作时,应特别关注以下问题:

(一)依法索取法定扣税凭证

增值税法定扣除凭证包括:增值税专用发票,海关进口增值税专用缴款书,农产品收购发票和农产品销售发票,货物运输发票。一般纳税人购进的货物或应税劳务,凡是在用途上符合进项税额抵扣条件的,在购进时应尽量从销售方索取法定扣税凭证,使进项税额得以充分抵扣。比如,一般纳税人购进原材料、辅助材料、包装物、低值易耗品、办公用品,耗用的水、电、燃料,各类设备、车辆等修理费,货物运输费用等,不论采取何种方式购进或者支付的,凡是用于增值税应税项目的生产、经营、管理活动的,应尽可能取得扣税凭证,计算抵扣进项税额。

一般纳税人从生产企业购进货物有两种选择:一是从一般纳税人那里购进,二是从小规模纳税人那里购进,哪个对企业有利?回答往往是说前者对企业有利,原因是可以多抵扣进项税额。其实,关键点有两个:一是发票问题,二是价格问题。

【例2-71】某生产企业(一般纳税人)从A生产企业(一般纳税人)购进一批生产用的辅助材料,取得的增值税专用发票上注明的价款10万元、增值税额1.70万元,价税合计11.7万元。从B生产企业(小规模纳税人)购进数量相同的辅助材料,取得的由税务所代开的增值税专用发票上注明的价款10万元、增值税额0.3万元,价税合计10.3万元。假定企业本期实现的销项税额为5万元,试比较两者对成本和税负的影响。

分析结果见表2-14。

表2-14　不同进货来源的成本和税负分析表　　单位:万元

项　目	支　出			本期应纳增值税额
	材料成本	进项税额	合计	
从一般纳税人处购进材料	10	1.70	11.70	5-1.70=3.30
从小规模纳税人处购进材料	10	0.30	10.30	5-0.30=4.70
差　异	0	1.40	1.40	-1.40

由此可见,在出厂价格(不含税价格)相同且能够取得增值税专用发票的情况下,不论从哪里购进材料,对企业的成本和税负的影响是相同的。

(二)依法界定固定资产进项税额抵扣范围

增值税制度中所称固定资产,是指使用期限超过12个月的机器、机械、运输工具以及其他与生产经营有关的设备、工具、器具等(简称货物类固定资产)。一般纳税人购进自用的货物类固定资产中,只有应征消费税的摩托车、汽车、游艇,以及专门用于非增值税应税项目、免征增值税项目、集体福利或者个人消费的固定资产,不得抵扣进项税额。除此以外,可以凭增值税专用发票、海关进口增值税专用缴款书申报抵扣进项税额。

至于融资租赁的固定资产，除另有规定外，还不允许从销项税额中抵扣进项税额。根据现行制度规定，经中国人民银行批准的单位从事的融资租赁业务，按照“金融保险业”税目缴纳营业税。未经中国人民银行批准的单位从事的融资租赁业务，分两种情况处理：一是租赁的货物的所有权转让给承租方的，缴纳增值税；二是租赁的货物的所有权未转让给承租方的，按照“服务业”税目缴纳营业税。由此可见，对于出租方缴纳营业税的租赁业务，由于承租方得不到增值税专用发票，所以不能抵扣进项税额。对于出租方缴纳增值税的租赁业务，承租方可以凭取得的增值税专用发票抵扣进项税额。所以，在该项政策还没有调整的情况下，从税收角度看，企业采取融资租赁方式租入固定资产不如采取举债方式购入固定资产。需要提醒的是，在纳税筹划中，企业应当关注税收政策的变化。根据税收政策的变化情况，结合资金运作情况，选择有利的采购方案。

（三）依法划分动产与不动产在建工程

从增值税角度看，可以将在建工程区分为动产在建工程和不动产在建工程。对用于动产在建工程的购进货物或应税劳务，比如独立运行的机器设备及其安装所耗用的材料物资等，可以凭法定扣税凭证计算抵扣进项税额。对用于不动产在建工程的购进货物或应税劳务，不得抵扣进项税额。

不动产是指不能移动或者移动后会引起性质、形状改变的财产，包括建筑物、构筑物和其他土地附着物。其中，建筑物是指供人们在其内生产、生活和进行其他活动的房屋或者场所；构筑物，是指人们不在其内生产、生活的人工建造物；其他土地附着物，是指矿产资源及土地上生长的植物。纳税人新建、改建、扩建、修缮、装饰不动产，均属于不动产在建工程。凡以建筑物或者构筑物为载体的附属设备和配套设施，无论在会计处理上是否单独记账与核算，均作为建筑物或者构筑物的组成部分，其进项税额不得在销项税额中抵扣。附属设备和配套设施是指：给排水、采暖、卫生、通风、照明、通信、煤气、消防、中央空调、电梯、电气、智能化楼宇设备和配套设施。

（四）依法确认“个人消费”和“非正常损失”

一般纳税人用于个人消费的购进货物或者应税劳务，非正常损失的购进货物及相关的应税劳务，以及非正常损失的在产品、产成品所耗用的购进货物或者应税劳务，其进项税额不得从销项税额中抵扣。

“个人消费”，从内部看，包括用于本单位职工的个人消费，比如非货币性福利；从外部看，包括纳税人的交际应酬消费。

“非正常损失”，是指因管理不善造成被盗、丢失、霉烂变质的损失。其范围比原制度规定的范围窄。按照目前增值税制度的规定，一般纳税人因自然灾害、意外事故造成的损失，其进项税额是可以抵扣的。

(五)依法确认进项税额申报抵扣时间

增值税制度对纳税人申报抵扣进项税额有严格的时间限定。比如，2010年1月1日以后开具的法定扣税凭证，其申报抵扣期限是180天。因此，纳税人在购进货物或者应税劳务时，首先要及早取得法定扣税凭证；取得后，及早办理认证抵扣手续，减少当期应纳税额，以获取资金的时间价值；同时，避免因错过认证抵扣期而造成损失。

三、特定情形计税办法的纳税筹划

一般纳税人销售货物或应税劳务，主要实行凭发票注明税款进行税款抵扣的办法，一般称之为"一般计税办法"。但是，在某些特殊情形下，一般纳税人可以选择采取简易办法计算缴纳增值税。

比如，在本章第一节介绍过，一般纳税人销售自产的下列货物，可以选择按照简易办法依照6%征收率计算缴纳增值税：县级及县级以下小型水力发电单位生产的电力；建筑用和生产建筑材料所用的砂、土、石料；以自己采掘的砂、土、石料或其他矿物连续生产的砖、瓦、石灰(不含黏土实心砖、瓦)；用微生物、微生物代谢产物、动物毒素、人或动物的血液或组织制成的生物制品；自来水；以水泥为原料生产的水泥混凝土。一般纳税人选择简易办法计算缴纳增值税后，36个月内不得变更。

一般纳税人遇有上述情形，就面临着计税方法的选择问题。在选择时，应该重点考虑以下因素：

(1)企业自身状况。允许一般纳税人对上述货物选择简易办法计算缴纳增值税，一个很重要的因素是在生产过程中所耗用的外购货物或劳务，其进项税额难以确定。如果企业会计核算不健全，对进项税额无法核算清楚，或者生产经营所耗用的材料物资，无法取得法定扣税凭证，则不宜采取"一般计税办法"。否则，将会面临税收权益的损失。增值税制度规定，一般纳税人会计核算不健全，或者不能够提供准确税务资料的，应当按照销售额和适用税率计算应纳税额，不得抵扣进项税额。

(2)税负轻重。根据以往的纳税情况或者同行业的纳税情况，比较两种计税方式下，税收负担的轻重。

$$\text{“一般计税办法”下的税负率} = (\text{销项税额} - \text{进项税额}) \div \text{销售额} \times 100\%$$

当测算的税负率大于6%时，应当选择简易计税办法。当税负率小于6%，且企业会计核算健全的情况下，应当选择"一般计税办法"。

值得注意的是，一般纳税人选择简易计税办法的，应纳税额按照销售额和征收率

(6%)计算,不得抵扣进项税额。

四、税收优惠政策的运用

依法享受税收优惠是税法赋予纳税人的一项税收权益。从纳税筹划的角度看,税收优惠是纳税筹划的重要着眼点。通过纳税筹划,一方面,可以使纳税人充分享受或运用税收优惠政策,减轻税收负担,维护自身合法权益。另一方面,由于税收优惠政策是国家经济政策、社会政策在税收上的体现和反映,具有照顾、扶持、引导、鼓励或促进等功能。所以,运用税收优惠政策进行纳税筹划,可以有效发挥税收优惠政策效应,实现税收优惠的目的。

增值税优惠政策较多,优惠方式多样,包括免税、减半征税、即征即退、先征后退和出口退(免)税等。这为纳税筹划提供了较为广阔的空间。

(一)减免(退)税的纳税筹划

1.改进生产工艺,力争符合优惠条件

即征即退和先征后退是增值税的一种特殊优惠方式。纳税人生产的货物只有在满足规定条件的情况下,才能享受这种优惠。因此,纳税人面临有限定条件的优惠待遇时,应当主动采取改进措施,包括改进生产工艺和管理措施,使其生产销售的产品符合即征即退和先征后退增值税的条件,充分享受优惠政策。

增值税即征即退和先征后退优惠政策及适用条件见表2-15。

表2-15 即征即退和先征后退优惠政策及适用条件一览表

货物名称	优惠政策	基本条件
涂料硝化棉粉	即征即退增值税50%	以退役军用发射药为原料生产的;退役军用发射药在生产原料中的比重不低于90%
石膏、硫酸、硫酸铵、硫磺	即征即退增值税50%	对燃煤发电厂及各类工业企业产生的烟气、高硫天然气进行脱硫生产的副产品:石膏(二水硫酸钙含量不低于85%)、硫酸(浓度不低于15%)、硫酸铵(总氮含量不低于18%)和硫磺
蒸汽、活性炭、白碳黑、乳酸、乳酸钙、沼气	即征即退增值税50%	以废弃酒糟和酿酒底锅水为原料生产的;废弃酒糟和酿酒底锅水在生产原料中所占的比重不低于80%
新型墙体材料产品	即征即退增值税50%	具体范围按照《享受增值税优惠政策的新型墙体材料目录》执行

续表

货物名称	优惠政策	基本条件
蔗渣浆、蔗渣刨花板及各类纸制品	即征即退增值税50%	以蔗渣为原料生产的；生产原料中蔗渣所占比重不低于70%
氧化铝、活性硅酸钙	即征即退增值税50%	以粉煤灰、煤矸石为原料生产的；生产原料中上述资源的比重不低于25%
污泥微生物蛋白	即征即退增值税50%	利用污泥生产的；生产原料中上述资源的比重不低于90%
瓷绝缘子、煅烧高岭土	即征即退增值税50%	以煤矸石为原料生产的；其中：瓷绝缘子生产原料中煤矸石所占比重不低于30%，煅烧高岭土生产原料中煤矸石所占比重不低于90%
金、银、钯、铑、铜、铅、汞、锡、铋、碲、铟、硒、铂族金属	即征即退增值税50%	以废旧电池、废感光材料、废彩色显影液、废催化剂、废灯泡（管）、电解废弃物、电镀废弃物、废线路板、树脂废弃物、烟尘灰、湿法泥、熔炼渣、河底淤泥、废旧电机、报废汽车为原料生产的；其中：综合利用危险废弃物的企业必须取得《危险废物综合经营许可证》；生产原料中上述资源的比重不低于90%
利用废塑料、废旧聚氯乙烯制品、废橡胶制品及废铝塑复合纸包装材料为原料生产的产品	即征即退增值税50%	以废塑料、废旧聚氯乙烯（PVC）制品、废橡胶制品及废铝塑复合纸包装材料为原料生产的汽油、柴油、废塑料（橡胶）油、石油焦、碳黑、再生纸浆、铝粉、汽车用改性再生专用料、摩托车用改性再生专用料、家电用改性再生专用料、管材用改性再生专用料、化纤用再生聚酯专用料（杂质含量低于0.5mg/g、水分含量低于1%）、瓶用再生聚对苯二甲酸乙二醇酯（PET）树脂（乙醛质量分数小于等于1ug/g）及再生塑料制品；生产原料中上述资源的比重不低于70%；上述废塑料综合利用生产企业必须通过ISO9000、ISO14000认证
纤维纱及织布、无纺布、毡、粘合剂及再生聚酯产品	即征即退增值税50%	以废弃天然纤维、化学纤维及其制品为原料生产的；生产原料中上述资源的比重不低于90%
石墨异形件、石墨块、石墨粉和石墨增碳剂	即征即退增值税50%	以废旧石墨为原料生产的；生产原料中上述资源的比重不低于90%
电力、热力	即征即退增值税50%	①以煤矸石、煤泥、石煤、油母页岩为燃料生产的；煤矸石、煤泥、石煤、油母页岩用量占发电燃料的比重不低于60% ②利用风力生产的电力

续表

货物名称	优惠政策	基本条件
电力、热力	即征即退增值税(100%)	以垃圾(城市生活垃圾、农作物秸秆、树皮废渣、污泥、医疗垃圾)为燃料生产的(包括利用垃圾发酵产生的沼气生产销售的);垃圾用量占发电燃料的比重不低于80%,并且生产排放达到GB13223—2003第1时段标准或者GB18485—2001的有关规定
电力、热力	即征即退增值税(100%)	利用工业生产过程中产生的余热、余压生产的;发电(热)原料中100%利用上述资源
电力、热力、燃料	即征即退增值税(100%)	以餐厨垃圾、畜禽粪便、稻壳、花生壳、玉米芯、油茶壳、棉籽壳、三剩物、次小薪材、含油污水、有机废水、污水处理后产生的污泥、油田采油过程中产生的油污泥(浮渣),包括利用上述资源发酵产生的沼气为原料生产的;生产原料中上述资源的比重不低于80%,其中利用油田采油过程中产生的油污泥(浮渣)生产燃料的资源比重不低于60%。上述涉及的生物质发电项目必须符合发改委《可再生能源发电有关管理规定》(发改能源〔2006〕13号)要求,并且生产排放达到《火电厂大气污染物排放标准》(GB13223—2003)第1时段标准或者《生活垃圾焚烧污染控制标准》(GB18485—2001)的有关规定。利用油田采油过程中产生的油污泥(浮渣)的生产企业必须取得《危险废物综合经营许可证》
高纯度二氧化碳产品	即征即退增值税(100%)	以工业废气为原料生产的;符合GB10621—2006的有关规定
干化污泥、燃料	即征即退增值税(100%)	以污水处理后产生的污泥为原料生产的;生产原料中上述资源的比重不低于90%
饲料级混合油	即征即退增值税(100%)	以废弃的动物油、植物油为原料生产的;达到《饲料级混合油》(NY/T 913—2004)规定的技术要求;生产原料中上述资源的比重不低于90%
润滑油基础油、汽油、柴油等工业油料	即征即退增值税(100%)	以回收的废矿物油为原料生产的;生产企业必须取得《危险废物综合经营许可证》;生产原料中上述资源的比重不低于90%
乳化油调和剂及防水卷材辅料产品	即征即退增值税(100%)	以油田采油过程中产生的油污泥(浮渣)为原料生产的;生产企业必须取得《危险废物综合经营许可证》;生产原料中上述资源的比重不低于70%
档发	即征即退增值税(100%)	以人发为原料生产的档发;生产原料中90%以上为人发

续表

货物名称	优惠政策	基本条件
木(竹、秸秆)纤维板、木(竹、秸秆)刨花板,细木工板、活性炭、栲胶、水解酒精、炭棒;箱板纸	即征即退增值税(80%)	以三剩物、次小薪材和农作物秸秆等3类农林剩余物为原料生产的木(竹、秸秆)纤维板、木(竹、秸秆)刨花板,细木工板、活性炭、栲胶、水解酒精、炭棒;以沙柳为原料生产的箱板纸
页岩油	即征即退增值税(100%)	以煤炭开采过程中伴生的舍弃物油母页岩为原料生产的
再生沥青混凝土	即征即退增值税(100%)	以废旧沥青混凝土为原料生产的;废旧沥青混凝土用量占生产原料的比重不低于30%
水泥(包括水泥熟料)	即征即退增值税(100%)	采用旋窑法工艺生产的,或者外购水泥熟料采用研磨工艺生产的;生产原料中掺兑废渣比例不低于30%
煤层气	先征后退增值税(100%)	煤层气抽采企业(一般纳税人)抽采销售的
综合利用生物柴油	先征后退增值税(100%)	以废弃的动物油和植物油为原料生产的;废弃的动物油和植物油用量占生产原料的比重不低于70%

2. 履行报批或备案手续

按照税收减免管理办法的规定,减免税可以分为报批类减免税和备案类减免税。报批类减免税,是指应由税务机关审批的减免税项目。纳税人享受报批类减免税,应提交相应资料,提出申请,经具有审批权限的税务机关审批确认后执行。未按规定申请或虽申请但未经有权税务机关审批确认的,纳税人不得享受减免税。备案类减免税,是指取消审批手续的减免税项目和不需税务机关审批的减免税项目。纳税人享受备案类减免税,应提请备案,经税务机关登记备案后,自登记备案之日起执行。纳税人未按规定备案的,一律不得减免税。

因此,纳税人执行减免税政策时,首先,应根据增值税制度确认其享受哪些减免税待遇;其次,根据税收减免管理办法,确认其享受的减免税是属于报批类还是备案类。最后,整理相关资料,办理报批或备案手续。

3. 健全减免税的会计核算

增值税制度规定,纳税人兼营免税、减税项目的,应当分别核算免税、减税项目的销售额;未分别核算销售额的,不得免税、减税。税收减免管理办法中也有类似的规定。

因此,纳税人应健全减免税的会计核算,避免因会计核算不健全而遭受税收权益的损失。

(二)出口退(免)税的纳税筹划

1. 充分运用“零税率”政策

零税率是指出口货物的整体税收负担为零。为促进对外贸易的发展,使出口货物能够以较低价格进入国际市场,提高产品的国际竞争能力,我国对大部分出口货物实行零税率政策,即对出口货物免征增值税,同时退还其承担的进项税额。

一般来说,出口货物的退税率与出口货物的征税率相一致。但考虑到经济发展的协调性和可持续性,需要优化出口商品结构,因此,国家对不同的出口货物规定了不同的退税率。这为纳税人进行纳税筹划提供了一定的空间,如果筹划得当,可以获得较多的退税款,从而取得较好的筹划收益。比如,外贸企业可以通过改变出口商品结构,尽量选择那些退税率与征税率相同或相近的商品组织出口,以尽可能多地获得国家的出口退税款。

相对而言,生产企业利用零税率政策进行纳税筹划的空间较小。一是改变产品结构往往需要付出很大的代价,很多生产企业将难以承受巨大的成本压力;二是出口退税率不是固定不变的,国家会根据经济发展的不同态势适时调整出口退税率,这在一定程度上压缩了生产企业进行出口退税筹划的空间。所以,生产企业在进行出口退税筹划时,尤其是涉及商品结构时,需要谨慎行事,避免给自身的生产经营带来不利的影响。

2. 健全凭证手续,及早取得退税款

为加强出口退(免)税管理,国家税务总局制定了出口货物退(免)税管理办法,对出口货物退(免)税的认定、申报、审核和审批等作了明确规定。出口企业应按照管理办法的规定,办理出口货物退(免)税认定手续。在货物报关出口后,及时进行销售核算,办理外汇结算,收齐相关单证,在规定期限内办理出口退(免)税手续。避免因单证不全或逾期申报而丧失出口退(免)税待遇。

第三章

消费税会计与纳税筹划

第一节 消费税会计

一、消费税会计概述

（一）纳税人与代收代缴义务人

1. 纳税人

消费税是以特定消费品为征税对象征收的一种税，其目的是调节生产结构，引导消费方向，保证国家财政收入。消费税的征税对象是应税消费品，包括 14 类：烟、酒及酒精、化妆品、贵重首饰及珠宝玉石、鞭炮焰火、成品油、汽车轮胎、摩托车、小汽车、高尔夫球及球具、高档手表、游艇、木制一次性筷子、实木地板。

消费税一般在应税消费品的生产环节、委托加工环节和进口环节征收，在批发、零售环节不再征收。但是，金银首饰、钻石及钻石饰品消费税由生产环节、委托加工环节、进口环节改在零售环节征收；卷烟消费税除在生产环节、委托加工环节和进口环节征收外，自 2009 年 5 月 1 日起，还在批发环节征收。其他应税消费品，其消费税仍在生产环节、委托加工环节、进口环节征收。

在我国境内生产、委托加工和进口应税消费品的单位和个人，以及国务院确定的销售应税消费品的其他单位和个人，为消费税纳税人。金银首饰、钻石及钻石饰品消费税以零售者为纳税人。卷烟消费税以在我国境内生产、委托加工和进口卷烟的单位和个人，以及从事卷烟批发业务的单位和个人为纳税人。但是，卷烟批发者之间销售卷烟不缴纳消费税。单位是指企业、行政单位、事业单位、军事单位、社会团体及其他单位。个人是指个体工商户及其他个人。纳税人是消费税的纳税主体，也是消费税会计主体，应组织消费税的会计核算。

2. 代收代缴义务人

纳税人委托加工的应税消费品，除受托方是个人外，由受托方在向委托方交货时代收代缴税款。从税收角度看，受托加工应税消费品的单位是消费税的代收代缴义务人。从会计角度看，受托加工应税消费品的单位是消费税会计主体，应组织代收代缴消费税的会计核算。

（二）计税办法与税目税率

1. 计税办法

消费税计税办法有三种：从价定率、从量定额和复合计税。适用从价定率计税办法的应税消费品包括：卷烟（批发环节）、雪茄烟和烟丝、其他酒和酒精、化妆品、贵重首饰及珠宝玉石、鞭炮焰火、汽车轮胎、摩托车、小汽车、高尔夫球及球具、高档手表、游艇、木制一次性筷子、实木地板等。适用从量定额计税办法的应税消费品包括：黄酒、啤酒、成品油。适用复合计税办法的应税消费品包括：卷烟（生产、进口环节）、白酒。

2. 税目税率

消费税税目税率见表3－1。

表3－1　消费税税目税率表

税　目	税　率
一、烟	
1. 卷烟	
生产环节：(1)甲类卷烟	56%加0.003元/支
(2)乙类卷烟	36%加0.003元/支
批发环节	5%
2. 雪茄烟	36%
3. 烟丝	30%
二、酒及酒精	
1. 白酒	20%加0.5元/500克(或者500毫升)
2. 黄酒	240元/吨
3. 啤酒	
(1)甲类啤酒	250元/吨
(2)乙类啤酒	220元/吨
4. 其他酒	10%
5. 酒精	5%

续表

税目	税率
三、化妆品	30%
四、贵重首饰及珠宝玉石	
1. 金银首饰、铂金首饰和钻石及钻石饰品	5%
2. 其他贵重首饰和珠宝玉石	10%
五、鞭炮、焰火	15%
六、成品油	
1. 汽油	
(1)含铅汽油	1.4 元/升
(2)无铅汽油	1.0 元/升
2. 柴油	0.8 元/升
3. 航空煤油	0.8 元/升
4. 石脑油	1.0 元/升
5. 溶剂油	1.0 元/升
6. 润滑油	1.0 元/升
7. 燃料油	0.8 元/升
七、汽车轮胎	3%
八、摩托车	
1. 气缸容量(排气量,下同)在 250 毫升(含 250 毫升)以下的	3%
2. 气缸容量在 250 毫升以上的	10%
九、小汽车	
1. 乘用车	
(1)气缸容量(排气量,下同)在 1.0 升(含 1.0 升)以下的	1%
(2)气缸容量在 1.0 升以上至 1.5 升(含 1.5 升)的	3%
(3)气缸容量在 1.5 升以上至 2.0 升(含 2.0 升)的	5%
(4)气缸容量在 2.0 升以上至 2.5 升(含 2.5 升)的	9%
(5)气缸容量在 2.5 升以上至 3.0 升(含 3.0 升)的	12%
(6)气缸容量在 3.0 升以上至 4.0 升(含 4.0 升)的	25%
(7)气缸容量在 4.0 升以上的	40%
2. 中轻型商用客车	5%
十、高尔夫球及球具	10%
十一、高档手表	20%
十二、游艇	10%

续表

税目	税率
十三、木制一次性筷子	5%
十四、实木地板	5%

注：计量单位的换算标准：黄酒 1 吨 =962 升；啤酒 1 吨 =988 升；汽油 1 吨 =1 388 升；柴油 1 吨 =1 176 升；航空煤油 1 吨 =1 246 升；石脑油 1 吨 =1 385 升；溶剂油 1 吨 =1 282 升；润滑油 1 吨 =1 126 升；燃料油 1 吨 =1 015升。

纳税人兼营不同税率的应税消费品，应分别核算其销售额、销售数量；未分别核算的，或者将不同税率的应税消费品组成成套消费品销售的，从高适用税率。兼营不同税率的应税消费品，是指纳税人生产销售两种税率以上的应税消费品。

(三)会计账户设置

纳税人和代收代缴义务人应在“应交税费”账户下设置“应交消费税”明细账户。该账户采用三栏式结构。纳税人计提消费税或者代收代缴义务人代收消费税时，记入该账户的贷方；缴纳消费税时，记入该账户的借方。纳税期满后，该账户贷方余额反映欠缴的消费税额。

以委托加工收回的应税消费品为原料生产应税消费品且准予按规定抵扣税款的企业，由受托加工单位代收的消费税记入“应交税费——应交消费税”账户的借方，留待抵扣。所以，纳税人足额缴纳税款后，该账户可能会出现借方余额，反映尚未扣除的委托加工应税消费品的已纳消费税额。

消费税属于价内税。为反映消费税金对损益的影响，纳税人还应设置“营业税金及附加”等账户，与“应交税费——应交消费税”账户对应做账。

二、生产环节应纳消费税的核算

(一)一般销售业务及应纳消费税的核算

1. 计税依据和税额计算

1)适用从价定率计税办法的应税消费品，消费税计税依据是销售额。销售额是纳税人销售应税消费品向购买方收取的全部价款和价外费用，但不包括收取的增值税额。另外，下列款项也不属于价外费用：

(1)承运部门的运输发票开具给购货方，并由纳税人将该项发票转交给购货方的代垫运费。

(2)同时符合以下条件代为收取的政府性基金或者行政事业性收费:由国务院或者财政部批准设立的政府性基金,由国务院或者省级人民政府及其财政、价格主管部门批准设立的行政事业性收费;收取时开具省级以上财政部门印制的财政票据;所收款项全额上缴财政。

其他价外费用,无论是否属于纳税人的收入,均应并入销售额计算纳税。

如果纳税人应税消费品的销售额中含有增值税款或者因不得开具增值税专用发票而发生价款和增值税款合并收取的,在计算消费税时,应将其换算为不含增值税的销售额,据以计算消费税。

销售额 = 含增值税销售额 ÷ (1 + 增值税税率或征收率)

应纳消费税额 = 销售额 × 消费税税率

2)适用从量定额计税办法的应税消费品,消费税计税依据是应税消费品的销售数量。

应纳消费税额 = 销售数量 × 单位税额

但是,对航空煤油暂缓征收消费税。

3)适用复合计税办法的应税消费品,消费税计税依据是应税消费品的销售额和销售数量。

应纳消费税额 = 销售额 × 消费税税率 + 销售数量 × 单位税额

2.消费税会计处理

生产企业销售应税消费品应纳的消费税金,通过"营业税金及附加"账户和"应交税费——应交消费税"账户核算。

1)实现销售时,按实收或应收的全部款项,借记"银行存款"或"应收票据"、"应收账款"等科目;按实现的不含增值税的销售额,贷记"主营业务收入"科目;按收取的增值税额,贷记"应交税费——应交增值税(销项税额)"科目。

2)结转销售成本时,借记"主营业务成本"科目,贷记"库存商品"科目。

3)计提消费税时,借记"营业税金及附加"科目,贷记"应交税费——应交消费税"科目。

【例 3-1】某化妆品厂(一般纳税人)本月向 A 商场销售一批化妆品,开具的增值税专用发票上注明的销售额 100 000 元、增值税额 17 000 元,价税合计 117 000 元。该批化妆品的实际成本为 50 000 元。化妆品已发出,月末尚未收到货款。化妆品适用的消费税税率为 30%。

企业根据开具的增值税专用发票编制会计分录:

借:应收账款——A 商场　　117 000

　贷:主营业务收入　　100 000

应交税费——应交增值税(销项税额)　　17 000

月末,结转商品销售成本:

借:主营业务成本　　50 000

　贷:库存商品　　50 000

计提消费税:100 000×30%=30 000元。

借:营业税金及附加　　30 000

　贷:应交税费——应交消费税　　30 000

(二)出售、出借包装物及应纳消费税的核算

消费税制度规定,应税消费品连同包装物销售的,无论包装物是否单独计价以及在会计上如何核算,均应并入应税消费品的销售额中缴纳消费税。如果包装物不作价随同产品销售,而是收取押金,则此项押金不并入应税消费品的销售额中征税。但对因包装物逾期未收回而不再退还的或者已收取的时间超过12个月的押金,应并入应税消费品的销售额,按照应税消费品的适用税率缴纳消费税。对既作价随同应税消费品销售,又另外收取押金的包装物的押金,凡纳税人在规定的期限内没有退还的,均应并入应税消费品的销售额,按照应税消费品的适用税率缴纳消费税。

值得注意的是,纳税人生产销售的除啤酒、黄酒以外的其他酒类产品而收取的包装物押金,无论押金是否返还,以及会计上如何核算,均应并入酒类产品销售额中,按照酒类产品的适用税率缴纳消费税。

1.随同应税消费品出售包装物及应纳消费税的核算

1)不单独计价随同应税消费品出售的包装物,其销售收入已包括在应税消费品的销售收入中。按全部销售收入计提消费税时,借记“营业税金及附加”科目,贷记“应交税费——应交消费税”科目。

2)单独计价随同应税消费品出售的包装物,其销售收入通过“其他业务收入”账户核算,其销售成本通过“其他业务成本”账户核算。企业计提消费税时,借记“营业税金及附加”科目,贷记“应交税费——应交消费税”科目。

【例3-2】某酒厂(一般纳税人)本月向某糖酒公司销售散装白酒5 000斤,销售额(不含增值税)15 000元,增值税额2 550元;随同白酒出售单独计价的包装桶50只,销售额(不含增值税)1 000元,增值税额170元。货物已发出并向购买方开具了增值税专用发票,款项已收讫。白酒适用的消费税税率为:定额税率0.50元/斤,比例税率20%。

根据发票和银行进账单等编制会计分录:

借:银行存款　　18 720

　贷:主营业务收入　　15 000

其他业务收入　　1 000

应交税费——应交增值税(销项税额)　　2 720

计提消费税:5 000×0.5+(15 000+1 000)×20%=5 700元。

借:营业税金及附加　　5 700

贷:应交税费——应交消费税　　5 700

2. 在销售应税消费品时出租、出借包装物及应纳消费税的核算

1)企业在销售应税消费品时出租包装物所取得的租金收入,应按规定换算成不含增值税的销售额,据以计算增值税和消费税。在会计处理上,按实收或应收的租金,借记"银行存款"或"应收账款"科目;按不含增值税的租金收入,贷记"其他业务收入"科目;按收取的增值税额,贷记"应交税费——应交增值税(销项税额)"科目。计提消费税时,按包装物租金应纳的消费税额,借记"营业税金及附加"科目,贷记"应交税费——应交消费税"科目。

2)企业在销售应税消费品时出租、出借包装物所收取的押金,按照税法规定应当纳税的,应先将其换算为不含增值税的收入,然后再据以计算缴纳增值税和消费税。在会计处理上,按收取的增值税额,借记"其他应付款"科目,贷记"应交税费——应交增值税(销项税额)"科目;按应纳的消费税额,借记"营业税金及附加"科目,贷记"应交税费——应交消费税"科目。

【例3-3】某轮胎厂(一般纳税人)本期没收上年随销售汽车轮胎而出借的包装物所收取的押金4 680元。轮胎适用的增值税税率为17%,消费税税率为3%。

(1)计算销项税额并进行账务处理:

包装物押金收入=4 680÷(1+17%)=4 000(元)

增值税销项税额=4 000×17%=680(元)

借:其他应付款　　4 680

贷:其他业务收入　　4 000

应交税费——应交增值税(销项税额)　　680

(2)计提消费税并进行账务处理:

应纳消费税额=4 000×3%=120(元)

借:营业税金及附加　　120

贷:应交税费——应交消费税　　120

【例3-4】某酒厂(一般纳税人)本月向某糖酒公司销售散装粮食白酒10 000斤,开具的增值税专用发票上注明的销售额50 000元、增值税额8 500元;收取包装物押金3 510元,开具经营性收款收据入账。该批散装粮食白酒成本26 000元,该货已发出,款项已收讫。粮食白酒适用的消费税税率为:定额税率0.50元/斤,

比例税率20%。

(1)实现销售时的会计处理：

应税销售额 = 50 000 + 3 510 ÷ (1 + 17%) = 53 000(元)

其中：散装粮食白酒销售额为50 000元。

包装物押金收入 = 3 510 ÷ (1 + 17%) = 3 000(元)

企业根据发票、收款收据和银行进账单等编制会计分录：

借：银行存款	62 010
贷：主营业务收入	50 000
应交税费——应交增值税(销项税额)	8 500
其他应付款	3 510

同时，按包装物押金计算销项税额：3 000 × 17% = 510(元)。

借：其他应付款	510
贷：应交税费——应交增值税(销项税额)	510

(2)月末，结转粮食白酒销售成本26 000元：

借：主营业务成本	26 000
贷：库存商品	26 000

计提消费税额 = 10 000 × 0.5 + (50 000 + 3 000) × 20% = 15 600元。

借：营业税金及附加	15 600
贷：应交税费——应交消费税	15 600

(3)假如该酒厂在以后没收上述包装物押金，则不需计算纳税，只需将没收的包装物押金收入直接转入"其他业务收入"账户。

借：其他应付款	3 000
贷：其他业务收入	3 000

假如该酒厂在以后因包装物如期返还而退还上述押金，可以将已计算的销项税额作为企业的一项支出处理。

借：其他业务成本	510
其他应付款	3 000
贷：银行存款	3 510

(三)几项特殊业务及应纳消费税的核算

消费税制度规定，纳税人将自产的应税消费品用于连续生产应税消费品的，不缴纳消费税。但是，纳税人将自产的应税消费品用于除连续生产应税消费品以外的其他方面，应于移送使用时计算缴纳消费税。用于其他方面，是指用于生产非应税消费品和在建工程、管理部门、非生产机构、提供劳务,以及用于馈赠、赞助、集资、广告、样品、职工福利、奖励等。原因是纳税人将自产的应税消费品用于这些方面,意味着应税消费品已进入了消费领域,消费税的载体丧失了,如果在应税消费品移送使用时,不缴纳消费税的话,消费税就流失了。因此,纳税人将自产的应税消费品用于其他方面的,应在移送使用时计算缴纳消费税。

纳税人自产自用的适用从价定率计税办法的应税消费品,按照纳税人生产的同类消费品的销售价格计算纳税;没有同类消费品销售价格的,按照组成计税价格计算缴纳消费税。同类消费品的销售价格,是指纳税人当月销售的同类消费品的销售价格,如果当月同类消费品各期销售价格高低不同,应按销售数量加权平均计算。但销售的应税消费品有下列情况之一的,不得列入加权平均计算:一是销售价格明显偏低且无正当理由的;二是无销售价格的。如果当月无销售或者当月未完结,按照同类消费品上月或者最近月份的销售价格计算缴纳消费税。

适用从价定率计税办法的,组成计税价格按照下列公式计算:

$$组成计税价格=(成本+利润)\div(1-比例税率)$$

纳税人自产自用的适用复合计税办法的应税消费品,按照纳税人生产的同类消费品的销售价格和移送使用数量计算缴纳消费税;没有同类消费品销售价格的,按照组成计税价格确定销售额。

适用复合计税办法的,组成计税价格按照下列公式计算:

$$组成计税价格=(成本+利润+自产自用数量\times定额税率)\div(1-比例税率)$$

上述公式中的“成本”,是指应税消费品的产品生产成本;“利润”,是指根据应税消费品的全国平均成本利润率计算的利润。应税消费品全国平均成本利润率由国家税务总局确定:甲类卷烟10%,乙类卷烟5%,雪茄烟5%,烟丝5%;粮食白酒10%,薯类白酒5%,其他酒5%,酒精5%;化妆品5%;鞭炮、焰火5%;贵重首饰及珠宝玉石6%;汽车轮胎5%;摩托车6%;高尔夫球及球具为10%;高档手表为20%;游艇为10%;木制一次性筷子为5%;实木地板为5%;乘用车为8%;中轻型商用客车为5%。

纳税人自产自用的适用从量定额计税办法的应税消费品,以移送使用数量为消费税的计税依据,计算缴纳消费税。

1. 自产自用应税消费品及应纳消费税的核算

1)将自产应税消费品用于连续生产非应税消费品,应按规定计算缴纳消费税,但不计算缴纳增值税。

在会计处理上,按自用应税消费品的实际成本和应纳的消费税额,借记“生产成本——基本生产成本”科目;按自用应税消费品的实际成本,贷记“库存商品”科目;按应纳的消费税额,贷记“应交税费——应交消费税”科目。

2)将自产应税消费品用于非增值税应税劳务,应按规定计算缴纳增值税和消费税。在会计处理上,将应纳的增值税和消费税计入非增值税应税劳务的成本。

【例3-5】某炼油厂(一般纳税人)将自产的汽油5 000升用于本厂单独核算运输收入的运输车队。该汽油出厂价(不含税)6.50元/升,成本价4.90元/升,适用的消费税额为1元/升。

增值税销额=5 000×6.50×17%=5 525(元)

应纳消费税税额=5 000×1=5 000(元)

汽油生产成本=5 000×4.90=24 500(元)

借:劳务成本 35 025

　贷:库存商品——汽油 24 500

　　应交税费——应交增值税(销项税额) 5 525

　　应交税费——应交消费税 5 000

3)将自产应税消费品用于职工福利或个人消费的,应按规定计算缴纳增值税和消费税。

【例3-6】某酒厂(一般纳税人)将自制的保健酒以福利形式分给本厂职工。该保健酒的实际成本50 000元,按出厂单价(不含税)计算的售价金额为70 000元;适用的消费税税率为10%。假定该厂共有职工100人,其中生产工人70人、车间管理人员10人、厂部管理人员20人。

列作福利支出的金额:70 000×(1+17%)=81 900元。

其中:生产成本:81 900×70/100=57 330元。

　　制造费用:81 900×10/100=8 190元。

　　管理费用:81 900×20/100=16 380元。

借:生产成本 57 330

　制造费用 8 190

　管理费用 16 380

　贷:应付职工薪酬——非货币性福利 81 900

发放给职工时,作如下会计分录:

借:应付职工薪酬——非货币性福利 81 900

　贷:主营业务收入 70 000

　　应交税费——应交增值税(销项税额) 11 900

结转销售成本50 000元:

借:主营业务成本 50 000

　贷:库存商品 50 000

计提消费税：70 000×10%＝7 000 元。

借：营业税金及附加　　7 000

　贷：应交税费——应交消费税　　7 000

2. 以自产应税消费品对外投资及应纳消费税的核算

企业将自产的应税消费品用于对外投资，提供给其他单位或个体经营者，应计算缴纳增值税和消费税。在会计处理上，按应税消费品的含增值税的价格，借记“长期股权投资”科目；按应税消费品的不含增值税的价格，贷记“主营业务收入”科目；按不含增值税的价格和适用税率计算的增值税额，贷记“应交税费——应交增值税（销项税额）”科目；将计提的消费税金计入营业税金及附加。

【例 3－7】某汽车制造厂（一般纳税人）本月以 10 辆自产小汽车向 A 公司投资，占 A 公司注册资本的 10%，并准备长期持有。小汽车的实际成本为 60 000 元/辆，售价金额（不含增值税）90 000 元/辆。该厂已将小汽车交付 A 公司使用。该型小汽车适用的消费税税率为 5%，不享受税收优惠。

增值税销项税额＝90 000×10×17%＝153 000（元）

借：长期股权投资　　1 053 000

　贷：主营业务收入　　900 000

　　应交税费——应交增值税（销项税额）　　153 000

结转销售成本：60 000×10＝600 000（元）。

借：主营业务成本　　600 000

　贷：库存商品　　600 000

计提消费税金：900 000×5%＝45 000（元）。

借：营业税金及附加　　45 000

　贷：应交税费——应交消费税　　45 000

3. 对外捐赠自产应税消费品及应纳消费税的核算

企业将自产的应税消费品无偿赠送给他人，应计算缴纳增值税和消费税。在会计处理上，按发出应税消费品的实际成本和应承担的增值税、消费税等相关税费，借记“营业外支出”科目；按发出应税消费品的实际成本，贷记“库存商品”科目；按销售额和适用税率计算的增值税额，贷记“应交税费——应交增值税（销项税额）”科目；按应纳的消费税额，贷记“应交税费——应交消费税”科目。

（四）以外购已税消费品生产应税消费品的应纳消费税的核算

1. 消费税的计算

消费税制度规定，对下列连续生产的应税消费品，在计算消费税时，准予按当期生产领用数量计算扣除外购的已税消费品已纳的消费税税款：①以外购已税烟丝生产的卷烟；②以外购已税化妆品生产的化妆品；③以外购已税珠宝玉石生产的贵重首饰及珠宝玉石；④以外购已税鞭炮焰火生产的鞭炮焰火；⑤以外购已税汽车轮胎（内胎和外胎）生产的汽车轮胎；⑥以外购已税摩托车生产的摩托车（如用外购两轮摩托车改装三轮摩托车）；⑦以外购的已税杆头、杆身和握把为原料生产的高尔夫球杆；⑧以外购的已税木制一次性筷子为原料生产的木制一次性筷子；⑨以外购的已税实木地板为原料生产的实木地板；⑩以外购的已税石脑油为原料生产的应税消费品；⑪以外购的已税润滑油为原料生产的润滑油；⑫以外购的已税汽油、柴油为原料连续生产的甲醇汽油、生物柴油（对用外购的已税汽油生产的乙醇汽油免征消费税）；⑬以外购的已税燃料油为原料生产的应税消费品。

另外，啤酒生产集团内部企业间调拨销售的啤酒液，由啤酒液生产企业按规定申报缴纳消费税。购入方使用啤酒液连续灌装生产并对外销售的啤酒，依据其销售价格确定适用单位税额计算缴纳消费税，但其外购啤酒液已纳的消费税额，可以从其当期应纳消费税额中抵减。

以进口葡萄酒为原料连续生产葡萄酒的纳税人，准予从当期应纳消费税税额中抵减《海关进口消费税专用缴款书》注明的消费税。如当期应纳消费税不足抵减的，余额留待下期抵减。

应纳消费税的计算公式为：

应纳消费税税额＝最终应税消费品应纳的整体税额－当期准予扣除的外购已税消费品已纳消费税额

在计算抵扣消费税额时，应当注意下列问题：

1）抵扣凭证。纳税人在办理纳税申报时，应当提供以下抵扣凭证：

（1）从增值税一般纳税人（仅限生产企业，下同）购进应税消费品的，提供外购应税消费品增值税专用发票（抵扣联）原件和复印件。如果外购应税消费品的增值税专用发票属于汇总填开的，除提供增值税专用发票（抵扣联）原件和复印件外，还要提供随同增值税专用发票取得的由销售方开具并加盖财务专用章或发票专用章的销货清单原件和复印件。纳税人未提供增值税专用发票和销货清单的，不予扣除外购应税消费品已纳消费税。

（2）从增值税小规模纳税人购进应税消费品，外购应税消费品的抵扣凭证为主管税务机关代开的增值税专用发票。主管税务机关在为小规模纳税人代开增值税专用发票时，同时征收消费税。

（3）以进口应税消费品连续生产应税消费品的，应提供《海关进口消费税专用缴款书》原件和复印件。纳税人不提供《海关进口消费税专用缴款书》的，不予抵扣进口应税消费品已缴纳的消费税。

主管税务机关在受理纳税申报后，将以上原件退还纳税人，复印件留存。

2)抵扣税款的计算方法。当期准予扣除外购已税消费品已纳消费税款，采用实耗扣税法计算。

(1)实行从价定率办法的，按下列公式计算抵扣税款：

当期准予扣除外购应税消费品已纳税款 = 当期准予扣除外购应税消费品买价 × 外购应税消费品适用税率

期准予扣除外购应税消费品买价 = 期初库存外购应税消费品买价 + 当期购进的外购应税消费品买价 - 期末库存的外购应税消费品买价

外购应税消费品买价，为纳税人取得的增值税专用发票（含销货清单）注明的应税消费品的销售额。

(2)实行从量定额办法的，按下列公式计算抵扣税款：

当期准予扣除的外购应税消费品已纳税款 = 当期准予扣除外购应税消费品数量 × 外购应税消费品单位税额

当期准予扣除外购应税消费品数量 = 期初库存外购应税消费品数量 + 当期购进的外购应税消费品数量 - 期末库存的外购应税消费品数量

外购应税消费品数量为增值税专用发票（含销货清单）注明的应税消费品的销售数量。

(3)进口应税消费品，按下列公式计算抵扣税款：

当期准予扣除的进口应税消费品已纳税款 = 期初库存的进口应税消费品已纳税款 + 当期进口应税消费品已纳税款 - 期末库存的进口应税消费品已纳税款

进口应税消费品已纳税款为《海关进口消费税专用缴款书》注明的进口环节消费税。

以进口葡萄酒为原料连续生产葡萄酒的纳税人，当期准予扣除的进口葡萄酒已纳税款为纳税人进口葡萄酒取得的《海关进口消费税专用缴款书》注明的消费税款。

3)单位和个人外购润滑油大包装经简单加工改成小包装，或者外购润滑油不经加工只贴商标的行为，视同应税消费税品的生产行为。单位和个人发生的以上行为应当申报缴纳消费税，准予扣除外购润滑油已纳的消费税款。

4)以外购已税珠宝玉石生产的金银首饰（镶嵌首饰），因已改在零售环节征收，故计税时一律不得扣除外购已税珠宝玉石的已纳消费税款。

2. 消费税会计处理

对于以外购的已税消费品为原料生产的应税消费品核算，会计准则没作特殊要求。所以，在会计处理上，可按照上述办法进行。企业按税收规定计算出应纳的消费税额后，借记“营业税金及附加”、“固定资产”、“在建工程”、“营业外支出”等科目，贷记“应交税费——应交消费税”科目。

三、委托加工环节应纳消费税的核算

（一）受托方代收代缴消费税的核算

1. 消费税的计算

消费税制度规定，纳税人委托加工的应税消费品，除受托方是个人外，由受托方在向委托方交货时代收代缴消费税。

委托加工应税消费品，是指由委托方提供原料和主要材料，受托方只收取加工费和代垫部分辅助材料加工的应税消费品。凡不符合规定条件的，都不能按委托加工应税消费品进行税务处理。

受托方代收消费税时，对于适用从价定率计税办法的应税消费品，按照受托方的同类消费品的销售价格计算代收消费税；没有同类消费品销售价格的，按照组成计税价格计算代收消费税。适用复合计税的，还要按收回的数量计税。

实行从价定率办法计算纳税的，组成计税价格的计算公式为：

组成计税价格 =（材料成本 + 加工费）÷（1 - 比例税率）

实行复合计税办法计算纳税的，组成计税价格的计算公式为：

组成计税价格 =（材料成本 + 加工费 + 委托加工数量 × 定额税率）÷（1 - 比例税率）

“材料成本”，是指委托方所提供加工材料的实际成本，须由委托方在加工合同上如实注明（或以其他方式提供）。凡未提供材料成本的，受托方主管税务机关有权核定其材料成本。“加工费”，是指受托方加工应税消费品向委托方所收取的全部费用（包括代垫辅助材料的实际成本），不包括收取的增值税额。

对于适用从量定额计税办法的应税消费品，按委托方收回的数量计算代收消费税。

2. 代收代缴消费税的核算

在会计处理上，受托方按规定代收消费税时，借记“银行存款”或“应收账款”等科目，贷记“应交税费——应交消费税”科目；代缴消费税时，借记“应交税费——应交消费税”科目，贷记“银行存款”科目。

【例 3 - 8】某橡胶制品厂（一般纳税人）受某轮胎厂委托加工车用内胎。原材料由轮胎厂提供，实际成本 72 000 元。本月末，橡胶制品厂已将车用内胎加工完成并交付轮胎厂，收取加工费 45 000 元、增值税 7 650 元，并向轮胎厂开具了增值税专用发票。同时，代收消费税，并向轮胎厂开具代收代缴税款凭证。该批车用内胎没有同类产品销售价格，消费税税率为 3%。

（1）橡胶制品厂代收代缴的消费税计算如下：

组成计税价格 =（72 000 + 45 000）÷（1 - 3%）= 120 618.56（元）

代收代缴消费税额 = 120 618.56 × 3% = 3 618.57(元)

(2)企业收取加工费、增值税和代收消费税时,根据增值税专用发票、代收代缴税款凭证和银行进账单等编制会计分录:

借:银行存款　　56 268.57
　贷:主营业务收入　　45 000
　　应交税费——应交增值税(销项税额)　　7 650
　　应交税费——应交消费税　　3 618.57

(3)代缴消费税时,编制会计分录:

借:应交税费——应交消费税　　3 618.57
　贷:银行存款　　3 618.57

(二)委托方支付消费税的核算

委托方在提货时向受托方支付的消费税,分别以下两种情况进行会计处理:

1. 收回后直接用于销售的应税消费品

委托方收回委托加工的应税消费品后,直接用于销售的,应将受托方代收的消费税计入委托加工物资的成本,借记“委托加工物资”等科目,贷记“银行存款”或“应付账款”等科目。纳税人将委托加工收回的已由受托方代收消费税的消费品对外出售,不再计算缴纳消费税。

2. 收回后用于连续生产应税消费品的

委托方收回委托加工的应税消费品后,用于连续生产应税消费品且按税法规定准予抵扣已纳消费税款的,将受托方代收的消费税款记入“应交税费——应交消费税”账户的借方,留待抵扣。委托方提货时,按受托方代收代缴的消费税,借记“应交税费——应交消费税”科目,贷记“银行存款”或“应付账款”等科目。

【例 3-9】沿用例 3-8 的资料。轮胎厂(一般纳税人)本月发出一批橡胶,实际成本 72 000 元,委托某橡胶制品厂加工车用内胎(收回后与自制外胎生产汽车轮胎)。本月底收回加工完成的车用内胎 650 套,支付加工费用 45 000 元(包括受托方代垫辅助材料的实际成本)、增值税 7 650 元,取得橡胶制品厂开具的增值税专用发票;支付消费税 3 618.57 元,取得橡胶制品厂开具的代收代缴税款凭证;支付运输部门往返运输费 1 000元,已取得运输部门开具的运输发票。收回加工完成的车用内胎作为原材料核算。

轮胎厂上述业务会计处理如下:

(1)发出橡胶时,根据材料发出汇总表或出库单编制会计分录:

借:委托加工物资　　72 000

贷:原材料——橡胶　　72 000

(2)支付往返运输费用时,根据运输发票和银行付款单或支票存根编制会计分录:

借:委托加工物资　　930

　应交税费——应交增值税(进项税额)　　70

　贷:银行存款　　1 000

(3)支付加工费、增值税和消费税时,根据增值税专用发票、代收代缴税款凭证和和银行付款单或支票存根编制会计分录:

借:委托加工物资　　45 000

　应交税费——应交增值税(进项税额)　　7 650

　应交税费——应交消费税　　3 618.57

　贷:银行存款　　56 268.57

(4)将收回的车用内胎验收入库时,根据材料入库单编制会计分录:

借:原材料——车用内胎　　117 930

　贷:委托加工物资　　117 930

(三)委托方以收回的已税消费品生产应税消费品的核算

1.消费税的计算

消费税制度规定,对下列连续生产的应税消费品,在计算消费税时,准予按当期生产领用数量计算扣除委托加工收回的已税消费品已纳的消费税税款:①以委托加工收回的已税烟丝为原料生产的卷烟;②以委托加工收回的已税化妆品为原料生产的化妆品;③以委托加工收回的已税珠宝玉石为原料生产的贵重首饰及珠宝玉石;④以委托加工收回的已税鞭炮、焰火为原料生产的鞭炮、焰火;⑤以委托加工收回的已税汽车轮胎生产的汽车轮胎;⑥以委托加工收回的已税摩托车生产的摩托车;⑦以委托加工收回的已税杆头、杆身和握把为原料生产的高尔夫球杆;⑧以委托加工收回的已税木制一次性筷子为原料生产的木制一次性筷子;⑨以委托加工收回的已税实木地板为原料生产的实木地板;⑩以委托加工收回的已税石脑油为原料生产的应税消费品;⑪以委托加工收回的已税润滑油为原料生产的润滑油;⑫以委托加工收回的已税汽油、柴油为原料连续生产的甲醇汽油、生物柴油(对用委托加工收回的已税汽油生产的乙醇汽油免征消费税);⑬以委托加工收回的已税燃料油为原料生产的应税消费品。

应纳消费税的计算公式为:

应纳消费税税额 = 最终应税消费品应纳的整体税额 - 当期准予扣除的委托加工收回已税消费品的已纳消费税款

在计算抵扣消费税额时,应当注意下列问题:

1)抵扣凭证。委托加工收回应税消费品的抵扣凭证为《代扣代收税款凭证》。纳税人以委托加工收回的已税消费品连续生产应税消费品的,在纳税申报时,应提供《代扣代收税款凭证》原件和复印件,纳税人未提供《代扣代收税款凭证》的,不予扣除受托方代收代缴的消费税。

2)抵扣税款的计算方法。当期准予扣除的委托加工收回已税消费品的已纳消费税税款,采用实耗扣税法计算。

当期准予扣除的委托加工已税消费品已纳税款 = 期初库存的委托加工已税消费品已纳税款 + 收回的委托加工已税消费品已纳税款 − 期末库存的委托加工已税消费品已纳税款

委托加工已税消费品已纳税款为代扣代收税款凭证注明的受托方代收代缴的消费税。

具体运算时,可以按当期领用数量或成本分摊计算准予扣除的已纳消费税税款。

3)以委托加工收回的已税珠宝玉石生产的金银首饰(镶嵌首饰),因已改在零售环节征收,故计税时一律不得扣除委托加工收回的已税珠宝玉石的已纳消费税款。

纳税人以外购或委托加工已税消费品为原料生产的应税消费品,在计算消费税时,如果当期投入生产的原材料可抵扣的已纳消费税额大于当期应纳消费税额,按当期应纳消费税的数额申报抵扣,不足抵扣部分结转下一期申报抵扣。

2. 消费税会计处理

在会计处理上,企业先按最终应税消费品应纳的整体消费税额,借记"营业税金及附加"等科目,贷记"应交税费——应交消费税"科目。然后,按上述公式计算的当期应纳消费税额缴纳税款,借记"应交税费——应交消费税"科目,贷记"银行存款"科目。足额缴纳税款后,"应交税费——应交消费税"科目的借方余额,反映尚未扣除的已由受托方代收代缴的消费税款。

【例 3 − 10】沿用例 3 − 9 的资料。轮胎厂(一般纳税人)本月收回委托加工的车用内胎 650 套,支付消费税 3 618.57 元,实际成本 117 930 元。假定该轮胎厂月初结存委托加工的车用内胎 200 套,消费税款 1 113.41 元,实际成本 35 710 元;本月领用 700 套与自制外胎生产汽车轮胎。本月销售汽车轮胎 600 套,取得销售额(不含增值税)510 000元,已向购买方开具了增值税专用发票,货款已收讫。该厂对发出材料采用加权平均法计价;轮胎消费税税率为 3%。

轮胎厂上述业务的会计处理如下:

(1)计算生产领用委托加工收回的车用内胎的实际成本:

车用内胎加权平均单价 = (35 710 + 117 930) ÷ (200 + 650) = 180.75(元)

领用车用内胎实际成本 = 180.75 × 700 = 126 525(元)

借:生产成本——基本生产成本 126 525

贷:原材料——车用内胎 126 525

(2)反映本月汽车轮胎销售收入和销项税额:

借:银行存款 596 700

贷:主营业务收入 510 000

应交税费——应交增值税(销项税额) 86 700

(3)按汽车轮胎销售额计提消费税:510 000×3% =15 300(元)

借:营业税金及附加 15 300

贷:应交税费——应交消费税 15 300

(4)计算缴纳本月应纳的消费税额:

当月准予扣除的委托加工收回车用内胎的已纳消费税额 =(1 113.41 +3 618.57)÷(200 +650)×700 =3 896.92(元)

当月应纳的消费税额 =15 300 -3 896.92 =11 403.08(元)

缴纳消费税时,编制会计分录:

借:应交税费——应交消费税 11 403.08

贷:银行存款 11 403.08

缴纳消费税后,"应交税费——应交消费税"账户借方余额 835.06 元,反映尚未扣除的已由受托方代收代缴的消费税款。用 T 形账表示见表 3 -2。

表 3 -2 应交税费——应交消费税

借 方		贷 方	
月初结存	1 113.41	本月发生	15 300
本月支付	3 618.57		
申报缴纳	11 403.08		
余 额	835.06		

四、进口环节应纳消费税的核算

(一)消费税的计算

纳税人进口应税消费品,向海关申报缴纳消费税。

1.适用从价定率计税办法的税额计算

纳税人进口的适用从价定率计税办法的应税消费品,按照组成计税价格和规定的消费税税率计算消费税。

组成计税价格 =（关税完税价格 + 关税）÷（1 - 消费税税率）

应纳税额 = 组成计税价格 × 消费税税率

2. 适用从量定额计税办法的税额计算

纳税人进口的适用从量定额计税办法的应税消费品，按海关核实的进口征税数量和单位税额计算消费税：

应纳税额 = 进口数量 × 单位税额

3. 适用复合计税办法的税额计算

纳税人进口的适用复合计税办法的应税消费品，按下列办法计算消费税：

组成计税价格 =（关税完税价格 + 关税 + 进口数量 × 消费税定额税率）÷（1 - 消费税比例税率）

应纳税额 = 组成计税价格 × 消费税税率 + 进口数量 × 单位税额

进口卷烟消费税的计算办法如下：

1）确定进口卷烟消费税适用的比例税率：

每标准条进口卷烟（200 支）适用比例税率所依据的价格 =（关税完税价格 + 关税 + 消费税定额税）÷（1 - 消费税税率）

其中：关税完税价格和关税为每标准条进口卷烟的关税完税价格及关税税额；消费税定额税率为每标准条（200 支）0.6 元（依据现行消费税定额税率折算而成）；消费税税率固定为 36%。

每标准条进口卷烟（200 支）适用比例税率所依据的价格≥70 元人民币的，适用比例税率为 56%；每标准条进口卷烟（200 支）适用比例税率所依据的价格 <70 元人民币的，适用比例税率为 36%。

2）计算进口卷烟组成计税价格：

进口卷烟消费税组成计税价格 =（关税完税价格 + 关税 + 消费税定额税）÷（1 - 进口卷烟消费税适用比例税率）

其中：消费税定额税 = 海关核定的进口卷烟数量 × 消费税定额税率（每标准条 0.60元）

3）计算进口卷烟应纳消费税额：

进口卷烟消费税适用比例税率有两种：56%，36%。

应纳消费税额 = 进口卷烟组成计税价格 × 进口卷烟消费税适用的比例税率 + 消费税定额税

（二）消费税会计处理

在会计处理上，纳税人进口应税消费品应纳的消费税，与关税一起计入进口消费品的采购成本。

纳税人进口的应税消费品作为固定资产（不得抵扣进项税额）的，按采购成本包括关税、增值税和消费税，借记“固定资产”科目，贷记“银行存款”等科目。

纳税人进口的应税消费品作为原材料、商品或者准予抵扣进项税额的固定资产，按采购成本包括关税和消费税，借记“原材料”、“库存商品”、“固定资产”等科目；按海关完税凭证上注明的增值税额，借记“应交税费——应交增值税（进项税额）”科目；按全部支付额，贷记“银行存款”等科目。

五、批发环节应纳消费税的核算

从2009年5月1日起，在卷烟批发环节加征一道从价税。纳税人是在我国境内从事卷烟批发业务的单位和个人；征收范围是纳税人批发销售的所有牌号规格的卷烟；计税依据是纳税人批发卷烟取得的不含增值税的销售额；适用税率为5%。

值得注意的是，纳税人销售给纳税人以外的单位和个人的卷烟于销售时纳税。纳税人之间销售的卷烟不缴纳消费税（即批发企业之间销售卷烟不缴纳消费税）。卷烟消费税在生产和批发两个环节征收后，批发企业在计算纳税时不得扣除已含的生产环节的消费税税款。

在会计核算上，批发企业应将卷烟销售额与其他商品销售额分开核算。未分开核算的，一并征收消费税。计提消费税时，借记“营业税金及附加”科目，贷记“应交税费——应交消费税”科目。

六、零售环节应纳消费税的核算

金银首饰、钻石及钻石饰品已改在零售环节征收消费税，由零售者按销售额（不含增值税）依5%的税率计算缴纳。对于纳税人采取以旧换新方式销售金银首饰的，按实际收取的不含增值税的价款计算纳税。

在会计核算上，纳税人零售金银首饰、钻石及钻石饰品，计提消费税时，借记“营业税金及附加”科目，贷记“应交税费——应交消费税”科目。

纳税人将金银首饰、钻石及钻石饰品用于馈赠、赞助的，于消费品移送时，按应缴纳的消费税额，借记“营业外支出”等科目，贷记“应交税费——应交消费税”科目。

纳税人将金银首饰、钻石及钻石饰品用于职工福利、奖励等方面的，比照销售业务处理，计提消费税。

【例3-11】某珠宝店（一般纳税人，经批准有权经营金银首饰零售业务）采取售价核算制，本年2月份金银首饰及珠宝玉石零售金额（含增值税）351 000元，其中：金银首饰93 600元，钻石及钻石饰品210 600元。

(1)实现销售时账务处理如下:

借:银行存款　　351 000

　贷:主营业务收入——金银首饰　　93 600

　　　　　　　　——钻石及钻石饰品　　210 600

　　　　　　　　——其他首饰　　46 800

(2)按实现的销售收入计算增值税销项税额:

销项税额 = 351 000 ÷ (1 + 17%) × 17% = 51 000(元)

借:主营业务收入　　51 000

　贷:应交税费——应交增值税(销项税额)　　51 000

(3)按实现的销售收入计提消费税:

应纳消费税额 = (93 600 + 210 600) ÷ (1 + 17%) × 5% = 13 000(元)

借:营业税金及附加　　13 000

　贷:应交税费——应交消费税　　13 000

七、出口应税消费品退(免)税的核算

(一)生产企业出口应税消费品退(免)税的核算

1. 有出口经营权的生产企业

有出口经营权的生产企业自营出口或者委托外贸企业代理出口自产的应税消费品,除不予免税的以外,依据实际出口数量免征消费税。在会计处理上,不核算消费税。

企业办理免税以后,发生退关或国外退货,进口时已予以免税的,经主管税务机关批准,可暂不办理补税。待其转为国内销售时,再申报补缴消费税。其会计处理与国内销售业务相同。

2. 无出口经营权的生产企业

无出口经营权的生产企业委托外贸企业代理出口应税消费品的,除不予退(免)税的以外,实行"先征后退"的办法。

在会计处理上,企业按规定计算消费税,借记"其他应收款"科目,贷记"应交税费——应交消费税"科目。缴纳消费税时,借记"应交税费——应交消费税"科目,贷记"银行存款"科目。收到退回消费税金时,借记"银行存款"科目,贷记"其他应收款"科目。

(二)外贸企业出口应税消费品退(免)税的核算

1. 出口退税的计算

有出口经营权的外贸企业购进应税消费品直接出口,以及受其他外贸企业委托代

理出口的应税消费品,适用免税并退税的政策。出口退税率与税率相同。企业出口适用不同税率的应税消费品,应分开核算和申报,凡划分不清的,一律从低适用税率计算应退消费税额。

外贸企业出口应税消费品,按下列办法计算退税额:

1)适用从价定率计税办法的应税消费品,依照外贸企业从工厂购进货物时征收消费税的价格计算退税额。

应退消费税额 = 出口货物的工厂销售额 × 税率

公式中的"工厂销售额",是指从工厂购进应税消费品时取得的增值税专用发票上列明不含增值税的销售额。

2)适用从量定额计税办法的应税消费品,依照货物购进和报关出口的数量计算退税额。

应退消费税额 = 出口数量 × 单位税额

外贸企业出口的应税消费品办理退税后,发生退关,或者国外退货进口时予以免税的,必须及时向其机构所在地或者居住地主管税务机关申报补缴已退的消费税税款。

2. 出口退税的会计处理

外贸企业自营出口应税消费品,在应税消费品报关出口后申请出口退税时,借记"其他应收款"科目,贷记"主营业务成本"科目。实际收到退回的税金,借记"银行存款"科目,贷记"其他应收款"科目。发生退关或退货而补缴已退的消费税,作相反会计分录。

【例 3-12】某外贸公司 5 月份从某化妆品厂购进一批化妆品,支付价款 800 000 元、增值税款 136 000 元,已取得化妆品厂开具的增值税专用发票。6 月份该公司将该批化妆品全部出口,离岸价格 120 000 美元,折合人民币 900 000 元。该化妆品适用的增值税退税率为 13%,消费税退税率为 30%。

(1)购入化妆品(记入出口库存账):

借:库存商品　　800 000
　　应交税费——应交增值税(进项税额)　　136 000
　贷:银行存款　　936 000

(2)报关出口化妆品时:

借:应收账款——美元户(120 000 美元)　　900 000
　贷:主营业务收入　　900 000

(3)结转化妆品销售成本:

借:主营业务成本　　800 000
　贷:库存商品　　800 000

(4)申报办理出口退税:

应退增值税额=800 000×13%=104 000(元)

应退消费税额=800 000×30%=240 000(元)

借:其他应收款	344 000
贷:应交税费——应交增值税(出口退税)	104 000
主营业务成本	240 000

不予退还的增值税:800 000×(17%-13%)=32 000(元)

借:主营业务成本	32 000
贷:应交税费——应交增值税(进项税额转出)	32 000

(5)收到出口退税款时:

借:银行存款	344 000
贷:其他应收款	344 000

八、消费税纳税申报

(一)填列消费税纳税申报表

纳税人在填列消费税纳税申报表时,首先,核实应税消费品生产销售情况。通过收入账户和"库存商品"等账户,核实对外销售、视同销售的数量和应税销售额。其次,根据已核实的计税数量和金额,依照适用税率或单位税额,计算应纳消费税税额,并与"应交税费——应交消费税"账户资料核对相符。对于以外购已税消费品或委托加工收回已税消费品作原料连续生产应税消费品且准予抵扣已纳消费税款的,还应核实当期准予扣除的税额,以正确计算当期应纳消费税额。最后,根据审核无误的计税资料,如实填写消费税纳税申报表及其附表,并办理签章手续。

消费税纳税申报表及其附表,包括:烟类应税消费品消费税纳税申报表及其附表,酒及酒精消费税纳税申报表及其附表,成品油消费税纳税申报表及其附表,小汽车消费税纳税申报表及其附表,其他应税消费品消费税纳税申报表及其附表,由纳税人根据自身情况选择填报。

(二)按期办理消费税纳税申报手续

纳税人应当按照消费税纳税期限,报送消费税纳税申报表及有关资料,办理纳税申报手续,缴纳税款。受托加工应税消费品的单位,应当按期办理消费税扣缴报告手续。

纳税人以1个月或者1个季度为一个纳税期的,自期满之日起15日内申报纳税;以1日、3日、5日、10日或者15日为一个纳税期的,自期满之日起5日内预缴税款,于次月1日起15日内申报纳税并结清上月应纳税款。纳税人进口应税消费品，自海关填发海关进口消费税专用缴款书之日起15日内缴纳税款。

纳税人销售、自产自用应税消费品，向其机构所在地或居住地的主管税务机关申报缴纳消费税。纳税人到外县（市）销售或委托外县（市）代销自产应税消费品的，于销售后，向其机构所在地或居住地主管税务机关申报缴纳消费税。纳税人的总机构与分支机构不在同一县（市）的，分别向各自机构所在地的主管税务机关申报缴纳消费税；经财政部、国家税务总局或者其授权的财政、税务机关批准，可以由总机构汇总向总机构所在地的主管税务机关申报缴纳消费税。

纳税人委托加工应税消费品，除受托方为个人外，由受托方向机构所在地或居住地的主管税务机关解缴消费税款。委托个人加工应税消费品，由委托方向其机构所在地或者居住地主管税务机关申报缴纳消费税。

纳税人进口应税消费品，由进口人或其代理人向报关地海关申报缴纳消费税。

第二节　消费税纳税筹划

一、兼营不同税率应税消费品的纳税筹划

兼营不同税率的应税消费品，是指纳税人生产销售两种税率以上的应税消费品。在纳税筹划时，应当关注两个问题：一是会计核算；二是经营方式。

（一）从会计角度进行纳税筹划

消费税制度规定，纳税人兼营不同税率的应税消费品，应当分别核算其销售额、销售数量；未分别核算的，从高适用税率。从会计角度进行纳税筹划，就是要健全会计核算，避免因核算不清而适用高税率。从高适用税率，会造成不同应税消费品的税负失衡，加重纳税人的税收负担。

【例3－13】某酒业公司主要生产粮食白酒、汽酒和药酒。2010年度销售情况如下：全年销售白酒4 000吨，销售额（不含增值税，下同）8 000万元；销售汽酒500吨，销售额200万元；销售药酒500吨，销售额2 000万元。

实际操作时，纳税人应从购销合同的签订、发票的开具、销售统计表的填报、记账凭证的编制和销售明细账的登记等各个方面，健全手续，分别记录粮食白酒、汽酒和药酒的销售数量和销售额。申报纳税时，按照各自的销售情况分别适用税率计算缴纳消

费税。

粮食白酒消费税额：$8\ 000 \times 20\% + 4\ 000 \times 2\ 000 \times 0.5 / 10\ 000 = 2\ 000$（万元）。

汽酒消费税额：$200 \times 10\% = 20$（万元）。

药酒消费税额：$2\ 000 \times 10\% = 200$（万元）。

全年应纳消费税额合计：2 220（万元）。

如果企业没有分别核算粮食白酒、汽酒和药酒的销售数量和销售额，则全部按照粮食白酒计算缴纳消费税，应纳消费税额将大于2 220万元。

（二）从经营角度进行纳税筹划

消费税制度规定，纳税人将不同税率的应税消费品组成成套消费品销售的，从高适用税率。从经营角度进行纳税筹划，主要是对生产销售不同税率应税消费品的，在分开出售与组成成套消费品出售之间进行权衡，从中选出对纳税人有利的方案。

【例3－14】沿用例3－13部分资料。假如该酒业公司将自产的粮食白酒和药酒组成套装礼品酒出售。一套礼品酒中，白酒和药酒各2斤。白酒出厂价10元/斤，成本5元/斤；药酒出厂价20元/斤，成本8元/斤。在这一举措中，应当关注哪些问题？

（1）白酒、药酒分别销售，应纳消费税额计算如下：

2斤白酒销售额20元，应纳税额：$20 \times 20\% + 2 \times 0.5 = 5$（元）。

2斤药酒销售额40元，应纳税额：$40 \times 10\% = 4$（元）。

应纳消费税额合计：9元。

销售利润：$20 + 40 - 5 \times 2 - 8 \times 2 - 9 = 25$（元）。

（2）组成套装礼品酒出售，包装成本3元/套。在不考虑其他税费的情况下，要保住25元/套的利润，每套定价应为：

价格（P）＝成本（$5 \times 2 + 8 \times 2 + 3$）＋消费税金（$P \times 20\% + 4 \times 0.5$）＋利润（25）

经计算求得：价格（P）为70元。

其中：应纳消费税额 $= 70 \times 20\% + 4 \times 0.5 = 16$（元）。

比分别销售每套多纳消费税额＝7元（16－9）。

（3）结论：分开销售与套装销售是两种不同的经营方式，两者的消费税税负水平明显不同（前者小于后者）。但是，税负并不是影响经营方式的决定因素。真正影响这两种方式的因素，一是消费者需求，即消费者偏好哪种方式；二是销售价格，即采取套装方式销售，把价格定为多少，既能使消费者接受，又能使企业获得可观的利润。在这两种因素不确定的情况下，应当选择分开销售方式，慎重选套装销售方式。

二、兼营非应税消费品的纳税筹划

兼营非应税消费品，是指纳税人既生产销售应税消费品，又生产销售非应税消费品。在纳税筹划中，应当关注的问题与上述相类似。

消费税制度规定，纳税人将自产的应税消费品与外购或者自产的非应税消费品组成套装销售的，以套装产品的销售额（不含增值税）为计税依据。

【例3－15】甲公司是一家日化品生产企业，主要生产销售化妆品和护肤护发品。该公司最近推出一套系列产品，包括：香水1瓶200元；口红1支100元；指甲油1瓶80元，胭脂1盒220元，眉笔1支20元；天然植物洗发护发膏1支30元；护肤面霜1支150元；价款合计800元。公司将其组成套装产品后，按照810元/套的价格（含包装费用10元，不含增值税）出售。

分析：

（1）销售一套产品应纳消费税额：$810\times30\%=243$（元）。

（2）改变经营方式，将应税消费品与非应税消费品组成套装销售改变为兼营，即分开销售。具体做法是：将上述产品分成化妆品和护肤护发品两大类，分别销售给零售商；由零售商购进后，根据消费者需求，组成成套消费品销售。这样做，从生产经营流程上看，只是换了一个包装地点。但从税收负担的角度看，甲公司只就销售的化妆品缴纳消费税，销售的护肤护发品不缴纳消费税。商场在销售套装化妆品时，不缴纳消费税。

甲公司不组成成套化妆品销售，而是分别销售化妆品和护肤护发品。化妆品销售价格620元（$200+100+80+220+20$），护肤护发品销售价格180元（$30+150$），则应纳消费税额为186元（$620\times30\%$）。与组成成套化妆品（810元）销售相比，节省消费税57元。

由此可见，将应税消费品与非应税消费品组成成套消费品时，如果成套消费品的销售价格没有较大的涨幅，或者没有较大的消费需求，那么，还是分开销售比较有利。

三、带包装物销售应税消费品的纳税筹划

随着市场竞争的日益加剧，消费者对商品包装的要求越来越高。为迎合消费者的需求，生产者往往在商品包装上下工夫，包装费用不断攀升。根据消费税制度规定，纳税人连同包装物销售应税消费品的，无论包装物是否单独计价以及在会计上如何核算，均应并入销售额缴纳消费税。如果包装物不作价随同产品销售而是收取押金，则此项押金不并入销售额纳税。但对因逾期未收回包装物不再退还的或者已收取时间超过

12 个月的押金,应并入销售额缴纳消费税。

因此,在纳税筹划时,有以下方案可供选择:

第一种方案:在应税消费品包装以后,其销售价格涨幅不大、难以保证利润的情况下,生产企业可以将包装业务下移,即生产企业不要过分注重商品包装,将应税消费品简单包装后销售给商场;商场在购进商品后,经过挑选、整理和精包装,再向消费者出售。由于厂家不直接面对消费者,所以不必将精力放在商品的精包装上,而应放在商品质量的提高上。将包装业务下移,从经营上看,有利于生产经营的专业化和协作化发展;从税收上看,可以降低生产企业的税收负担。

第二种方案:在包装物价格较高且价款收回难度较大的情况下,可以采取出借方式,即在生产销售应税消费品时出借包装物收取押金。采用这种方式,可以将收回包装物、退还押金的时间定为 1 年。收取押金时单独设账核算,1 年后无论退还与否,将其并入销售额计算缴纳增值税和消费税。这样可以使税款缴纳时限延缓 1 年,获取资金的时间价值。但是,这种办法有其局限性:一是出租方式不适用于除黄酒、啤酒以外的其他酒类产品;二是在应税消费品必须连同包装物销售,或者能够顺利实现销售的情况下,也不要采取出租方式。否则,会影响包装物的价值补偿。

四、产销环节的纳税筹划

在实践中,某些企业通过设立独立核算的经销公司包销自产的应税消费品。企业将自产的应税消费品以较低的出厂价格销售给经销公司,经销公司以较高的价格销售给商家或消费者。这样,厂家按照较低的出厂价格缴纳消费税,而经销公司销售应税消费品不需要缴纳消费税。这种做法,不是真正意义上的纳税筹划,带有明显的避税色彩。

为防止避税,保全税基,2009 年 7 月,国家税务总局制定了《白酒消费税最低计税价格核定管理办法(试行)》,对设立销售公司的白酒生产企业,核定消费税最低计税价格。管理办法规定,白酒生产企业将生产的白酒销售给销售单位(专门购进并销售白酒生产企业生产的白酒,并与该白酒生产企业存在关联性质的销售公司、购销公司,以及委托境内其他单位或个人包销本企业生产白酒的商业机构),消费税计税价格低于销售单位对外销售价格(不含增值税,下同)70% 以下的,由税务机关核定消费税最低计税价格。

最低计税价格的核定标准是:由税务机关根据生产规模、白酒品牌、利润水平等情况,在销售单位对外销售价格 50% ~70% 范围内自行核定。其中生产规模较大、利润水平较高的企业,原则上选择在销售单位对外销售价格 60% ~70% 范围内。生产企业消费税计税价格高于销售单位对外销售价格 70%(含 70%)以上的,税务机关暂不核定消费税最低计税价格。

已核定最低计税价格的白酒，生产企业实际销售价格高于消费税最低计税价格的，按实际销售价格申报纳税；实际销售价格低于消费税最低计税价格的，按最低计税价格申报纳税。

上述规定，可能会延伸到化妆品、摩托车、小汽车等所有应税消费品的生产领域。因此，设立独立核算的经销公司的生产企业，可以按照上述规定，从产品定价、会计核算和纳税管理各个方面，进行合规性安排，以取得节税收益。

【例3-16】A公司主要生产销售粮食白酒。2010年销售粮食白酒100万斤，单价(不含增值税，下同)30元/斤，实现销售额3 000万元，缴纳消费税650万元(100×0.5+3 000×20%)。

为防止假酒冲击市场，同时保证白酒价格稳定。A公司决定组建独立核算的子公司B经销公司，专门销售A公司生产的白酒。A公司决定，将自产白酒以21元/斤的价格(不低于成本)销售给B经销公司；B经销公司再以30元/斤的价格对外销售。在销售数量不变的情况下，消费税纳税义务变化如下：

应纳税额=100×0.5+100×21×20%=470(万元)

与原做法相比，少纳消费税额180万元(650-470)。

这种做法，尽管不是真正意义上的纳税筹划，但毕竟在管理上遵循了税收管理要求，是不违法的。

A公司采用上述办法时，应当注意以下问题：

(1)将自产白酒的消费税计税价格和销售单位(B经销公司)销售价格，在规定的期限内，向主管税务机关申报。计税价格低于销售单位(B经销公司)对外销售价格70%以下的，由税务机关核定消费税最低计税价格。

(2)已核定最低计税价格的白酒，销售单位(B经销公司)对外销售价格持续上涨或下降时间达到3个月以上、累计上涨或下降幅度在20%(含)以上的，由税务机关重新核定最低计税价格。

(3)A公司在办理消费税纳税申报时，应附已核定最低计税价格白酒清单。

五、消费税递延纳税筹划

消费税递延纳税筹划，主要是运用消费税纳税义务发生时间的各项规定，根据购销双方的实际情况，灵活选择销售方式，合理约定结算办法，正确开具销售发票，尽量使货款流入时间与纳税义务时间相匹配，同时取得货币资金的时间价值。

具体筹划办法，参见第二章中“纳税义务发生时间筹划”。

六、税收优惠政策的运用

（一）石脑油和燃料油退（免）消费税政策

为促进我国烯烃类化工行业的发展，经国务院批准，自2011年10月1日起，生产企业自产石脑油、燃料油用于生产乙烯、芳烃类化工产品的，按照实际耗用数量暂免征收消费税。对使用石脑油、燃料油生产乙烯、芳烃的企业（简称使用企业）购进并用于生产乙烯、芳烃类化工产品的石脑油、燃料油，按照实际耗用数量暂退还所含消费税。

退还石脑油、燃料油所含消费税计算公式为：

应退消费税税额＝石脑油、燃料油实际耗用数量×石脑油、燃料油单位税额

实际操作时，应当注意以下问题：

• 上述退（免）消费税政策，适用于用石脑油、燃料油生产乙烯、芳烃类化工产品的产量占本企业用石脑油、燃料油生产产品总量的50%以上（含50%）的企业。

因此，企业要享受退（免）税政策，必须扩大用石脑油、燃料油生产的产品总量中乙烯、芳烃类化工产品的比例，使其达到50%以上。符合规定条件的，及时到主管税务机关办理退（免）税资格认定。

• 乙烯类化工产品，是指乙烯、丙烯、丁二烯及衍生品；芳烃类化工产品是指苯、甲苯、二甲苯、重芳烃、混合芳烃及衍生品。

使用企业生产乙烯、芳烃类化工产品过程中所生产的消费税应税产品，应当照章缴纳消费税。

（二）利用废弃动植物油生产的纯生物柴油免征消费税政策

自2009年1月1日起，对利用废弃的动物油和植物油为原料生产的纯生物柴油，免征消费税。

免税的纯生物柴油，必须同时符合下列条件：

第一，生产原料中废弃的动物油和植物油用量所占比重不低于70%。其中，“废弃的动物油和植物油”的范围包括：

• 餐饮、食品加工单位及家庭产生的不允许食用的动植物油脂，包括泔水油、煎炸废弃油、地沟油和抽油烟机凝析油等。

• 利用动物屠宰分割和皮革加工修削的废弃物处理提炼的油脂，以及肉类加工过程中产生的非食用油脂。

• 食用油脂精炼加工过程中产生的脂肪酸、甘油酯及含少量杂质的混合物，包括酸化油、脂肪酸、棕榈酸化油、棕榈油脂肪酸、白土油及脱臭馏出物等。

• 油料加工或油脂储存过程中产生的不符合食用标准的油脂。

第二,生产的纯生物柴油符合国家《柴油机燃料调合生物柴油(BD100)》标准。

不符合规定条件的生物柴油,或者以柴油、柴油组分调合生产的生物柴油,不予免征消费税。

因此,利用废弃动物油和植物油为原料生产纯生物柴油的企业,应当采取措施,改进生产工艺,力争符合规定条件,享受消费税免税政策。

(三)油(气)田企业生产自用成品油先征后返消费税政策

自2009年1月1日起,油(气)田企业在开采原油过程中耗用的内购成品油,暂按实际缴纳成品油消费税的税额,全额返还所含消费税。

享受税收返还政策的自用成品油,必须同时符合以下三个条件:

• 由油(气)田企业所隶属的集团公司(总厂)内部的成品油生产企业生产;
• 从集团公司(总厂)内部购买;
• 油(气)田企业在地质勘探、钻井作业和开采作业过程中,作为燃料、动力(不含运输)耗用。

实际操作时,油(气)田企业应当严格按照上述三个条件进行运作。符合规定条件的,由油(气)田企业所隶属的集团公司(总厂)向财政部驻当地财政监察专员办事处统一申请税收返还。

第四章

营业税会计与纳税筹划

第一节 营业税会计

一、营业税会计概述

（一）纳税人与扣缴义务人

营业税纳税人和扣缴义务人是营业税会计的主体，应组织营业税的会计核算。

1. 营业税纳税人

营业税的纳税人是在中国境内提供应税劳务、转让无形资产和销售不动产的单位和个人。单位是指企业、行政单位、事业单位、军事单位、社会团体及其他单位。个人是指个体工商户和其他个人。具体地说，营业税纳税人包括以下三方面：

1）在境内提供应税劳务的单位和个人。应税劳务是指属于交通运输业、建筑业、金融保险业、邮电通信业、文化体育业、娱乐业、服务业税目征收范围内的劳务，不包括单位或个体经营者聘用员工为本单位或雇主提供的劳务，以及货物的加工、修理修配劳务。

在境内提供应税劳务，是指提供或者接受应税劳务的单位或者个人在境内；出租土地使用权的土地在境内；出租的不动产在境内。

实际执行中，应当注意下列问题：

（1）境内单位或个人在境外提供建筑业、文化体育业（除播映）劳务，暂免征收营业税。

（2）境外单位或个人在境外向境内单位或个人提供的完全发生在境外的劳务，不属于在境内提供应税劳务，不征收营业税。根据上述原则，对境外单位或个人在境外向境内单位或者个人提供的文化体育业（除播映），娱乐业，服务业中的旅店业、饮食业、仓储业，以及其他服务业中的沐浴、理发、洗染、裱画、誊写、镌刻、复印、打包劳务，不征收营业税。

2）在境内转让无形资产的单位和个人。转让无形资产，是指有偿转让无形资产所有权或使用权的行为。在境内转让无形资产，是指所转让的无形资产（不含土地使用权）的接受单位或者个人在境内；在境内转让土地使用权，是指所转让土地使用权的土地在境内。

3）在境内销售不动产的单位和个人。销售不动产，是指有偿转让不动产所有权的行为。在境内销售不动产，是指所销售的不动产在境内。

单位或个人将不动产或土地使用权无偿赠送其他单位或个人，以及单位或个人自己新建（简称自建）建筑物后销售，其所发生的自建行为，应视同发生应税行为，计算缴纳营业税。

一般来说，负有营业税纳税义务的单位是发生应税行为并收取货币、货物或者其他经济利益的单位，但不包括单位依法不需要办理税务登记的内设机构。

单位实行承包经营的，如果承包人以发包人名义对外经营并由发包人承担相关法律责任，以发包人为纳税人；否则，以承包人为纳税人。

另外，中央铁路运营业务的纳税人为铁道部，合资铁路运营业务的纳税人为合资铁路公司，地方铁路运营业务的纳税人为地方铁路管理机构，基建临管线运营业务的纳税人为基建临管线管理机构。

2. 营业税扣缴义务人

营业税扣缴义务人是指依法负有营业税代扣代缴义务的单位或个人，主要包括以下方面：

1）中国境外的单位或者个人在境内提供应税劳务、转让无形资产或者销售不动产，在境内未设有经营机构的，以其境内代理人为扣缴义务人；在境内没有代理人的，以受让方或者购买方为扣缴义务人。

2）国务院财政、税务主管部门规定的其他扣缴义务人。

（二）会计账户设置

纳税人和扣缴义务人在“应交税费”账户下设置“应交营业税”明细账户。该账户采用三栏式结构。纳税人计提营业税或者扣缴义务人代扣营业税时，记入该账户的贷方；缴纳营业税时，记入该账户的借方。纳税期满后，该账户贷方余额反映欠缴的营业税，借方余额为多缴的营业税。

为反映营业税金对损益的影响，纳税人还应设置"营业税金及附加"、"固定资产清理"等账户，与"应交税费——应交营业税"账户对应记账。

二、交通运输业应纳营业税的核算

（一）交通运输业营业税的计算

交通运输业营业税的征收范围，包括陆路运输、水路运输、航空运输、管道运输、装卸搬运。凡与运营业务有关的各项劳务活动，均属于"交通运输业"税目的征收范围，如通用航空业务，航空地面服务，打捞，理货，港务局提供的引航、系解缆、停泊、移泊等劳务，以及引水员交通费、过闸费、货物港务费等。交通运输业营业税的适用税率为3%。

交通运输业营业税的计税依据是营业额，包括提供应税劳务向对方收取的全部价款和价外费用，但不包括同时符合以下条件代为收取的政府性基金或者行政事业性收费：一是由国务院或者财政部批准设立的政府性基金，由国务院或者省级人民政府及其财政、价格主管部门批准设立的行政事业性收费；二是收取时开具省级以上财政部门印制的财政票据；三是所收款项全额上缴财政。

值得注意的是，纳税人将承揽的运输业务分给其他单位或者个人的，以其取得的全部价款和价外费用扣除其支付给其他单位或者个人的运输费用后的余额为营业额。在确定扣除额时，必须凭据合法有效凭证，如境内承担该项运输业务的其他单位或个人开具的运输发票；否则，不予扣除。

交通运输业营业税纳税义务发生时间为：纳税人提供应税劳务并收讫营业收入款项或者取得索取营业收入款项凭据的当天。收讫营业收入款项，是指纳税人应税行为发生过程中或者完成后收取的款项。取得索取营业收入款项凭据的当天，为书面合同确定的付款日期的当天；未签订书面合同或者书面合同未确定付款日期的，为应税行为完成的当天。

（二）交通运输业应纳税金的核算

这里仅以公路、海运、河运企业为例，介绍营业税会计处理办法。

1. 主营业务及应纳税金的核算

海河、汽车运输企业主营业务收入主要包括运输收入、装卸收入、堆存收入、代理收入、港务管理收入等。在会计核算上，企业设置"主营业务收入"、"主营业务成本"、"营业税金及附加"等科目，核算企业主营业务收入、成本和税金及附加。

1）运输收入，是指运输企业经营旅客、货物运输业务所取得的各项收入。其中包括货运收入、客运收入和其他运输收入(包括行李包裹收入、邮件收入、卧具收入、空调收入等)。运输收入通过“主营业务收入——运输收入”科目核算;结转运输支出,通过“主营业务成本——运输支出”科目核算;期末,将两科目的余额转入“本年利润”科目。

企业实现运输收入时,借记“银行存款”或“应收账款”等科目,贷记“主营业务收入——运输收入”科目。退回上述收入时,作上述相反的会计分录。

远洋运输企业未完航次预收的收入,先在“预收账款”科目核算,待结转航次运输收入时,再转入“主营业务收入——运输收入”科目。

企业取得的运输收入,依照3%的税率计算缴纳营业税。计提营业税时,借记“营业税金及附加”科目,贷记“应交税费——应交营业税”科目。

自2010年1月1日起,境内单位或者个人提供的国际运输劳务免征营业税。国际运输劳务是指:在境内载运旅客或者货物出境;在境外载运旅客或者货物入境;在境外发生载运旅客或者货物的行为。

2)装卸收入,是指运输企业从事装卸业务取得的业务收入。装卸收入通过“主营业务收入——装卸收入”科目核算。结转装卸支出,通过“主营业务成本——装卸支出”科目核算。期末,将两科目的余额转入“本年利润”账户。

企业实现装卸收入时,借记“银行存款”或“应收账款”等科目,贷记“主营业务收入——装卸收入”科目。退回上述收入时,作相反的会计分录。

企业取得的装卸收入,依照3%的税率计算缴纳营业税。计提营业税时,借记“营业税金及附加”科目,贷记“应交税费——应交营业税”科目。

3)堆存收入,是指企业经营仓库、堆场业务所取得的收入。堆存收入通过“主营业务收入——堆存收入”科目核算。结转堆存支出,通过“主营业务成本——堆存支出”科目核算。期末,将两科目的余额转入“本年利润”账户。

企业实现堆存收入时,借记“银行存款”或“应收账款”等科目,贷记“主营业务收入——堆存收入”科目。退回上述收入时,作相反的会计分录。

企业取得的堆存收入,依照“服务业”税目中“仓储业”项目5%的税率计算缴纳营业税。计提营业税时,借记“营业税金及附加”科目,贷记“应交税费——应交营业税”科目。

4)代理业务收入,是指企业经营各种代理业务所取的收入。代理业务收入通过“主营业务收入——代理业务收入”科目核算。结转代理业务支出,通过“主营业务成本——代理业务支出”科目核算。期末,将两科目的余额转入“本年利润”账户。

企业实现代理业务收入时,借记“银行存款”或“应收账款”等科目,贷记“主营业务收入——代理业务收入”科目。退回上述收入时,作相反的会计分录。

企业取得的代理业务收入,依照“服务业”税目中“代理业”项目5%的税率计算缴纳营业税。计提营业税时，借记“营业税金及附加”科目，贷记“应交税费——应交营业税”科目。

5）港务管理收入，是指海、河港口企业取得的港务费、港务监督、船舶检验等收入。港务管理收入通过“主营业务收入——港务管理收入”科目核算。结转港务管理支出，通过“主营业务成本——港务管理支出”科目核算。期末，将两科目的余额转入“本年利润”账户。

企业实现港务管理收入时，借记“银行存款”或“应收账款”等科目，贷记“主营业务收入——港务管理收入”科目。退回上述收入时，作相反的会计分录。

企业取得的港务管理收入，依照“交通运输业”税目3%的税率计算缴纳营业税。计提营业税时，借记“营业税金及附加”科目，贷记“应交税费——应交营业税”科目。

企业缴纳营业税时，借记“应交税费——应交营业税”科目，贷记“银行存款”科目。

【例4-1】某汽车运输公司取得货运收入300 000元，装卸收入60 000元；经营堆场业务，取得货物堆存收入15 000元。

借：银行存款　　375 000

　贷：主营业务收入——货运收入　　300 000

　　　　　　　　　——装卸收入　　60 000

　　　　　　　　　——堆存收入　　15 000

计提营业税：$(300\ 000+60\ 000)\times 3\%+15\ 000\times 5\%=11\ 550$ 元。

借：营业税金及附加　　11 550

　贷：应交税费——应交营业税　　11 550

缴纳营业税时，编制会计分录：

借：应交税费——应交营业税　　11 550

　贷：银行存款　　11 550

2.其他业务及应纳税金的核算

运输企业除营运业务以外的其他业务，包括销售固定资产、出租固定资产、转让无形资产、销售材料、车船修理等。

1）出租固定资产和无形资产取得的租金收入，通过“其他业务收入”科目核算。出租固定资产的折旧和无形资产的摊销，通过“其他业务成本”科目核算；应纳的税金及附加，通过“营业税金及附加”科目核算。

运输企业出租固定资产和无形资产，依照5%的税率计算缴纳营业税。

2）企业销售已使用过的有形动产，应当缴纳增值税（详见第二章）。销售已使用过的不动产（房屋、建筑物）和无形资产（包括土地使用权），应当缴纳营业税，具体核算办法将在以后介绍。

3)企业从事车船修理业务,应当缴纳增值税。取得收入时,借记"银行存款"或"应收账款"等科目,贷记"其他业务收入"科目、"应交税费——应交增值税"科目[或"应交税费——应交增值税(销项税额)"科目]。按应交增值税额计算的城市维护建设税、教育费附加等,借记"营业税金及附加"科目,贷记"应交税费——应交城市维护建设税"、"应交税费——教育费附加"科目。

【例4-2】某运输集团公司下设的汽车修配厂(地处市区,适用简易办法计算增值税),本月对外提供汽车修理业务,取得收入30 900元,向对方开具普通发票。

应纳增值税额 = 30 900 ÷ (1 + 3%) × 3% = 900(元)

借:银行存款	30 900	
贷:其他业务收入——汽车修理收入		30 000
应交税费——应交增值税		900

计提城建税:900 × 7% = 63 元。

计提教育费附加:900 × 3% = 27 元。

借:营业税金及附加	90	
贷:应交税费——应交城市维护建设税		63
——应交教育费附加		27

4)企业发生材料销售业务,应当缴纳增值税。取得收入时,借记"银行存款"或"应收账款"等科目,贷记"其他业务收入"科目、"应交税费——应交增值税"科目。按应交增值税额计算的城市维护建设税、教育费附加等,借记"营业税金及附加"科目,贷记"应交税费——应交城市维护建设税"、"应交税费——应交教育费附加"科目。

三、建筑业应纳营业税的核算

(一)建筑业营业税的计算

建筑业是指建筑安装工程作业,包括建筑、安装、修缮、装饰和其他工程作业5项内容。其中:其他工程作业包括代办电信工程、水利工程、道路修建、疏浚、钻井(打井)、拆除建筑物、平整土地、搭脚手架、爆破等工程作业。建筑业营业税的适用税率为3%。

1. 计税营业额的确定

建筑业营业税的计税依据是纳税人承包建筑、安装、修缮、装饰和其他工程作业取得的营业额,包括向发包方收取的工程价款和价外费用,但不包括同时符合以下条件代为收取的政府性基金或者行政事业性收费:一是由国务院或者财政部批准设立的政府性基金,由国务院或者省级人民政府及其财政、价格主管部门批准设立的行政事业性收费;二是收取时开具省级以上财政部门印制的财政票据;三是所收款项全额上缴财政。

实际执行中,应当注意下列问题:

1)纳税人将建筑工程分包给其他单位的,以其取得的全部价款和价外费用扣除其支付给其他单位的分包款后的余额为营业额。在确定扣除额时,必须取得分包单位开具的合法有效凭证。

2)纳税人提供建筑业劳务的同时销售自产货物的,应分别核算应税劳务营业额和货物销售额,其应税劳务营业额缴纳营业税,货物销售额缴纳增值税;未分别核算的,由主管税务机关核定其应税劳务营业额。

3)除上述第2项外,纳税人提供建筑业劳务(不含装饰劳务)的,其营业额包括工程所用原材料、设备及其他物资和动力价款在内,但不包括建设方提供的设备的价款。

4)纳税人提供装饰劳务,按照向客户实际收取的人工费、管理费和辅助材料费等收入确认营业额,不包括客户自行采购的材料价款和设备价款。

2.纳税义务发生时间

纳税人提供建筑业劳务,营业税纳税义务发生时间为劳务已经提供并收讫营业收入款项或者取得索取营业收入款项凭据的当天。采取预收款方式的,纳税义务发生时间为收到预收款的当天。

(二)建筑业应纳税金的核算

1.主营业务及应纳税金的核算

建筑业主营业务收入是承包工程所取得的工程合同收入,包括工程合同规定的初始收入和追加收入。施工企业设置“主营业务收入”、“主营业务成本”、“营业税金及附加”等账户,核算施工企业主营业务收入、成本、税金及附加。

1)合同收入与合同费用的确定。根据会计准则规定,合同收入与合同费用,按照以下两种方法确定:

(1)完工百分比法。资产负债表日,建造合同的结果能够可靠估计的,根据完工百分比法确认合同收入和合同费用。

当期应确认的合同收入 = 合同总收入 × 完工进度 - 以前会计期间累计已确认的收入

当期应结转的合同费用 = 合同预计总成本 × 完工进度 - 以前会计期间累计已确认的费用

当期应确认的合同毛利 = 当期确认的合同收入 - 当期结转的合同费用

当期完成的建造合同,按照实际合同总收入扣除以前会计期间累计已确认收入后的金额,确认为当期合同收入;同时,按照累计实际发生的合同成本扣除以前会计期间累计已确认费用后的金额,确认为当期合同费用。

(2)成本回收法。资产负债表日,建造合同的结果不能可靠估计的,分别按下列情况处理:第一,合同成本能够收回的,合同收入根据能够收回的实际合同成本予以确认,合同成本在其发生的当期确认为合同费用;第二,合同成本不可能收回的,在发生时立即确认为合同费用,不确认合同收入。

值得注意的是,会计准则的上述规定,只是从会计角度规范合同收入、合同费用的确认与计量问题,不适用于建筑业营业税的计算缴纳。

2)计税时应当注意的问题:纳税义务发生时间和计税营业额。

在会计核算上,企业可以按照会计准则的规定,按期确认合同收入与合同费用,并按照确认的合同收入和适用税率计提营业税,配比确认当期损益。借记"营业税金及附加"科目,贷记"应交税费——应交营业税"科目。但是,在缴纳营业税时,必须按照营业税制度规定,确定纳税义务发生时间和计税营业额,按实际应缴纳的营业税额在纳税期限内缴纳,借记"应交税费——应交营业税"科目,贷记"银行存款"科目。

【例4-3】某建筑公司承包一项建筑工程。合同规定,工程总价款8 000万元。工期15个月,开工日期2011年4月1日。开工前预收工程款1 000万元,开工后,每个季度末,按实际完成工作量结算收取工程款;尾款于工程竣工验收合格后的次日结算收取。

该项业务的税务处理办法如下:

(1)开工前,预收工程款1 000万元,于收到时产生纳税义务,按实际收到的预收款计算缴纳营业税。

(2)每个季度末,即合同规定的结算收款日,依法产生纳税义务,按应当收取的工程价款(扣除已计税的预收款)计算缴纳营业税。

(3)工程竣工验收合格的次日,即合同规定的尾款结算收取日,依法产生纳税义务,按应当收取的工程尾款计算缴纳营业税。

【例4-4】某建筑公司承包一项建筑工程。合同规定,工程总价款500万元;工期3个月,开工日期2011年6月1日;工程款于工程竣工验收合格后的次日一次性结算收取。

分析:该项工程收入不必按月计算缴纳营业税,应按合同规定的结算收款日(本例是竣工验收合格后的次日)确定纳税义务发生时间,计税营业额是工程总价款。

建筑企业利用自己的施工力量建造建筑物,建成后对外销售,应当缴纳两道营业税:第一,自建行为,按照"建筑业"税目3%的税率缴纳营业税;第二,销售行为,按照"销售不动产"税目5%的税率缴纳营业税。

两道营业税的纳税义务发生时间是:采取预收款方式的,为收到预收款的当天。签订书面合同的,为书面合同确定的付款日期的当天;未签订书面合同或者书面合同未确定付款日期的,为应税行为完成的当天。

自建行为的计税依据是按照营业税制度核定的营业额[比如:营业额=工程成本×(1+成本利润率)÷(1-营业税税率)];销售行为的计税依据是销售建筑物实现的全部价款和价外费用。

2.其他业务及应纳税金的核算

施工企业及所属内部独立核算单位从事工业性生产、机械作业、运输,以及销售材料、出租无形资产等取得的收入,通过"其他业务收入"科目核算。发生与其他业务收入相关的各种支出,通过"其他业务成本"科目核算;发生与其他业务收入相关的税费(不包括增值税),通过"营业税金及附加"科目核算。

1)工业产品销售。施工企业附属的内部独立核算的生产企业,如预制构件厂、机械修理厂、木材加工厂等,将自制产品销售给外单位、内部独立核算单位,以及本企业基建部门等取得的收入,应当缴纳增值税。

实现销售时,借记"银行存款"或"应收账款"等科目,贷记"其他业务收入——产品销售收入"、"应交税费——应交增值税"科目。结转销售成本时,借记"其他业务成本"科目,贷记"库存商品"科目。按应纳增值税额计提的城市维护建设税和教育费附加,借记"营业税金及附加"科目,贷记"应交税费——应交城市维护建设税"、"应交税费——应交教育费附加"科目。

2)材料销售。施工企业及其内部独立核算的材料供应部门,向外单位和本企业内部独立核算单位等销售材料取得的收入,应当缴纳增值税。其会计处理与产品销售的会计处理办法基本相同,只是所使用的明细科目不同。

3)机械作业。施工企业向外单位、其他独立核算单位等出租施工机械和运输设备取得的收入,以及提供机械化施工和运输劳务取得的收入,应当缴纳营业税。其中,机械、设备出租收入,按照"服务业"税目5%的税率计算缴纳营业税;提供机械化施工和运输劳务,分别按照"建筑业"、"交通运输业",依照3%的税率计算缴纳营业税。

收入实现时,借记"应收账款"、"银行存款"等科目,贷记"其他业务收入——××"科目。结转相关支出时,借记"其他业务成本"科目,贷记"机械作业"等科目。计提营业税金及附加时,借记"营业税金及附加"科目,贷记"应交税费——应交营业税"、"应交税费——应交城市维护建设税"、"应交税费——应交教育费附加"科目。

四、金融保险业应纳营业税的核算

(一)金融保险业营业税的计算

金融保险业是指经营金融、保险业务。金融保险业营业税的适用税率为5%。自2009年1月1日起至2015年12月31日,农村信用社、村镇银行、农村资金互助社、由银行业机构全资发起设立的贷款公司、法人机构所在地在县(含县级市、区、旗)及县以下地区的农村合作银行和农村商业银行的金融保险业收入,减按3%的税率缴纳营业税。

1. 计税营业额的确定

1)贷款业务,以贷款利息收入为营业额,包括各种加息、罚息等。

2)经中国人民银行、商务部批准经营融资租赁业务的单位从事融资租赁业务,以向承租者收取的全部价款和价外费用(包括残值)减除出租方承担的出租货物的实际成本后的余额为营业额。其中,出租货物的实际成本包括由出租方承担的货物的购入价、关税、增值税、消费税、运杂费、安装费、保险费和贷款的利息(包括外汇借款和人民币借款利息)。

本期营业额=(应取得的全部价款和价外费用-实际成本)×(本期天数÷总天数)

3)外汇、有价证券、非货物期货和其他金融商品买卖业务,以卖出价减去买入价后的余额为营业额。卖出价是指卖出原价,不得扣除卖出过程中支付的任何费用和税金;买入价是指购进原价,不得包括购进过程中支付的各种费用和税金。

金融企业买卖金融商品(包括股票、债券、外汇及其他金融商品),可在同一会计年度末,将不同纳税期出现的正差和负差按同一会计年度汇总的方式计算并缴纳营业税,如果汇总计算应缴纳的营业税额小于本年已缴纳的营业税额,可以向税务机关申请办理退税,但不得将一个会计年度内汇总后仍为负差的部分结转下一会计年度。

4)金融企业从事受托收款业务,如代收电话费、水电煤气费、信息费、学杂费、社保统筹费、交通违章罚款、税款等,以全部收入减去支付给委托方价款后的余额为营业额。

5)办理初保业务,营业额为纳税人经营保险业务向对方收取的全部价款,即向被保险人收取的全部保险费。

我国境内的保险人将其承保的以境内标的物为保险标的的保险业务向境外再保险人办理分保的,以全部保费收入减去分保保费后的余额为营业额。境外再保险人就其分保收入承担营业税纳税义务,并由境内保险人扣缴境外再保险人应缴纳的营业税税款。

6)保险企业开展无赔偿奖励业务的,以向投保人实际收取的保费为营业额。

7)保险公司"储金业务"的营业额,为纳税人在纳税期内的储金平均余额乘以人民银行公布的一年期存款的月利率。储金平均余额为纳税期期初储金余额与期末余额之和乘以50%。储金业务,是指保险公司在办理保险业务时,不是直接向投保人收取保费,而是向投保人收取一定数额的到期应返还的资金(称为储金),以储金产生的收益作为保费收入的业务。

2. 纳税义务发生时间

营业税纳税义务发生时间为纳税人提供应税劳务并收讫营业收入款项或者取得索取营业收入款项凭据的当天。国务院财政、税务主管部门另有规定的,从其规定。

收讫营业收入款项,是指纳税人提供应税劳务过程中或者完成后收取的款项。

取得索取营业收入款项凭据的当天,是指书面合同确定的对方付款日期的当天;未签订书面合同或者书面合同未确定对方付款日期的,为应税劳务完成的当天。

3. 应当注意的问题

1)不征收营业税的项目,包括:人民银行对金融机构的贷款业务;存款或购入金融商品行为;金融机构往来利息收入(指金融机构之间相互占用、拆借资金取得的利息收入);保险公司摊回的分保费用;金融机构的出纳长款收入;保险企业取得的追偿款。

2)免征营业税的项目,包括:地方商业银行转贷用于清偿农村合作基金会债务的专项贷款利息收入;住房公积金管理中心用住房公积金在指定的委托银行发放个人住房贷款取得的收入;农牧保险业务收入;保险公司开展的一年期以上返还性人身保险业务的保费收入;境内保险机构为出口货物提供的保险产品,包括出口货物保险和出口信用保险;2009 年 1 月 1 日至 2013 年 12 月 31 日,金融机构农户小额贷款的利息收入。

(二)金融保险业营业税的核算

这里简单介绍利息收入、手续费收入和储金业务及应纳营业税的核算办法。

1. 利息收入及应纳营业税的核算

会计制度规定,金融企业发放的贷款应按期计提利息并确认收入。利息收入按让渡资金使用权的时间和利率计算确定。发放贷款到期(含展期,下同)90 天后尚未收回的,其应计利息停止计入当期利息收入,纳入表外核算;已计提的贷款应收利息,在贷款到期 90 天后仍未收回的,或在应收利息逾期 90 天后仍未收到的,冲减原已计入损益的利息收入,转作表外核算。

金融企业设置“利息收入”科目,核算企业所取得的利息收入(贷款利息收入、存款利息收入)。设置“利息支出”科目,核算除金融企业往来支出以外的应付利息。期末,将两科目的余额转入“本年利润”科目,结转后无余额。设置“营业税金及附加”、“应交税费——应交营业税”科目,核算按规定计算缴纳的营业税金。

2. 手续费收入及应纳营业税的核算

金融经纪业务和其他金融业务(中间业务)的营业额,为手续费(佣金)类的全部收入。金融企业设置“手续费收入”科目,核算为客户办理各种业务收取的手续费收入;设置“手续费支出”科目核算委托其他单位代办业务等发生的支出。期末,将两科目的余额转入“本年利润”科目,结转后应无余额。

金融企业取得手续费收入时，借记“银行存款”或“应付账款”等科目，贷记“手续费收入”科目；发生手续费支出时，借记“手续费支出”科目，贷记有关科目；计提营业税金时，借记“营业税金及附加”科目，贷记“应交税费——应交营业税”等科目。

【例4-5】某金融企业受甲企业委托，发放贷款100万元，年利率7.20%，利息按季支付。本季度取得利息收入18 000元。该金融机构按委托贷款利息收入的10%收取手续费，本季度应取得手续费收入为1 800元。

(1)反映委托贷款利息：

借：银行存款　18 000

　贷：应付账款——应付委托贷款利息　18 000

(2)反映手续费收入：

借：应付账款——应付委托贷款利息　1 800

　贷：手续费收入　1 800

(3)计提营业税：$1\ 800 \times 5\% = 90$(元)

借：营业税金及附加　90

　贷：应交税费——应交营业税　90

3. 储金业务及应纳营业税的核算

保险公司设置“保户储金”、“应收利息”、“保费收入”等科目核算储金业务。“保户储金”科目借方核算返还的储金数额，贷方核算收到的储金数额；余额在贷方，反映保户缴存的尚未返还的储金。“应收利息”科目核算应计利息。每年年末，根据两全保险“定期存单登记簿”所列利息，借记“应收利息”科目，贷记“保费收入”科目；保险期满退还保险储金时，借记“保户储金”科目，贷记“库存现金”、“银行存款”等科目。保险公司计提营业税时，借记“营业税金及附加”科目，贷记“应交税费——应交营业税”科目。

五、邮电通信业应纳营业税的核算

(一)邮电通信业营业税的计算

邮电通信业，是指专门办理信息传递的业务，包括邮政和电信。邮政，是指传递实物信息的业务，包括传递函件或包件、邮汇、报刊发行、邮务物品销售、邮政储蓄及其他邮政业务。电信，是指用各种电传设备传输电信号来传递信息的业务，包括电报、电传、电话、电话机安装、电信物品销售及其他电信业务。

邮电通信业营业税的适用税率为3%。其计税依据是纳税人提供邮政和电信业务所取得的全部价款和价外费用，但不包括同时符合以下条件代为收取的政府性基金或者行政事业性收费：一是由国务院或者财政部批准设立的政府性基金，由国务院或者省级人民政府及其财政、价格主管部门批准设立的行政事业性收费；二是收取时开具省级以上财政部门印制的财政票据；三是所收款项全额上缴财政。

电信部门以集中受理方式为集团客户提供跨省的出租电路业务，由受理地区的电信部门按取得的全部价款减除分割给参与提供跨省电信业务的电信部门的价款后的差额为营业额，计算缴纳营业税；对参与提供跨省电信业务的电信部门按各自取得的全部价款为营业额，计算缴纳营业税。

邮政电信部门与其他部门合作，共同为用户提供邮政电信业务及其他服务并由邮政电信部门统一收取价款的，以全部收入减去支付给合作方价款后的余额为营业额计算缴纳营业税。

中国移动通信集团公司通过手机短信公益特服号为某些基金会接受捐款业务，以全部收入减去支付给基金会价款后的余额为营业额计算缴纳营业税。

实际执行中，应当注意以下问题：

(1)自2006年1月1日起，国家邮政局及其所属邮政单位提供邮政普遍服务和特殊服务业务(函件、包裹、汇票、机要通信、党报党刊发行)取得的收入免征营业税。享受免税的党报党刊发行收入按邮政企业报刊发行收入的70%计算。

(2)自2011年1月1日至2012年12月31日，中国邮政集团公司及其所属邮政企业为中国邮政储蓄银行及其所属分行、支行代办金融业务取得的代理金融业务收入，免征营业税。

(3)境外单位或个人在境外向境内单位或个人提供的国际通信服务(包括国际间通话服务、移动电话国际漫游服务、移动电话国际互联网服务、国际间短信互通服务、国际间彩信互通服务)，不属于营业税征收范围，不征收营业税。

(二)邮电通信业营业税的核算

现以电信企业为例，说明邮电通信业营业收入及应纳营业税的核算办法。

1. 电信企业主营业务收入的核算

电信企业的主营业务收入，是指电信企业经营的基础电信业务和增值电信业务所取得的资费收入，以及电信企业之间网间互联电信业务的结算收入。

电信企业主营业务收入的确认，按照企业会计准则执行：企业为用户提供了电信业务服务后，根据计费系统出具的收费账单金额确认收入；企业出租、出售通信网络元素业务，按企业与用户签订的合同或协议金额确认收入；企业网间互联业务，根据双方确认的结算金额作为结算收入；企业已经确认收入的电信业务发生退费，应当冲减退费当期的收入。

电信企业设置“主营业务收入”科目。该科目下设置7个二级明细科目，每个二级科目下设若干三级科目：

1）固定本地电话网业务收入，包括：本地电话业务收入、企业内网间结算收入、企业间网间结算收入、出租电路及网元业务收入、出租设备业务收入、装移机收入、其他收入。

2）长途电话网业务收入，包括：国内长途电话业务收入、国际电话业务收入、港澳台电话业务收入、企业内网间结算收入、企业间网间结算收入、出租电路及网元业务收入、出租设备业务收入、其他收入。

3）数据通信网业务收入，包括：国内数据业务收入、国际及港澳台数据业务收入、企业内网间结算收入、企业间网间结算收入、出租电路及网元业务收入、出租设备业务收入、其他收入。

4）移动通信网业务收入，包括：基本通话业务收入、月租费收入、移动数据业务收入、企业内网间结算收入、企业间网间结算收入、出租电路及网元业务收入、出租设备业务收入、其他收入。

5）卫星通信网业务收入，包括：出租电路及网元业务收入、卫星固定通信业务收入、卫星移动通信业务收入、企业内网间结算收入、企业间网间结算收入、出租设备业务收入、其他收入。

6）无线寻呼网业务收入，包括：无线寻呼收入、电话信息收入、计算机信息收入、其他收入。

7）专用通信网业务收入，核算党政等专用通信网的各项业务收入、其他企业内部使用的通信网不属于本科目核算内容，包括：本地电话业务收入、国内长途电话业务收入、国际及港澳台电话收入、数据业务收入、其他收入。

在会计处理上，主营业务收入先通过“营业款结算”科目进行核算，根据“营业报告单”登记账目。“营业款结算”科目，核算企业营业部门、分支机构应交和已交的营业收入款项。该科目期末一般无余额，如有借方余额，反映电信企业未达的在途款项。

收到营业部门和分支机构交款时，借记“库存现金”或“银行存款”科目，贷记“营业款结算”科目；根据“营业报告单”的收方转账时，借记“营业款结算”科目，贷记“主营业务收入”科目（相关明细科目）；根据“营业报告单”的付方转账时，借记“主营业务收入”科目（相关明细科目）（业务退费），贷记“营业款结算”科目。

电信企业可以根据“营业报告单”先登记“营业收入汇总表”，月终根据“营业收入汇总表”转账。

对于出售各种电话卡的数量和金额应在营业报告单上注明。

2. 网间互联业务结算的核算

电信企业的业务收入是企业按照通信资费标准，由受理业务的企业（出口企业）代表通信全网向用户收取的费用。对于可由一个邮电企业单独完成的通信业务,可列入本企业各通信网相关收入账户;对于由两个以上电信企业共同完成的网间互联通信业务,其业务收入是一种待分配性质的收入,应视为出口企业与其他相关电信企业的共同收入,进行网间通信资费的结算。

对于电信企业内部涉及网间互联业务收入的结算事项也应比照电信企业之间通信资费结算的办法进行分割划转。需要结付给其他企业和分割到企业内部其他通信网的部分,在各通信网业务收入相关明细账户的借方冲转,若是其他企业结入的结算收入,在各通信网"企业间网间结算收入"明细账户中核算;需要从"企业间网间结算收入"明细账户分割到企业内部其他通信网或结付给其他电信企业的结算收入在其借方冲转。

3. 其他业务收入的核算

其他业务收入,指除电信主营业务收入以外的其他业务收入。在会计核算上,通过"其他业务收入"科目核算。该科目下设"出售通信商品收入"、"出租通信商品收入"、"代办业务收入"和"其他收入"4 个二级科目。

1)出售通信商品收入:出售各种电话机、移动电话机、SIM 卡、卫星终端设备、无线寻呼机、电话号码簿等通信商品收入。

2)出租通信商品收入:出租移动电话机等的租金收入。

3)代办业务收入:代办工程收入及代办业务的手续费、劳务费收入等。

4)其他收入:技术转让收入,固定资产出租、无形资产出租和企业自管或委托管理的职工住房的租金收入,以及在电话卡上、电话号码簿上为其他单位刊登广告收入、劳务费收入等。

电信企业在取得其他业务收入时,借记"银行存款"、"应收账款"、"营业款结算"等科目,贷记"其他业务收入"科目的相关明细科目。

电信企业收到代办工程预收款时,借记"银行存款"科目,贷记"预收账款"科目;待工程完工结转代办工程收入时,借记"预收账款"科目,贷记"其他业务收入"科目(代办工程收入)。

期末,将"其他业务收入"科目的余额转入"本年利润"科目,结转后该科目无余额。

电信企业的其他业务收入,应根据业务性质,按照税收制度规定计算缴纳营业税或增值税。比如,电信单位自己销售无线寻呼机、移动电话,并为客户提供有关的电信劳务服务的,缴纳营业税;单纯销售无线寻呼机、移动电话等不提供有关的电信劳务服务的,缴纳增值税。再比如,电信企业取得的房屋租金收入和广告收入等,按照"服务业"税目缴纳营业税。在会计处理上,除增值税外,电信企业计提的营业税,通过"营业税金及附加"和"应交税费——应交营业税"科目核算。

六、服务业和娱乐业应纳营业税的核算

（一）服务业和娱乐业营业税的计算

1. 服务业营业税的计算

服务业，是指利用设备、工具、场所、信息或技能为社会提供服务的业务，包括：代理业、旅店业、饮食业、旅游业、仓储业、租赁业、广告业和其他服务业。服务业适用的营业税税率为5%。

服务业营业税的计税依据是营业额。营业额是指纳税人提供服务业劳务向对方收取的全部价款和价外费用，但不包括同时符合以下条件代为收取的政府性基金或者行政事业性收费：一是由国务院或者财政部批准设立的政府性基金，由国务院或者省级人民政府及其财政、价格主管部门批准设立的行政事业性收费；二是收取时开具省级以上财政部门印制的财政票据；三是所收款项全额上缴财政。

在确定营业额时，应当注意以下问题：

1）纳税人从事旅游业务的，以其取得的全部价款和价外费用扣除替旅游者支付给其他单位或者个人的住宿费、餐费、交通费、旅游景点门票和支付给其他接团旅游企业的旅游费后的余额为营业额。

单位和个人在旅游景区经营索道、旅游游船、观光电梯、观光电车、景区环保客运车所取得的收入，按照“服务业”税目中“旅游业”项目征收营业税。

2）从事广告代理业务的，以其全部收入减去支付给其他广告公司或广告发布者（包括媒体、载体）的广告发布费后的余额为营业额。

3）从事物业管理的单位，以与物业管理有关的全部收入减去代业主支付的水、电、燃气以及代承租者支付的水、电、燃气、房屋租金的价款后的余额为营业额。

4）劳务公司接受用工单位的委托，为其安排劳动力，凡用工单位将其应支付给劳动力的工资和为劳动力上交的社会保险（包括养老保险金、医疗保险、失业保险、工伤保险等）以及住房公积金统一交给劳务公司，由劳务公司代为发放或办理的，以劳务公司从用工单位收取的全部价款减去代收转付给劳动力的工资和为劳动力办理社会保险及住房公积金后的余额为营业额。

5）公用电话代办人（如“电话亭”经营人）以取得的劳务费（或手续费等）为营业额，按“服务业”税目中的“代理服务”项目计算营业税。

兼办人（私人住宅、小卖店、其他单位）利用自用电话兼办公用电话业务，以向用户收取的全部价款和价外费用减去支付给邮电部门的管理费和电话费的余额为营业额，按“服务业”税目中的“代理服务”项目计算营业税。

6）纳税人从事无船承运业务，以其向委托人收取的全部价款和价外费用扣除其支付的海运费以及报关、港杂、装卸费用后的余额为营业额。

纳税人按照规定扣除有关项目时，必须取得合法有效凭证，如境内单位或个人开具的发票、境外单位或个人的签收单据，以及国家税务总局规定的其他合法有效凭证。取得的凭证不符合规定的，该项目金额不得扣除。

另外，值得关注的是，服务业营业税纳税义务发生时间为：纳税人提供应税劳务并收讫营业收入款项或者取得索取营业收入款项凭据的当天。但纳税人提供租赁业劳务，采取预收款方式的，其纳税义务发生时间为收到预收款的当天。

2.娱乐业营业税的计算

娱乐业，是指为娱乐活动提供场所和服务的业务，包括：经营歌厅、舞厅、卡拉OK歌舞厅、音乐茶座、台球、高尔夫球、保龄球场、游艺场等娱乐场所，以及娱乐场所为顾客进行娱乐活动提供服务的业务。从2003年1月1日起，对单位和个人开办“网吧”取得的收入，按照“娱乐业”税目征收营业税。

娱乐业执行5%～20%的幅度税率，具体适用税率由各省、自治区、直辖市人民政府根据当地的实际情况在规定的幅度内决定。

娱乐业营业税计税依据是营业额。营业额为经营娱乐业收取的全部价款和价外费用，包括门票收费、台位费、点歌费、烟酒、饮料、茶水、鲜花、小吃等收费及经营娱乐业的其他各项收费。

（二）服务业和娱乐业营业税的核算

1.服务业营业税的核算

旅游、饮食服务企业的主营业务收入，是指饭店、宾馆、旅店、旅行社、理发、浴池等服务企业从事主营业务取得的收入。其他业务收入包括房屋、场地、包装物的出租收入，特许权使用费收入，以及材料销售收入等。企业应设置“主营业务收入”和“其他业务收入”账户，分别核算主营业务收入和其他业务收入的增减变动情况。同时，设置“主营业务成本”、“其他业务成本”、“营业税金及附加”等账户，核算主营业务成本和其他业务成本、营业税金及附加。期末，将上述账户的余额转入“本年利润”账户，结转后无余额。

【例4－6】京城饭店财务部于3月2日收到总服务台转来的“营业日报表”，表中列示当日房费为28 300元。

借：库存现金　　　　28 300

　贷：主营业务收入——客房收入　　　　28 300

本月该饭店共取得房费收入600 000元，则：

应纳营业税额 = 600 000 × 5% = 30 000(元)

借:营业税金及附加　　30 000

　贷:应交税费——应交营业税　　30 000

【例 4－7】某酒店于 7 月 20 日收到 A 单位预订客房的款项(支票)10 000 元,当日送存银行。8 月 1 日始,A 单位人员入住酒店,共结算房费 8 500 元。

(1)收到预订客房款项时:

借:银行存款　　10 000

　贷:预收账款——A 单位订房款　　10 000

(2)结算房费时:

借:预收账款　　8 500

　贷:主营业务收入——客房收入　　8 500

2. 娱乐业营业税的核算

娱乐业营业收入和营业税金的会计处理与服务业基本相同。

七、转让无形资产应纳营业税的核算

(一)转让无形资产应纳营业税的计算

转让无形资产,是指转让无形资产的所有权或使用权的行为,包括:转让土地使用权、商标权、专利权、非专利技术、著作权和转让商誉。单位或者个人将土地使用权无偿赠送其他单位或者个人,视同转让土地使用权。从 2012 年 2 月 1 日起,转让自然资源使用权,包括海域使用权、探矿权、采矿权、取水权和其他自然资源使用权,按照"转让无形资产"税目缴纳营业税。转让无形资产统一执行 5% 的税率。

实际执行中,应当注意以下问题:

1. 计税营业额

计税营业额是指纳税人转让无形资产向对方收取的全部价款和价外费用,但不包括同时符合以下条件代为收取的政府性基金或者行政事业性收费:一是由国务院或者财政部批准设立的政府性基金,由国务院或者省级人民政府及其财政、价格主管部门批准设立的行政事业性收费;二是收取时开具省级以上财政部门印制的财政票据;三是所收款项全额上缴财政。

但是,纳税人转让其受让或抵债所得的土地使用权,以全部收入减去土地使用权的受让原价或抵债时该项土地使用权作价后的余额为计税营业额。

2. 纳税义务发生时间

纳税人转让无形资产,营业税纳税义务发生时间为转让无形资产并收讫转让收入款项或者取得索取转让收入款项凭据的当天。国务院财政、税务主管部门另有规定的，从其规定。

收讫转让收入款项，是指纳税人在转让行为发生过程中或者完成后收取的款项。取得索取转让收入款项凭据的当天，为书面合同确定的对方付款日期的当天；未签订书面合同或者书面合同未确定对方付款日期的，为应税行为完成的当天。

纳税人转让土地使用权，采取预收款方式的，纳税义务发生时间为收到预收款的当天；纳税人将土地使用权无偿赠送其他单位或者个人的，纳税义务发生时间为土地使用权转移的当天。

3. 免税项目

1）纳税人以无形资产投资入股，参与接受投资方的利润分配、共同承担投资风险的行为，不缴纳营业税；从2003年1月1日起，对股权转让也不缴纳营业税。

2）纳税人从事技术转让、技术开发业务和与之相关的技术咨询、技术服务业务取得的收入，免纳营业税。

3）纳税人将土地使用权转让给农业生产者用于农业生产，免纳营业税。

4）个人转让著作权，免纳营业税。

（二）转让无形资产应纳税金的核算

企业转让无形资产使用权，其收入通过“其他业务收入”科目核算，其支出通过“其他业务成本”科目核算，其营业税金通过“营业税金及附加”科目核算。企业转让无形资产所有权和土地使用权、自然资源使用权，会计上称为出售无形资产，其净收入通过“营业外收入”科目核算。

按照营业税制度规定，纳税人在我国境内转让无形资产，无论是转让无形资产的所有权还是使用权，均按照“转让无形资产”税目缴纳营业税。

【例4-8】某公司（地处市区）于2011年10月份将拥有的一项商标权出售，取得收入300 000元。该商标权账面原价270 000元，累计摊销20 000元。

（1）计算应纳的各项税金及附加：

应纳营业税额 = 300 000 × 5% = 15 000（元）

应纳城市维护建设税额 = 15 000 × 7% = 1 050（元）

应交教育费附加 = 15 000 × 3% = 450（元）

（2）该公司的账务处理：

借：银行存款	300 000
累计摊销	20 000
贷：无形资产——商标权	270 000

应交税费——应交营业税　　15 000
　　——应交城市维护建设税　　1 050
　　——应交教育费附加　　450
营业外收入——处置非流动资产利得　　33 500

【例4-9】假如上例该公司将商标权的使用权转让给某企业,每月收入10 000元。则该项业务处理如下:

每月取得收入时编制会计分录:

借:银行存款　　10 000
　贷:其他业务收入　　10 000

应纳营业税额=10 000×5%=500(元)

应纳城市维护建设税额=500×7%=35(元)

应交教育费附加=500×3%=15(元)

借:营业税金及附加　　550
　贷:应交税费——应交营业税　　500
　　——应交城市维护建设税　　35
　　——应交教育费附加　　15

八、销售不动产应纳营业税的核算

(一)销售不动产应纳营业税的计算

销售不动产,是指有偿转让不动产所有权的行为,包括:销售建筑物或者构筑物,以及销售其他土地附着物。在销售不动产时连同不动产所占土地的使用权一并转让的行为,比照销售不动产缴纳营业税。单位或者个人将不动产无偿赠送其他单位或者个人,视同销售不动产缴纳营业税。销售不动产统一执行5%的税率。

实际执行中,应当注意以下问题:

1.计税销售额

计税销售额是指纳税人销售不动产向对方收取的全部价款和价外费用,但不包括同时符合以下条件代为收取的政府性基金或者行政事业性收费:一是由国务院或者财政部批准设立的政府性基金,由国务院或者省级人民政府及其财政、价格主管部门批准设立的行政事业性收费;二是收取时开具省级以上财政部门印制的财政票据;三是所收款项全额上缴财政。

但是,纳税人销售其购置或抵债所得的不动产,以全部收入减去不动产的购置原价或抵债时该项不动产作价后的余额为计税销售额。但个人销售住房,按照现行税收政策执行。

2. 纳税义务发生时间

纳税人销售不动产，营业税纳税义务发生时间为销售不动产并收讫销售收入款项或者取得索取销售收入款项凭据的当天。国务院财政、税务主管部门另有规定的，从其规定。

收讫销售收入款项，是指纳税人在销售行为发生过程中或者完成后收取的款项。取得索取销售收入款项凭据的当天，为书面合同确定的对方付款日期的当天；未签订书面合同或者书面合同未确定对方付款日期的，为应税行为完成的当天。

纳税人销售不动产，采取预收款方式的，纳税义务发生时间为收到预收款的当天；纳税人将不动产无偿赠送其他单位或者个人的，纳税义务发生时间为不动产所有权转移的当天。

3. 免税项目

1）纳税人以不动产投资入股，参与接受投资方利润分配、共同承担投资风险的行为，不缴纳营业税。自2003年1月1日起，股权转让也不缴纳营业税。

2）企事业单位按房改成本价、标准价出售住房的收入，暂免缴纳营业税。

3）个人自建自用住房，销售时免纳营业税。

（二）房地产开发企业主营业务及应纳营业税的核算

房地产开发企业的主营业务收入，包括商品房销售收入、配套设施销售收入、代建工程结算收入、开发产品租金收入等。

在会计核算上，企业设置“主营业务收入”总账科目，并按经营收入的类别设置“土地转让收入”、“商品房销售收入”、“配套设施销售收入”、“代建工程结算收入”、“出租产品租金收入”等明细账，进行相关收入的明细核算。

设置“主营业务成本”总账科目，并按照经营成本的种类设置“土地转让成本”、“商品房销售成本”、“配套设施销售成本”、“代建工程结算成本”、“出租产品经营成本”等明细账，核算企业对外转让、销售、结算和出租开发产品等应结转的经营成本。

设置“营业税金及附加”科目，核算应由主营业务收入负担的营业税金及附加和土地增值税等。

1. 销售开发产品及应纳营业税的核算

房地产开发企业的开发产品，主要包括商品房、配套设施及商品性建设场地等。商品房可以整幢出售，也可以分套（单元）出售。分套出售时应明确各套商品房的建筑面积及相应的土地使用权比例。房地产开发企业预售商品房的，必须按照国家法律、法规的规定取得预售许可证后，方可上市交易。预售商品房所得的价款，只能用于相关的工程建设,并作为企业预收账款管理;商品房竣工验收办理移交手续后,再将预收账款转为营业收入。

【例4-10】某房地产开发公司预售一幢商品房,收到预收房款600万元。该幢商品房售价总额2 000万元。合同约定:预收款按售价总额的30%一次性收取,余款在交付商品房时结算收取。

(1)收到预收款时,编制会计分录:

借:银行存款　　6 000 000

　贷:预收账款　　6 000 000

(2)应纳营业税额 = 6 000 000 × 5% = 300 000(元):

借:应交税费——应交营业税　　300 000

　贷:银行存款　　300 000

(3)交付商品房,销售收入实现时,编制会计分录:

借:预收账款　　20 000 000

　贷:主营业务收入——商品房销售收入　　20 000 000

计提营业税额:20 000 000 × 5% = 1 000 000元。

借:营业税金及附加　　1 000 000

　贷:应交税费——应交营业税　　1 000 000

结清商品房余款时,编制会计分录:

借:银行存款　　14 000 000

　贷:预收账款　　14 000 000

缴纳尚欠的营业税,编制会计分录:

借:应交税费——应交营业税　　700 000

　贷:银行存款　　700 000

【例4-11】某房地产开发企业将位于市区的一幢写字楼销售给某单位。该幢写字楼实际开发成本2 000万元,销售价款4 500万元。已办理移交手续,并将发票账单提交买主,销售款一次性取得。

上述业务会计处理如下:

(1)实现销售时,编制会计分录:

借:银行存款　　45 000 000

　贷:主营业务收入——商品房销售收入　　45 000 000

(2)结转已销售写字楼的实际开发成本:

借:主营业务成本——商品房销售成本　　20 000 000

　贷:开发产品——房屋(写字楼)　　20 000 000

(3)计提营业税、城市维护建设税和教育费附加：

应纳营业税额 = 45 000 000 × 5% = 2 250 000(元)

应纳城市维护建设税额 = 2 250 000 × 7% = 157 500(元)

应交教育费附加 = 2 250 000 × 3% = 67 500(元)

借：营业税金及附加　　2 475 000

　贷：应交税费——应交营业税　　2 250 000

　　　　　　——应交城市维护建设税　　157 500

　　　　　　——应交教育费附加　　67 500

2. 代建工程及应纳营业税的核算

房地产开发企业接受其他单位委托代建房屋及其他工程，因其不拥有土地使用权和房屋产权，只是提供劳务，所以，不涉及土地使用权和房屋的买卖问题，无需计算缴纳销售不动产的营业税，但涉及代建劳务营业税。

代建工程及应纳营业税的会计处理程序如下：

企业预收委托方备料款和工程款时，借记“银行存款”等科目，贷记“预收账款”科目。

结算代建工程款时，借记“应收账款”科目，贷记“主营业务收入——代建工程结算收入”科目。

结转代建工程成本时，借记“主营业务成本——代建工程结算成本”科目，贷记“开发产品——代建××”科目。

按代建劳务收入计算的营业税金及附加，借记“营业税金及附加”科目，贷记“应交税费——应交营业税”、“应交税费——应交城市维护建设税”、“应交税费——应交教育费附加”科目。

结清代建工程款时，借记“银行存款”、“预收账款”科目，贷记“应收账款”科目。

3. 出租产品及应纳营业税的核算

房地产开发企业将开发建成的房屋或商品性土地用于出租经营的，由于不涉及房屋产权和土地使用权的转移，所以，不需要缴纳销售不动产的营业税。但是，由于发生了房屋和土地的租赁行为，应按“服务业”税目计算缴纳租赁业务的营业税。但是，如果企业以后将出租的房地产出售，应按规定计算缴纳销售不动产营业税。

【例 4-12】某市房地产开发公司于年初将开发完成的小区商品房出租给 A 公司，租期 2 年。租赁合同规定每月租金 20 000 元(按月结算收取)，出租房屋实际开发成本 2 500 000 元，折旧年限 25 年，预计净残值率 5%。房屋租赁期满，A 公司同意将该房屋买下，协议售价 4 500 000 元，当期结算 3 500 000 元。该公司对投资性房地产采用成本模式计量。

1)在租赁开始日,编制会计分录:

借:投资性房地产——房屋　　2 500 000

　贷:开发产品——房屋　　2 500 000

2)收到当月租金时,编制会计分录:

借:银行存款　　20 000

　贷:主营业务收入　　20 000

3)计提营业税金及附加:

应纳营业税额 = 20 000 × 5% = 1 000(元)

应纳城市维护建设税额 = 1 000 × 7% = 70(元)

应交教育费附加 = 1 000 × 3% = 30(元)

借:营业税金及附加　　1 100

　贷:应交税费——应交营业税　　1 000

　　　　——应交城市维护建设税　　70

　　　　——应交教育费附加　　30

4)计提投资性房地产折旧额:

月折旧率 = (1 - 5%) ÷ 25 ÷ 12 × 100% = 0.32%

月折旧额 = 2 500 000 × 0.32% = 8 000(元)

借:主营业务成本　　8 000

　贷:投资性房地产累计折旧　　8 000

5)2年后销售该商品房,会计处理如下:

(1)实现销售时,编制会计分录:

借:银行存款　　3 500 000

　　应收账款——A公司　　1 000 000

　贷:主营业务收入　　4 500 000

(2)计提营业税金及附加:

应纳营业税额 = 4 500 000 × 5% = 225 000(元)

应纳城市维护建设税额 = 225 000 × 7% = 15 750(元)

应交教育费附加 = 225 000 × 3% = 6 750(元)

借:营业税金及附加　　247 500

　贷:应交税费——应交营业税　　225 000

　　　　——应交城市维护建设税　　15 750

　　　　——应交教育费附加　　6 750

(3)结转销售成本:

累计折旧额 = 8 000 × 12 × 2 = 192 000(元)

借:主营业务成本　　2 308 000
　投资性房地产累计折旧　　192 000
　贷:投资性房地产——房屋　　2 500 000

(三)其他企业销售不动产及应纳营业税的核算

其他企业出售已作为固定资产入账管理的房屋、建筑物以及土地附着物,按照销售不动产计算缴纳营业税。在会计核算上,通过"固定资产清理"账户核算。"固定资产清理"账户的结构和内容见T形账(表4-1)。

表4-1　固定资产清理

借　方	贷　方
(1)转入清理的固定资产净值 (2)发生的清理费用 (3)发生的税金及附加,包括营业税、城市维护建设税、教育费附加、土地增值税等	(1)出售固定资产的价款 (2)残值收入 (3)取得的赔款
余额:固定资产清理净损失→转入"营业外支出"	余额:固定资产清理净收益→转入"营业外收入"

【例4-13】某公司因城市规划需要搬离市区,将位于市区的厂房自行销售给某单位。该厂房账面原值800万元,已提折旧150万元,售价700万元,发生清理费用2万元。

(1)将不动产转入清理,编制会计分录:

借:固定资产清理　　6 500 000
　累计折旧　　1 500 000
　贷:固定资产　　8 000 000

(2)发生清理费用时,编制会计分录:

借:固定资产清理　　20 000
　贷:银行存款　　20 000

(3)收到销售价款时,编制会计分录:

借:银行存款　　7 000 000
　贷:固定资产清理　　7 000 000

(4)计提营业税金及附加:

应纳营业税额=7 000 000×5%=350 000(元)

应纳城市维护建设税额 = 350 000 × 7% = 24 500(元)

应交教育费附加 = 350 000 × 3% = 10 500(元)

借:固定资产清理 385 0000

贷:应交税费——应交营业税 350 000

——应交城市维护建设税 24 500

——应交教育费附加 10 500

(该公司因城市规划需要,自行转让房地产,免纳土地增值税。)

(5)缴纳营业税金及附加时,编制会计分录:

借:应交税费——应交营业税 350 000

——应交城市维护建设税 24 500

——应交教育费附加 10 500

贷:银行存款 385 000

(6)结转清理净收益:

7 000 000 - 6 500 000 - 20 000 - 385 000 = 95 000(元)

借:固定资产清理 95 000

贷:营业外收入—— 处置非流动资产利得 95 000

九、营业税纳税申报

(一)填列营业税纳税申报表

纳税人在填列营业税纳税申报表时,首先,审核收入账户及有关凭证,核实各应税项目、免税项目的营业额。其次,根据核实后的营业额和适用税率计算应纳营业税额,并与"应交税费——应交营业税"账户贷方本期发生额核对。最后,将核实无误后的有关数据如实填写在营业税纳税申报表相关栏目内,并办理签章手续。

目前使用的纳税申报表,包括:营业税纳税申报表、交通运输业营业税纳税申报表、建筑业营业税纳税申报表、异地提供建筑业劳务税款缴纳情况申报表、金融保险企业营业税纳税申报表、服务业营业税纳税申报表、服务业减除项目金额明细申报表和娱乐业营业税纳税申报表。

(二)按期办理纳税申报手续

纳税人应按照主管税务机关依法确定的营业税纳税期限,及时报送营业税纳税申报表及有关资料,办理纳税申报手续。负有营业税代扣代缴义务的纳税人,应如实填写代扣(收)代缴税款报告表,连同有关合同或协议、代扣代缴税款凭证及其他有关资料一并报送税务机关，办理税款扣缴报告手续。

1. 营业税纳税期限

纳税人以1个月或者1个季度为一个纳税期的，自期满之日起15日内申报纳税；以5日、10日或者15日为一个纳税期的，自期满之日起5日内预缴税款，于次月1日起15日内申报纳税并结清上月应纳税款。扣缴义务人解缴税款期限，依照上述规定执行。

银行、财务公司、信托投资公司、信用社、外国企业常驻代表机构的纳税期限为1个季度。

2. 营业税纳税地点

纳税人提供应税劳务，向其机构所在地或者居住地的主管税务机关申报缴纳营业税。但是，纳税人提供的建筑业劳务以及国务院财政、税务主管部门规定的其他应税劳务，向应税劳务发生地的主管税务机关申报缴纳营业税。

纳税人转让无形资产，向其机构所在地或者居住地的主管税务机关申报缴纳营业税。但纳税人转让、出租土地使用权，向土地所在地的主管税务机关申报缴纳营业税。

纳税人销售、出租不动产，向不动产所在地的主管税务机关申报缴纳营业税。

值得注意的是，纳税人应向应税劳务发生地、土地或者不动产所在地的主管税务机关申报纳税，而在应申报纳税之月起超过6个月没有申报纳税的，由其机构所在地或者居住地的主管税务机关补征税款。

扣缴义务人按照规定代扣的营业税税款，向其机构所在地或者居住地的主管税务机关申报缴纳。

第二节　营业税纳税筹划

一、营业额的纳税筹划

(一)与货物相关劳务的纳税筹划

与货物相关的劳务，是指在货物销售过程中或者销售后发生的劳务。具体可以划分为混合销售行为和兼营行为。

在货物销售过程中发生营业税劳务的，可以归属于混合销售行为(在同一销售行为中，既涉及货物又涉及营业税劳务的)。按照现行制度规定，生产企业销售自产货物并同时提供建筑业劳务的，按照货物销售额计算缴纳增值税，按照建筑业劳务的营业额缴纳营业税。除此之外，以缴纳增值税为主的企业、企业性单位和个体工商户发生的混合销售行为，缴纳增值税；其他单位和个人发生的混合销售行为，缴纳营业税。纳税人在销售货物之后发生的后续服务，可以归属于兼营劳务行为，可以单独计算纳税。这为纳税人进行纳税筹划提供了可能。

在实践中，纳税人可以考虑营业税劳务发生的环节或时点，以及劳务收入的结算办法，选择有利于自身的行为方式（混合销售行为或兼营行为）。至于哪种行为方式对纳税人更为有利，需要具体问题具体分析。相关案例参见第二章第二节“增值税纳税筹划”。

【例 4－14】某热力公司对新加入的客户群（10 家企业），按规定收取一定的入网费。现有以下两种方案可供选择。

第一种方案：不论供应量大小，一律定额收取，每户 5 000 元，共收取 50 000 元。

第二种方案：按计划供应量的一定比例收取，最高不超过 6 000 元；经测算，共收取 50 000 元。

从税收角度看，哪种方案对热力公司有利？

【分析】增值税制度规定，对从事热力、电力、燃气、自来水等公用事业的增值税纳税人收取的一次性费用，凡与货物的销售数量有直接关系的，征收增值税；凡与货物的销售数量无直接关系的，不征收增值税。

第一种方案，应纳营业税额 = 50 000 × 5% = 2 500（元）。

第二种方案，增值税销项税额 = 50 000 × 17% = 8 500（元）。

实际上，在该公司进项税额一定的情况下，销项税额和应纳增值税额增加数额相同，均为 8 500 元。

两种方案比较，第一种方案比第二种方案少缴纳税款 6 000 元（8 500－2 500）。

值得注意的是，本案例的结论是基于入网费总量相同的情况。如果该公司按热力供应量一定比例收取的一次性费用，远远超出不考虑数量关系而按定额收取的费用，则应出于成本效益的考虑，比较两者实现的利润，从中选出能使利润最大化的方案。

（二）合作或委托劳务的纳税筹划

1. 按照“收付差额”计税的纳税筹划

纳税人与其他纳税人合作，或者委托其他纳税人提供营业税劳务的，可以按照“收付差额”作为营业额计算缴纳营业税的，主要包括：

1）运输企业将承揽的运输业务分给其他单位或者个人的，以其取得的全部价款和价外费用扣除其支付给其他单位或者个人的运输费用后的余额为营业额。

2)建筑企业将建筑工程分包给其他单位的,以其取得的全部价款和价外费用扣除其支付给其他单位的分包款后的余额为营业额。

3)金融企业从事受托收款业务的,以全部收入减去支付给委托方价款后的余额为营业额。

4)邮政电信单位与其他单位合作,共同为用户提供邮政电信业务及其他服务并由邮政电信单位统一收取价款的,以全部收入减去支付给合作方价款后的余额为营业额。

5)纳税人从事旅游业务,以其取得的全部价款和价外费用扣除替旅游者支付给其他单位或者个人的住宿费、餐费、交通费、旅游景点门票和支付给其他接团旅游企业的旅游费后的余额为营业额。

6)纳税人从事广告代理业务的,以其全部收入减去支付给其他广告公司或广告发布者(包括媒体、载体)的广告发布费后的余额为营业额。

7)从事物业管理的单位,以与物业管理有关的全部收入减去代业主支付的水、电、燃气以及代承租者支付的水、电、燃气、房屋租金的价款后的余额为营业额。

8)劳务公司接受用工单位的委托,为其安排劳动力,凡用工单位将其应支付给劳动力的工资和为劳动力上交的社会保险(包括养老保险、医疗保险、失业保险、工伤保险等)以及住房公积金统一交给劳务公司,由劳务公司代为发放或办理的,以劳务公司从用工单位收取的全部价款减去代收转付给劳动力的工资和为劳动力办理社会保险及住房公积金后的余额为营业额。

9)公用电话代办人(如"电话亭"经营人)以取得的劳务费(或手续费等)为营业额。兼办人(私人住宅、小卖店、其他单位)利用自用电话兼办公用电话业务,以向用户收取的全部价款和价外费用减去支付给邮电部门的管理费和电话费的余额为营业额。

10)纳税人从事无船承运业务,以其向委托人收取的全部价款和价外费用扣除其支付的海运费以及报关、港杂、装卸费用后的余额为营业额。

11)勘察设计单位将承担的勘察设计劳务分包或者转包给其他勘察设计单位或者个人并由其统一收取价款的,以其取得的勘察设计总包收入减去支付给其他勘察设计单位或者个人的勘察设计费后的余额为营业额。

在纳税筹划时,对于这类业务,应当注意以下问题:

一是要有完备的书面合同,足以证明在提供劳务过程中当事人的权利与义务。

二是要有健全的会计记录,准确反映劳务款项的收付结算情况。

三是在扣除支付给其他单位或个人款项时,必须取得合法有效凭证。否则,不得扣除。

2. 按照"收入全额"计税的纳税筹划

除营业税制度明确规定按照"收付差额"计算缴纳营业税的应税劳务以外,纳税人发生的其他应税劳务,按照纳税人向对方收取的全部价款和价外费用全额计算缴纳营业税。对此,可以通过纳税筹划,使企业做到仅就自身实际取得的收入计算缴纳营业税。

【例4-15】A设计院接受某单位委托从事某项设计任务(不属于勘察设计劳务),价款总额1 000万元。由于该项业务的工作量较大,时间紧、任务重,还有技术力量方面的原因,A设计院需要将部分设计任务委托B、C两家单位来完成,为此应支付B、C两家单位设计费分别为100万元、200万元。

从税收角度分析,以下两种方案,哪种方案对A设计院有利?

第一种方案:A设计院先与委托单位签订设计合同,合同金额1 000万元;再与B、C两家单位分别签订设计合同,合同金额分别为100万元、200万元。这是现实中的习惯做法。

在这种情况下,A设计院按照设计费总额计算缴纳营业税。

应纳营业税税额=1 000×5%=50(万元)

第二种方案:A设计院从总体上熟悉了该项设计任务后,联合B、C两家单位与委托单位共同签署合同,明确各方的权利与义务。合同约定:A设计院负责整个设计工作的组织、协调和管理,以及承担的某些具体项目设计,合同金额700万元;同时,约定B、C两家单位各自承担的工作任务,合同金额分别为100万元、200万元。结算时,由委托单位与A、B、C三家单位分别结算。

在这种情况下,A设计院按照自己实际取得的设计费收入开具发票,并据以计算缴纳营业税。

应纳营业税额=700×5%=35(万元)

由此可见,对于A设计院来说,上述两种方案,实际取得的设计费收入是相同的(700万元)。但第二种方案比第一种方案少交营业税15万元(50-35)。

(三)兼营多项劳务的纳税筹划

考虑到各行业的税收负担,营业税制度对应税劳务划分为7个税目,对每个税目规定了具体征收范围和适用税率。比如,交通运输业税率为3%,建筑业税率为3%,金融保险业税率为5%(农村信用社等,税率为3%),邮电通信业税率为3%,文化体育业税率为3%,娱乐业税率为5%~20%;服务业税率为5%。同时规定,纳税人兼有不同税目的应税劳务,应当分别核算不同税目的营业额;未分别核算的,从高适用税率。

对此,纳税人应当从会计核算的角度进行纳税筹划。建立健全凭证手续,分别核算各项劳务的营业额,分别按照各自的适用税率计算缴纳营业税,避免因核算不清而适用高税率造成税收权益损失。

对有些业务，要做到合理定价，建立价格目录；同时在会计上分别核算。

【例4-16】某旅游景区从事多种服务。收费项目包括：门票费20元，观光电车费15元，游船船票费25元，录像厅门票10元，各类游艺项目30元（税率为10%），共计100元。该景区拟采用“一票制”收费方式，票价为100元。

该景区在进行营业额纳税筹划时，应当注意哪些问题？

营业税制度规定，单位和个人在旅游景区兼有不同税目并采取“一票制”收费方式的，应当分别核算不同税目的营业额；未分别核算或核算不清的，从高适用税率。

因此，旅游景区在纳税筹划时，应当注意以下问题：

(1)建立服务项目价格目录（或收费项目表），报价格主管部门审核或备案。

(2)会计核算上，分别核算各服务项目的营业额。

(3)申报缴纳营业税时，按各服务项目的营业额和适用税率计算纳税。其中：门票费和录像厅门票费，按照“文化体育业”税目中“文化业”项目3%的税率计算纳税；观光电车费和游船船票费，按照“服务业”税目中的“旅游业”项目5%的税率计算纳税；各类游艺项目，按照“娱乐业”税目10%的税率计算纳税。

销售一张门票应纳营业税额为：

$$20\times3\%+15\times5\%+25\times5\%+10\times3\%+30\times10\%=5.9（元）$$

如果该景区采取“一票制”收费方式而未分别核算不同税目营业额的话，那么，销售一张门票需要缴纳营业税10元（100×10%），其税负远大于前者。

（四）几种应税行为的纳税筹划

1. 建筑工程劳务的纳税筹划

根据营业税制度规定，建筑公司提供建筑业劳务（不含装饰劳务），其营业额包括工程所用原材料、设备及其他物资和动力价款，但不包括建设方提供的设备价款。建筑公司可以运用这一政策进行纳税筹划。

【例4-17】某建设单位（甲方）将一项建筑工程出包给某建筑公司（乙方）。该项工程的总价款12 000万元。根据工程预算，工程所耗用的建筑材料、其他物资和动力的价款共计5 000万元，设备价款2 500万元，施工费用4 500万元。

建筑公司（乙方）承包该项工程，从营业税角度考虑，应当注意哪些问题？

(1)甲乙双方签订建筑工程承包合同，明确约定甲乙双方的权利与义务，尤其是工程价款结算办法。

(2)尽量避免由甲方提供建筑材材料、其他物资和动力的情况。乙方可以向甲方提供各种材料的规格、质量、价格等方面的信息，供甲方参考；最终由乙方提供建筑材料。如果由甲方提供建筑材料,乙方不但不能在材料供应上取得利益,而且还要将甲方提供的材料款计入营业额缴纳营业税。

(3)与工程不可分割的设备,可以由甲方提供,乙方在缴纳营业税时不计入营业额。如果乙方认为在设备供应上可以取得可观的利益,比如设备价差较大,也可以与甲方协商,争取由乙方提供设备。乙方提供设备,尽管需要将其价款计入营业额缴纳营业税,但因设备价差较大,乙方仍可获得一定的收益。

《建筑法》第三章第二节第二十五条规定,"按照合同约定,建筑材料、建筑构配件和设备由工程承包单位采购的,发包单位不得指定承包单位购入用于工程的建筑材料、建筑构配件和设备或者指定生产厂、供应商"。

(4)按照以上思路,可以对以下几种情况作一比较:

第一种情况:建筑材料、其他物资、动力全部由乙方提供,设备全部由甲方提供,则乙方应纳营业税额为:

应纳税额 = (5 000 + 4 500) × 3% = 285(万元)

乙方取得工程款 9 500 万元,缴纳营业税 285 万元。

第二种情况:建筑材料、其他物资、动力、设备全部由甲方提供,则乙方应纳营业税额为:

应纳税额 = (5 000 + 4 500) × 3% = 285(万元)

乙方取得工程款 4 500 万元,却缴纳营业税 285 万元。不但材料价差未获得,反而多纳营业税 150 万元(5 000 × 3%)。这种情况是不可取的。

第三种情况:建筑材料、其他物资、动力、设备全部由乙方提供,则乙方应纳营业税额为:

应纳税额 = (5 000 + 2 500 + 4 500) × 3% = 360(万元)

乙方取得工程款 12 000 万元,缴纳营业税 360 万元。这种情况,尽管乙方缴纳的营业税增多,但由于材料、物资、动力、设备等价差的存在,会使企业获得利益远大于多纳的营业税金。

第四种情况:建筑材料、其他物资、动力由乙方提供,一般设备由乙方提供(假定 1 000万元),主要设备由甲方提供(假定 1 500 万元),则乙方应纳营业税额为:

应纳税额 = (5 000 + 1 000 + 4 500) × 3% = 315(万元)

乙方取得工程款 10 500 万元,缴纳营业额 315 万元。这种情况较为普遍,乙方可以接受。

综上所述,建筑公司(乙方)在进行纳税筹划时,应当考虑建筑材料、其他物资、动力和设备的供应问题。在谈签承包合同时,坚持由建筑公司(乙方)提供建筑材料、其他物资、动力和设备,尽量不由建设方(甲方)提供。

2. 合作建房行为的纳税筹划

合作建房，是指由一方（简称甲方）提供土地使用权，另一方（简称乙方）提供资金，合作建房。

实务中，企业有两种方案可供选择。

1）第一种方案：纯粹的"以物易物"，即双方以各自拥有的土地使用权和房屋所有权相互交换。具体的交换方式有以下两种：

（1）土地使用权与房屋所有权相互交换。在这一合作过程中，甲方以转让部分土地使用权为代价，换取部分房屋的所有权，发生了转让土地使用权的行为，应按照"转让无形资产"税目中的"转让土地使用权"项目缴纳营业税；乙方以转让部分房屋的所有权为代价，换取部分土地的使用权，发生了销售不动产的行为，应按照"销售不动产"税目缴纳营业税。由于双方没有进行货币结算，因此，应当按照规定分别核定双方各自的营业额。

（2）以出租土地使用权为代价换取房屋所有权。比如，甲方将土地使用权出租给乙方若干年，乙方投资在该土地上建造建筑物并使用，租赁期满后，乙方将土地使用权连同所建的建筑物归还甲方。在这一经营过程中，乙方以建筑物为代价换得若干年的土地使用权，甲方是以出租土地使用权为代价换取建筑物，发生了出租土地使用权的行为，应按照"服务业"税目中的"租赁业"缴纳营业税；乙方发生了销售不动产的行为，应按照"销售不动产"税目缴纳营业税。在计税时，其营业额也应按规定核定。

2）第二种方案：成立合营企业，合作建房。甲方以土地使用权、乙方以货币资金合股，成立合营企业，合作建房。这种形式的合作建房如何缴纳营业税，需要根据具体情况确定。

（1）房屋建成后，如果双方采取风险共担、利润共享的分配方式，甲方向合营企业提供的土地使用权，视为投资入股，不缴纳营业税。合营企业销售房屋取得的收入，按照销售不动产缴纳营业税。双方分得的利润，不缴纳营业税。

（2）房屋建成后，如果甲方采取按销售收入的一定比例提成的方式参与分配，或提取固定利润，属于甲方将土地使用权转让给合营企业的行为，甲方就取得的固定利润或收入，按照"转让无形资产"缴纳营业税；合营企业就全部房屋的销售收入按照"销售不动产"缴纳营业税。

（3）房屋建成后，如果双方按一定比例分配房屋，甲方向合营企业转让的土地，按照"转让无形资产"缴纳营业税，其营业额按照规定核定。合营企业的房屋，在分配给甲乙方后，如果各自销售，再按照"销售不动产"缴纳营业税。

企业可以根据实际情况，选择有利的方案。

二、运用优惠政策进行纳税筹划

（一）闲置房地产运用方面的纳税筹划

前已述及，纳税人以不动产、无形资产投资入股，参与接受投资方利润分配，共同承担风险的行为，不缴纳营业税。从2003年1月1日起，股权转让也不缴纳营业税。这就为营业税纳税筹划提供了操作空间。

【例4－18】甲公司拥有一栋闲置房产，账面原值1 800万元（其中地价款及相关费用197万元），累计折旧540万元；经房地产评估机构评定，公允价值3 000万元，重置成本2 000万元，成新度折扣率7成；支付评估费用3万元。目前，乙酒店计划扩大营业面积，占用甲公司闲置的房产。现有三种方案供甲公司选择。从税收角度分析，哪种方案对甲公司有利？

1）第一种方案：甲公司以3 000万元的价格，将该房产产权转让给乙酒店。

在这种情况下，甲公司在转让环节应交税费如下：

（1）应纳营业税额＝3 000×5%＝150万元。

（2）应纳城市维护建设税额＝150×7%＝10.50万元。

（3）应纳教育费附加＝150×3%＝4.50万元。

（4）应纳印花税额＝3 000×0.5‰＝1.50万元。

（5）应纳土地增值税405.07万元。（计算过程见第六章例6－2）

合计：150＋10.50＋4.50＋1.50＋405.07＝571.57万元。

（6）处置收益＝3 000－（1 800－540）－571.57－3＝1 165.43万元。

（7）应纳企业所得税额＝1 165.43×25%＝291.36万元。

（8）税后收益额＝1 165.43－291.36＝847.07万元。

（9）总体税收负担＝571.57＋291.36＝862.93万元。

2）第二种方案：甲公司以3 000万元的价格，将该房产产权作价投资于乙酒店，拥有乙酒店10%的股份。根据乙酒店扩张后的规模和效益，甲公司大约每年可以分得240万元的利润。

在这种情况下，甲公司以房产产权投资入股时，不需要计算缴纳营业税、城市维护建设税、教育费附加和土地增值税，但需要缴纳印花税。同时，视同销售收益需要缴纳企业所得税。但分回的税后利润不需缴纳企业所得税。

（1）视同销售收益＝3 000－（1 800－540）－1.5－3＝1 735.50万元。

（2）应纳企业所得税额＝1 735.50×25%＝433.88万元。

（3）总体税收负担＝1.5＋433.88＝435.38万元。

(4)投资后每年分回的税后利润240万元。

3)第三种方案:甲公司将房产租给乙酒店,每年租金300万元,租期10年。

在这种情况下,甲公司在房产出租时,需要缴纳印花税;在租赁期间,需要缴纳营业税、城建税、教育费附加;在房产拥有期间,需要缴纳房产税和城镇土地使用税。假定该房产占地7 000平方米,城镇土地使用税为5元/平方米。

(1)签订租赁合同时,应纳印花税额 $=300\times10\times1‰=3$ 万元。

(2)每年应纳营业税金及附加 $=300\times5\%\times(1+7\%+3\%)=16.50$ 万元。

(3)每年应纳房产税额 $=300\times12\%=36$ 万元。

(4)每年应纳城镇土地使用税额 $=7\,000\times5=35\,000$ 元 $=3.50$ 万元。

(5)假定甲公司对该房产按20年折旧,则每年折旧额为:$1\,800\div20=90$ 万元。

(6)第1年实现的收益额 $=300-3-16.5-36-3.50-90=151$ 万元。

(7)第1年应纳企业所得税额 $=151\times25\%=37.75$ 万元。

(8)第1年税后收益额 $=151-37.75=113.25$ 万元。

(9)第1年总体税收负担 $=3+16.50+36+3.50+37.75=96.75$ 万元。

(10)第2年至租赁期满,不需缴纳印花税,每年应纳企业所得税为38.50万元($154\times25\%$),总体税收负担为94.50万元($16.50+36+3.50+38.50$)。

需要说明的是,在计算上述三个方案应纳的企业所得税时,仅考虑了该项业务本身的因素,没有考虑其他相关因素。

值得注意的是,上述三个方案的选择,不仅要考虑税收因素,更要考虑其他因素。比如,甲公司计划出售房产时,要考虑房产的售价是否合适,公司的财务状况是否紧张等;甲公司计划以房产进行股权投资时,除了考虑房产作价是否合适、公司的财务状况是否紧张外,还要考虑被投资方的盈利状况;甲公司计划出租房产时,主要应考虑租金是否合适,租金能否按期收回等。通盘考虑各项因素后,才能作出更为有利的选择。

(二)雇员招用方面的纳税筹划

1.相关优惠政策

1)为安置随军家属就业而新开办的企业,自领取税务登记证之日起,3年内免征营业税和企业所得税。

享受优惠政策的企业,随军家属必须占企业总人数的60%(含)以上,并有军(含)以上政治和后勤机关出具的证明;随军家属必须有师以上政治机关出具的可以表明其身份的证明,但税务部门应进行相应的审查认定。

2)为安置自主择业的军队转业干部就业而新开办的企业,凡安置自主择业的军队转业干部占企业总人数60%(含60%)以上的,经主管税务机关批准,自领取税务登记证之日起,3 年内免征营业税和企业所得税。

自主择业的军队转业干部必须持有师以上部队颁发的转业证件。

3)为安置自谋职业的城镇退役士兵就业而新办的服务型企业(除广告业、桑拿、按摩、网吧、氧吧外)当年新安置自谋职业的城镇退役士兵达到职工总数 30% 以上,并与其签订 1 年以上期限劳动合同的,经县级以上民政部门认定,税务机关审核,3 年内免征营业税及其附征的城市维护建设税、教育费附加和企业所得税。

4)安置残疾人的单位,实行由税务机关按单位实际安置残疾人的人数,限额即征即退增值税或减征营业税的办法。具体限额由县级以上税务机关根据单位所在区县(含县级市、旗)适用的经省(含自治区、直辖市、计划单列市)级人民政府批准的最低工资标准的 6 倍确定,但最高不得超过每人每年 3.5 万元。

上述营业税优惠政策仅适用于提供“服务业”税目(广告业除外)取得的收入占增值税业务和营业税业务收入之和达到 50% 的单位,但不适用于上述单位提供广告业劳务以及不属于“服务业”税目的营业税应税劳务取得的收入。单位应当分别核算享受优惠政策和不得享受优惠政策业务的营业收入,不能分别核算的,不得享受上述营业税优惠政策。

兼营享受增值税和营业税优惠政策业务的单位,可以自行选择退还增值税或减征营业税,一经选定,一个年度内不得变更。选择享受营业税优惠政策的,由主管地税机关按月减征营业税,本月应缴营业税不足减征的,可结转本年度内以后月份减征,但不得从以前月份已交营业税中退还。

安置残疾人就业的单位(包括福利企业、盲人按摩机构、工疗机构和其他单位),同时符合以下条件并经过有关部门的认定后,均可申请享受上述税收优惠政策:

(1)依法与安置的每位残疾人签订了 1 年以上(含 1 年)的劳动合同或服务协议,并且安置的每位残疾人在单位实际上岗工作。

(2)月平均实际安置的残疾人占单位在职职工总数的比例应高于 25%(含 25%),并且实际安置的残疾人人数多于 10 人(含 10 人)。

(3)为安置的每位残疾人按月足额缴纳了单位所在区县人民政府根据国家政策规定的基本养老保险、基本医疗保险、失业保险和工伤保险等社会保险。

(4)通过银行等金融机构向安置的每位残疾人实际支付了不低于单位所在区县适用的经省级人民政府批准的最低工资标准的工资。

(5)具备安置残疾人上岗工作的基本设施。

经认定的符合上述优惠政策条件的单位,应按月计算实际安置残疾人占单位在职职工总数的平均比例,本月平均比例未达到要求的,暂停其本月相应的税收优惠。在一个年度内累计 3 个月平均比例未达到要求的,取消其次年度享受相应税收优惠政策的资格。

残疾人，是指持有《中华人民共和国残疾人证》上注明属于视力残疾、听力残疾、言语残疾、肢体残疾、智力残疾和精神残疾的人员和持有《中华人民共和国残疾军人证(1至8级)》的人员。

5)商贸企业、服务型企业(指从事现行营业税“服务业”税目规定经营活动的企业，但广告业、房屋中介、典当、桑拿、按摩、氧吧除外)、劳动就业服务企业中的加工型企业和街道社区具有加工性质的小型企业实体，在新增加的岗位中，当年新招用持《就业失业登记证》(注明“企业吸纳税收政策”)人员，与其签订1年以上期限劳动合同并依法缴纳社会保险费的，在3年内按实际招用人数予以定额依次扣减营业税、城市维护建设税、教育费附加和企业所得税优惠。

定额标准为每人每年4 000元，可上下浮动20%，由各省、自治区、直辖市人民政府根据本地区实际情况在此幅度内确定具体定额标准，并报财政部和国家税务总局备案。

按上述标准计算的税收扣减额，在企业当年实际应缴纳的营业税、城市维护建设税、教育费附加和企业所得税税额中扣减；当年扣减不足的，不得结转下年使用。

持《就业失业登记证》(注明“企业吸纳税收政策”)人员，是指下列人员：

(1)国有企业下岗失业人员。

(2)国有企业关闭破产需要安置的人员。

(3)国有企业所办集体企业(即厂办大集体企业)下岗职工。

(4)享受最低生活保障且失业1年以上的城镇其他登记失业人员。

该项优惠政策的审批期限为2011年1月1日至2013年12月31日，以纳税人到税务机关办理减免税手续之日起，作为优惠政策起始时间。以前年度已享受各项就业再就业税收优惠政策的人员不得再享受该项优惠政策。如果企业的就业人员既适用该项优惠政策，又适用其他扶持就业的税收优惠政策，企业可选择适用最优惠的政策，但不能重复享受。

2. 纳税筹划的基本思路

企业在招用雇员时，可以根据业务特点和岗位要求，尽量吸纳享受优惠政策的人员就业，满足税收制度规定的各项条件，充分享受优惠待遇。

第五章

资源税会计与纳税筹划

第一节 资源税会计

一、资源税会计概述

（一）纳税人和扣缴义务人

资源税纳税人与扣缴义务人是资源税会计主体，应组织资源税的会计核算。

1. 资源税纳税人

资源税是对在中国领域及管辖海域开采矿产品或生产盐（简称开采或生产应税产品）的单位和个人征收的一种税，其目的是促进资源的合理开采和利用，调节因资源赋存状况、条件等不同而形成的级差收入，保证财政收入。现行资源税的征税对象仅限于矿产品和盐。资源税纳税人，是指在中国领域及管辖海域开采矿产品或生产盐的单位和个人。

列入征税对象的矿产品和盐，具体包括以下7个税目：

1）原油，指开采的天然原油，不包括人造石油。

2）天然气，指专门开采或者与原油同时开采的天然气；对煤矿生产的天然气暂不征收资源税。

3）煤炭，指原煤，不包括洗煤、选煤及其他煤炭制品。

4）其他非金属矿原矿，指除上列产品和井矿盐以外的非金属矿原矿。其中包括：玉石、硅藻土、高铝黏土（包括耐火级矾土、研磨级矾土等）、焦宝石、萤石；磷矿石；膨润土、沸石、珍珠岩；宝石、宝石级金刚石；耐火粘土；石墨、石英砂、重晶石、毒重石、蛭石、长石、滑石、白云石、硅灰石、凹凸棒石黏土、高岭土(瓷土)、云母;菱镁矿、天然碱、石膏、硅线石;工业用金刚石;石棉;硫铁矿、自然硫、磷铁矿等。

5)黑色金属矿原矿,包括:铁矿石、锰矿石、铬矿石。

6)有色金属矿原矿,包括:稀土矿、铜矿石、铅锌矿石、铝土、钨矿石、锡矿石、锑矿石、钼矿石、镍矿石、黄金矿、钒矿石等。

7)盐,包括:固体盐(海盐原盐、湖盐原盐和井矿盐)和液体盐。

未列举名称的其他非金属矿原矿和其他有色金属矿原矿,由省级人民政府决定征收或暂缓征收资源税,并报财政部和国家税务总局备案。

2. 资源税扣缴义务人

为便于对零星、分散和不定期开采的矿产品的资源税征收管理,资源税制度规定,独立矿山、联合企业和其他收购未税矿产品的单位为资源税的扣缴义务人。

独立矿山是指只有采矿或只有采矿和选矿,独立核算、自负盈亏的单位,其生产的原矿和精矿主要用于对外销售。联合企业是指采矿、选矿、冶炼(或加工)连续生产的企业或采矿、冶炼(或加工)连续生产的企业,其采矿单位一般是该企业的二级或二级以下核算单位。其他单位,指除上述企业以外的收购未税矿产品的单位(包括个体户在内)。

(二)会计账户设置

纳税人和扣缴义务人在"应交税费"账户下设置"应交资源税"明细账户。该账户采用三栏式结构。纳税人计提或者代扣资源税时,记入该账户的贷方;缴纳资源税时,记入该账户的借方。纳税期满后,该账户贷方余额反映欠缴的资源税额。

以外购液体盐加工固体盐的企业,外购液体盐价款中所包含的资源税记入"应交税费——应交资源税"账户的借方,留待抵扣。企业足额缴纳税款后,该账户可能会出现借方余额,反映尚未扣除的外购液体盐已纳资源税额。

为反映资源税金对损益的影响,纳税人还应设置"营业税金及附加"等相关账户,与"应交税费——应交资源税"账户对应记账。

二、生产环节应纳资源税的核算

(一)资源税的计算

资源税实行一次征收制,一般在出厂(场)销售环节缴纳。纳税人开采或者生产应税产品,自用于连续生产应税产品的,不缴纳资源税;自用于其他方面的,视同销售,依法缴纳资源税。

1. 计税依据

资源税采取从价定率或者从量定额的办法征收，其计税依据是应税产品的销售额和销售数量。

1）石油、天然气采取从价定率办法征收资源税，计税依据是销售额。

销售额是指纳税人销售应税产品（石油、天然气）向购买方收取的全部价款和价外费用，但不包括收取的增值税销项税额。价外费用，包括价外向购买方收取的手续费、补贴、基金、集资费、返还利润、奖励费、违约金、滞纳金、延期付款利息、赔偿金、代收款项、代垫款项、包装费、包装物租金、储备费、优质费、运输装卸费以及其他各种性质的价外收费。

但是，下列项目不包括在价外费用之内：

●同时符合以下条件的代垫运输费用：承运部门的运输费用发票开具给购买方的；纳税人将该项发票转交给购买方的。

●同时符合以下条件代为收取的政府性基金或者行政事业性收费：由国务院或者财政部批准设立的政府性基金，由国务院或者省级人民政府及其财政、价格主管部门批准设立的行政事业性收费；收取时开具省级以上财政部门印制的财政票据；所收款项全额上缴财政。

纳税人申报的应税产品销售额明显偏低并且无正当理由的、有视同销售应税产品行为而无销售额的，除财政部、国家税务总局另有规定外，按下列顺序确定销售额：

（1）按纳税人最近时期同类产品的平均销售价格确定。

（2）按其他纳税人最近时期同类产品的平均销售价格确定。

（3）按组成计税价格确定。组成计税价格计算公式为：

$$组成计税价格 = 成本 \times (1 + 成本利润率) \div (1 - 税率)$$

公式中的成本，是指应税产品的实际生产成本；成本利润率，由省、自治区、直辖市税务机关确定。

2）除石油、天然气外，纳税人开采或者生产的其他应税产品，采取从量定额办法征收资源税，计税依据是销售数量。

纳税人不能准确提供应税产品销售数量的，以应税产品的产量或者主管税务机关确定的折算比换算成的数量为销售数量。

纳税人开采或者生产应税产品，自用于连续生产应税产品以外的其他方面的，以移送使用数量为销售数量。

其中：煤炭，对于连续加工前无法正确计算原煤移送使用数量的，可按加工产品的综合回收率，将加工产品实际销量和自用量折算成原煤数量作为课税数量；金属和非金属矿产品原矿，因无法准确掌握移送使用原矿数量的，可将其精矿按选矿比折算成原矿数量作为课税数量。

纳税人以自产的液体盐加工固体盐，按固体盐税额征税，以加工的固体盐数量为课税数量。纳税人以外购的液体盐加工成固体盐，其加工固体盐所耗用液体盐的已纳税额准予抵扣。

2. 应纳税额的计算

1）石油、天然气应纳税额 = 销售额 × 比例税率

2）其他应税产品应纳税额 = 销售数量 × 定额税

3）以外购液体盐加工固体盐应纳税额 = 固体盐销售数量 × 固体盐单位税额 - 实际耗用外购液体盐数量 × 液体盐单位税额

3. 税收减免

纳税人有下列情形之一的，减征或者免征资源税：

1）开采原油过程中用于加热、修井的原油，免税。

2）纳税人开采或者生产应税产品过程中，因意外事故或者自然灾害等原因遭受重大损失的，由省、自治区、直辖市人民政府酌情决定减税或者免税。

3）国务院规定的其他减税、免税项目。

纳税人的减税、免税项目，应当单独核算销售额或者销售数量；未单独核算或者不能准确提供销售额或者销售数量的，不予减税或者免税。

（二）资源税会计核算

1. 出厂（场）销售应税产品应纳资源税的核算

企业出厂（场）销售应税产品，在实现销售时，按实收或应收的全部款项，借记“银行存款”或“应收票据”、“应收账款”等科目；按实现的不含增值税销售额，贷记“主营业务收入”科目；按收取的增值税额，贷记“应交税费——应交增值税（销项税额）”科目。结转销售成本时，借记“主营业务成本”科目，贷记“库存商品”科目。计提资源税时，借记“营业税金及附加”科目，贷记“应交税费——应交资源税”科目。缴纳资源税时，借记“应交税费——应交资源税”科目，贷记“银行存款”科目。

纳税人出厂（场）销售应税产品，资源税纳税义务发生时间为收讫销售款或者取得索取销售款凭据的当天。具体规定为：采取分期收款结算方式的，为销售合同规定的收款日期的当天；采取预收货款结算方式的，为发出应税产品的当天；采取其他结算方式的，为收讫销售款或者取得索取销售款凭据的当天。

【例 5 - 1】某油田（一般纳税人）本月销售原油实现销售额（不含增值税）6 400 万元，已向购买方开具了增值税专用发票，款项已收讫。原油资源税税率为 5%。

实现销售时,编制会计分录:

借:银行存款 74 880 000

　贷:主营业务收入 64 000 000

　　应交税费——应交增值税(销项税额) 10 880 000

计提资源税:64 000 000×5% =3 200 000(元)

借:营业税金及附加 3 200 000

　贷:应交税费——应交资源税 3 200 000

【例5-2】某煤矿(一般纳税人)于2011年12月份以分期收款方式销售原煤40 000吨。每吨成本价610元,每吨售价(不含增值税)800元。双方约定,货款分两期结算收取:12月31日结算30 000吨,次年1月31日结算10 000吨。现已将原煤交付购买方,并收到首期货款。该原煤适用的资源税额为2.8元/吨。

(1)12月份发出原煤时,按成本价记账:

借:发出商品 24 400 000

　贷:库存商品 24 400 000

(2)12月31日,结算收取首期货款:

销售额=30 000×800=24 000 000(元)

增值税销项税额=24 000 000×17% =4 080 000(元)

借:银行存款 28 080 000

　贷:主营业务收入 24 000 000

　　应交税费——应交增值税(销项税额) 4 080 000

结转本期销售成本:30 000×610=18 300 000元。

借:主营业务成本 18 300 000

　贷:发出商品 18 300 000

计提本期应纳资源税:30 000×2.8=84 000元。

借:营业税金及附加 84 000

　贷:应交税费——应交资源税 84 000

(3)次年1月31日,结算收取其余货款:

销售额=10 000×800=8 000 000(元)

增值税销项税额=8 000 000×17% =1 360 000(元)

借:银行存款或应收账款 9 360 000

　贷:主营业务收入 8 000 000

　　应交税费——应交增值税(销项税额) 1 360 000

结转本期销售成本:10 000×610=6 100 000(元)

借:主营业务成本　　6 100 000

　贷:发出商品　　6 100 000

计提本期应纳资源税:10 000×2.8 =28 000(元)

借:营业税金及附加　　28 000

　贷:应交税费——应交资源税　　28 000

2. 自产自用应税产品应纳资源税的核算

纳税人将开采或者生产应税产品,自用于连续生产应税产品的,不缴纳资源税;自用于其他方面的,应在移送使用时,计算缴纳资源税。企业按应缴纳的资源税,借记"生产成本"等科目,贷记"应交税费——应交资源税"科目。

1)将自行开采的矿产品用于生产精矿产品。如铁矿山将开采的铁矿石原矿用于生产铁矿粉,铜矿山将开采的铜矿石原矿用于生产铜矿粉等,均应按规定计算缴纳资源税。

【例5-3】某铜矿山本月以开采的铜矿石入选铜精矿,精矿量为3 125吨,选矿比为1:32。该铜矿石适用的资源税额为5元/吨。

应纳资源税额=3 125×32×5=500 000(元)

借:生产成本——基本生产成本　　500 000

　贷:应交税费——应交资源税　　500 000

2)将自行开采的原煤用于集体福利或个人消费。这种情形,既要计算缴纳资源税,又要计算缴纳增值税。

【例5-4】某煤矿(一般纳税人)于2011年12月份将1 000吨原煤以福利形式分给一线矿工,其中:工人950吨,井下管理人员50吨。原煤成本价610元/吨,售价(不含增值税)800元/吨;适用资源税额为2.8元/吨。

(1)应计入福利支出的金额:800×1 000×(1+17%)=936 000(元)

借:生产成本　　889 200

　制造费用　　46 800

　贷:应付职工薪酬——非货币性福利　　936 000

(2)确认销售收入:800×1 000=800 000(元)

增值税销项税额=800 000×17%=136 000(元)

借:应付职工薪酬——非货币性福利　　936 000

　贷:主营业务收入　　800 000

　　应交税费——应交增值税(销项税额)　　136 000

(3)结转原煤销售成本:610×1 000=610 000(元)

借:主营业务成本　　610 000

　贷:库存商品　　610 000

(4)计提资源税:1 000×2.8=2 800(元)

借:营业税金及附加　　2 800

　贷:应交税费——应交资源税　　2 800

3.以外购液体盐加工固体盐应纳资源税的核算

纳税人以自产液体盐(卤水)生产固体盐,其自产自用的液体盐不缴纳资源税,仅就加工成的固体盐,按其销售数量和自用数量缴纳资源税。纳税人以外购的液体盐加工成固体盐,其加工固体盐所耗用液体盐的已纳税额准予抵扣。

在会计处理上,纳税人购入液体盐时,按所允许抵扣的资源税,借记“应交税费——应交资源税”科目;按外购价款减去允许抵扣资源税后的金额,借记“材料采购”或“原材料”等科目;按应支付的全部款项,贷记“银行存款”或“应付账款”等科目。加工成固体盐后,在销售时,按计算出的销售固体盐应纳的资源税,借记“营业税金及附加”科目,贷记“应交税费——应交资源税”科目。将销售固体盐应纳资源税扣抵液体盐已纳资源税后的差额上缴时,借记“应交税费——应交资源税”科目,贷记“银行存款”科目。

【例5-5】某盐场(一般纳税人)本月相关业务及处理如下(该企业采用实际成本组织材料核算):

1)购进液体盐8 000吨,每吨价款(不含增值税)200元,共计1 600 000元,增值税款272 000元。已取得销售方开具的增值税专用发票,货款已付,液体盐已运抵企业。该液体盐资源税额3元/吨。

资源税税额=8 000×3=24 000(元)

材料成本=1 600 000-24 000=1 576 000(元)

借:原材料——液体盐　　1 576 000

　应交税费——应交资源税　　24 000

　　——应交增值税(进项税额)　　272 000

　贷:银行存款　　1 872 000

2)销售加工完成的固体盐6 000吨,每吨售价(不含增值税)380元,取得销售额2 280 000元,销项税额387 600元;货款已收讫。该批固体盐实际成本295元/吨。

(1)反映实现的销售收入和销项税额:

借:银行存款　　2 667 600

　贷:主营业务收入　　2 280 000

　　应交税费——应交增值税(销项税额)　　387 600

(2)结转销售成本:6 000×295=1 770 000(元)

借:主营业务成本　　1 770 000

贷:库存商品——固体盐　　　　　　　　　　1 770 000

(3)计提资源税,该固体盐适用的资源税额为12元/吨。

资源税税额 = 6 000 × 12 = 72 000(元)

借:营业税金及附加　　　　　　　　　　72 000

贷:应交税费——应交资源税　　　　　　　　　72 000

3)假定本月生产固体盐领用外购液体盐7 500吨,则:

准予扣除的资源税额 = 7 500 × 3 = 22 500(元)

当月应缴纳的资源税 = 72 000 - 22 500 = 49 500(元)

企业缴纳资源税时:

借:应交税费——应交资源税　　　　　　　　49 500

贷:银行存款　　　　　　　　　　　　49 500

仅就本例而言,企业缴纳资源税后,"应交税费——应交资源税"账户尚有借方余额1 500元,反映尚未扣除的外购液体盐已纳资源税额。用T形账表示,见表5-1。

表5-1　应交税费——应交资源税

借方		贷方	
本月外购液体盐的税款	24 000	本月固体盐的税款	72 000
申报缴纳资源税	49 500		
缴纳资源税后尚有余额	1 500		

三、收购未税矿产品代扣代缴资源税的核算

独立矿山、联合企业收购的未税矿产品,按照本企业应税产品税额标准,依据收购数量代扣代缴资源税。其他收购单位收购的未税矿产品,按照税务机关核定的应税产品税额标准,依据收购数量代扣代缴资源税。扣缴税款义务发生时间是支付首笔货款或者开具应支付货款凭据的当天。

企业收购未税矿产品,按照收购款,借记"材料采购"或"原材料"等科目;按照应代扣代缴的资源税,贷记"应交税费——应交资源税"科目;按照实际支付的价款,贷记"银行存款"等科目。企业代缴资源税时,借记"应交税费——应交资源税"科目,贷记"银行存款"科目。

【例5-6】某矿山(联合企业)本月从某小矿山收购锰矿石10 000吨,收购价款700 000元。该企业按规定代扣代缴资源税后,将其余款项支付给小矿山。该企业锰矿石资源税额6元/吨。

代扣资源税额 = 10 000 × 6 = 60 000(元)

借:原材料　　700 000

　贷:应交税费——应交资源税　　60 000

　　银行存款　　640 000

代缴资源税时:

借:应交税费——应交资源税　　60 000

　贷:银行存款　　60 000

四、资源税纳税申报

(一)填列纳税申报表

首先,纳税人对其开采或生产的应税产品,按税法规定区分应税与非税、免税项目,并对照《资源税税目税额表》,确定应税产品的适用税率。其次,根据"库存商品"、"主营业务收入"等账户及有关会计凭证,核实应税产品的计税数量和销售额。最后,根据核实应纳资源税额,与"应交税费——应交资源税"账户资料核对相符。各项内容核实无误后,填列资源税纳税申报表。

另外,负有扣缴义务的独立矿山、联合企业和其他收购未税矿产品的单位,还应办理资源税扣缴申报。首先,根据"材料采购"或"原材料"等明细账及有关的收购凭证、付款凭证,确定收购未税矿产品的数量;其次,根据收购数量和规定的税额标准计算应代扣代缴的资源税,并与"应交税费——应交资源税"明细账中有关记载和代扣税款凭证所列金额核对相符。最后,根据核实无误的材料,填报代扣(收)代缴税款报告表。

(二)按期申报纳税

纳税人以 1 个月为一个纳税期的,自期满之日起 10 日内申报纳税;以 1 日、3 日、5 日、10 日或者 15 日为一个纳税期的,自期满之日起 5 日内预缴税款,于次月 1 日起 10 日内申报纳税并结清上月税款。扣缴义务人解缴税款,依照上述规定的期限执行。

纳税人应纳的资源税,向应税产品的开采或者生产所在地主管税务机关缴纳。纳税人在本省、自治区、直辖市范围内开采或者生产应税产品,其纳税地点需要调整的,由省、自治区、直辖市税务机关决定。

纳税人跨省、自治区、直辖市开采或者生产应税产品的,其下属生产单位与核算单位不在同一省、自治区、直辖市的,其开采或者生产的应税产品,一律在开采地或者生产地纳税。实行从量定额办法的,其应纳税款由独立核算的单位按照每个开采地或者生产地的销售量及适用税率计算划拨;实行从价定率办法的,其应纳税款由独立核算的单位按照每个开采地或者生产地的销售量、单位销售价格及适用税率计算划拨。

扣缴义务人代扣代缴的资源税,向收购地主管税务机关缴纳。

第二节 资源税纳税筹划

从税收政策角度看,资源税纳税筹划的空间不大。但是,纳税人可以从会计核算和纳税管理的角度入手,顺应税收管理要求,避免发生税收权益损失。

一、从会计角度进行纳税筹划

资源税制度规定,纳税人开采或者生产不同税目应税产品的,应当分别核算不同税目应税产品的销售额或者销售数量;未分别核算或者不能准确提供不同税目应税产品的销售额或者销售数量的,从高适用税率。纳税人的减税、免税项目,应当单独核算销售额或者销售数量;未单独核算或者不能准确提供销售额或者销售数量的,不予减税或者免税。

因此,纳税人应当健全会计核算,分别核算不同税目应税产品的销售额或者销售数量,以及减税、免税项目的销售额或者销售数量,避免因核算不清而带来不必要的损失。

二、生产环节的纳税筹划

(一)自用应税产品计税数量的确定

纳税人将开采或者生产的应税产品自用于连续生产应税产品以外的其他方面,实行从量定额办法的,按照移送使用数量缴纳资源税;不能准确提供移送使用数量的,按照主管税务机关确定的折算比换算成的数量缴纳资源税。

在按照"折算比"换算计税数量时,应当注意以下问题:

(1)对于煤炭,按照加工产品的实际销量和自用量,依照加工产品的综合回收率,折算成原煤数量作为计税数量。如果加工产品没有销售或者没有自用,则无需折算。

(2)对于金属和非金属矿产品原矿,按照精矿的产量和选矿比折算成原矿数量作为计税数量。

(二)伴采矿或伴生矿适用税率的确定

资源税制度规定,财政部未列举名称且未确定具体适用税率的其他非金属矿原矿和有色金属矿原矿,由省、自治区、直辖市人民政府根据实际情况确定,报财政部和国家税务总局备案。对于划分资源等级的应税产品,其《几个主要品种的矿山资源等级表》中未列举名称的纳税人适用的税率,由省、自治区、直辖市人民政府根据纳税人的资源状况,参照《资源税税目税率明细表》和《几个主要品种的矿山资源等级表》中确定的邻近矿山或者资源状况、开采条件相近矿山的税率标准,在浮动30%的幅度内核定,并报财政部和国家税务总局备案。

实践中,纳税人在同一矿区或者同一矿床内,除开采出主矿产品以外,还可能开采出一些其他矿产品。对于伴采的其他矿产品,其适用税额的确定,应当注意以下问题:

(1)资源税制度已单独规定其适用税额的,按照制度规定执行。

(2)资源税制度未单独规定其适用税额的,纳税人可以向主管税务机关申报,由省级人民政府核定其税额标准。然后,按照计税数量和核定的税额标准计算缴纳资源税。

三、采购环节的纳税筹划

资源税制度规定,独立矿山、联合企业和其他收购未税矿产品的单位,为资源税的扣缴义务人。

扣缴义务人履行扣缴义务的适用范围,包括收购的除原油、天然气、煤炭以外的资源税未税矿产品。未税矿产品,是指资源税纳税人在销售其矿产品时不能向扣缴义务人提供"资源税管理证明"的矿产品。"资源税管理证明"是证明销售的矿产品已缴纳资源税或已向当地税务机关办理纳税申报的有效凭证,由开采单位或者个人在销售其矿产品时,向当地主管税务机关申请开具。

"资源税管理证明"分为甲、乙两种证明。甲种证明,适用于生产规模较大、财务制度比较健全、有比较固定的购销关系、能够依法申报缴纳资源税的纳税人,是一次开具在一定期限内多次使用有效的证明。乙种证明,适用于个体、小型采矿销售企业等零散资源税纳税人,是根据销售数量多次开具一次使用有效的证明。

独立矿山、联合企业和其他单位,在收购矿产品时,应当注意以下问题:

(1)主动向销售方(纳税人)索要"资源税管理证明"。凡销售方不能提供"资源税管理甲种证明"的,或者超出"资源税管理乙种证明"注明的销售数量部分,一律视同未税矿产品,依法代扣代缴资源税,并向纳税人开具代扣代缴税款凭证。

收购单位取得"资源税管理证明"后,应当核实真伪,分类整理并妥善保管,以备税务机关核查。

(2)对应当代扣代缴资源税的,按照以下办法计算代扣税款:

独立矿山、联合企业收购与本单位矿种相同的未税矿产品,按照本单位相同矿种应税产品的单位税额,依据收购数量计算代扣资源税。

独立矿山、联合企业收购与本单位矿种不同的未税矿产品，以及其他收购单位收购的未税矿产品，按照收购地相应矿种规定的单位税额，依据收购数量计算代扣资源税。

收购地没有相同品种矿产品的，按照收购地主管税务机关核定的单位税额，依据收购数量计算代扣资源税。

(3)对应当代扣代缴资源税的，在向销售方支付首笔货款或者开具应支付货款凭据的当天，计算代扣资源税，并按照税务机关核定的纳税期限，向收购地主管税务机关申报解缴。

(4)建立健全和妥善保管有关资源税代扣代缴的账簿、凭证、报表及有关资料。

总之，扣缴义务人应当严格按照资源税制度规定履行资源税代扣代缴义务，以免发生多扣、少扣、未扣资源税款的情况。多扣缴税款的，会给销售方增加不必要的负担；少扣、未扣税款的，将会受到税务机关的处罚；构成犯罪的，将被追究刑事责任。

第六章

土地增值税会计与纳税筹划

第一节　土地增值税会计

一、土地增值税会计概述

（一）土地增值税纳税人

土地增值税是对转让国有土地使用权、地上建筑物及其附着物取得收入的单位和个人，就其取得的增值额征收的一种税。开征土地增值税的目的，是加强对房地产开发和房地产市场的调控力度，抑制炒买炒卖土地投机获取暴利的行为，规范国家参与土地增值收益的分配方式，保证财政收入。

土地增值税纳税人是转让国有土地使用权、地上建筑物及其附着物取得收入的单位和个人。单位包括各类企业、事业单位、国家机关和社会团体及其他组织；个人包括个人经营者。从会计角度看，这些纳税人是土地增值税会计主体，应当组织好土地增值税的会计核算。

（二）会计账户设置

纳税人在“应交税费”账户下设置“应交土地增值税”明细账户，反映税款的计提与缴纳情况，该账户采用三栏式结构，其贷方反映应缴纳的土地增值税，借方反映已缴纳的土地增值税。纳税人计提土地增值税时，记入该账户的贷方；缴纳土地增值税时，记入该账户的借方。纳税期满后，该账户贷方余额反映欠缴的土地增值税额，借方余额反映预缴或多缴的土地增值税额。

为反映土地增值税金对损益的影响,纳税人还设置"营业税金及附加"、"固定资产清理"等相关账户,与"应交税费——应交土地增值税"账户对应记账。

二、土地增值税的计算

(一)土地增值税计算办法

纳税人转让房地产,按照取得的增值额和适用税率计算缴纳土地增值税。计算公式为:

增值额 = 转让房地产取得的收入 − 扣除项目金额

应纳税额 = Σ(每级距的增值额 × 适用税率)

或:

应纳税额 = 增值额 × 适用税率 − 扣除项目金额 × 速算扣除系数

土地增值税的计算程序为:确定转让房地产所取得的收入;计算扣除项目金额;计算增值额;确定增值额与扣除项目金额之比;运用计算公式,计算应纳税额。

土地增值税适用四级超率累进税率(见表6-1)。

表6-1 土地增值税税率表

级数	增值额与扣除项目金额的比率	税率	速算扣除系数
1	增值额未超过扣除项目金额50%的部分	30%	0
2	增值额超过扣除项目金额50%,未超过100%的部分	40%	5%
3	增值额超过扣除项目金额100%,未超过200%的部分	50%	15%
4	增值额超过扣除项目金额200%的部分	60%	35%

注:上述所列四级超率累进税率,每级"增值额未超过扣除项目金额"的比例,均包括本比例数。

(二)税额计算应当注意的问题

1. 几种特殊情形适用的税收政策

1)房地产继承和赠与不缴纳土地增值税。这里的"赠与"仅指以下两种情况:一是将房屋产权、土地使用权赠与直系亲属或承担直接赡养义务人的;二是通过中国境内非营利的社会团体、国家机关将房屋产权、土地使用权赠与教育、民政和其他社会福利、公益事业的。

2)在抵押期间的房地产不缴纳土地增值税。抵押期满后,以房地产抵债而发生房地产权属转让的,应当缴纳土地增值税。

3）单位发生房地产交换行为，应当缴纳土地增值税。但个人之间互换自有居住用房地产的，经当地税务机关核实，可以免纳土地增值税。

4）纳税人以房地产进行投资、联营的，暂免缴纳土地增值税。但是，自2006年3月2日起，以土地（房地产）作价入股进行投资或联营的，凡所投资、联营的企业从事房地产开发的，或者房地产开发企业以其建造的商品房进行投资和联营的，均应缴纳土地增值税。

5）一方出地，一方出资金，双方合作建房，建成后按比例分房自用的，暂免缴纳土地增值税；建成后转让的，应当缴纳土地增值税。

6）在企业兼并中，被兼并企业将房地产转让到兼并企业中的，暂免缴纳土地增值税。

7）纳税人建造普通标准住宅出售，增值额未超过扣除项目金额20%的，免纳土地增值税。增值额超过扣除项目金额20%的，就其全部增值额计算缴纳土地增值税。

纳税人既建普通标准住宅又搞其他房地产开发的，应当分别核算增值额。不分别核算增值额或不能准确核算增值额的，其建造的普通标准住宅不适用这一免税规定。

8）因国家建设需要依法征用、收回的房地产，以及因城市实施规划、国家建设的需要而搬迁，由纳税人自行转让原房地产的，免纳土地增值税。

9）自2007年8月1日起，企事业单位、社会团体以及其他组织转让旧房作为廉租住房、经济适用住房房源且增值额未超过扣除项目金额20%的，免纳土地增值税。

10）自2010年9月27日起，企事业单位、社会团体以及其他组织转让旧房作为公租房房源，且增值额未超过扣除项目金额20%的，免纳土地增值税。

2. 按评估价格计税问题

1）隐瞒、虚报房地产成交价格的，由评估机构参照同类房地产的市场交易价格进行评估。税务机关根据评估价格确定转让房地产的收入。

2）提供扣除项目金额不实的，由评估机构按照房屋重置成本价乘以成新度折扣率计算的房屋成本价和取得土地使用权时的基准地价进行评估。税务机关根据评估价格确定扣除项目金额。

3）转让房地产的成交价格低于房地产评估价格，又无正当理由的，由税务机关参照房地产评估价格确定转让房地产的收入。

三、土地增值税会计核算

（一）房地产开发企业应纳土地增值税的核算

1. 房地产销售收入的核算

房地产开发企业销售已开发的房地产，其销售收入包括取得的全部价款及有关的经济收益。从收入的形式来看,包括货币收入、实物收入和其他收入。

房地产开发企业代有关部门、单位和企业收取的各种基金、费用和附加等,凡纳入开发产品价内或由开发企业开具发票的,全部确认为销售收入;凡未纳入开发产品价内并由开发企业之外的其他收取部门、单位开具发票的,可作为代收代缴款项进行管理。

在会计核算上,企业设置"主营业务收入"科目,并按经营收入的类别设置"土地转让收入"、"商品房销售收入"、"配套设施销售收入"明细科目,核算企业对外转让、销售开发产品所取得的收入。企业实现的上述收入,按照实际价款记账,借记"应收账款"、"银行存款"等科目,贷记"主营业务收入"科目。

2. 法定扣除项目的核算

法定扣除的项目,包括取得土地使用权所支付的金额、房地产开发成本、房地产开发费用、与转让房地产有关的税金和其他扣除项目。

1)取得土地使用权所支付的金额,是指企业为取得土地使用权所支付的地价款和按国家统一规定交纳的有关费用,包括为取得土地使用权所缴纳的契税。

企业取得土地使用权,在尚未开发前,作为无形资产核算,并按规定的期限分期摊销。进行房地产开发时,将土地使用权的账面价值全部转入开发成本,借记"开发成本"科目,贷记"无形资产"科目。

2)开发土地和新建房及配套设施的成本(简称房地产开发成本),是指企业房地产开发项目实际发生的成本,包括:土地征用及拆迁补偿费、前期工程费、建筑安装工程费、基础设施费、公共配套设施费、开发间接费用。

(1)土地征用及拆迁补偿费,包括土地征用费、耕地占用税、劳动力安置费,以及有关地上、地下附着物拆迁补偿的净支出、安置动迁用房支出等。

(2)前期工程费,包括规划、设计、项目可行性研究和水文、地质、勘察、测绘、"三通一平"等支出。

(3)建筑安装工程费,是指以出包方式支付给承包单位的建筑安装工程费,以自营方式发生的建筑安装工程费。

(4)基础设施费,包括开发小区内道路、供水、供电、供气、排污、排洪、通信、照明、环卫、绿化等工程发生的支出。

(5)公共配套设施费,包括不能有偿转让的开发小区内公共配套设施发生的支出。

(6)开发间接费用,是指直接组织、管理开发项目发生的费用,包括工资、职工福利费、折旧费、修理费、办公费、水电费、劳动保护费、周转房摊销等。

在会计核算上,企业设置"开发成本"账户,并在该账户下设"土地开发成本"、"房屋开发成本"等明细账户,进行相关开发项目的成本核算。

企业为有偿转让而开发的商品性建设场地所发生的费用,直接记入"开发成本——土地开发成本”账户。企业为建造商品房、周转房或出租房等而开发的自用建设场地所发生的费用,可以直接记入“开发成本——房屋开发成本”账户。开发建设房屋发生的费用,可直接或分配记入房屋开发成本。

对于发生的开发间接费用,企业通过“开发间接费用”账户进行核算。月份终了,按一定标准,分配转入有关开发项目的成本,借记“开发成本——土地开发成本”、“开发成本——房屋开发成本”等科目,贷记“开发间接费用”科目。

在商品性建设场地开发完成时,将其实际成本转入“开发产品——商品性土地”账户。借记“开发产品——商品性土地”科目,贷记“开发成本——土地开发成本”科目。在房屋竣工验收时,将其实际成本转入“开发产品——房屋”账户,借记“开发产品——房屋”科目,贷记“开发成本——房屋开发成本”科目。

企业销售已开发完成的建设场地或商品房,在结转销售成本时,借记“主营业务成本——土地转让成本”或“主营业务成本——商品房销售成本”科目,贷记“开发产品——商品性土地”或“开发产品——房屋”科目。

值得注意的是,企业将取得土地使用权所支付的金额已计入开发成本的,在计算增值额时,不应重复扣除。

3)开发土地和新建房及配套设施的费用(简称房地产开发费用),是指与房地产开发项目有关的销售费用、管理费用、财务费用。在会计核算上,分别通过“销售费用”、“管理费用”和“财务费用”账户核算。

但是,在计算增值额时,房地产开发费用不按企业上述费用实际发生额扣除,而按下列办法确定扣除额:

(1)利息支出能够按转让房地产项目计算分摊并提供金融机构证明的,允许据实扣除;其他房地产开发费用,按取得土地使用权所支付的金额和房地产开发成本两项金额之和的5%以内计算扣除。计算扣除的具体比例,由各省、自治区、直辖市人民政府规定。

房地产开发费用=分摊的利息支出+其他房地产开发费用

其他房地产开发费用=(取得土地使用权所支付的金额+房地产开发成本)×5%(以内)

值得注意的是,企业超过贷款期限的利息部分和加罚的利息,不允许计入扣除项目。

(2)利息支出不能按转让房地产项目计算分摊或者不能提供金融机构贷款证明的,其房地产开发费用,按取得土地使用权所支付的金额和房地产开发成本两项金额之和的10%以内计算扣除。计算扣除的具体比例,由各省、自治区、直辖市人民政府规定。

房地产开发费用=(取得土地使用权所支付的金额+房地产开发成本)×10%(以内)

企业全部使用自有资金,没有利息支出的,按照以上方法扣除。

需要说明的是,按照会计准则的规定,开发企业"取得土地使用权所支付的金额"(土地出让金或地价款,按国家统一规定交纳的有关费用),计入"开发成本"。企业为开发房地产借入资金发生的借款利息支出,在房地产开发期间发生的,计入"开发成本";开发完成后发生的,计入"财务费用"。现行土地增值税制度规定的作为扣除项目的"房地产开发成本",是按照原会计制度(1993 年)确定的开发成本,不包括"取得土地使用权所支付的金额"和"借款利息支出"。所以,在计算"房地产开发成本"时,如果企业已执行新会计准则,应将这两项金额从"开发成本"账户中调整出去,单独计算列示。

4)与转让房地产有关的税金,是指在转让房地产时缴纳的营业税、城市维护建设税、印花税。因转让房地产而缴纳的教育费附加,也视同税金予以扣除。

房地产开发企业因转让已开发完成的房地产而应缴纳的营业税、城市维护建设税和教育费附加,通过"营业税金及附加"账户核算。企业计提税金及附加时,借记"营业税金及附加"科目,贷记"应交税费——应交营业税"、"应交税费——应交城市维护建设税"、"应交税费——应交教育费附加"科目。企业按房地产销售合同计算缴纳的印花税计入管理费用,借记"管理费用"科目,贷记"银行存款"科目。

由于印花税已计入管理费用,体现在"房地产开发费用"中,所以,印花税不在税金项下扣除。

5)其他扣除项目。从事房地产开发业务的纳税人,可按取得土地使用权所支付的金额和房地产开发成本两项金额之和,加计 20% 扣除。

其他扣除项目金额 =(取得土地使用权所支付的金额 + 房地产开发成本)×20%

3. 土地增值税计提与缴纳的核算

房地产开发企业计提土地增值税时,借记"营业税金及附加"科目,贷记"应交税费——应交土地增值税"科目。缴纳土地增值税时,借记"应交税费——应交土地增值税"科目,贷记"银行存款"科目。

企业在项目全部竣工前转让房地产取得的收入,应当按照税务机关的规定,预缴土地增值税。预缴税款时,借记"应交税费——应交土地增值税"科目,贷记"银行存款"科目。待项目竣工、收入实现时,按应缴纳的土地增值税,借记"营业税金及附加"科目,贷记"应交税费——应交土地增值税"科目。补缴土地增值税时,借记"应交税费——应交土地增值税"科目,贷记"银行存款"科目;退回多缴的土地增值税时,作相反的会计分录。

【例 6-1】某市利达房地产开发公司于 2011 年 2 月份将其开发完成的位于市区的商品房出售,取得收入 5 000 万元。开发公司为建该商品房发生的有关费用如下:①取得土地使用权支付的地价款及有关费用 450 万元;②发生的土地征用及拆迁补偿费、前期工程费、建筑安装工程费、基础设施费、公共配套设施费、开发间接费用共计1 550万元;③该商品房所分摊的借款利息支出120万元,其中银行加收的罚息20万元。

该公司发生的借款利息支出能够按房地产转让项目计算分摊并提供金融机构证明;该公司所在的省政府规定,其他房地产开发费用的扣除比例为5%。

1)土地增值税计算如下:

(1)房地产转让收入为5 000万元。

(2)扣除项目金额如下:

取得土地使用权所支付的金额为450万元。

房地产开发成本为1 550万元。

房地产开发费用=(120-20)+(450+1 550)×5%=200万元。

与房地产转让有关的税金为:

应纳营业税额=5 000×5%=250万元。

应纳城市维护建设税额=250×7%=17.5(万元)

应交教育费附加=250×3%=7.5(万元)

税金及附加合计:250+17.5+7.5=275(万元)

其他扣除项目金额=(450+1 550)×20%=400(万元)

扣除项目金额合计:450+1 550+200+275+400=2 875万元。

(3)增值额=5 000-2 875=2 125万元。

(4)增值额与扣除项目金额之比:2 125/2 875×100%=73.91%

故适用税率为40%,速算扣除系数为5%。

(5)应纳土地增值税税额=2 125×40%-2 875×5%=706.25万元。

2)计提税金及附加的账务处理如下:

借:营业税金及附加	9 812 500	
贷:应交税费——应交营业税		2 500 000
——应交城市维护建设税		175 000
——应交土地增值税		7 062 500
——应交教育费附加		75 000

3)缴纳税金及附加的账务处理如下:

借:应交税费——应交营业税	2 500 000	
——应交城市维护建设税	175 000	
——应交土地增值税	7 062 500	
——应交教育费附加	75 000	
贷:银行存款		9 812 500

（二）销售旧房及建筑物应纳土地增值税的核算

1. 法定扣除项目的确认

纳税人销售旧房及建筑物，应按规定计算缴纳土地增值税。在计算增值额时，其法定扣除项目包括：

1）房屋及建筑物的评估价格，是指在转让已使用的房屋及建筑物时，由政府批准设立的房地产评估机构评定的重置成本价乘以成新度折扣率后的价格。评估价格须经当地税务机关确认。

2）在转让环节缴纳的税金及附加，包括营业税、城市维护建设税、印花税和教育费附加。

3）取得土地使用权所支付的地价款和按国家统一规定交纳的有关费用。但是，对取得土地使用权时未支付地价款或不能提供已支付的地价款凭据的，不允许扣除取得土地使用权所支付的金额。

4）房屋及建筑物的评估费用。但是，对纳税人隐瞒、虚报房地产成交价格等情形而按房地产评估价格计算征收土地增值税所发生的评估费用，不允许在计算土地增值税时扣除。

值得注意的是，纳税人转让旧房及建筑物，凡不能取得评估价格，但能提供购房发票的，经当地税务部门确认，作为扣除项目的“取得土地使用权所支付的金额”和“旧房及建筑物的评估价格”，可以按照发票所载金额并从购买年度起至转让年度止每年加计5%计算。“每年”按购房发票所载日期起至售房发票开具之日止，每满12个月计1年；超过1年，未满12个月但超过6个月的，可以视同为1年。对纳税人购房时缴纳的契税，凡能提供契税完税凭证的，准予作为“与转让房地产有关的税金”予以扣除，但不作为加计5%的基数。

对于转让旧房及建筑物，既没有评估价格，又不能提供购房发票的，地方税务机关可以根据《税收征收管理法》第三十五条的规定，实行核定征收。

2. 会计核算

企业转让旧房及建筑物，转让国有土地使用权连同地上已完工交付使用的建筑物及附着物（土地使用权与地上建筑物及其附着物一并在“固定资产”等科目核算的），通过“固定资产清理”账户核算。转让房地产时，借记“固定资产清理”、“累计折旧”等科目，贷记“固定资产”科目。收到转让收入时，借记“银行存款”科目，贷记“固定资产清理”科目。计提土地增值税时，借记“固定资产清理”科目，贷记“应交税费——应交土地增值税”科目。缴纳土地增值税时，借记“应交税费——应交土地增值税”科目，贷记“银行存款”科目。

企业转让的土地使用权在“无形资产”科目核算的，按实际收到的金额，借记“银行存款”科目，按应交的土地增值税额，贷记“应交税费——应交土地增值税”科目，同时冲销土地使用权的账面价值，贷记“无形资产”科目，按其差额，借记“营业外支出”科目或贷记“营业外收入”科目。实际交纳土地增值税时，借记“应交税费——应交土地增值税”科目，贷记“银行存款”科目。

【例6-2】某市昌隆机械厂于2011年3月将一幢旧办公楼转让，取得转让收入3 000万元，并按税法规定缴纳了与转让房地产有关的各项税费。该办公楼账面原值1 800万元（其中地价款及相关费用197万元，能提供单独支付地价款的凭据），累计折旧540万元；经房地产评估机构评定的重置成本为2 000万元，成新度折扣率为7成；支付评估费用3万元。

1）计算应纳的营业税、城建税、教育费附加和印花税：

应纳营业税额 = 3 000 × 5% = 150（万元）

应纳城市维护建设税额 = 150 × 7% = 10.50（万元）

应纳教育费附加 = 150 × 3% = 4.50（万元）

应纳印花税额 = 3 000 × 0.5‰ = 1.50（万元）

税金及附加合计：150 + 10.50 + 4.50 + 1.50 = 166.50万元。

2）计算应纳的土地增值税：

（1）转让收入3 000万元。

（2）扣除项目金额 = 2 000 × 70% + 166.50 + 197 + 3 = 1 766.50万元。

（3）增值额 = 3 000 − 1 766.50 = 1 233.50万元。

（4）增值额占扣除项目金额的比率 = 1 233.50 ÷ 1 766.50 × 100% ≈ 69%。

故适用税率为40%，速算扣除系数为5%。

（5）应纳土地增值税额 = 1 233.50 × 40% − 1 766.50 × 5% = 405.07万元。

3）会计处理如下：

（1）将房屋净值转入固定资产清理：

借：固定资产清理	12 600 000	
累计折旧	5 400 000	
贷：固定资产		18 000 000

（2）反映转让收入：

借：银行存款	30 000 000	
贷：固定资产清理		30 000 000

（3）计提税金及附加：

借：固定资产清理	5 700 700	

贷:应交税费——应交营业税 1 500 000

——应交城市维护建设税 105 000

——应交土地增值税 4 050 700

——应交教育费附加 45 000

(4)支付评估费用和印花税:

借:固定资产清理 45 000

贷:银行存款 45 000

(5)结转处置固定资产净收益:

30 000 000 - 12 600 000 - 5 700 700 - 45 000 = 11 654 300(元)

借:固定资产清理 11 654 300

贷:营业外收入——处置非流动资产利得 11 654 300

(6)缴纳税金及附加5 700 700元:

借:应交税费——应交营业税 1 500 000

——应交城市维护建设税 105 000

——应交土地增值税 4 050 700

——应交教育费附加 45 000

贷:银行存款 5 700 700

四、土地增值税纳税申报

(一)填列土地增值税纳税申报表

纳税人在办理纳税申报时,首先,核实房地产转让收入、法定扣除项目金额、增值额、适用税率、速算扣除系数,计算应纳的土地增值税税额,并与"应交税费——应交土地增值税"账户资料核对相符。然后,根据审核无误的计税资料,填列纳税申报表,并办理签章手续。

(二)按期办理纳税申报手续

纳税人应在转让房地产合同签订后的7日内,到房地产所在地主管税务机关办理纳税申报,并向税务机关提交房屋及建筑物产权、土地使用权证书,土地使用权转让、房产买卖合同,房地产评估报告及其他与转让房地产有关的资料。纳税人因经常发生房地产转让而难以在每次转让后申报的,经税务机关审核同意后,可以定期进行纳税申报,具体期限由税务机关根据情况确定。

土地增值税的纳税地点是房地产所在地。房地产所在地是指房地产的坐落地。纳税人转让的房地产坐落在两个或两个以上地区的，应按房地产所在地分别申报纳税。

从事房地产开发的纳税人填报《土地增值税纳税申报表(一)》(见表6－2)；非从事房地产开发的纳税人填报《土地增值税纳税申报表(二)》(见表6－3)。

表6－2 土地增值税纳税申报表(一)

(从事房地产开发的纳税人适用)

税款所属时间： 年 月 日 填表日期： 年 月 日

纳税人编码： 金额单位:人民币元 面积单位:平方米

纳税人名称		项目名称			项目地址		
业别		经济性质		纳税人地址		邮政编码	
开户银行		银行账号		主管部门		电话	

项目		行次	金额
一、转让房地产收入总额(1＝2＋3)		1	
其中	货币收入	2	
	实物收入及其他收入	3	
二、扣除项目金额合计(4＝5＋6＋13＋16＋20)		4	
1. 取得土地使用权所支付的金额		5	
2. 房地产开发成本(6＝7＋8＋9＋10＋11＋12)		6	
其中	土地征用及拆迁补偿费	7	
	前期工程费	8	
	建筑安装工程费	9	
	基础设施费	10	
	公共配套设施费	11	
	开发间接费用	12	
3. 房地产开发费用(13＝14＋15)		13	
其中	利息支出	14	
	其他房地产开发费用	15	
4. 与转让房地产有关的税金等(16＝17＋18＋19)		16	
其中	营业税	17	
	城市维护建设税	18	
	教育费附加	19	

续表

5.财政部规定的其他扣除项目	20	
三、增值额(21＝1－4)	21	
四、增值额与扣除项目金额之比(%)(22＝21÷4)	22	
五、适用税率(%)	23	
六、速算扣除系数(%)	24	
七、应缴土地增值税税额(25＝21×23－4×24)	25	
八、已缴土地增值税税额	26	
九、应补(退)土地增值税税额(27＝25－26)	27	

授权代理人	(如果你已委托代理申报人,请填写下列资料) 为代理一切税务事宜,现授权________(地址)________为本纳税人的代理申报人,任何与本报表有关的来往文件都可寄与此人。 授权人签字:________	声明	我声明:此纳税申报表是根据《中华人民共和国土地增值税暂行条例》及其《实施细则》的规定填报的。我确信它是真实的、可靠的、完整的。 声明人签字:________

纳税人签章		法人代表签章		经办人员(代理申报人)签章		备注	

(以下部分由主管税务机关负责填写)

主管税务机关收到日期		接收人		审核日期		税务审核人员签章	
审核记录						主管税务机关盖章	

表6－3　土地增值税纳税申报表(二)

(非从事房地产开发的纳税人适用)

税款所属时间:　　年　月　日　　　　填表日期:　　年　月　日

纳税人编码:　　　　　　　　　　　　金额单位:人民币元　　　　面积单位:平方米

纳税人名称		项目名称			项目地址		
业别		经济性质		纳税人地址		邮政编码	
开户银行		银行账号		主管部门		电话	

项　目		行次	金　额
一、转让房地产收入总额(1＝2＋3)		1	
其中	货币收入	2	
	实物收入及其他收入	3	

续表

二、扣除项目金额合计(4 =5 +6 +9)		4	
1. 取得土地使用权所支付的金额		5	
2. 旧房及建筑物的评估价格(6 =7 ×8)		6	
其中	旧房及建筑物的重置成本价	7	
	成新度折扣率	8	
3. 与转让房地产有关的税金等(9 =10 +11 +12 +13)		9	
其中	营业税	10	
	城市维护建设税	11	
	印花税	12	
	教育费附加	13	
三、增值额(14 =1 -4)		14	
四、增值额与扣除项目金额之比(%)(15 =14 ÷4)		15	
五、适用税率(%)		16	
六、速算扣除系数(%)		17	
七、应缴土地增值税税额(18 =14 ×16 -4 ×17)		18	

授权代理人	(如果你已委托代理申报人,请填写下列资料) 为代理一切税务事宜,现授权________(地址)________为本纳税人的代理申报人,任何与本报表有关的来往文件都可寄与此人。 授权人签字:________	声明	我声明:此纳税申报表是根据《中华人民共和国土地增值税暂行条例》及其《实施细则》的规定填报的。我确信它是真实的、可靠的、完整的。 声明人签字:________

纳税人签章		法人代表签章		经办人员(代理申报人)签章		备注	
(以下部分由主管税务机关负责填写)							
主管税务机关收到日期		接收人		审核日期		税务审核人员签章	
审核记录						主管税务机关盖章	

第二节　土地增值税纳税筹划

土地增值税纳税筹划的着眼点，主要是房地产的销售收入和扣除项目金额的确认，以及税收优惠政策的运用问题。做到既不多承担税负，又不少缴税款，维护自身的合法权益。

一、普通标准住宅销售收入的纳税筹划

房地产开发公司建造普通标准住宅出售的，在纳税筹划时，应当注意两个问题：一是在会计核算上，应当单独核算普通标准住宅的销售收入、扣除项目金额和增值额；二是充分享受税收优惠政策。

【例6－3】某房地产开发公司建造一幢普通标准住宅，建筑总面积10 000平方米，拟定平均单位售价2 600元/平方米，售价总额为2 600万元。其他资料如下：①按土地增值税制度确认的土地使用权成本、房地产开发成本、房地产开发费用、加计扣除金额合计为2 000万元；②按企业所得税法确认的该项目成本和期间费用合计为1 900万元。

在不考虑其他因素的情况下，测算企业总体税负和税后收益，调整定价策略。

1）按拟定售价测算总体税负和税后收益：

（1）测算营业税、城建税、教育费附加和土地增值税：

应纳营业税额＝2 600×5%＝130（万元）

应纳城建税和教育费附加＝130×（7%＋3%）＝13（万元）

测算土地增值税额：销售收入为2 600万元。

扣除项目金额＝2 000＋130＋13＝2 143（万元）

增值额＝2 600－2 143＝457（万元）

增值额与扣除项目金额之比＝457÷2 143×100%＝21%

应纳土地增值税额＝457×30%＝137.10（万元）

（2）测算企业所得税和税后收益：

该项目应纳税所得额＝2 600－1 900－130－13－137.10＝419.90（万元）

应纳企业所得税额＝419.90×25%＝104.98（万元）

税后收益额＝419.90－104.98＝314.92（万元）

（3）总体税负＝130＋13＋137.10＋104.98＝385.08万元。

该公司将普通标准住宅的单位售价拟定为2 600元/平方米，增值额占扣除项目金

额的比例为21%,接近20%。这就为纳税筹划提供了可以操作的空间。公司可以考虑适当降低单位售价,使增值额占扣除项目金额的比例不超过20%,享受免征土地增值税的优惠待遇。

2)测算税收优惠临界点的售价总额:

设:售价总额为P,则扣除项目金额为:$2\ 000+5.5\%P$;增值额为:$P-(2\ 000+5.5\%P)$。

令:$[P-(2\ 000+5.5\%P)]\div(2\ 000+5.5\%P)\times100\%<20\%$

解得:$P<2\ 569.60$(万元)

即售价总额控制在2 569.60万元以下,便可以享受免征土地增值税的优惠。

3)测算售价总额调整后的总体税负和税后收益。假定该企业将售价总额调整为2 569万元,其总体税负和税后收益测算如下:

(1)测算营业税、城建税、教育费附加和土地增值税:

应纳营业税额 = 2 569 × 5% = 128.45(万元)

应纳城建税和教育费附加 = 128.45 × (7% + 3%) = 12.85(万元)

测算土地增值税:销售收入为2 569万元。

扣除项目金额 = 2 000 + 128.45 + 12.85 = 2 141.30(万元)

增值额 = 2 569 − 2 141.30 = 427.70(万元)

增值额与扣除项目金额之比 = 427.70 ÷ 2 141.30 × 100% = 19.97% < 20%

该公司可以享受免征土地增值税的待遇。

(2)测算企业所得税和税后收益:

该项目应纳税所得额 = 2 569 − 1 900 − 128.45 − 12.85 = 527.70(万元)

应纳企业所得税额 = 527.70 × 25% = 131.93(万元)

税后收益额 = 527.70 − 131.93 = 395.77(万元)

(3)总体税负 = 128.45 + 12.85 + 131.93 = 273.23万元。

由此可见,经过纳税筹划,将该幢普通标准住宅的售价总额降低到2 569万元以后,尽管销售收入减少了31万元(2 600 − 2 569),但是总体税负降低了111.85万元(385.08 − 273.23),税后利润增加了80.85万元(395.77 − 314.92)。

利用税收优惠政策进行普通标准住宅的纳税筹划,是符合土地增值税立法精神的,对抑制普通住房的价格上涨具有一定作用。但对房地产开发企业来说,这种筹划方法具有一定局限性。

二、转让旧房及建筑物的纳税筹划

对转让旧房及建筑物进行纳税筹划,应当关注各种转让方式所适用的税收政策。

一般情况下,单位将旧房及建筑物对外出售,应当缴纳印花税、营业税、城市维护建

设税和教育费附加、土地增值税、企业所得税等。实践中,有以下几种情形值得考虑:

(1)企事业单位、社会团体以及其他组织转让旧房作为廉租住房、公租房、经济适用住房房源且增值额未超过扣除项目金额20%的,免纳土地增值税。

各类单位遇有该种情形时,可以参照开发企业建造销售普通标准住宅的纳税筹划思路,在有纳税筹划空间情况下,通过调整定价策略,享受土地增值税优惠政策。

(2)单位以旧房及建筑物作价对外投资,参与接受投资方的利润分配,共同承担投资风险的,可以不缴纳营业税、城市维护建设税、教育费附加和土地增值税。但是,以旧房及建筑物投资于房地产开发企业用于房地产开发的,不免征土地增值税。

各类单位在面临旧房及建筑物对外出售与对外投资等选择时,有必要进行纳税筹划。纳税筹划时,可以从税收政策、交易价格、资金安全、获利能力等各个角度,进行对比分析,从中选择最优方案。

三、商品房促销中的纳税筹划

房地产开发企业为促进商品房销售,往往采取各种促销手段,比如:买房赠送家电、打折或降价促销等。这里,仅就买房赠送家电和折扣销售问题,从税收角度进行分析。

开发商在销售商品房时向购买方赠送家电,在实际操作时,一般有以下情况:

第一种情况:开发商将家电款项支付给商场或厂家,取得提货单,但未取得发票;购房者从开发商处购买商品房时,取得开发商无偿给予的家电提货单;然后,凭提货单到商场或厂家领取家电,商场或厂家将家电销售发票开具给购房者。

在这种情况下,开发商按照商品房销售价格确认销售收入,购买家电的支出作为销售费用处理。从税收角度看,一方面,由于开发商按照房价确认销售收入,并没有节省各种税金及附加;另一方面,尽管开发商给予购房者家电,不需要缴纳增值税,但由于开发商没有从商场或厂家取得合法有效凭证(发票),其购买家电的支出,无法在企业所得税前扣除。

第二种情况:开发商将家电款项支付给商场或厂家,从商场或厂家取得发票,将购入家电作为存货核算;将购入家电交付购房者时,向购房者开具家电销售发票。

这种情况,从企业所得税角度看,属于采用"买一赠一"方式组合销售商品。按照《国家税务总局关于确认企业所得税收入若干问题的通知》(国税函〔2008〕875号)的规定,"企业以买一赠一等方式组合销售本企业商品的,不属于捐赠,应将总的销售金额按各项商品的公允价值的比例来分摊确认各项的销售收入"。从商品与劳务税角度看,这种情况不属于营业税暂行条例第六条所称的"混合销售行为"(一项销售行为如果既涉及应税劳务又涉及货物,为混合销售行为)。其实质上是开发商购入家电后,又卖给了购房者,只不过是价款没有单独收取,而是体现在房价之中。所以,国税局对开发商赠送家电征收增值税是有道理的。对开发商销售货物,往往比照小规模纳税人计算纳税。购进家电时,不确认进项税额;发出家电时,按照销售额(不含税)和3%的征收率计算缴纳增值税。

鉴于上述情况,一般认为开发商采取赠送家电方式进行商品房促销,不是一个好办法。

从本质上看,销售商品房赠送家电,本身属于折扣销售性质,只不过是采用实物形式而不是货币形式。比较而言,还是采用货币形式较好。

比如:购房者购买一套商品房,价款100万元,折扣2万元(折扣额不单开发票)。这样,开发企业可以按照折扣后的销售额98万元确认销售收入,据以计算纳税。这种做法,大多购房者愿意接受。原因是购房者并不是因缺少家电而购买商品房,往往是有购房意愿但缺乏购房资金。所以,在价格上作作文章,会起到较好的促销效果。

四、土地增值税清算的风险控制

纳税人符合土地增值税清算条件时,应当及时办理清算手续,结清税款,做到既保障政府利益又维护自身合法权益。

(一)清算单位和清算条件的确认

1. 清算单位

土地增值税以国家有关部门审批的房地产开发项目为单位进行清算。

对于分期开发的项目,以分期项目为单位清算。

开发项目中同时包含普通住宅和非普通住宅的,应当分别计算增值额。

2. 清算条件及时间要求

1)符合下列条件之一的,应当进行土地增值税清算:

(1)房地产开发项目全部竣工、完成销售的。

(2)整体转让未竣工决算房地产开发项目的。

(3)直接转让土地使用权的。

纳税人应当在满足条件之日起90日内到主管税务机关办理清算手续。

2)符合以下条件之一的,主管税务机关可以要求纳税人进行土地增值税清算:

(1)已竣工验收的房地产开发项目,已转让的房地产建筑面积占整个项目可售建筑面积的比例在85%以上,或者该比例虽未超过85%,但剩余的可售建筑面积已经出租或自用的。

(2)取得销售(预售)许可证满3年仍未销售完毕的。

(3)申请注销税务登记但未办理土地增值税清算手续的(该情形应在办理注销登

记前,进行土地增值税清算)。

(4)省、自治区、直辖市、计划单列市税务机关规定的其他情况。

符合上述条件之一的,由主管税务机关确定是否进行清算。纳税人应当在收到主管税务机关下达的清算通知之日起90日内办理清算手续。

(二)清算资料的准备与提供

纳税人进行土地增值税清算时,应当准备以下清算资料,并向主管税务机关提供:

(1)土地增值税清算表及其附表。

(2)房地产开发项目清算说明。主要内容包括:开发项目立项、用地、开发、销售、关联方交易、融资、税款缴纳等基本情况,以及主管税务机关需要了解的其他情况。

(3)与房地产转让收入、成本和费用有关的证明资料。这包括:项目竣工决算报表、取得土地使用权所支付的地价款凭证、国有土地使用权出让合同、银行贷款利息结算通知单、项目工程合同结算单、商品房购销合同统计表、销售明细表、预售许可证等。主管税务机关需要相应项目记账凭证的,还应提供记账凭证复印件。

(4)土地增值税清算税款鉴证报告。委托税务中介机构审核鉴证的清算项目,还应报送中介机构出具的《土地增值税清算税款鉴证报告》。

(三)开发项目销售收入的确认

销售收入是指销售开发项目向购买方收取的全部价款和价外费用,包括货币收入、实物收入和其他经济利益。

1.一般情况下销售收入的确认

已全额开具商品房销售发票的,按照发票所载金额确认收入;未开具发票或未全额开具发票的,以交易双方签订的销售合同所载的售房金额及其他收益确认收入;销售合同所载商品房面积与有关部门实际测量面积不一致,在清算前已发生补、退房款的,应当予以调整。

2.视同销售收入的确认

开发企业将开发产品用于职工福利、奖励、对外投资、分配给股东或投资人、抵偿债务、换取其他单位和个人的非货币性资产等,在其所有权发生转移时,视同销售房地产,按照下列顺序和方法确认收入:①按本企业在同一地区、同一年度销售的同类房地产的平均价格确定;②参照当地当年、同类房地产的市场价格或评估价值确定。

但是,开发企业将开发产品转为企业自用或者用于出租等商业用途时,产权未发生转移的,不缴纳土地增值税,在税款清算时不作收入,相应的成本费用不予扣除。

3. 代收款项的税务处理

土地增值税制度规定，开发企业在销售开发产品时，按照县或县以上人民政府要求代收的各项费用，凡是纳入开发产品价内，或者由开发企业开具发票的，全部确认为销售收入；没有纳入开发产品价内，或者由开发企业以外的其他收取部门、单位开具发票的，不确认为销售收入，作为代收代缴款项处理。在计算土地增值税时，对于确认为销售收入的代收费用，可以作为扣除项目，在计算增值额时扣除，但不允许作为加计20%扣除的基数；对于不确认为销售收入的代收费用，在计算增值额时，不允许扣除。

因此，开发企业代有关部门收取的各项费用（基金、附加），不要纳入开发产品价内，且不开具发票。对这类款项，由开发企业以外的收取部门开具发票或财政票据，开发企业将其作为代收代缴款项管理。

（四）扣除项目金额的确认

1. 取得土地使用权时所支付的金额（土地使用权成本）

取得土地使用权所支付的金额，包括地价款、有关费用和契税等。

地价款，包括以下情况：以协议、招标、拍卖等出让方式取得的土地使用权的，为取得土地使用权所支付的土地出让金；以转让方式取得土地使用权的，为向原土地使用权人实际支付的地价款；以接受投资方式取得土地使用权的，为已办妥过户手续并经验资报告验证及双方合同作价金额。

有关费用，是指在取得土地使用权过程中为办理有关手续，按国家统一规定缴纳的有关费用。

土地增值税清算时，应当注意以下问题：

1）取得土地使用权时，必须取得合法有效凭证。比如，政府出具的土地出让金收据、转让方开具的发票、相关费用凭据和契税完税证或缴款书等。

2）属于房地产开发费用的支出，不能计入取得土地使用权成本，只能计入期间费用。

3）同一宗土地有多个开发项目的，必须在各开发项目之间合理分摊土地使用权成本。

土地使用权成本的分配，主要采用“占地面积法”，即根据各开发项目占地面积比例进行分配。有时，也采用“建筑面积法”，即根据各开发项目建筑面积比例进行分配。

（1）同一开发项目中，只有一种开发产品的，土地使用权成本可以全部列作清算项目的扣除项目（取得土地使用权支付的金额）。开发项目中包括的基础设施、不能转让的公共配套设施的支出，因其属于土地增值税的扣除项目，可不单独按其占地面积计算分摊土地使用权成本。

同一开发项目中,既有普通标准住宅,又有非普通标准住宅,或者其他开发产品,土地使用权成本应当在不同开发产品之间,采用"占地面积法"进行合理分摊。

同一开发项目中,商务房与住宅垂直连在一体的,比如:1~3层是商务房,4~20层是住宅,则土地使用权成本应当在商务房与住宅之间,采用"建筑面积法"进行分配。

(2)有多个开发项目(清算单位)的,土地使用权成本应当在各个开发项目之间,采用"占地面积法"进行分摊。

2. 房地产开发成本

房地产开发成本,即"开发土地和新建房及配套设施的成本",是指房地产开发项目实际发生的成本,包括土地征用及拆迁补偿费、前期工程费、建筑安装工程费、基础设施费、公共配套设施费、开发间接费用。它与《企业会计准则》所规范的"开发成本"口径不尽相同。

在土地增值税清算时,不必拘泥于会计核算情况,只需根据会计账簿、原始凭据等有关资料,按照土地增值税清算附表所列的项目,逐项分析填报。

1)土地征用及拆迁补偿费,包括:土地征用费、耕地占用税、劳动力安置费,以及有关地上、地下附着物拆迁补偿的净支出、安置动迁用房支出等。

清算时,应当注意以下问题:

(1)计入开发成本的费用支出必须是真实的,并有合法有效凭证。支付给个人的拆迁补偿款,拆迁(回迁)合同与签收花名册或签收凭证必须一一对应。

(2)同一宗土地有多个开发项目的,应当采用"占地面积法"进行合理分摊,正确计算各开发项目应分摊的金额。

(3)属于房地产开发费用的支出,不得计入土地征用及拆迁补偿费,只能计入期间费用。

(4)企业逾期开发而缴纳的土地闲置费,在计算增值额时不得扣除。

2)前期工程费,包括:规划费用、设计费用、项目可行性研究费用、水文费用、地质费用、勘探费用、测绘费用、测绘费规划、"七通一平"等支出。

清算时,应当注意以下问题:

(1)前期工程费必须是真实发生的,并有合法有效凭证,不得有虚列的情形。

(2)属于房地产开发费用的支出,不得计入前期工程费。

(3)多个(或分期)项目共同发生的前期工程费,必须按项目合理分摊。分摊时,可以采用"建筑面积法"进行分摊。

3)建筑安装工程费,是指以出包方式支付给承包单位的建筑安装工程费,或以自营方式发生的建筑安装工程费,包括建筑工程费用、安装工程费用和其他建筑安装工程费用。开发企业销售已装修的房屋,其装修费用可以计入房地产开发成本。

清算时，应当注意以下问题：

(1)发生建筑安装费用，必须与工程决算报告、审计报告、工程结算报告、工程施工合同记载的内容相符。

(2)开发企业自购建筑材料的费用，不得重复计算扣除项目。

(3)采用自营方式自行施工建设的，不得虚列、多列人工费、材料费、机械使用费等支出。

(4)采用出包方式施工建设的，建筑安装发票必须在项目所在地税务机关开具。

(5)建筑安装工程费支出，不能出现异常情况。也就是说，与当地当期同类开发项目单位平均建安成本，或者当地建设部门公布的单位定额成本，不能存在较大差距。

4)基础设施费，包括：开发小区内道路、供水、供电、供气、排污、排洪、通信、照明、环卫、绿化等工程发生的支出。

清算时，应当注意以下问题：

(1)基础设施费必须是真实发生的，并有合法有效凭证，不得有虚列情形。

(2)属于房地产开发费用的支出，不能计入基础设施费。

(3)多个(或分期)项目共同发生的基础设施费，必须按项目合理分摊。分摊时，可以采用"建筑面积法"进行分摊。

5)公共配套设施费，包括不能有偿转让的开发小区内公共配套设施发生的支出。

开发企业开发建造的与清算项目配套的居委会和派出所用房、会所、停车场(库)、物业管理场所、变电站、热力站、水厂、文体场馆、学校、幼儿园、托儿所、医院、邮电通信等公共设施，按照以下原则处理：建成后产权属于全体业主所有的，其成本、费用可以扣除；建成后无偿移交给政府、公用事业单位用于非营利性社会公共事业的，其成本、费用可以扣除；建成后有偿转让的，应当计算收入，并准予扣除成本、费用。

清算时，应当注意以下问题：

(1)公共配套设施的界定必须准确。

(2)公共配套设施费必须是真实发生的，并有合法有效凭证，不得预提。

(3)属于房地产开发费用的支出，不得计入公共配套设施费。

(4)多个(或分期)项目共同发生的公共配套设施费，必须按项目合理分摊。分摊时，可以采用"建筑面积法"进行分摊。

6)开发间接费用，是指直接组织和管理开发项目发生的费用，包括工资、职工福利费、折旧费、修理费、办公费、水电费、劳动保护费、周转房摊销等。

在会计核算上，企业发生的开发间接费用，先通过"开发间接费用"账户进行核算。期末，按照一定标准，分配转入有关开发项目的成本，借记"开发成本——××"科目，贷记"开发间接费用"科目。

清算时,应当注意以下问题:

(1)属于企业行政管理部门(总部)为组织和管理生产经营活动而发生的管理费用,不得计入开发间接费用。

(2)开发间接费用必须是真实发生的,并有合法有效凭证,不得预提。

(3)在计算扣除项目(开发成本)金额时,企业必须将其依照会计准则规定计入开发成本的借款利息支出,从开发成本项目中调出。

(4)多个(或分期)项目共同发生的开发间接费用,必须按项目合理分摊。分摊时,可以采用"直接成本法"或"预算造价法",即根据各开发项目的直接成本或预算造价的比例进行分摊。

3. 房地产开发费用

房地产开发费用,即开发土地和新建房及配套设施的费用,是指与房地产开发项目有关的销售费用、管理费用、财务费用。但是,在计算增值额时,房地产开发费用不按企业期间费用实际发生额扣除,而按暂行条例及相关文件的规定计算扣除。

1)利息支出能够按转让项目计算分摊并提供金融机构证明的,利息支出,允许据实扣除;其他房地产开发费用,按照"取得土地使用权所支付的金额"和"房地产开发成本"两项金额之和的5%以内计算扣除。计算扣除的具体比例,由各省、自治区、直辖市人民政府规定。

清算时,应当注意以下问题:

(1)将"开发成本"账户中的利息支出调整至"房地产开发费用"项目。

(2)利用闲置专项借款对外投资取得的收益,应当冲减利息支出。

(3)超过贷款期限的利息部分和加罚的利息,不得计入扣除额。

(4)多个(或分期)项目所发生的一般性贷款利息支出,必须按照开发项目合理分摊。分摊时,应当采用"直接成本法"或"预算造价法"。

2)利息支出不能按转让项目计算分摊,或不能提供金融机构证明的,房地产开发费用,按照"取得土地使用权所支付的金额"和"房地产开发成本"两项金额之和的10%以内计算扣除。计算扣除的具体比例,由各省、自治区、直辖市人民政府规定。

企业全部使用自有资金,没有利息支出的,按照以上方法扣除。

需要注意的是,作为扣除项目的"房地产开发成本",不包括"取得土地使用权所支付的金额"和"借款利息支出"。如果企业在会计核算中,将"取得土地使用权所支付的金额"和"借款利息支出"计入"开发成本"账户的,在计算扣除项目时,应当将其从"开发成本"中调整出去。

4. 与转让房地产有关的税金

在土地增值税清算时,开发项目在销售时缴纳的营业税、城市维护建设税和教育费附加，准予作为扣除项目金额，从开发项目销售收入中扣除。因此，开发企业在确认销售收入后，应依法确认准予扣除的税金及附加。

5. 其他扣除项目金额

从事房地产开发业务的纳税人，准予按照“取得土地使用权所支付的金额”和“房地产开发成本”两项金额之和，加计20%扣除。因此，开发企业在确认“取得土地使用权所支付的金额”和“房地产开发成本”后，应依法确认加计扣除金额。

（五）应纳税额的计算与缴纳

首先，在确认“开发项目销售收入”和“扣除项目金额”基础上，计算增值额和增值额占扣除项目金额的比例，确认开发项目适用税率和速算扣除系数，计算应纳土地增值税额。然后，与已预缴的土地增值税额比较，确定应补（退）税额。

值得注意的是，在土地增值税清算时尚未销售的开发产品，清算后销售的，在申报缴纳土地增值税时，扣除项目金额按照清算时的单位建筑面积成本费用乘以销售面积计算。

单位建筑面积成本费用 = 清算时的扣除项目总金额 ÷ 清算的总建筑面积

因此，开发企业在进行土地增值税清算时，应当将与扣除项目金额有关的各项资料，尤其是合法有效凭证准备齐全。如果没有合法有效凭证，是不得计入扣除项目金额的，如此将使得应该从销售收入中扣除的成本费用没有得到扣除，加大增值额，多缴土地增值税。这不仅影响开发项目的税款清算，也影响清算后销售开发产品的应纳税额。

第七章

企业所得税会计与纳税筹划

第一节　企业所得税会计概述

所得税会计的形成与发展是税法与会计准则相互分离的必然结果。两者分离程度的大小,直接影响着所得税会计方法的改进。1994 年以前,在企业收入、费用、利润等的确认与计量方面,我国税法与会计规定基本一致;1994 年以后,两者发生了较大差异。为了真实反映企业的财务状况和经营成果,财政部于 1994 年颁发了《企业所得税会计处理暂行规定》,对所得税会计方法作了调整。2006 年会计改革,对所得税会计方法作了进一步改进,实行"资产负债表债务法",即从资产负债表出发,通过比较资产负债表上列示的资产和负债,按照会计准则确定其账面价值,按照税法确定其计税基础,对于两者之间的差异分别应纳税暂时性差异与可抵扣暂时性差异,确认相关的递延所得税负债与递延所得税资产,并在此基础上确定每一会计期间利润表中的所得税费用。

一、企业所得税会计主体

企业所得税会计主体是负有企业所得税纳税义务的企业或组织(以下统称企业),包括居民企业和非居民企业。个人独资企业和合伙企业不是企业所得税的纳税人,故不属于企业所得税会计主体。

(一)居民企业

居民企业是指依法在中国境内成立,或者依照外国(地区)法律成立但实际管理机构在中国境内的企业。具体包括以下两类:一是依照中国法律、行政法规在中国境内成立的企业、事业单位、社会团体以及其他取得收入的组织;二是依照外国(地区)法律成立但实际管理机构在中国境内的企业和其他取得收入的组织。实际管理机构，是指对企业的生产经营、人员、账务、财产等实施实质性全面管理和控制的机构。

居民企业承担全面纳税义务，就其来源于中国境内、境外的所得缴纳企业所得税。

(二)非居民企业

非居民企业是指依照外国(地区)法律成立且实际管理机构不在中国境内，但在中国境内设立机构、场所的，或者在中国境内未设立机构、场所，但有来源于中国境内所得的企业。

非居民企业承担有限纳税义务，一般只就其来源于我国境内的所得纳税。具体地说，非居民企业在中国境内设立机构、场所的，就其所设机构、场所取得的来源于中国境内的所得，以及发生在中国境外但与其所设机构、场所有实际联系的所得，缴纳企业所得税。非居民企业在中国境内未设立机构、场所的，或者虽设立机构、场所但取得的所得与其所设机构、场所没有实际联系的，就其来源于中国境内的所得缴纳企业所得税。所称实际联系，是指非居民企业在中国境内设立的机构、场所拥有据以取得所得的股权、债权，以及拥有、管理、控制据以取得所得的财产等。

二、所得税会计核算方法

(一)所得税会计核算程序

目前，所得税会计核算采用资产负债表债务法。企业一般应于每一资产负债表日进行所得税核算。所得税核算程序如下：

1. 确定资产与负债的账面价值

按照会计准则确定《资产负债表》中除递延所得税资产和递延所得税负债以外的其他资产和负债项目的账面价值。资产与负债的账面价值，是指企业按照会计准则进行核算后在《资产负债表》中列示的金额。比如，企业持有的应收账款账面余额为3 000万元，企业对该应收账款计提了100万元的坏账准备，其账面价值为2 900万元，为该应收账款在《资产负债表》中的列示金额。

2. 确定资产与负债的计税基础

按照会计准则规定的资产与负债计税基础的确定方法，以税收法规为基础，确定《资产负债表》中有关资产与负债项目的计税基础。

3. 确定暂时性差异与递延所得税

比较资产负债的账面价值与计税基础，对于两者之间存在的暂时性差异，根据其性质确定应纳税暂时性差异与可抵扣暂时性差异。然后，以暂时性差异乘以所得税税率，确定资产负债表日递延所得税负债与递延所得税资产的应有金额,并与期初递延所得税负债与递延所得税资产的余额相比,确定当期递延所得税负债与递延所得税资产金额,作为《利润表》中所得税费用的一个组成部分——递延所得税。

4. 确定当期应交所得税

先按照税法规定计算确定当期应纳税所得额,再按照应纳税所得额与适用税率计算确定当期应交所得税,作为《利润表》中所得税费用的另一个组成部分——当期所得税。

5. 确定当期所得税费用

《利润表》中的所得税费用包括当期所得税和递延所得税。企业在计算确定了当期所得税和递延所得税后,两者之和(或之差)是《利润表》中的所得税费用。

(二)资产和负债的计税基础

1. 资产的计税基础

资产的计税基础,是指企业收回资产账面价值过程中,计算应纳税所得额时按照税法规定可以从应税经济利益中抵扣的金额,即某项资产在未来期间计税时按照税法规定可以在税前扣除的金额。

资产在初始确认时,除个别情况外,其计税基础一般为取得成本,在未来期间准予税前扣除。在资产持续持有的过程中,其计税基础是指资产的取得成本减去以前期间按照税法规定已在税前扣除金额后的余额。该余额代表的是按照税法规定,该项资产在未来期间计税时仍然可在税前扣除的金额。

1)固定资产。一般情况下,企业以各种方式取得的固定资产,在初始确认时按照会计准则确定的入账价值基本上是被税法认可的,即取得时的账面价值与计税基础相等。在固定资产持有期间进行后续计量时,会计准则规定按照“成本 - 累计折旧 - 固定资产减值准备”进行计量;根据税法规定,按照“成本 - 已在税前扣除的累计折旧”进行计量。由于会计准则与税务处理规定不同,固定资产的账面价值与计税基础必然存在差异。这种差异主要产生于折旧方法、折旧年限、减值准备等因素。

(1)因折旧方法、折旧年限不同产生差异。会计准则规定,企业应当根据与固定资产有关的经济利益的预期实现方式合理选择折旧方法,包括直线法、双倍余额递减法和年数总和法。税法规定,固定资产按照直线法计算折旧;对由于技术进步、产品更新换代较快的固定资产,常年处于强震动、高腐蚀状态的固定资产,可以采取缩短折旧年限或者双倍余额递减法或年数总和法加速折旧。在折旧年限上,会计准则规定由企业根据固定资产的性质和使用情况合理确定,而税法则分别规定每一类固定资产的最短折旧年限,如房屋、建筑物的最短折旧年限为 20 年;飞机、火车、轮船、机器、机械和其他生产设备为10年;与生产经营活动有关的器具、工具、家具等为5年;飞机、火车、轮船以外的运输工具为4年;电子设备为3年。由于会计准则规定的折旧方法、折旧年限与税法规定不同,使得固定资产持有期间的账面价值与计税基础存在差异。

(2)因计提固定资产减值准备产生差异。在固定资产持有期间内,对固定资产计提了减值准备以后,固定资产账面价值随之减少。在税务处理上,企业计提的减值准备在固定资产发生实质性损失前,不允许税前扣除。因此,使得固定资产账面价值与计税基础存在差异。

2)无形资产。一般情况下,无形资产在受让时的账面价值与计税基础基本一致,不存在差异。但使用寿命不确定的无形资产,其账面价值与计税基础往往会存在差异。

会计准则规定,无形资产根据其使用寿命区分为使用寿命有限的无形资产与使用寿命不确定的无形资产。对使用寿命不确定的无形资产,会计上不要求摊销,而在持有期间每年进行减值测试。但在税务处理上,没有界定使用寿命不确定的无形资产,所有无形资产均应按规定的摊销期限分期摊销。另外,会计准则规定企业可以计提无形资产减值准备,而税法规定不得在税前扣除减值准备。由此会造成无形资产的账面价值与计税基础产生差异。

3)以公允价值计量且其变动计入当期损益的金融资产。会计准则规定,公允价值计量且其变动计入当期损益的金融资产在某一会计期末的账面价值为该时点的公允价值。而在计税时,税法对该类资产在持有期间市价变动损益是不予考虑的,即该类资产在某一会计期末的计税基础仍为其取得成本。这样,在该类金融资产公允价值变动的情况下,其账面价值与计税基础之间会存在差异。

4)其他资产。因会计准则与税法规定不同,企业持有的其他资产,其账面价值与计税基础可能会存在差异,如采用公允价值模式计量的投资性房地产,其他计提了资产减值准备的各项资产如应收账款等。

2. 负债的计税基础

负债的计税基础,是指负债的账面价值减去未来期间计算应纳税所得额时按照税法规定可予抵扣的金额。

负债的计税基础 = 账面价值 - 未来期间按照税法规定可予税前扣除的金额

一般情况下,负债的确认与偿还不会影响企业损益,也不会影响应纳税所得额,在未来期间计算应纳税所得额时按照税法规定可予抵扣的金额为0,计税基础即为账面价值,比如短期借款、应付账款等。再比如,企业应交的罚款和滞纳金,在尚未支付之前,按照会计准则规定确认为费用,同时作为负债反映。但是,按照税法规定,罚款和滞纳金不准予在税前扣除,不论是发生当期还是以后期间可予税前扣除的金额为0,计税基础等于账面价值。

在某些情况下,负债的确认可能会影响企业的损益,进而影响不同期间的应纳税所得额,使得账面价值与计税基础存在差异,如某些预计负债。比如,企业未决诉讼,在满足有关确认条件时,企业于资产负债日确认为费用,同时确认预计负债。但是,根据税法规定,该类费用支出实际发生时,准予在税前扣除。该项预计负债的账面价值减去未来期间可予税前扣除的金额后的差额为0,即计税基础为0,由此产生暂时性差异。

(三)应纳税暂时性差异与可抵扣暂时性差异

暂时性差异,是指资产或负债的账面价值与计税基础不同产生的差额。根据暂时性差异对未来期间应纳税所得额的影响,分为应纳税暂时性差异和可抵扣暂时性差异。

1. 应纳税暂时性差异

应纳税暂时性差异,是指在确认未来收回资产或清偿负债期间的应纳税所得额时,将导致产生应税金额的暂时性差异。该差异在未来期间转回时,会增加转回期间的应纳税所得额。应纳税暂时性差异通常产生于以下情况:

1)资产的账面价值大于计税基础。资产的账面价值,代表的是企业在持续使用或最终出售该项资产时取得的经济利益总额。资产的计税基础,代表的是资产在未来期间内可予税前扣除的金额。某些资产的账面价值大于计税基础,意味着该项资产未来期间产生的经济利益不能全部税前扣除,两者之间的差额需要交纳所得税,产生应纳税暂时性差异。比如,一项无形资产账面价值为200万元,计税基础为170万元,两者之间的差额30万元于未来期间不得在税前扣除,会导致应纳税所得额的增加。这30万元即为应纳税暂时性差异。

2)负债的账面价值小于计税基础。负债的账面价值,代表的是企业在未来期间清偿该项负债时的经济利益流出。负债的计税基础,代表的是负债的账面价值减除未来期间准予税前扣除金额后的差额。负债的账面价值与计税基础不同而产生的暂时性差异,本质上是与该项负债相关的费用支出在未来期间可予税前扣除的金额。负债的账面价值小于计税基础,意味着该项负债在未来期间可予税前扣除的金额为负数,即在未来期间应调增应纳税所得额。

2. 可抵扣暂时性差异

可抵扣暂时性差异,是指在确定未来收回资产或清偿负债期间的应纳税所得额时,将导致产生可抵扣金额的暂时性差异。该差异在未来期间转回时,会减少转回期间的应纳税所得额。可抵扣暂时性差异通常产生以下情况:

1)资产的账面价值小于计税基础。资产的账面价值小于计税基础,意味着资产在未来期间产生的经济利益少,可予税前扣除的金额多,在未来期间计算应纳税所得额时,应在会计利润基础上调减应纳税所得额。比如,某项资产的账面价值为200万元,计税基础为250万元,则在未来期间计算应纳税所得额时,可以从自身取得的经济利益基础上多扣除50万元,即在会计利润基础上,调减应纳税所得额50万元。这50万元即为可抵扣暂时性差异。

2)负债的账面价值大于计税基础。负债的账面价值大于计税基础而形成的暂时性差异,实质上是与该项负债相关的费用准予在未来期间税前扣除的金额。

负债产生的暂时性差异 = 账面价值 - 计税基础 = 账面价值 -(账面价值 - 未来期间计税时可予税前扣除的金额) = 未来期间计税时可予税前扣除的金额

一项负债的账面价值大于计税基础,意味着企业在未来期间计算应纳税所得额时,与该项负债相关的全部或部分支出可以从未来应税经济利益中扣除,减少未来期间的应纳税所得额。比如,企业未决诉讼于2010年12月31日确认的预计负债(赔偿金)20万元,计入损益。根据税法规定,该类支出只能在发生时于税前扣除,当期不得扣除,故计税基础为0(预计负债的账面价值20万元 - 未来期间可予税前扣除的金额20万元);暂时性差异20万元(预计负债的账面价值20万元 - 计税基础0)。

3)可抵扣亏损和税款抵减。按照税法规定可结转以后年度弥补的亏损和税款抵减与可抵扣暂时性差异具有同样的作用,能够减少未来期间的应纳税所得额和应交所得税,应视同可抵扣暂时性差异处理。

另外,某些交易或事项发生后,因不符合资产或负债的确认条件而未体现为资产负债表中的资产或负债,但按照税法规定能够确定其计税基础的,其账面价值0与计税基础之间的差异也构成暂时性差异。

(四)递延所得税负债与递延所得税资产

1.递延所得税负债

递延所得税负债产生于应纳税暂时性差异。由于应纳税暂时性差异在未来期间转回时,会增加转回期间的应纳税所得额和应交所得税额,导致企业经济利益的流出,所以,在应纳税暂时性差异产生的当期,构成企业应支付所得税金的义务,应作为负债确认。

1)递延所得税负债的确认。除所得税会计准则明确规定可不确认递延所得税负债的情况外,企业对所有的应纳税暂时性差异,均应确认相关的递延所得税负债。

递延所得税负债 = 应纳税暂时性差异 × 适用所得税税率

在初始确认递延所得税负债时,以资产负债表日计算的递延所得税负债金额为"递延所得税负债"账户的入账金额。以后再确认时,以资产负债表日计算的递延所得税负债金额减去期初余额后的差额作为"递延所得税负债"账户的入账金额。

递延所得税负债 = 期末递延所得税负债 - 期初递延所得税负债

值得注意的是,在某些情况下,虽然资产负债的账面价值与计税基础不同,产生了应纳税暂时性差异,但出于各方面考虑,所得税会计准则规定不确认相应的递延所得税负债。这主要包括:

(1)商誉的初始确认。

(2)除企业合并以外的其他交易或事项中,如果该项交易或事项发生时,既不影响会计利润,也不影响应纳税所得额的,其资产负债的初始确认金额大于计税基础不同而形成的应纳税暂时性差异,在交易或事项发生时不确认相应的递延所得税负债;

(3)与子公司、联营公司、合营企业投资等相关的应纳税暂时性差异,一般应确认相关的递延所得税负债,但同时满足以下两个条件的除外:①投资企业能够控制暂时性差异的转回时间;②该暂时性差异在可预见的未来很可能不会转回。

2)递延所得税负债的计量。在资产负债表日,递延所得税负债应当根据税法规定,按照预期清偿该负债期间的适用税率计量,即以应纳税暂时性差异转回期间税法规定的适用所得税率计量。适用税率发生变化的,应对已确认的递延所得税负债进行重新计量。

另外,会计准则规定,对递延所得税负债不要求折现。

2. 递延所得税资产

递延所得税资产产生于可抵扣暂时性差异。由于可抵扣暂时性差异在未来期间转回时,会减少转回期间的应纳税所得额和应交所得税额,所以,在可抵扣暂时性差异产生的当期,应确认相关的递延所得税资产。

1)递延所得税资产的确认。对于资产负债的账面价值与计税基础不同而产生的可抵扣暂时性差异,在估计未来期间能够取得足够的应纳税所得额用以利用该可抵扣暂时性差异时,应以很可能取得的用来抵扣可抵扣暂时性差异的应纳税所得额为限,确认相关的递延所得税资产。如果企业在可抵扣暂时性差异转回的未来期间内,无法产生足够的应纳税所得额用以利用可抵扣暂时性差异的影响,使得与可抵扣暂时性差异相关的经济利益无法实现,则不应确认递延所得税资产。

递延所得税资产 = 可抵扣暂时性差异 × 适用所得税税率

在初始确认时,以资产负债表日计算的递延所得税资产金额为“递延所得税资产”账户的入账金额。以后再确认时,以资产负债表日计算的递延所得税资产金额减去期初余额后的差额,作为“递延所得税资产”账户的入账金额。

递延所得税资产 = 期末递延所得税资产 − 期初递延所得税资产

在确认递延所得税资产时,应当注意以下问题:

(1)与子公司、联营企业、合营企业的投资相关的可抵扣暂时性差异,同时满足下列条件的,应确认相关的递延所得税资产:①暂时性差异在可预见的未来很可能转回;

②未来很可能获得用来抵扣可抵扣暂时性差异的应纳税所得额。

对联营企业和合营企业投资产生的可抵扣暂时性差异,主要产生于两种情况:①被投资单位发生亏损时,投资企业按照持股比例确认应予承担的部分,相应减少长期股权投资的账面价值,但按照税法规定,长期股权投资的成本在持有期间不发生变化,由此造成长期股权投资的账面价值小于计税基础,产生可抵扣暂时性差异。②对长期股权投资计提减值准备,会产生可抵扣暂时性差异。

(2)对按照税法规定可以结转以后年度弥补的亏损和税款递减,应以未来期间很可能获得的用来抵扣亏损和税款抵减的应纳税所得额为限,确认相应的递延所得税资产。

(3)企业发生的某项交易或事项,如果不属于企业合并,并且在发生时既不影响会计利润也不影响应纳税所得额,其资产负债的初始确认金额与计税基础不同而形成的可抵扣暂时性差异,在交易或事项发生时不确认相应的递延所得税资产。

【例 7-1】某企业当期以融资租赁方式租入一项固定资产,该项固定资产在租赁日的公允价值为 2 000 万元,最低租赁付款额的现值为 1 945 万元;相关税费 5 万元;租赁合同中约定的付款总额为 2 095 万元。

在租赁开始日,按照会计准则确定的固定资产入账价值为 1 950 万元(1 945 +5)。按照税法确定的固定资产计税基础为 2 100 万元(2 095 +5),由此形成的可抵扣暂时性差异为 150 万元。由于企业在取得该项资产时,既不影响会计利润也不影响应纳税所得额,故不确认相应的递延所得税资产。

2)递延所得税资产的计量。与递延所得税负债的计量原则相一致,在确认递延所得税资产时,以预期收回该资产期间适用的所得税税率为基础计算确定。适用税率发生变化的,应对已确认的递延所得税资产按照新的适用税率进行重新计量。另外,递延所得税资产不要求折现。

在资产负债表日,企业应对递延所得税资产的账面价值进行复核。如果未来期间很可能无法取得足够的应纳税所得额用以利用可抵扣暂时性差异带来的经济利益,应减记递延所得税资产的账面价值。

需要说明的是,递延所得税资产和递延所得税负债的计量,应当反映资产负债表日企业预期收回资产或清偿负债方式的纳税影响,即在计量递延所得税资产和递延所得税负债时,应当采取与收回资产或清偿债务的预期方式相一致的税率和计税基础。

(五)所得税费用

企业核算所得税,主要目的是确定当期应交所得税和利润表中的所得税费用。在资产负债表债务法下，利润表中的所得税费用由当期所得税和递延所得税两个部分组成。

所得税费用＝当期所得税＋递延所得税

1.当期所得税

当期所得税是指企业按照税法规定计算的当期应缴纳的企业所得税。计算程序一般是：首先，在会计利润基础上，按照税法规定进行纳税调整，计算出应纳税所得额；然后，按照应纳税所得额和适用税率计算应缴纳的所得税额。

2.递延所得税

递延所得税是递延所得税负债和递延所得税资产当期发生额的综合结果。

递延所得税费用＝（期末递延所得税负债－期初递延所得税负债）－（期末递延所得税资产－期初递延所得税资产）

需要说明的是，企业因确认递延所得税负债和递延所得税资产产生的递延所得税，一般应计入所得税费用，但以下两种情况除外：

1）某项交易或事项按照会计准则规定应计入所有者权益的，由该交易或事项产生的递延所得税资产或递延所得税负债及其变化亦应计入所有者权益，不构成《利润表》中的递延所得税费用（或收益）。

2）企业合并中取得的资产或负债，其账面价值与计税基础不同，应确认相关递延所得税的，该递延所得税的确认，影响合并中产生的商誉或是计入合并当期损益的金额，不影响所得税费用。

（六）所得税会计处理

1.会计账户设置

在资产负债表债务法下，为反映企业当期应交所得税和在《利润表》中确认所得税费用，企业应设置“应交税费——应交所得税”、“所得税费用”、“递延所得税资产”和“递延所得税负债”等会计账户。

1）“应交税费——应交所得税”账户。该账户核算企业按照税法规定计算的应缴纳的企业所得税额。企业按照税法规定计算出当期应纳的所得税额，记入该账户的贷方；缴纳的所得税额，记入该账户的借方。期末，该账户贷方余额反映欠缴的所得税；如出现借方余额，反映企业多缴的所得税。

2）“所得税费用”账户。该账户核算企业确认的应从当期利润总额中扣除的所得税费用。可设置“当期所得税费用”和“递延所得税费用”两个明细分类账户进行明细核算。用T形账表示如下（见表7－1）：

表 7－1　所得税费用

借　方	贷　方
(1)资产负债表日,企业按照税法规定计算确定的当期应交所得税 (2)资产负债表日,递延所得税资产的应有余额小于"递延所得税资产"账户余额的差额 (3)资产负债表日,递延所得税负债的应有余额大于"递延所得税负债"账户余额的差额	(1)资产负债表日,递延所得税资产的应有余额大于"递延所得税资产"账户余额的差额 (2)资产负债表日,递延所得税负债的应有余额小于"递延所得税负债"账户余额的差额 (3)期末,将该账户的借方余额转入"本年利润"账户
结转后,无余额	

3)"递延所得税负债"账户。该账户核算企业确认的应纳税暂时性差异产生的所得税负债。可按应纳税暂时性差异的项目设置明细分类账户进行明细核算。用T形账表示如下(见表7－2)。

表 7－2　递延所得税负债

借　方	贷　方
资产负债表日,递延所得税负债的应有余额小于"递延所得税负债"账户余额的差额	(1)资产负债表日,企业确认的递延所得税负债(初始确认) (2)资产负债表日,递延所得税负债的应有余额大于"递延所得税负债"账户余额的差额 (3)与直接计入所有者权益的交易或事项相关的递延所得税负债 (4)企业合并中取得资产、负债的入账价值与其计税基础不同形成应纳税暂时差异的,于购买日确认的递延所得税负债
	期末余额:反映企业已确认的递延所得税负债

4)"递延所得税资产"账户。该账户核算企业确认的可抵扣暂时性差异产生的递延所得税资产。可按可抵扣暂时性差异的项目设置明细分类账户进行明细核算。根据税法规定可用以后年度税前利润弥补的亏损及税款抵减产生的所得税资产,也在该账户核算。用T形账表示如下(见表7－3):

表 7-3 递延所得税资产

借 方	贷 方
(1)资产负债表日,企业确认的递延所得税资产(初始确认) (2)资产负债表日,递延所得税资产的应有余额大于"递延所得税资产"账户余额的差额 (3)企业合并中取得资产、负债的入账价值与其计税基础不同形成可抵扣暂时差异的,于购买日确认的递延所得税资产 (4)与直接计入所有者权益的交易或事项相关的递延所得税资产	(1)资产负债表日,递延所得税资产的应有余额小于"递延所得税资产"账户余额的差额 (2)资产负债表日,预计未来期间很可能无法获得足够的应纳税所得额用以抵扣可抵扣暂时性差异的,按原已确认的递延所得税资产中应减记的金额
期末余额:反映企业确认的递延所得税资产	

2. 会计账务处理

1)递延所得税负债的账务处理。资产负债表日,企业确认的递延所得税负债,借记"所得税费用——递延所得税费用"科目,贷记"递延所得税负债"科目。

资产负债表日,递延所得税负债的应有余额大于账面余额的,按其差额确认,借记"所得税费用——递延所得税费用"科目,贷记"递延所得税负债"科目;资产负债表日,递延所得税负债的应有余额小于账面余额的,按其差额作相反的会计分录。

与直接计入所有者权益的交易或事项相关的递延所得税负债,借记"资本公积——其他资本公积"科目,贷记"递延所得税负债"科目。

【例 7-2】某企业持有的某项可供出售金融资产,初始成本为 200 万元。会计期末,该资产的公允价值为 240 万元。

企业在会计期末,将确认的公允价值变动 40 万元计入资本公积:

借:可供出售金融资产　　400 000

　贷:资本公积——其他资本公积　　400 000

应纳税暂时性差异 = 240 - 200 = 40(万元)

递延所得税负债 = 40 × 25% = 10(万元)

借:资本公积——其他资本公积　　100 000

　贷:递延所得税负债　　100 000

企业合并中取得资产或负债的入账价值与计税基础不同形成应纳税暂时性差异的,应于购买日确认递延所得税负债,同时调整商誉,借记"商誉"等科目,贷记"递延所得税负债"科目。

2）递延所得税资产的账务处理，按照以下办法进行：

（1）资产负债表日，企业确认的递延所得税资产，借记“递延所得税资产”科目，贷记“所得税费用——递延所得税费用”科目。

资产负债表日，递延所得税资产的应有余额大于账面余额的，按其差额确认，借记“递延所得税资产”科目，贷记“所得税费用——递延所得税费用”等科目；资产负债表日，递延所得税资产的应有余额小于账面余额的，按其差额作相反的会计分录。

与直接计入所有者权益的交易或事项相关的递延所得税资产，借记“递延所得税资产”科目，贷记“资本公积——其他资本公积”科目。

企业合并中取得资产或负债的入账价值与计税基础不同形成可抵扣暂时性差异的，应于购买日确认递延所得税资产，借记“递延所得税资产”科目，贷记“商誉”等科目。

（2）资产负债表日，预计未来期间很可能无法获得足够的应纳税所得额用以抵扣可抵扣暂时性差异的，按原已确认的递延所得税资产中应减记的金额，借记“所得税费用——递延所得税费用”、“资本公积——其他资本公积”等科目，贷记“递延所得税资产”科目。

3）所得税费用的账务处理。资产负债表日，企业按照税法规定计算确定的当期应交所得税，借记“所得税费用——当期所得税费用”科目，贷记“应交税费——应交所得税”科目。

资产负债表日，根据递延所得税资产的应有余额大于“递延所得税资产”科目余额的差额，借记“递延所得税资产”科目，贷记“所得税费用——递延所得税费用”科目、“资本公积——其他资本公积”等科目；递延所得税资产的应有余额小于“递延所得税资产”科目余额的，按其差额作相反的会计分录。

企业应予确认的递延所得税负债，也比照上述原则调整“所得税费用”科目、“递延所得税负债”科目及有关科目。

【例7－3】某公司2010年度《利润表》中利润总额为2 000万元，递延所得税资产和递延所得税负债不存在期初余额。该公司与所得税核算有关的情况如下：

该公司2010年发生的有关交易和事项中，其会计处理与税收处理存在差异的有：①1月份开始计提折旧的一项固定资产，初始成本为1 200万元，使用年限为10年，净残值为0。在会计处理上，按双倍余额递减法计提折旧；在税收处理上，按直线法计提折旧。税法规定的使用年限和净残值与会计规定相同。②发生非公益性捐赠100万元，计入营业外支出。③1月份取得作为交易性金融资产核算的股票投资，成本2 400万元；年末公允价值为3 000万元；公允价值变动收益600万元计入当期损益。④支付税收滞纳金、罚款20万元。

该公司2010年《资产负债表》相关项目金额与计税基础如下(见表7－4):

表7－4　　　　单位:万元

项目	账面价值	计税基础	差异	
			应纳税暂时性差异	可抵扣暂时性差异
固定资产原值	1 200	1 200		
减:累计折旧	240	120		
减:减值准备	0	0		
固定资产账面价值	960	1080		120
交易性金融资产	3 000	2 400	600	
总计			600	120

解析:

(1)当期应交所得税:

应纳税所得额＝2 000＋(240－120)＋100－600＋20＝1 640(万元)

应交所得税＝1 640×25%＝410(万元)

(2)当期递延所得税:

递延所得税负债＝600×25%＝150(万元)

递延所得税资产＝120×25%＝30(万元)

递延所得税＝150－30＝120(万元)

(3)利润表中应确认的所得税费用:

所得税费用＝410＋120＝530(万元)

借:所得税费用　　5 300 000

　递延所得税资产　　300 000

　贷:应交税费——应交所得税　　4 100 000

　　递延所得税负债　　1 500 000

【例7－4】沿用例7－3中有关资料,假定该公司2011年当期应交所得税为320万元。《资产负债表》中有关资产和负债的账面价值与计税基础如表7－5所示。除所列项目外,其他资产和负债项目,其会计处理与税务处理不存在差异。

表 7－5　　　　单位:万元

项目	账面价值	计税基础	差异	
			应纳税暂时性差异	可抵扣暂时性差异
固定资产原价	1 200	1 200		
减:累计折旧	432	240		
减:减值准备	0	0		
固定资产账面价值	768	960		192
交易性金融资产	2940	2 400	540	
预计负债	100	0		100
总计			540	292

分析:

(1)当期所得税＝当期应交所得税 320(万元)

(2)当期递延所得税:

期末递延所得税负债＝540×25%＝135(万元)

期初递延所得税负债＝150(万元)

递延所得税负债＝135－150＝－15(万元)

期末递延所得税资产＝292×25%＝73(万元)

期初递延所得税资产＝30(万元)

递延所得税资产＝73－30＝43(万元)

递延所得税＝－15－43＝－58(万元)

(3)利润表中应确认的所得税费用＝320－58＝262(万元)

借:所得税费用　　2 620 000
　　递延所得税资产　　430 000
　　递延所得税负债　　150 000
　贷:应交税费——应交所得税　　3 200 000

三、税款缴纳的基本要求

(一)税款申报与缴纳

企业所得税实行按纳税年度计算、分月或分季预缴、年终汇算清缴的办法。纳税年度自公历 1 月 1 日起至 12 月 31 日止。企业在一个纳税年度中间开业,或终止经营活动，使该纳税年度的实际经营期不足12个月的，以其实际经营期为一个纳税年度。企业依法清算时，以清算期间作为一个纳税年度。

1. 预缴与汇算清缴

1）分月或分季预缴。企业自月份或季度终了之日起15日内，向税务机关报送预缴企业所得税纳税申报表，预缴企业所得税。预缴税款时，按照月度或季度的实际利润额计算预缴；按照月度或季度的实际利润额计算预缴有困难的，可以按照上一纳税年度应纳税所得额的月度或季度平均额计算预缴，或按照经税务机关认可的其他方法预缴。预缴方法一经确定，该纳税年度内不得随意变更。

2）年终汇算清缴。企业自年度终了之日起5个月内，向税务机关报送年度企业所得税纳税申报表，汇算清缴，结清应缴应退税款。在报送企业所得税纳税申报表时，应附送财务会计报告和其他有关资料。

企业在年度中间终止经营活动的，自实际经营终止之日起60日内，向税务机关办理当期企业所得税汇算清缴。

企业发生清算的，应在办理注销登记前，就清算所得向税务机关申报并依法缴纳企业所得税。清算所得是指企业的全部资产可变现价值或者交易价格减除资产净值、清算费用以及相关税费等后的余额。投资方企业从被清算企业分得的剩余资产，其中相当于从被清算企业累计未分配利润和累计盈余公积中应分得的部分，应确认为股息所得；剩余资产减除上述股息所得后的余额，超过或低于投资成本的部分，应确认为投资资产转让所得或者损失。

企业在纳税年度内无论盈利或者亏损，均应依照税法规定的期限，向税务机关报送预缴企业所得税纳税申报表、年度企业所得税纳税申报表、财务会计报告和税务机关规定应报送的其他有关资料。

年终汇算时，实行查账征收企业所得税的居民企业使用A类纳税申报表。该类纳税申报表由1张主表和11张附表组成。主表是《中华人民共和国企业所得税年度纳税申报表（A类）》，附表包括：《收入明细表》（附表一）、《成本费用明细表》（附表二）、《纳税调整项目明细表》（附表三）、《企业所得税弥补亏损明细表》（附表四）、《税收优惠明细表》（附表五）、《境外所得税抵免计算明细表》（附表六）、《以公允价值计量资产纳税调整表》（附表七）、《广告费和业务宣传费跨年度纳税调整表》（附表八）、《资产折旧、摊销纳税调整明细表》（附表九）、《资产减值准备项目调整明细表》（附表十）、《长期股权投资所得（损失）明细表》（附表十一）、具体式样见本章附录。

2. 外币所得的折算

企业所得税以人民币计算。所得以人民币以外的货币计算的，应折合成人民币计算缴纳税款。

企业所得以人民币以外的货币计算的，预缴企业所得税时，按照月度或季度最后一日的人民币汇率中间价，折合成人民币计算应纳税所得额。年度终了汇算清缴时，对已经按照月度或季度预缴税款的，不再重新折合计算，只就该纳税年度内未缴纳企业所得税的部分，按照纳税年度最后一日的人民币汇率中间价，折合成人民币计算应纳税所得额。

经税务机关检查确认，企业少计或多计外币所得的，按照检查确认补税或退税时的上一个月最后一日的人民币汇率中间价，将少计或多计的外币所得折合成人民币计算应纳税所得额，再计算应补缴或应退的税款。

3. 纳税地点

1）除税收法律、行政法规另有规定外，居民企业以企业登记注册地为纳税地点；但登记注册地在境外的，以实际管理机构所在地为纳税地点。企业登记注册地是指企业依照国家有关规定登记注册的住所所在地。

居民企业在中国境内设立不具有法人资格的营业机构的，应当汇总计算缴纳企业所得税。

除国务院另有规定外，母子公司不得合并缴纳企业所得税。

2）非居民企业在中国境内设立的机构、场所取得的来源于中国境内的所得，以及发生在中国境外但与该机构、场所有实际联系的所得，以机构、场所所在地为纳税地点。

非居民企业在中国境内设立两个或两个以上机构、场所的，可以选择由其主要机构、场所汇总缴纳企业所得税。

（二）纳税调整的基本程序

企业年终汇算时使用的 A 类纳税申报表的主表及附表，集中反映了纳税调整的基本程序和方法。“主表”的表体项目由 4 部分构成：利润总额计算、应纳税所得额计算、应纳税额计算、附列资料。其中，应纳税所得额计算和应纳税额计算是“主表”的核心。

“主表”反映了企业所得税计算的基本程序，即在会计利润的基础上，按照税收法规调整计算出应纳税所得额，进而计算应纳税额。

1. 利润总额的计算

利润总额，是指按会计准则计算的会计利润额，其数据直接来源于利润表。未实行新会计准则的企业，利润表中项目与“主表”不一致的部分，需要按照“主表”要求对利润表项目进行调整，然后据以填报“主表”。

利润总额＝营业收入－营业成本－营业税金及附加－销售费用－管理费用－财务费用－资产减值损失＋公允价值变动收益＋投资收益＋营业外收入－营业外支出

2. 应纳税所得额的计算

在会计利润基础上，按照税收法规调整计算应纳税所得额。

应纳税所得额 = 利润总额 + 纳税调整增加额 − 纳税调整减少额 +
境外应税所得弥补境内亏损 − 弥补以前年度亏损

1）纳税调整项目，包括收入类调整项目、扣除类调整项目、资产类调整项目、准备金调整项目、房地产企业预售收入计算的预计利润、特别纳税调整应税所得和其他调整项目等。

纳税调整增加额，是指企业未计入利润总额的应税收入项目、已冲减利润的税法规定不允许扣除的支出项目、超出税法规定扣除标准的支出金额，以及资产类应纳税调整的项目，包括房地产开发企业按本期预售收入计算的预计利润等。其数据来自《纳税调整项目明细表》（附表三）"调增金额"。

纳税调整减少额，是指纳税人已计入利润总额，但税法规定可以暂不确认为应税收入的项目，以及在以前年度进行了纳税调增，根据税法规定从以前年度结转过来在本期扣除的项目金额。这包括不征税收入、免税收入、减计收入、境外所得，以及房地产开发企业已转销售收入的预售收入按规定计算的预计利润等。其数据来自《纳税调整项目明细表》（附表三）"调减金额"。

2）境外应税所得弥补境内亏损时，首先，将来自境外的税后所得，换算成包含在境外缴纳企业所得税以及按照我国税法规定计算的所得；然后，减去按税法规定可弥补的以前年度境外亏损额，再减去按税法规定予以免税的境外所得；以其余额弥补境内营业机构的亏损。

弥补境内亏损后的境外应纳税所得额 = 境外所得换算的应纳税所得额 − 可弥补
的以前年度境外亏损额 − 免税的境外所得 − 可弥补的境内亏损

境外应税所得弥补境内亏损后的余额，应单独进行税务处理。

3）弥补以前年度亏损。如果企业以前年度有境内亏损（5 年内），可用当年实现的应纳税所得额弥补。其数据来自《企业所得税弥补亏损明细表》（附表四）。

3. 应纳税额的计算

全年应纳税额 = 应纳税所得额 × 税率（25%）− 减免所得税额 −
抵免所得税额 +（境外所得应纳税额 − 境外所得抵免税额）

1）减免所得税额，主要包括：符合规定条件的小型微利企业享受优惠税率减征的所得税额；国家需要重点扶持的高新技术企业享受减征的所得税额；民族自治地方的企业享受减征或免征的属于地方分享的所得税额；执行过渡期税收优惠政策的企业免缴的所得税额；执行国务院制定的其他税收优惠政策企业免缴的所得税额。

2）抵免所得税额，是指企业购置并实际使用《环境保护专用设备企业所得税优惠目录》、《节能节水专用设备企业所得税优惠目录》、《安全生产专用设备企业所得税优惠目录》规定的环境保护、节能节水、安全生产等专用设备，允许从当年的应纳税额中抵免的投资额10%的部分。当年不足抵免的，可以在以后5个纳税年度结转抵免。

3）境外所得应纳税额，是指企业来源于中国境外的应纳税所得额，按照税法规定的税率（居民企业25%）计算的应纳税额。

境外所得抵免税额，是指可从境外所得应纳税额中抵免的税额。企业来源于中国境外的应纳税所得额依照税法规定计算的应纳税额（抵免限额），大于已在境外实际缴纳的所得税额的，抵免税额为企业已在境外实际缴纳的所得税额；反之，则以抵免限额为抵免税额，企业在境外实际缴纳的所得税额超过抵免限额的部分，可在以后5个年度内，用每年度抵免限额抵免当年应抵税额后的余额进行抵补。

境外所得应补税额＝境外所得应纳税额－境外所得抵免税额

第二节　收入（收益）的审核调整与申报

一、营业收入的审核调整与申报

营业收入包括主营业务收入和其他业务收入。

（一）主营业务收入的审核调整与申报

主营业务收入，是指企业主要经营业务实现的收入，包括销售货物收入、提供劳务收入、让渡资产使用权收入和建造合同收入。企业主要从事对外投资业务的，其投资所得就是主营业务收入。

年度申报时，企业可以根据“主营业务收入”账户资料，直接填列《收入明细表》（附表一）。对于会计核算与税法规定不一致的项目，分析填列《纳税调整项目明细表》（附表三）。

1.销售货物收入

销售货物收入，是指从事工业制造、商品流通、农业生产以及其他商品销售企业的主营业务收入。

年度申报时，应当注意会计准则与税法的差异及纳税调整问题。

1）因收入确认条件不同而形成的收入差异。会计准则规定，销售商品收入同时满足下列条件的，才能予以确认：

●企业已将商品所有权上的主要风险和报酬转移给购货方。

●企业既没有保留通常与所有权相联系的继续管理权，也没有对已售出的商品实施有效控制。

●收入的金额能够可靠地计量。

●相关经济利益很可能流入企业。

●相关的已发生或将发生的成本能够可靠地计量。

国家税务总局规定，除企业所得税法及实施条例另有规定外，企业销售收入的确认，必须遵循权责发生制原则和实质重于形式原则。企业销售商品同时满足下列条件的，应确认收入的实现：

●商品销售合同已经签订，企业已将商品所有权相关的主要风险和报酬转移给购货方。

●企业对已售出的商品既没有保留通常与所有权相联系的继续管理权，也没有实施有效控制。

●收入的金额能够可靠地计量。

●已发生或将发生的销售方的成本能够可靠地核算。

由此可见，税法与会计准则的差异在于：会计准则将“相关经济利益很可能流入企业”作为收入确认的条件之一，而税法不将其作为收入实现的条件。从税收角度看，只要商品所有权发生转移，收入和成本能够可靠的计量，就应当确认收入的实现。

年度申报时，销售货物收入在确认时间上存在差异的，应当分析填列《纳税调整项目明细表》（附表三），进行相应的纳税调整。

2）因收入计量办法不同而形成的收入差异。会计准则规定，企业销售商品，采取延期收取价款（通常为3年以上）具有融资性质的，按照应收的合同价款的现值确定其公允价值，按其公允价值确认销售收入。应收的合同价款与其公允价值之间的差额，在合同期间内，按照应收款项的摊余成本和实际利率计算确定的摊销金额，作为利息收入，冲减财务费用。

税法不认可上述会计处理原则，而是按照销售合同所列金额和发票金额确定销售收入，并非按其现值确定。

【例7-5】沿用第二章例2-38资料。某生产企业（一般纳税人）采取延期收款方式向A公司销售1套大型设备。合同约定的销售价格为2 000万元，分5次于每年12月31日等额收取。该套设备实际成本1 560万元。在现销方式下，该套设备的销售价格为1 600万元。该企业发出商品时，开具发票，金额为2 340万元；其中增值税340万元，已于发出商品当天收取。

在会计处理上，企业销售商品时，确认“主营业务收入”1 600万元；将合同价格

2 000万元与其公允价值1 600万元之间的差额400万元，确认为“未实现融资收益”。5年间，每年按照应收款项的摊余成本和实际利率计算确定的摊销金额，作为利息收入(分别为1 268 800元、1 052 200元、818 500元、566 200元、294 300元)。

税法不认可这种做法。在税务处理上，将其视为正常的销售业务。发出商品时，确认商品销售收入2 000万元。5年间，每年增加的利息收入，不再确认为计税收入。

填列年度纳税申报表时，按下列办法处理：

(1)销售商品年度，填列《纳税调整项目明细表》(附表三)相关栏目，调增应纳税所得额400万元。

(2)延期收款的5年间，在《纳税调整项目明细表》(附表三)第36行“与未实现融资收益相关在当期确认的财务费用”栏目填列分期冲减财务费用的金额，调减应纳税所得额。

3)因凭证手续的管理要求而形成的差异，比如，销售折扣和销售折让问题。对于商业折扣，应当注意销售发票的开具情况，即销售额与折扣额是否在同一张发票的金额栏分别注明。对于现金折扣，应当查阅购销合同中约定的折扣条款和红字发票的开具情况，以及“财务费用”账户，核实现金折扣的真实性。对于销售折让，尤其是增值税专用发票开具之后发生销售折让，应当查阅由购买方主管税务机关出具的《开具红字增值税专用发票通知单》、销售方开具的红字增值税专用发票，以及相应记账凭证，核实销售折让的真实性。

如果企业有不符合规定的折扣与折让，应当分析填列《纳税调整项目明细表》(附表三)第4行“不符合税收规定的销售折扣和折让”栏目，进行相应的纳税调整。

2. 提供劳务收入

提供劳务收入，是指从事旅游饮食服务、交通运输、邮政通信、对外经济合作，以及其他服务的企业取得的主营业务收入。

1)会计准则关于劳务收入的确定办法有两种：完工百分比法和成本回收法。

(1)完工百分比法。会计准则规定，资产负债表日，提供劳务交易的结果能够可靠估计的，应当采用完工百分比法确认提供劳务收入。

劳务交易的结果能够可靠估计，是指同时满足以下4个条件：①收入的金额能够可靠地计量；②相关的经济利益很可能流入企业；③交易的完工进度能够可靠地确定；④交易中已发生和将发生的成本能够可靠地计量。

同时满足上述4个条件的，方可采用完工百分比法确认收入：

本期确认的劳务收入 = 劳务收入总额 × 本期末止劳务的完工进度 − 以前期间已确认的劳务收入

本期结转的劳务成本 = 劳务成本总额 × 本期末止劳务的完工进度 − 以前期间已确认的劳务成本

(2)成本回收法。会计准则规定,在资产负债表日,提供劳务交易结果不能够可靠估计的,分别下列情况处理:①已经发生的劳务成本预计能够得到补偿的,按照已经发生的劳务成本金额确认提供劳务收入,并按相同金额结转劳务成本;②已经发生的劳务成本预计不能够得到补偿的,将已经发生的劳务成本直接计入当期损益,不确认提供劳务收入。

2)税法规定,企业受托加工制造大型机械设备、船舶、飞机等,以及从事建筑、安装、装配工程业务或者提供劳务等,持续时间超过12个月的,按照纳税年度内完工进度或者完成的工作量确认收入的实现。

国家税务总局规定,企业在各个纳税期末,提供劳务交易的结果能够可靠估计的,应采用完工进度(完工百分比)法确认提供劳务收入。

提供劳务交易的结果能够可靠估计,是指同时满足以下三个条件:

(1)收入的金额能够可靠地计量。

(2)交易的完工进度能够可靠地确定。

(3)交易中已发生和将发生的成本能够可靠地核算。

劳务收入和劳务成本的计量办法是:

当期劳务收入 = 劳务收入总额 × 完工进度 - 以前纳税期间累计已确认的劳务收入

当期劳务成本 = 劳务成本总额 × 完工进度 - 以前纳税期间累计已确认的劳务成本

3)税法与会计准则的差异,主要体现在以下方面:

(1)税法不考虑劳务价款能否收回。会计准则把“相关的经济利益很可能流入企业”作为交易结果能够可靠估计的条件之一。但税法不考虑这一因素,只考虑收入和成本能否可靠地确定;交易的完工进度能否可靠地确定。

(2)税法没有涉及成本回收法。在交易结果不能够可靠估计的情况下,会计准则规定不采用完工百分法确认劳务收入,而采用成本回收法确认收入和费用。但是,税法没有涉及这项会计准则。如果交易结果不能可靠估计,说明企业会计核算不健全,此时应采取“核定征收”方式,而不采取“查账征收”方式。

年度申报时,企业会计上确认的劳务收入额与按照税收规定确认的劳务收入额不一致的,应当分析填报《纳税调整项目明细表》(附表三),进行相应的纳税调整。

3. 让渡资产使用权收入

让渡资产使用权收入,是指让渡无形资产使用权(如商标权、专利权、专有技术、版权、专营权等使用权)而取得的使用费收入,以及以租赁业务为基本业务的出租固定资产、无形资产、投资性房地产在“主营业务收入”中核算的租金收入。

1)会计准则规定,让渡资产使用权收入同时满足下列条件的,才能予以确认:

(1)相关的经济利益很可能流入企业。

(2)收入的金额能够可靠地计量。

2)税法规定,利息收入,按照合同约定的债务人应付利息的日期确认收入的实现;租金收入,按照合同约定的承租人应付租金的日期确认收入的实现;特许权使用费收入,按照合同约定的特许权使用人应付特许权使用费的日期确认收入的实现。

国家税务总局规定,企业出租固定资产、包装物或者其他有形资产的使用权,如果租赁合同中规定的租赁期限跨年度,并且租金提前一次性支付,出租人可以根据收入与费用配比原则,对已确认的一次性租金收入,在租赁期内,分期均匀计入相关年度收入。

金融企业按规定发放的贷款,属于未逾期贷款(含展期,下同),根据先收利息后收本金的原则,按贷款合同确认的利率和结算利息的期限计算利息,并于债务人应付利息的日期确认收入的实现;属于逾期贷款,其逾期后发生的应收利息,应于实际收到的日期,或者虽未实际收到,但会计上确认为利息收入的日期,确认收入的实现。

金融企业已确认为利息收入的应收利息,逾期 90 天仍未收回,且会计上已冲减了当期利息收入的,准予抵扣当期应纳税所得额。金融企业已冲减了利息收入的应收未收利息,以后年度收回时,应计入当期应纳税所得额计算纳税。

3)税法与会计准则的差异在于:除税法另有规定外,税法不考虑价款能否收回。只要到了合同约定的收付款日期,不论款项是否收到,也不论款项能否收到,都要确认为当期收入计算纳税。

年度申报时,应当查阅相关合同,根据合同约定的收付款时间,确定收入额。对会计上确认的收入额与按照税收规定确认的收入额不一致的,应当分析填报《纳税调整项目明细表》(附表三),进行相应的纳税调整。

4. 建造合同收入

建造合同收入,是指企业建造房屋、道路、桥梁、水坝等建筑物,以及船舶、飞机、大型机械设备等的主营业务收入。

在建造合同收入的确认上,税法与会计准则有差异的,比照提供劳务收入的处理办法办理。

(二)其他业务收入的审核调整与申报

根据业务性质,其他业务收入分为以下几种:

材料销售收入,是指销售材料、下脚料、废料、废旧物资等取得的收入。

代购代销手续费收入,是指从事代购代销、受托代销商品取得的手续费收入。但是专业从事代理业务的企业收取的手续费收入,不属于“其他业务收入”,而属于“主营业务收入”。

包装物出租收入,是指企业出租、出借包装物取得的租金收入和逾期未退包装物没收的押金收入。

其他收入,是指除上述以外的在“其他业务收入”账户核算的收入,比如一般企业的固定资产出租收入等,但不包括已在主营业务收入中反映的让渡资产使用权收入。

年度申报时,对其他业务收入,可以根据“其他业务收入”账户资料,直接填报《收入明细表》(附表一)。对于税法与会计准则有差异的项目,应当分析填列《纳税调整项目明细表》(附表三),填报办法同“主营业务收入”。

企业将主营业务收入和其他业务收入填列到《收入明细表》(附表一)后,将两者的合计数填列到“主表”第1行“营业收入”栏目。

(三)视同销售收入的审核调整与申报

视同销售的收入,一般是指会计上不作为销售核算,但按照税法规定应作为销售处理而确认的计税收入,即视同销售货物、转让财产或提供劳务而确认的收入。

1.视同销售收入的确认

税法规定,企业发生非货币性资产交换,以及将货物、财产、劳务用于捐赠、偿债、赞助、集资、广告、样品、职工福利和利润分配等用途的,应当视同销售货物、转让财产和提供劳务,但国务院财政、税务主管部门另有规定的除外。

国家税务总局规定,企业发生下列情形的处置资产,除将资产转移至境外以外,由于资产所有权属在形式和实质上均不发生改变,可作为内部处置资产,不视同销售确认收入,相关资产的计税基础延续计算:将资产用于生产、制造、加工另一产品,改变资产形状、结构或性能,改变资产用途(如自建商品房转为自用或经营),将资产在总机构及其分支机构之间转移,上述两种或两种以上情形的混合,其他不改变资产所有权属的用途。

企业将资产移送他人的下列情形,因资产所有权属已发生改变而不属于内部处置资产,应按规定视同销售确定收入:用于市场推广或销售,用于交际应酬,用于职工奖励或福利,用于股息分配,用于对外捐赠,其他改变资产所有权属的用途。

在确定收入时,属于企业自制的资产,按照企业同类资产同期对外销售价格确定销售收入;属于外购的资产,可以按照购入时的价格确定销售收入。

2.纳税调整与申报

1)非货币性交易视同销售收入。年度申报时,应当注意以下情况:

执行《企业会计制度》的企业,发生的非货币资产交换业务,会计上不确认收入。但是,按照税收规定,应当视同销售确认收入。企业发生存货换出业务的,年度申报时,按其公允价值确认视同销售收入，填入《收入明细表》（附表一）第14行；按其计税基础确认销售成本，填入《成本费用明细表》（附表二）第13行。同时，填列《纳税调整项目明细表》（附表三），按视同销售收入调增应纳税所得额，按视同销售成本调减应纳税所得额。

执行《企业会计准则》的企业，非货币性资产交换的计量基础有两种：公允价值和账面价值。

在非货币性资产交换具有商业实质，并且换出资产和换入资产的公允价值能够可靠计量的情况下，会计上采用公允价值计量基础。此时，税法与会计准则没有差异，换出存货的收入已体现在"主营业务收入"或者"其他业务收入"中，一般不需要进行纳税调整。

在非货币性资产交换不具有商业实质，或者换出资产和换入资产的公允价值不能可靠计量的情况下，会计上采用账面价值计量基础，会计上不确认收入，但是，按照税收规定仍需确认收入。该类企业发生存货换出业务，其处理办法与执行原会计制度的企业相同。

2）货物、财产、劳务视同销售收入。年度申报时，应当注意以下情况：

执行《企业会计制度》的企业，将货物、财产、劳务用于捐赠、偿债、赞助、集资、广告、样品、职工福利或者利润分配等用途的，会计上不确认收入，但按照税收规定应作视同销售处理，确认销售收入。年度申报时，按其公允价值确认视同销售收入，填入《收入明细表》（附表一）第15行；按其计税基础确认销售成本，填入《成本费用明细表》（附表二）第14行。同时，填列《纳税调整项目明细表》（附表三），按视同销售收入调增应纳税所得额，按视同销售成本调减应纳税所得额。

执行《企业会计准则》的企业发生上述业务，其会计处理办法与税务处理办法基本相同，其收入大都体现在"主营业务收入"或"其他业务收入"中，所以，一般不需要进行纳税调整。

现举例分析如下：

（1）将自产、委托加工的货物用于不动产在建工程。根据新旧会计准则关于收入的定义，此类业务不构成会计上的销售业务。从税收角度看，属于增值税视同销售业务，但不属于企业所得税的视同销售业务。

【例7－6】某生产企业（一般纳税人）本月将一批自产的建材产品用于厂房扩建工程。该批建材产品实际成本80万元，售价金额（不含增值税）100万元。

增值税销项税额＝1 000 000×17%＝170 000（元）

企业根据商品出库单编制会计分录：

借：在建工程——厂房扩建工程　　　　970 000

贷:库存商品　　800 000

应交税费——应交增值税(销项税额)　　170 000

税务处理:该项业务的销项税额为 170 000 元。按照企业所得税法的规定,在计算企业所得税时无需进行纳税调整。

(2)将自产或委托加工的货物用于集体福利或个人消费。对此类业务的处理,税法与新会计准则没有差异,但与原会计制度有差异。

【例 7-7】沿用第二章例 2-46 资料。某生产企业(一般纳税人)本月将一批自制产品以福利形式平均分给本单位职工。该批商品售价金额(不含增值税)50 000 元,实际成本 40 000 元,增值税税率为 17%。该厂共有职工 50 人,其中:生产工人 30 人,车间管理人员 4 人,厂部营销人员 5 人,其他管理人员 11 人。

第一,执行新《企业会计准则》的企业,会计处理如下:

应列入福利支出的金额 = 50 000 + 8 500 = 58 500(元)

其中:

生产成本 = 58 500 × 11/50 = 35 100(元)

制造费用 = 58 500 × 4/50 = 4 680(元)

销售费用 = 58 500 × 5/50 = 5 850(元)

管理费用 = 58 500 × 11/50 = 12 870(元)

企业决定发放非货币性福利时,编制会计分录:

借:生产成本　　35 100

制造费用　　4 680

销售费用　　5 850

管理费用　　12 870

贷:应付职工薪酬——非货币性福利　　58 500

实际发放时,编制会计分录:

借:应付职工薪酬——非货币性福利　　58 500

贷:主营业务收入　　50 000

应交税费——应交增值税(销项税额)　　8 500

同时,结转货物销售成本 40 000 元:

借:主营业务成本　　40 000

贷:库存商品　　40 000

年度申报时,可以按照“主营业务收入”、“主营业务成本”的账面数额,直接填列《收入明细表》(附表一)、《成本费用明细表》(附表二)。对主营业务收入和主营业务成本不需要进行纳税调整。

第二，执行原《企业会计制度》的企业，在实际发放实物时，会计处理如下：

借：应付福利费　　48 500

　贷：库存商品　　40 000

　　应交税费——应交增值税（销项税额）　　8 500

在税务处理上，应确认视同销售收入50 000元，视同销售成本40 000元。在企业所得税年度申报时，首先，将其分别填列到《收入明细表》（附表一）第15行、《成本费用明细表》（附表二）第14行；然后，分别填入《纳税调整项目明细表》（附表三）第2行、第21行，进行相应的纳税调整。

（3）存货投资业务。对此类业务的处理，税法与会计准则没有差异，但与原会计制度有差异。

【例7-8】沿用第二章例2-47资料。某生产企业（一般纳税人）以一批自制产品向A公司投资，占A公司注册资本的5%，并准备长期持有。投出自制产品的实际成本为250万元，售价金额（不含增值税）300万元，增值税税率均为17%。

第一，执行新《企业会计准则》的企业，会计处理如下：

借：长期股权投资　　3 510 000

　贷：主营业务收入　　3 000 000

　　应交税费——应交增值税（销项税额）　　510 000

结转产品销售成本250万元：

借：主营业务成本　　2 500 000

　贷：库存商品　　2 500 000

年度申报时，可以按照“主营业务收入”、“主营业务成本”的账面数额，直接填列《收入明细表》（附表一）、《成本费用明细表》（附表二）。对主营业务收入和主营业务成本不需要进行纳税调整。同时，由于按税法确认的长期股权投资的计税基础与会计确认的投资成本相同，也不需进行备查登记。

第二，执行原《企业会计制度》的企业，账务处理如下：

借：长期股权投资　　3 010 000

　贷：库存商品　　2 500 000

　　应交税费——应交增值税（销项税额）　　510 000

在税务处理上，应确认视同销售收入300万元，视同销售成本250万元。在企业所得税年度申报时，首先，将其分别填列到《收入明细表》（附表一）第15行、《成本费用明细表》（附表二）第14行；然后，分别填入《纳税调整项目明细表》（附表三）第2行、第21行，进行相应的纳税调整。

同时，在企业备查簿中登记：该项长期股权投资的计税基础为351万元，而非会计上确认的初始成本301万元。待企业收回或转让该项投资时，再进行纳税调整。

3)“其他视同销售收入”，是指除上述货物、财产、劳务之外的其他视同销售收入金额。

从上述项目的填列办法可以看出：

(1)执行新会计准则的企业，发生税法所称的视同销售行为，在会计上已作销售处理的，不需要做纳税调整。否则，应做相应的纳税调整。

(2)执行原会计制度的企业，发生税法所称的视同销售行为，因有些业务在会计上不作销售处理的，所以，需要做相应的纳税调整。纳税调整时，将需要调整的视同销售收入和视同销售成本，先分别填列到《收入明细表》(附表一)和《成本费用明细表》(附表二)；然后，分别填入《纳税调整项目明细表》(附表三)的第2行、第21行中。

二、营业外收入的审核调整与申报

营业外收入，是指企业在“营业外收入”科目核算的、与其生产经营没有直接关系的各项收入。

年度申报时，首先，根据“营业外收入”科目有关资料，填列《收入明细表》(附表一)；对税法与会计有差异的项目金额，填列到《纳税调整项目明细表》(附表三)相关栏目；然后据以填列“主表”中“营业外收入”和纳税调整栏目。

(一)固定资产盘盈的审核调整与申报

执行《企业会计制度》的企业，在资产清查中发生的固定资产盘盈数额，在会计上通过“营业外收入”账户核算。年度申报时，根据“营业外收入”账户直接填列《收入明细表》(附表一)。

执行《企业会计准则》的企业，发生的固定资产盘盈，会计上视为以前年度会计差错，通过“以前年度损益调整”科目核算。年度申报时，不填列《收入明细表》(附表一)，而直接填列《纳税调整项目明细表》(附表三)，调增应纳税所得额。

(二)处置固定资产净收益的审核调整与申报

企业处置固定资产取得的净收益，在会计上通过“营业外收入”账户核算。年度申报时，企业根据“营业外收入”账户直接填列《收入明细表》(附表一)。会计上确认的净收益与按税收规定确认的净收益有差异的，将两者差异数填列到《纳税调整项目明细表》(附表三)，进行相应的纳税调整。形成差异的主要原因至少有三点：①初始成本与计税基础存在差异；②折旧方面存在差异；③因计提减值准备而引起差异。

(三)非货币性资产交易收益的审核调整与申报

执行《企业会计制度》的企业,发生非货币性资产交换且换出资产为固定资产、无形资产的,“营业外收入”账户只记载实现的与收到补价相对应的收益额,并非全部净收益。年度申报时,企业将该部分金额直接填列到《收入明细表》(附表一);对于税收与会计的差异数额,填列到《纳税调整项目明细表》(附表三),调增应纳税所得额。

执行《企业会计准则》的企业,发生具有商业实质且换出资产为固定资产、无形资产的非货币性资产交换,按其换出资产公允价值与换出资产账面价值的差额确认非货币性资产交易收益,记入“营业外收入”账户。年度申报时,企业直接将其填列到《收入明细表》(附表一)。对于税收与会计的差异数额,填列到《纳税调整项目明细表》(附表三),调增应纳税所得额。

(四)出售无形资产收益的审核调整与申报

企业因处置无形资产而取得的净收益,在会计上通过“营业外收入”账户核算。年度申报时,企业根据“营业外收入”账户直接填列《收入明细表》(附表一)。会计上确认的净收益与按税收规定确认的净收益有差异的,将两者差异数填列到《纳税调整项目明细表》(附表三),进行相应的纳税调整。形成差异的主要原因至少有三点:①初始成本与计税基础存在差异;②摊销方面存在差异;③因计提减值准备而引起差异。

(五)罚款收入的审核调整与申报

企业在日常经营管理活动中取得的各种罚款收入(违约金收入),在会计上通过“营业外收入”账户核算。年度申报时,企业根据“营业外收入”账户直接填列《收入明细表》(附表一)。

(六)债务重组收益的审核调整与申报

年度申报时,首先,查阅债务重组合同或协议,了解债务重组方式、债务金额和用于偿债的资产种类、品名、数量、公允价值等,以及债务重组合同或协议的生效时间。国家税务总局规定,企业发生债务重组,在债务重组合同或协议生效时确认收入的实现。然后,分别债务重组方式,按照税收规定确认债务重组收益,分析填报《收入明细表》(附表一)或《纳税调整项目明细表》(附表三)。

1. 执行《企业会计准则》的企业

执行《企业会计准则第12号——债务重组》的企业实现的债务重组收益，在会计上通过"营业外收入"账户核算。年度申报时，可以根据"营业外收入"账户直接填列《收入明细表》(附表一)。

【例7-9】甲企业(一般纳税人)欠乙企业购货款700 000元。由于甲企业财务发生困难，短期内不能支付货款。经协商，双方进行债务重组。协议规定：甲企业以自制产品偿还债务，该产品实际成本440 000元，售价(不含增值税，下同)550 000元，增值税税率为17%。甲企业把产品移送给乙企业，并开具增值税专用发票。

甲企业会计处理如下：

借：应付账款——乙企业	700 000
贷：主营业务收入	550 000
应交税费——应交增值税(销项税额)	93 500
营业外收入——债务重组利得	56 500
借：主营业务成本	440 000
贷：库存商品	440 000

在税务处理上，确认销售收入550 000元，销售成本440 000元，债务重组所得56 500元[700 000 - 550 000 × (1 + 17%)]。与会计处理相同，不需做纳税调整。

年度申报时，将销售收入550 000元、销售成本440 000元，分别随"主营业务收入"、"主营业务成本"填入《收入明细表》(附表一)第4行、《成本费用明细表》(附表二)第3行；将债务重组所得56 500元，填入《收入明细表》(附表一)第23行。

2. 执行《企业会计制度》的企业

执行《企业会计制度》企业，由于会计上不确认债务重组所得，故不填列《收入明细表》(附表一)，而直接填列《纳税调整项目明细表》(附表三)，进行纳税调整。

【例7-10】沿用例7-9资料。假如甲企业(债务人)执行原《企业会计制度》，其会计处理如下：

借：应付账款——乙企业	700 000
贷：库存商品	440 000
应交税费——应交增值税(销项税额)	93 500
资本公积——其他资本公积	166 500

在税务处理上，仍应确认销售收入550 000元，销售成本440 000元，债务重组所得56 500元[700 000 - 550 000 × (1 + 17%)]。与上述会计处理结果不同，需要做相应的纳税调整。

年度申报时，将确认的销售收入550 000元、销售成本440 000元，先分别填入《收入明细表》（附表一）第15行、《成本费用明细表》（附表二）第14行；然后，分别填入《纳税调整项目明细表》（附表三）第2行"视同销售收入"、第21行"视同销售成本"栏目；将债务重组所得56 500元填入《纳税调整项目明细表》（附表三）第19行"其他"栏目。

（七）政府补助收入的审核调整与申报

政府补助收入，是指企业从政府无偿取得的货币性资产或非货币性资产。在会计核算上，执行《企业会计制度》的企业，通过"补贴收入"账户核算；执行《企业会计准则》的企业，通过"营业外收入——政府补助"账户或"递延收益"账户核算。年度申报时，企业根据"补贴收入"或者"营业外收入——政府补助"账户资料，填列《收入明细表》（附表一）；对于会计核算与税收规定有差异的项目金额，填列《纳税调整项目明细表》（附表三），进行相应的纳税调整。

1. 政府补助收入的实现时间

会计准则将政府补助分为与资产相关的政府补助和与收益相关的政府补助，分别规定计入损益的时间：与资产相关的政府补助，在取得时不确认当期损益而确认为递延收益，在相关资产使用寿命内平均分配计入损益。与收益相关的政府补助，用于补偿企业以后期间的相关费用或损失的，在取得时也不确认为当期收益而确认为递延收益，在确认相关费用的期间计入损益；用于补偿企业已发生的相关费用或损失的，计入当期损益。

税收上考虑到企业的实际支付能力，规定企业取得的各种应税补贴收入，包括税收返还款，应当在实际收到款项时确认收入实现。年度申报时，执行会计准则的企业，应当将会计上未从"递延收益"科目转入"营业外收入"的金额，填列到《纳税调整项目明细表》（附表三）第11行"确认为递延收益的政府补助"栏目内，调增应纳税所得额。

2. 免税或不征税的政府补助收入

会计上确认的计入损益的政府补助，增加了企业的利润总额。但是，按照税法规定，有些政府补助是不计入应纳税所得额的，所以，在计算纳税时，需要做相应的纳税调整。

财政部、国家税务总局规定，企业从县级以上各级人民政府财政部门及其他部门取得的应计入收入总额的财政性资金（指企业取得的来源于政府及其有关部门的财政补助、补贴、贷款贴息，以及其他各类财政专项资金，包括直接减免的增值税和即征即退、先征后退、先征后返的各种税收，但不包括企业按规定取得的出口退税款），凡同时符合以下三个条件的，可以作为不征税收入，在计算应纳税所得额时从收入总额中减除：

1）企业能够提供规定资金专项用途的资金拨付文件。

2）财政部门或其他拨付资金的政府部门对该资金有专门的资金管理办法或具体管理要求。

3）企业对该资金以及以该资金发生的支出单独进行核算。

企业将符合上述规定条件的财政性资金作不征税收入处理后，在5年（60个月）内未发生支出且未缴回财政或其他拨付资金的政府部门的部分，应当重新计入取得该资金第6年的收入总额；重新计入收入总额的财政性资金发生的支出，允许在计算应纳税所得额时扣除。

年度申报时，企业将免税的政府补助收入填入《税收优惠明细表》（附表五）第5行“其他”栏目；然后，将免税收入、不征税收入分别填入《纳税调整项目明细表》（附表三）第15行“免税收入”、第14行“不征税收入”栏目，调减应纳税所得额。

（八）捐赠收入的审核调整与申报

捐赠收入，是指企业接受的来自其他企业、组织或者个人无偿给予的货币性资产、非货币性资产。接受捐赠收入，按照实际收到捐赠资产的日期确认收入的实现；接受捐赠的非货币性资产，按其公允价值确定收入额。

执行《企业会计制度》的企业，接受捐赠资产时，借记“固定资产”、“原材料”等科目，贷记“待转资产价值”科目。所以，在年度申报时，该类企业对接受捐赠收入不填列《收入明细表》（附表一），而直接填列《纳税调整项目明细表》（附表三）第3行“接受捐赠收入”栏目，调增应纳税所得额。

执行《企业会计准则》的企业，接受捐赠资产时，借记“固定资产”、“原材料”等科目，贷记“营业外收入”科目。所以，在年度申报时，该类企业可以根据“营业外收入”账户直接填列《收入明细表》（附表一），计入收入总额，不填列《纳税调整项目明细表》（附表三）。

另外，对于企业在“营业外收入”账户中核算的、上述未列举的营业外收入，也应填入《收入明细表》（附表一），增加收入总额。如果企业会计处理与税务处理不一致，应将两者差异数据填入《纳税调整项目明细表》（附表三），调增或调减应纳税所得额。

三、公允价值变动损益的审核调整与申报

(一)"公允价值变动损益"账户结构

"公允价值变动损益"账户核算企业交易性金融资产、交易性金融负债,以及采用公允价值模式计量的投资性房地产、衍生工具、套期保值业务等公允价值变动形成的应计入当期损益的利得或损失。指定为以公允价值计量且其变动计入当期损益的金融资产或金融负债公允价值变动形成的应计入当期损益的利得或损失,也在"公允价值变动损益"科目核算。

"公允价值变动损益"账户结构及用途T形账(见表7-6)。

表7-6 公允价值变动损益

借 方	贷 方
(1)交易性金融资产等公允价值低于其账面余额的差额形成的变动损失 (2)交易性金融负债等公允价值高于其账面余额的差额形成的变动损失 (3)采用公允价值计量的投资性房地产,其公允价值低于其账面余额的差额形成的变动收益 (4)处置交易性金融资产时,将原计的公允价值变动收益转为投资收益(借:公允价值变动损益,贷:投资收益) (5)处置交易性金融负债时,将原计的公允价值变动收益转为投资收益(借:公允价值变动损益,贷:投资收益) (6)处置投资性房地产(公允价值模式)时,将该项投资性房地产的公允价值变动收益转入其他业务收入(借:公允价值变动损益,贷:其他业务收入);将该项投资性房地产在转换日记入资本公积的金额转入其他业务收入(借:资本公积——其他资本公积,贷:其他业务收入)	(1)交易性金融资产等公允价值高于其账面余额的差额形成的变动收益 (2)交易性金融负债等公允价值低于其账面余额的差额形成的变动收益 (3)采用公允价值计量的投资性房地产,其公允价值高于其账面余额的差额形成的变动收益 (4)处置交易性金融资产时,将原计的公允价值变动损失转为投资损失(借:投资收益,贷:公允价值变动损益) (5)处置交易性金融负债时,将原计的公允价值变动损失转为投资损失(借:投资收益,贷:公允价值变动损益) (6)处置投资性房地产(公允价值模式)时,将该项投资性房地产的公允价值变动损失冲减其他业务收入(借:其他业务收入,贷:公允价值变动损益)
余额:转入"本年利润"科目的借方(借:本年利润,贷:公允价值变动损益)	余额:转入"本年利润"科目的贷方(借:公允价值变动损益,贷:本年利润)

(二)审核调整与申报

在会计核算上,公允价值变动收益直接影响企业损益总额。但是,在资产或负债没有处置之前,该部分损益并没有实现,所以,在计算企业所得税时,不计入应纳税所得额。

年度纳税申报表"主表"第8行"公允价值变动收益",是指企业按照会计准则规定计入当期损益的资产或负债公允价值变动收益。该项目根据"公允价值变动损益"科目的发生额分析填列,如为损失,以"-"号填列。

纳税调整时,通过填列《以公允价值计量资产纳税调整表》(附表七)进行。该表主要反映以公允价值计量且其变动计入当期损益的金融资产、金融负债以及投资性房地产的公允价值、计税基础以及会计与税收差异。

表中"账载金额(公允价值)",是指企业所有的按照公允价值计量且其变动进入当期损益的金融资产、金融负债以及投资性房地产根据会计准则核算的期初、期末金额。

表中"计税基础",是指企业所有的按照公允价值计量且其变动进入当期损益的金融资产、金融负债以及投资性房地产按照税收规定可以税前扣除的金额。

表中"纳税调整额"=(期末计税基础-期初计税基础)-(期末公允价值-期初公允价值)

当"纳税调整额"为正数时,说明公允价值降低,会计上冲减了利润,应调增应纳税所得额。此时,应将该正数金额填入《纳税调整项目明细表》(附表三)第10行"纳税调增金额"。

当"纳税调整额"为负数时,说明公允价值上升,会计上增加了利润,应调减应纳税所得额。此时,应将该负数的绝对值填入《纳税调整项目明细表》(附表三)第10行"纳税调减金额"。

四、投资收益的审核调整与申报

投资收益,是指企业以各种方式对外投资所取得的收益。从投资区域看,包括境内投资收益和境外投资收益;从投资方式看,包括权益性投资收益和债权性投资收益;从投资收益的实现期间看,包括持有收益和处置收益;从投资资产的类别看,包括交易性金融性资产、持有至到期投资、可供出售金融资产和长期股权投资实现的投资收益。

在年度申报时,不论哪一种投资收益,均应填入《企业所得税年度纳税申报表》(主表),增加或减少利润额。对会计核算与税收规定有差异的项目,需要通过填列附表进行相应的纳税调整。

在投资收益中,国债利息收入和符合条件的居民企业之间的股息、红利等权益性投资收益,免征企业所得税。免税的股息、红利等权益性投资收益,仅指居民企业直接投资于其他居民企业取得的投资收益,不包括连续持有居民企业公开发行并上市流通的股票不足12个月取得的投资收益。

这里，主要介绍长期股权投资的审核调整与申报办法。

（一）采用成本法核算的长期股权投资

成本法，是指投资按成本计价的方法。适用范围包括：①能够对被投资单位实施控制的长期股权投资，即对子公司的投资（一般表现为：直接拥有被投资单位50%以上的表决权资本，或者直接拥有表决权资本在50%或以下，但具有实质控制权）；②对被投资单位不具有控制、共同控制或重大影响，并且在活跃市场中没有报价、公允价值不能可靠计量的权益性投资。

采用成本法核算长期股权投资，在投资成本、投资收益的确认与计量方面，税收与会计准则没有差异。所以，年度申报时，只需对免税收益、减值准备或处置收益做相应的纳税调整，其他项目不需做纳税调整。

（二）采用权益法核算的长期股权投资

权益法是指企业长期股权投资以初始投资成本计量后，在投资持有期间，根据享有被投资企业所有者权益的变动，对投资的账面价值进行调整的方法。权益法适用范围包括：①对合营企业投资；②对联营企业投资。

采用权益法核算的长期股权投资，在其初始计量和后续计量方面，税法与会计准则存在较大差异，需要在年度申报时进行相应的纳税调整。

1.初始投资成本调整的审核分析

按照会计准则规定，长期股权投资的初始投资成本大于投资时应享有被投资单位可辨认净资产公允价值份额的，不调整长期股权投资的初始投资成本。长期股权投资的初始投资成本小于投资时应享有被投资单位可辨认净资产公允价值份额的，其差额计入当期损益（营业外收入），同时调整长期股权投资的成本。

按照税法规定，投资资产的计税基础按照取得投资时的实际货币支出，或者非货币资产的公允价值和相关税费确定。所以，当投资资产的计税基础小于投资时应享有被投资单位可辨认净资产公允价值份额的，其差额不得调整长期股权投资的计税基础，也不能作为收益处理。

【例7-11】甲公司于2010年1月份取得乙公司40%的股权，支付价款8 000万元。取得投资时，乙公司净资产公允价值为22 500万元，甲公司按持股比例40%计算确定的、应享有乙公司可辨认净资产公允价值的份额为9 000万元（22 500×40%）。

甲公司初始投资成本8 000万元，小于应享有乙公司可辨认净资产公允价值份额，两者之差1 000万元作为营业外收入。

借:长期股权投资——投资成本　　90 000 000

　贷:银行存款　　80 000 000

　　营业外收入　　10 000 000

按照税法确认的该项股权投资的计税基础为8 000万元,需要企业做备查登记。甲公司在取得该项投资时确认的营业外收入1 000万元,税法不予认可。在计算缴纳企业所得税时,应在会计利润的基础上调减应纳税所得额1 000万元。

年度申报时,按照下列办法填列年度纳税申报表:

(1)根据"营业外收入"账户,在《收入明细表》(附表一)第26行"其他"栏目填列1 000万元,增加当年利润额。

(2)填列《长期股权投资所得(损失)明细表》(附表十一),在第5列"权益法核算对初始投资成本调整产生的收益"栏目填列1 000万元。

(3)填列《纳税调整项目明细表》(附表三)第6行第4列"调减金额"1 000万元。

2.持有收益的审核分析

1)税法与会计准则存在的主要差异。采用权益法核算的长期股权投资,在持有收益的处理上,税法与会计准则存在的差异主要体现在以下方面:

(1)持有收益实现时间不同。在会计处理上,企业一般是在得知被投资单位净利润信息时确认投资收益,并坚持一贯性原则。税法规定的投资收益实现时间是被投资单位作出利润分配之日,具体地说,以被投资企业股东会或股东大会作出利润分配或转股决定的日期,确定收入的实现。

(2)持有收益计量办法不同。在会计处理上,企业根据被投资单位实现的净利润或经调整的净利润和持股比例计算应享有的份额,确认投资收益,借记"长期股权投资——损益调整"科目,贷记"投资收益"科目;被投资单位宣告发放现金股利或利润时,投资企业按持股比例计算应分得的部分,相应冲减长期股权投资账面价值,借记"应收股利"科目,贷记"长期股权投资——损益调整"科目;收到被投资单位宣告发放的股票股利,不进行账务处理,而在备查簿中登记。但是,根据税法规定确认的投资收益,一般是指企业实际分配的股息、红利,包括股票股利。

(3)投资亏损处理办法不同。会计准则规定,被投资单位发生亏损的,投资企业按持股比例计算应分担的部分,冲减长期股权投资账面价值并确认投资损失。在会计处理上,按照以下顺序处理:

第一,冲减长期股权投资的账面价值,借记"投资收益"科目,贷记"长期股权投资——损益调整"科目。

第二,长期股权投资的账面价值不足以冲减的,以其他实质上构成对被投资单位净投资的长期权益账面价值为限继续确认投资损失，冲减长期应收项目等账面价值，借记“投资收益”科目，贷记“长期应收款”科目。

第三，按照投资合同或协议约定企业仍承担额外义务的，按预计承担的义务确认预计负债，计入当期投资损失，借记“投资收益”科目，贷记“预计负债”科目。

当被投资单位以后期间实现盈利时，企业在扣除未确认的亏损分担额后，按与上述相反的顺序处理：按顺序分别借记“预计负债”、“其他应收款”、“长期股权投资”科目，贷记“投资收益”科目。

另外，在持股比例不变的情况下，被投资单位除净损益以外所有者权益的其他变动，企业按持股比例计算应享有的份额，借记或贷记“长期股权投资——其他权益变动”科目，贷记或借记“资本公积——其他资本公积”科目。处置该项股权投资时，借记或贷记“资本公积——其他资本公积”科目，贷记或借记“投资收益”科目。

但是，根据税法规定，被投资企业发生的经营亏损，由被投资企业按规定结转弥补；投资方企业不得调整减低其投资成本，也不得确认投资损失。被投资企业将股权（票）溢价所形成的资本公积转为股本的，不作为投资方企业的股息、红利收入，投资方企业也不得增加该项长期投资的计税基础。

（4）存在税收优惠待遇。企业实现的持有收益，在会计处理上全额计入利润总额。按照税法规定，除了连续持有居民企业公开发行并上市流通的股票不足12个月取得的投资收益外，直接投资于其他居民企业取得的股息、红利等权益性投资收益，属于免税收入，免征企业所得税。

2）持有收益的确认与纳税调整分析。现举例说明如下：

（1）投资收益的确认与纳税调整：

【例7－12】甲公司持有乙公司30%的股份，并派人参与乙公司的经营决策。甲公司在取得该项投资时，乙公司各项可辨认资产、负债的公允价值与其账面价值相等，双方采用的会计政策及会计期间也相同。2010年，乙公司实现净利润1 600万元；乙公司宣告分派股利1 500万元。

甲公司按照持股比例计算投资收益：1 600×30%＝480（万元）

借：长期股权投资——损益调整　　4 800 000

　贷：投资收益　　4 800 000

分派利润时确认应收股利：1 500×30%＝450（万元）

借：应收股利　　4 500 000

　贷：长期股权投资——损益调整　　4 500 000

收到股利450万元时：

借：银行存款　　4 500 000

贷:应收股利　　　　　　　　　　　　　　　　　　　　　　4 500 000

甲公司税务处理:会计上确认的投资收益480万元,计入利润总额。按照税法规定确认的投资收益为450万元,并且免征企业所得税。纳税调整时,先将会计上确认的投资收益480万元与按税法确认的投资收益450万元的差额30万元,调减应纳税所得额;然后,再将免税收入450万元,调减应纳税所得额。

年度申报时,按照下列办法填列年度纳税申报表:

第一,将"投资收益"账户记载的480万元,填入《企业所得税年度纳税申报表》(主表)第9行"投资收益"栏目,增加当年利润额。

第二,填列《长期股权投资所得(损失)明细表》(附表十一):第7列"会计投资收益"480万元,第8列"税收确认的股息红利"中的"免税收入"450万元,第10列"会计与税收的差异"30万元。

第三,填列《税收优惠明细表》(附表五)第3行"符合条件的居民企业之间的股息、红利等权益性投资收益"450万元。

第四,填列《纳税调整项目明细表》(附表三)第7行"按权益法核算的长期股权投资持有期间的投资损益"中"调减金额"30万元;填列第15行"免税收入"中"调减金额"450万元。

这样,在《纳税调整项目明细表》(附表三)中填列的调减金额共计480万元。

(2)投资损失的确认与纳税调整:

【例7-13】A公司持有B公司40%的股权,能够对B公司施加重大影响。A公司在取得该项投资时,B公司各项可辨认资产、负债的公允价值与其账面价值相等,双方采用的会计政策及会计期间也相同。2010年,因产品市场条件发生变化,B公司亏损400万元。

A公司应确认的投资损失:400×40%=160(万元)

借:投资收益　　　　　　　　　　　　　　　　　　　　1 600 000

　贷:长期股权投资——损益调整　　　　　　　　　　　　1 600 000

在税务处理上,B公司发生的年度亏损,只能由B公司按规定结转弥补。A公司不得冲减长期股权投资成本,也不得确认投资损失。对于会计上确认的投资损失,在年度申报时,应做纳税调增处理。

假如A公司还拥有C公司(合营企业)的长期股权投资,当年会计上确认的从C公司取得的投资收益120万元,税收上确认的投资收益100万元。年末,会计上确认的从B、C两公司取得的"投资收益"合计为-40万元(120-160)。但是,当年按税法规定确认的投资收益仍为100万元,且为免税收入。企业在年度申报时,应在利润总额的基础上,调增应纳税所得额40万元。

填列年度纳税申报表时，可以按照以下办法填列：

(1)将“投资收益”账户记载的-40万元，填入“主表”第9行“投资收益”栏目，冲减当年利润额。

(2)填列《长期股权投资所得(损失)明细表》(附表十一)时，按B,C公司分别填列：第7列“会计投资收益”：-160万元，120万元，合计-40万元；第8列“税收确认的股息红利”中的“免税收入”：0，100万元；第10列“会计与税收的差异”：-140万元。

(3)填列《税收优惠明细表》(附表五)第3行“符合条件的居民企业之间的股息、红利等权益性投资收益”100万元。

(4)填列《纳税调整项目明细表》(附表三)第7行“按权益法核算的长期股权投资持有期间的投资损益”中“调增金额”140万元；填列第15行“免税收入”中“调减金额”100万元。

这样，在《纳税调整项目明细表》(附表三)中填列的调增金额共计40万元。

3. 长期股权投资减值的审核分析

按照会计准则规定，在资产负债表日，长期股权投资发生减值的，按照减记金额，借记“资产减值损失”科目，贷记“长期股权投资减值准备”科目。处置长期股权投资时，同时结转已计提的长期股权投资减值准备。

按照税法规定，企业对长期股权投资计提的减值准备，不得在税前扣除；处置长期股权投资时，因计提减值准备而形成的对处置收益的影响数，税法不予认可。在年度所得税申报时，应当进行相应的纳税调整。

4. 处置长期股权投资的差异分析

会计准则规定，企业出售长期股权投资时，出售所得价款与处置长期股权投资账面价值之间的差额，计入当期损益。在会计处理上，按照实际收到的金额，借记“银行存款”等科目，按其账面余额，贷记“长期股权投资”科目，按尚未领取的现金股利或利润，贷记“应收股利”科目，按其差额，贷记或借记“投资收益”科目。已计提减值准备的，还应同时结转减值准备。对原记入“资本公积”的相关金额，借记或贷记“资本公积——其他资本公积”科目，贷记或借记“投资收益”科目。

按照税法规定，企业转让投资资产所取得的收入，计入收入总额；投资资产的成本，准予扣除。企业转让股权收入，应于转让协议生效且完成股权变更手续时，确认收入的实现。从2010年1月1日起，企业对外进行权益性(股权)投资所发生的损失，在经确认的损失发生年度，作为企业损失在计算企业应纳税所得额时一次性扣除。此前，企业发生的尚未处理的股权投资损失，准予在2010年度一次性扣除。

年度申报时，应当注意以下问题：

1)因投资成本差异而形成的处置收益差异。举例说明如下:

【例7-14】甲公司于2011年8月份将持有的乙公司股权全部出售,所得价款9 500万元;出售时,长期股权投资(成本)为9 000万元。该公司取得投资时,向乙公司支付价款8 000万元;按照当时乙公司净资产公允价值和甲公司的持股比例(40%)计算确定的、应享有乙公司可辨认净资产公允价值的份额为9 000万元,会计上将其作为投资成本入账,两者差额计入当期损益并在当年做了相应的纳税调整。

甲公司出售该项投资时,会计处理为:

借:银行存款	95 000 000
贷:长期股权投资——投资成本	90 000 000
投资收益	5 000 000

按税法确认的股权投资转让所得:9 500-8 000=1 500(万元)

年度申报时,甲公司应在会计利润基础上,调增应纳税所得额1 000万元。

假如甲公司当年仅此一项投资收益,按下列办法填列年度纳税申报表:

(1)将"投资收益"账户记载500万元,填入"主表"第9行"投资收益"栏目,增加当年利润额。

(2)填列《长期股权投资所得(损失)明细表》(附表十一),第11-16列:"投资转让净收入"9 500万元,"投资转让的会计成本"9 000万元,"投资转让的税收成本"8 000万元,"会计上确认的转让所得或损失"500万元,"按税收计算的投资转让所得或损失"1500万元,第16行"会计与税收的差异"-1 000万元(500-1 500)。

(3)填列《纳税调整项目明细表》(附表三)第47行"投资转让、处置所得"中"调增金额"1 000万元。

实际结果是:在会计利润基础上,调增应纳税所得额1 000万元。

2)企业收回股权投资产生的所得或损失。税法规定,投资企业从被投资企业撤回或减少投资,其取得的资产中,相当于初始出资的部分,应确认为投资收回;相当于被投资企业累计未分配利润和累计盈余公积按减少实收资本比例计算的部分,应确认为股息所得;其余部分确认为投资资产转让所得。

【例7-15】甲企业于2011年9月份收回对乙企业的长期股权投资,取得价款1 160万元。收回该项投资时,"长期股权投资——投资成本"账面余额1 000万元,"长期股权投资——损益调整"账户借方余额150万元。该企业当初向乙企业投资时,初始投资成本1 000万元,大于应享有的乙企业所有者权益的份额。

甲企业收回该项投资时,会计处理如下:

借:银行存款	11 600 000
贷:长期股权投资——投资成本	10 000 000

长期股权投资——损益调整 1 500 000

投资收益——投资转让收益 100 000

按照税法规定确认的股息性所得为150万元,且免征企业所得税;投资转让所得10万元(1 160 - 150 - 1 000),应当全额计算缴纳企业所得税。

填报年度纳税申报表时,可以按照下列办法填列:

(1)将"投资收益"账户记载10万元,填入"主表"第9行"投资收益"栏目,增加当年利润额。

(2)填列《长期股权投资所得(损失)明细表》(附表十一):第7~10列:"会计投资收益"0,第8列"税收确认的股息红利"中的"免税收入"150万元,第10列"会计与税收的差异" - 150万元。第11~16列:"投资转让净收入"1 160万元(税收上确认的净收入1 010万元),"投资转让的会计成本"1 150万元,"投资转让的税收成本"1 000万元,"会计上确认的转让所得或损失"10万元,"按税收计算的投资转让所得或损失"10万元,第16行"会计与税收的差异"0。

(3)填列《税收优惠明细表》(附表五)第3行"符合条件的居民企业之间的股息、红利等权益性投资收益"150万元。

(4)填列《纳税调整项目明细表》(附表三),第7行"按权益法核算的长期股权投资持有期间的投资损益"中"调增金额"150万元;第15行"免税收入"中"调减金额"150万元。

这样,在《纳税调整项目明细表》(附表三)中填列的调增、调减金额相抵后金额为0。

3)企业转让股权投资产生的所得或损失。按照税法规定,转让股权收入扣除为取得该股权所发生的成本后,为股权转让所得。企业在计算股权转让所得时,不得扣除被投资企业未分配利润等股东留存收益中按该项股权所可能分配的金额。

【例7 - 16】甲企业于2011年9月份将其持有的A公司的股权转让给B公司,取得价款1 200万元。转让该项投资时,"长期股权投资——投资成本"账面余额1 000万元,"长期股权投资——损益调整"账户借方余额150万元。该企业当初向A公司投资时,初始投资成本1 000万元,大于应享有的A公司所有者权益的份额。

企业转让该项投资时,会计处理如下:

借:银行存款 12 000 000

贷:长期股权投资——投资成本 10 000 000

——损益调整 1 500 000

投资收益——投资转让收益 500 000

按照税法规定确认的股权投资转让所得:1 200 - 1 000 = 200(万元)

年度申报时，应在会计利润基础上，调增应纳税所得额150万元。

填报年度纳税申报表时，可以按照下列办法填列：

(1)将"投资收益"账户记载50万元，填入"主表"第9行"投资收益"栏目，增加当年利润额。

(2)填列《长期股权投资所得(损失)明细表》(附表十一)，第11~16列："投资转让净收入"1 200万元、"投资转让的会计成本"1 150万元，"投资转让的税收成本"1 000万元，"会计上确认的转让所得或损失"50万元，"按税收计算的投资转让所得或损失"200万元，第16行"会计与税收的差异"-150万元(50-200)。

(3)填列《纳税调整项目明细表》(附表三)第47行"投资转让、处置所得"栏目"调增金额"150万元。

实际结果是：在会计利润基础上，调增应纳税所得额150万元。

从例7-15和例7-16的处理结果可以看出，企业从被投资企业收回股权投资和转让股权投资，在会计处理上是一致的，但在税务处理上是有区别的。主要原因是："长期股权投资——损益调整"账户借方余额，属于会计上已作投资收益但尚未分配回来的股利金额，体现在被投资企业的留存收益中。从税收角度看，被投资企业尚未作出利润分配决定的，投资企业的股息所得便没有实现。企业收回股权投资时，收回价款中包含的被投资企业尚未分配的股利，应当确认为股息性所得。但企业转让投资时，由于转让价款是由受让方支付的，而不是由被投资企业支付的，所以，尽管转让价款中也包含了被投资企业尚未分配的股利，但税收上不得将其确认为股息所得。

(三)境外投资所得的审核调整与申报

境外所得，是指企业来自境外的收入总额(包括生产经营所得和其他所得)，扣除按税收规定允许扣除的境外发生的成本费用后的金额。

在填列年度纳税申报表时，按下列办法填列：

(1)将境外所得直接填入"主表"第9行"投资收益"栏目，增加或减少当年利润额。

(2)填列《境外所得税抵扣计算明细表》(附表六)第2列"境外所得"。

(3)将"附表六"第2列"境外所得"合计数，填入《纳税调整项目明细表》(附表三)第12行"境外应税所得"第4列"调减金额"。即在会计利润基础上，调减应纳税所得额，实际上是对境外所得单独进行税务处理。

(4)企业境外投资活动发生损失，一般不得冲减境内机构的盈利。所以，企业境外投资损失冲减本年利润的，除合并、撤销、依法清算外形成的损失，应做纳税调增处理，将其填入《纳税调整项目明细表》(附表三)第13行"不允许扣除的境外投资损失"第3

列“调增金额”，调增应纳税所得额。

境外所得弥补境内亏损、税额抵免等，将在以后说明。

第三节　成本费用的审核调整与申报

一、营业成本的审核调整与申报

营业成本包括主营业务成本和其他业务成本。

（一）主营业务成本的审核调整与申报

主营业务成本，包括销售货物成本、提供劳务成本、让渡资产使用权成本、建造合同成本。

年度申报时，分别与《收入明细表》（附表一）中对应的“销售货物收入”、“提供劳务收入”、“让渡资产使用权收入”、“建造合同收入”的数据配比填列《成本费用明细表》（附表二）。

（二）其他业务成本的审核调整与申报

其他业务成本，包括材料销售成本、代购代销费用、包装物出租成本和其他。

年度申报时，分别与《收入明细表》（附表一）中对应的“材料销售收入”、“代购代销收入”、“包装物出租收入”和“其他”的数据配比填列《成本费用明细表》（附表二）。

（三）视同销售成本的审核调整与申报

视同销售成本，是指企业按税法规定计算的与视同销售收入对应的成本。每一笔被确认为视同销售的经济事项，在确认应税收入的同时，均应确认与此收入相配比的应税成本。

《成本费用明细表》（附表二）所列的视同销售成本，包括“非货币性交易视同销售成本”，“货物、财产、劳务视同销售成本”，“其他视同销售成本”。填报时，分别与《收入明细表》（附表一）“视同销售收入”中的“非货币性交易视同销售收入”，“货物、财产、劳务视同销售收入”，“其他视同销售收入”的数据配比。

在填列年度纳税申报表时，可以按下列办法填列：在填列《收入明细表》（附表一）视同销售收入时，配比填列《成本费用明细表》（附表二）视同销售成本。根据《成本费用明细表》(附表二)中“视同销售成本”数据,直接填入《纳税调整项目》(附表三)第21行“视同销售成本”第4列“调减金额”,调减应纳税所得额。

值得注意的是,会计上未作销售处理而按税法规定应确认的视同销售收入和视同销售成本,不填入“主表”第1行、第2行的“营业收入”、“营业成本”成本中,即“利润总额”不包括该部分内容。该部分内容作为纳税调整项目,调整应纳税所得额。

二、营业外支出的审核调整与申报

营业外支出,是指企业在“营业外支出”科目核算的、与其生产经营没有直接关系的各项支出。年度申报时,可以根据“营业外支出”账户资料填列《成本费用明细表》(附表二)。对于会计核算与税收规定有差异的项目金额,分析填列《纳税调整项目明细表》(附表三),进行相应的纳税调整。

(一)固定资产盘亏的审核调整与申报

企业发生的固定资产盘亏损失,在会计上通过“营业外支出”账户核算。年度申报时,企业根据“营业外支出”账户直接填列《成本费用明细表》(附表二)。会计上确认的盘亏损失与按税收规定确认的盘亏损失有差异的,将两者的差异数额填列《纳税调整项目明细表》(附表三)第42行“财产损失”栏目,进行相应的纳税调整。引起盘亏损失差异的主要原因是:在固定资产的初始计量和后续计量方面,税法与会计准则存在差异。

(二)处置固定资产净损失的审核调整与申报

企业处置固定资产发生的净损失,在会计上通过“营业外支出”账户核算。年度申报时,企业根据“营业外支出”账户直接填列《成本费用明细表》(附表二)。会计上确认的处置净损失与按税收规定确认的处置净损失有差异的,将两者的差异数额填列《纳税调整项目明细表》(附表三)第42行“财产损失”栏目,进行相应的纳税调整。引起处置净损失差异的主要原因是:在固定资产的初始计量和后续计量方面,税法与会计准则存在差异。

(三)出售无形资产损失的审核调整与申报

企业出售无形资产发生的净损失,在会计上通过“营业外支出”账户核算。年度申报时,企业根据“营业外支出”账户直接填列《成本费用明细表》(附表二)。会计上确认的出售损失与按税收规定确认的出售损失有差异的,将两者的差异数额填列《纳税调整项目明细表》(附表三)第42行"财产损失"栏目,进行相应的纳税调整。引起处置出售损失差异的主要原因是:在无形资产的初始计量和后续计量方面,税法与会计准则存在差异。

【例7－17】某企业拥有一项非专利技术,账面余额120万元。按会计准则确定的使用寿命为6年,按税法确定的摊销年限为10年。假如企业在使用5年后,将其转让给C公司,所得价款15万元。此时,无形资产累计摊销账面余额为100万元。5年间,企业对该项无形资产摊销额已做了相应的纳税调整。

(1)会计处理:

借:银行存款	150 000
累计摊销	1 000 000
营业外支出——处置非流动资产损失	50 000
贷:无形资产	1 200 000

(2)税务处理:

按税法确认的无形资产转让收益 = 15 − (120 − 120 ÷ 10 × 5) = −45(万元)

会计上已列作损失5万元,故应调减应纳税所得额40万元。

在填列年度纳税申报表时,按下列办法填列:

(1)将会计上确认的出售损失5万元,填入《成本费用明细表》(附表一)第19行"出售无形资产损失"栏目。

(2)填列《纳税调整项目明细表》(附表三)第42行"财产损失"栏目:"账载金额"5万元,"税收金额"45万元,"调减金额"40万元。

(四)债务重组损失的审核调整与申报

执行《企业会计准则》的企业,发生的债务重组损失,在会计上通过"营业外支出"核算。企业可以根据"营业外支出"账户直接填列《成本费用明细表》(附表二)。

执行《企业会计制度》的企业,在以非货币性资产进行的债务重组中,由于会计上不确认债务重组损失,所以,不需要填报《成本费用明细表》(附表二),而直接填报《纳税调整项目明细表》(附表三),进行相应的纳税调整。

【例7－18】甲公司应收乙公司货款250万元。因乙公司财务发生困难,短期内不能支付货款。经协商,双方签订债务重组协议,同意乙公司以1号库房清偿债务,其余款不再偿还。该库房原值260万元,计提折旧60万元,公允价值220万元。甲公司未对该项应收账款计提坏账准备。(注:印花税税率为0.5‰;契税税率为3%。)

甲公司(债权人)应缴纳的税金:

应交印花税:2 200 000 × 0.5‰ = 1 100(元)

应交契税(税率为3%):2 200 000×3%=66 000(元)

(1)若甲公司执行新《企业会计准则》,按下列办法处理:

借:固定资产	2 267 100
营业外支出——债务重组损失	300 000
贷:应收账款——乙公司	2 500 000
银行存款	67 100

在税务处理上,按税法确认的固定资产计税基础为2 267 100元(2 200 000+1 100+66 000),与会计上确认的初始成本相同。

按税法确认的债务重组损失为300 000元(2 500 000-2 200 000),准予在所得税前扣除。

由此可见,税务处理与会计处理没有差异。所以,在填列年度纳税申报表时,将该项债务重组损失300 000元,直接填入《成本费用明细表》(附表二)第20行即可,不需要进行纳税调整。

(2)若甲公司执行原《企业会计制度》,按下列办法处理:

会计上确认的固定资产价值为2 567 100元,不确认债务重组损失。

借:固定资产	2 567 100
贷:应收账款——乙公司	2 500 000
银行存款	67 100

税务处理如下:

(1)按税法确认的债务重组损失:2 500 000-2 200 000=300 000(元),准予在税前扣除。

(2)按税法确认的固定资产计税基础:2 200 000+1100+66 000=2 267 100(元)。需要作备查登记。在固定资产使用期间,计算扣除折旧额时以2 267 100元为基数,至于按会计准则计算的折旧额大于按税法计算的折旧额的差额,调增应纳税所得额。

在债务重组年度,填列年度纳税申报表时,因会计上不确认债务重组损失,故不需要填列《成本费用明细表》(附表二),而直接将债务重组损失300 000元,填入《纳税调整项目明细表》(附表三)第40行"其他",调减应纳税所得额。

(五)罚款支出的审核调整与申报

企业发生的各项罚款支出,在会计上通过"营业外支出"账户核算。企业可以根据"营业外支出"账户直接填列《成本费用明细表》(附表二)。

值得注意的是,企业支付的罚金、罚款和被没收财物的损失,以及税收滞纳金,不得在税前扣除。但企业因违约,按合同规定支付的违约金、罚款和诉讼费,准予在税前扣除。

年度申报时，首先，将在“营业外支出”账户中核算的全部罚款支出，填入《成本费用明细表》（附表二）。然后，将不得在税前扣除的罚金、罚款和被没收财物的损失，以及税收滞纳金，填列到《纳税调整项目明细表》（附表三），调增应纳税所得额。

（六）非常损失的审核调整与申报

企业发生的非常损失，如因自然灾害、意外事故造成的资产损失等，在会计上通过“营业外支出”账户核算。年度申报时，企业根据“营业外支出”账户直接填列《成本费用明细表》（附表二）。会计上确认的非常损失与按税收规定确认的非常损失有差异的，将两者的差异数额填入《纳税调整项目明细表》（附表三），进行相应的纳税调整。

（七）捐赠支出的审核调整与申报

企业发生的捐赠支出，包括公益性捐赠和非公益性捐赠、直接捐赠，在会计核算上均通过“营业外支出”账户核算。年度申报时，企业根据“营业外支出”账户直接填列《成本费用明细表》（附表二）。会计上确认的捐赠支出与按税收规定确认的准予在税前扣除的捐赠支出有差异的，填入《纳税调整项目明细表》（附表三），进行相应的纳税调整。

年度申报时，应当注意以下问题：

1. 公益性捐赠支出

企业发生的公益性捐赠支出，在年度利润总额 12% 以内的部分，准予在计算应纳税所得额时扣除。年度利润总额，是指企业依照国家统一会计制度的规定计算的年度会计利润。

公益性捐赠，是指企业通过公益性社会团体或者县级以上人民政府及其部门，用于《公益事业捐赠法》规定的公益事业的捐赠。具体范围包括：救助灾害、救济贫困、扶助残疾人等困难的社会群体和个人的活动，教育、科学、文化、卫生、体育事业，环境保护、社会公共设施建设，促进社会发展和进步的其他社会公共和福利事业。

企业发生公益性捐赠应通过具有公益性捐赠税前扣除资格的公益性社会团体和县级以上人民政府及其组成部门或直属机构，并取得合法的公益性捐赠票据；否则，不得在税前扣除。公益性社会团体或县级以上人民政府及其部门对捐赠资产的价值，按以下原则确认：货币性资产捐赠，按照实际捐赠金额计算；非货币性资产捐赠，按其公允价值计算，须由捐赠方（企业）提供注明捐赠非货币性资产公允价值的证明。

【例7-19】某企业本年度“营业外支出”账户记载的捐赠支出600万元，系通过民政局向某贫困山区的捐赠，已取得合法有效的公益性捐赠票据。该年度企业实现利润总额4 800万元。

公益性捐赠扣除限额 = 4 800 × 12% = 576（万元）

应调增应纳税所得额 = 600 - 576 = 24（万元）

在填列年度纳税申报表时，按下列办法填列：

（1）将列入营业外支出的捐赠支出600万元，填入《成本费用明细表》（附表二）第23行“捐赠支出”。

（2）填列《纳税调整项目明细表》（附表三）第28行“捐赠支出”：“账载金额”600万元，“税收金额”576万元，“调增金额”24万元。

2. 非公益性捐赠支出

企业发生的非公益性捐赠支出，包括直接向受赠人的捐赠、各种非广告性质的赞助支出，不得在税前扣除。年度申报时，可将其填列到《纳税调整项目明细表》（附表三）第33行“赞助支出”栏目，调增应纳税所得额。

三、期间费用的审核调整与申报

期间费用，包括销售费用、管理费用和财务费用。

销售费用，是指企业销售商品和材料、提供劳务的过程中发生的费用，包括保险费、包装费、展览费和广告费、商品维修费、预计产品质量保证损失、运输费、装卸费等以及为销售本企业商品而专设的销售机构（含销售网点、售后服务网点等）的职工薪酬、业务费、折旧费等经营费用，以及企业发生的与专设销售机构相关的固定资产修理费用等后续支出。

管理费用，是指企业为组织和管理企业生产经营所发生的费用，包括企业在筹建期间内发生的开办费、董事会和行政管理部门在企业的经营管理中发生的或者应由企业统一负担的公司经费（包括行政管理部门职工工资及福利费、物料消耗、低值易耗品摊销、办公费和差旅费等）、工会经费、董事会费（包括董事会成员津贴、会议费和差旅费等）、聘请中介机构费、咨询费（含顾问费）、诉讼费、业务招待费、房产税、车船税、土地使用税、印花税、技术转让费、矿产资源补偿费、研究费用、排污费等，以及企业生产车间（部门）和行政管理部门等发生的固定资产修理费用等后续支出。

财务费用，是指企业为筹集生产经营所需资金等而发生的筹资费用，包括利息支出（减利息收入）、汇兑损益以及相关的手续费、企业发生的现金折扣或收到的现金折扣等，但不包括企业为购建或生产满足资本化条件的资产发生的应予以资本化的借款费用。

年度申报时，企业可以根据“销售费用”、“管理费用”和“财务费用”账户的数额计算填列《成本费用明细表》（附表二），并据以填列“主表”。对于会计核算与税收规定有差异的项目金额，分析填列《纳税调整项目明细表》（附表三），进行相应的纳税调整。

值得注意的是，企业因确认预计负债形成的费用，如预计产品质量保证损失、预计诉讼支出等，不得在税前扣除；应当予以资本化的费用，不得计入期间费用在税前扣除；应当计入产品成本的费用，不得计入期间费用在税前扣除；准予税前扣除的期间费用，必须取得合法有效的凭据。

这里，主要介绍应当直接计入期间费用的几项费用支出的审核调整与申报方法。

（一）业务招待费支出的审核调整与申报

企业发生的与生产经营活动有关的业务招待费支出，按照发生额的60%扣除，但最高不得超过当年销售（营业）收入的5‰。

当年销售（营业）收入，是指企业根据国家统一会计制度确认的当年主营业务收入、其他业务收入，以及根据税收规定确认的视同销售收入。其金额等于《收入明细表》（附表一）第1行“销售（营业）收入合计”。从事股权投资业务的企业（包括集团公司总部、创业投资企业等）从被投资企业所分配的股息、红利以及股权转让收入，可以按规定的比例计算业务招待费扣除限额。

年度申报时，首先，核实本纳税年度实际发生的业务招待费数额；其次，测算业务招待费税前扣除限额；最后，进行对比分析，对实际发生的业务招待费超过税前扣除限额的部分，调增应纳税所得额。

【例7－20】某企业2010年度主营业务收入7 800万元，其他业务收入200万元；当年实际发生业务招待费30万元。

业务招待费最高扣除额＝（7 800＋200）×5‰＝40（万元）

实际发生额的60%：30×60%＝18（万元）＜40万元

故2010年准予在税前扣除的业务招待费为18万元。

年度申报时，应在会计利润基础上，调增应纳税所得额12万元（30－18）。

填列年度纳税申报表时，直接填列《纳税调整项目明细表》（附表三）第26行“业务招待费支出”：“账载金额”30万元，“税收金额”18万元，“调增金额”12万元。

【例7－21】沿用例7－20资料。假如2010年该企业实际发生业务招待费为70万元。

业务招待费最高扣除额＝（7 800＋200）×5‰＝40（万元）

实际发生额的60%：70×60%＝42（万元）＞40万元

故2010年准予在税前扣除的业务招待费为40万元。

年度申报时,应在会计利润基础上,调增应纳税所得额30万元(70-40)。

填列年度纳税申报表时,直接填列《纳税调整项目明细表》(附表三)第26行"业务招待费支出":"账载金额"70万元,"税收金额"40万元,"调增金额"30万元。

(二)广告费和业务宣传费支出的审核调整与申报

企业发生的符合条件的广告费和业务宣传费支出,除国务院财政、税务主管部门另有规定外,不超过当年销售(营业)收入15%的部分,准予扣除;超过部分,准予在以后纳税年度结转扣除。

当年销售(营业)收入,是指企业根据国家统一会计制度确认的当年主营业务收入、其他业务收入,以及根据税收规定确认的视同销售收入。其金额等于《收入明细表》(附表一)第1行"销售(营业)收入合计",与测算业务招待费的收入基数相同。

自2008年1月1日起至2010年12月31日止,化妆品制造、医药制造和饮料制造(不含酒类制造,下同)企业发生的广告费和业务宣传费支出,不超过当年销售(营业)收入30%的部分,准予扣除;超过部分,准予在以后纳税年度结转扣除。烟草企业的烟草广告费和业务宣传费支出,一律不得在计算应纳税所得额时扣除。

年度申报时,首先,核实本纳税年度实际发生广告费和业务宣传费数额;其次,测算广告费和业务宣传费税前扣除限额;最后,进行对比分析,对实际发生的广告费和业务宣传费超过税前扣除限额的部分,调增应纳税所得额。

填列年度纳税申报表时,首先,填列《广告费和业务宣传费跨年度纳税调整表》(附表八),然后,填列《纳税调整项目明细表》(附表三)。

【例7-22】某机床厂2010年度主营业务收入4 900万元,其他业务收入100万元;实际发生广告费和业务宣传费800万元。

扣除限额=5 000×15%=750(万元)

2010年实际发生额800万元超过税前扣除限额,故准予在税前扣除的金额为750万元。

年度申报时,应在会计利润基础上,调增应纳税所得额50万元(800-750)。超标准的50万元可以结转以后年度扣除。

填列年度纳税申报表时,按下列办法填列:

(1)填列《广告费和业务宣传费跨年度纳税调整表》(附表八)(见表7-7)。

表7-7 广告费和业务宣传费跨年度纳税调整表 单位:万元

行次	项目	金额
1	本年度广告费和业务宣传费支出	800
2	其中:不允许扣除的广告费和业务宣传费支出	0
3	本年度符合条件的广告费和业务宣传费支出(1-2)	800
4	本年计算广告费和业务宣传费扣除限额的销售(营业)收入	5 000
5	税收规定的扣除率	15%
6	本年广告费和业务宣传费扣除限额(4×5)	750
7	本年广告费和业务宣传费支出纳税调整额(3≤6,本行=2行;3>6,本行=1-6)	50
8	本年结转以后年度扣除额(3>6,本行=3-6;3≤6,本行=0)	50
9	加:以前年度累计结转扣除额	0
10	减:本年扣除的以前年度结转额	0
11	累计结转以后年度扣除额(8+9-10)	50

(2)填列《纳税调整项目明细表》(附表三)第27行“广告费和业务宣传费支出”:“调增金额”50万元。

【例7-23】承例7-22资料。假定该厂2011年实现销售收入6 000万元,实际发生广告费和业务宣传费780万元。

扣除限额=6 000×15%=900(万元)

2011年实际发生额780万元和上年结转金额50万元,共计830万元,未超过扣除限额900万元。故2011年可在税前扣除的金额为830万元。

填列年度纳税申报表时,按下列办法填列:

(1)填列《广告费和业务宣传费跨年度纳税调整表》(附表八)(见表7-8)。

表7-8 广告费和业务宣传费跨年度纳税调整表 单位:万元

行次	项目	金额
1	本年度广告费和业务宣传费支出	780
2	其中:不允许扣除的广告费和业务宣传费支出	0
3	本年度符合条件的广告费和业务宣传费支出(1-2)	780
4	本年计算广告费和业务宣传费扣除限额的销售(营业)收入	6 000

续表

行次	项　目	金额
5	税收规定的扣除率	15%
6	本年广告费和业务宣传费扣除限额(4×5)	900
7	本年广告费和业务宣传费支出纳税调整额(3≤6,本行=2行;3>6,本行=1-6)	0
8	本年结转以后年度扣除额(3>6,本行=3-6;3≤6,本行=0)	0
9	加:以前年度累计结转扣除额	50
10	减:本年扣除的以前年度结转额→"附表三"第27行第4列	50
11	累计结转以后年度扣除额(8+9-10)	0

(2)填列《纳税调整项目明细表》(附表三)第27行"广告费和业务宣传费支出":"调减金额"50万元。

(三)利息支出的审核调整与申报

1.税收规定

企业为购置、建造固定资产、无形资产和经过12个月以上的建造才能达到预定可销售状态的存货发生借款的,在有关资产购置、建造期间发生的合理的借款费用,作为资本性支出计入有关资产的成本,并依照实施条例的规定扣除。

企业在生产经营活动中发生的不需要资本化的借款费用,按照以下规定扣除:

1)非金融企业向金融企业借款的利息支出,准予扣除;向非金融企业借款的利息支出,不超过按照金融企业同期同类贷款利率计算的数额的部分,准予扣除。

"同期同类贷款利率"是指在贷款期限、贷款金额、贷款担保以及企业信誉等条件基本相同下,金融企业提供贷款的利率。它既可以是金融企业公布的同期同类平均利率,也可以是金融企业对某些企业提供的实际贷款利率。

2)企业实际支付给关联方的利息支出,同时满足以下两个条件的,准予扣除:①企业接受关联方债权性投资与其权益性投资比例不超过规定比例:金融企业为5∶1,其他企业为2∶1;②利息支出不超过按照金融企业同期同类贷款利率计算的数额的部分。

如果企业能够按照税法及实施条例的有关规定计算并提供相关资料,证明其交易活动符合独立交易原则;或者该企业的实际税负不高于境内关联方,其实际支付给境内关联方的利息支出,在计算应纳税所得额时准予扣除。

3）企业向自然人借款的利息支出，按照下列规定计算扣除：

企业向股东或其他与企业有关联关系的自然人借款而实际发生的利息支出，比照向关联方借款的税务处理办法处理。企业向内部职工或其他人员借款的利息支出，其借款情况同时符合以下条件的，其利息支出在不超过按照金融企业同期同类贷款利率计算的数额的部分，准予扣除：①企业与个人之间的借贷是真实、合法、有效的，并且不具有非法集资目的或其他违反法律、法规的行为；②企业与个人之间签订了借款合同。

4）企业因投资者投资未到位而发生的借款利息支出，按照下列规定处理：

企业因投资者在规定期限内未缴足其应缴资本额而对外借款所发生的利息支出，相当于投资者实缴资本额与在规定期限内应缴资本额的差额应计付的利息，不属于企业合理的支出，由企业投资者负担，不得在计算应纳税所得额时扣除。

在计算不得扣除的借款利息时，以企业一个年度内每一账面实收资本与借款余额保持不变的期间作为一个计算期，每一计算期内不得扣除的借款利息按该期间借款利息发生额乘以该期间企业未缴足的注册资本占借款总额的比例计算。其计算公式为：

企业每一计算期不得扣除的借款利息＝该期间借款利息额×
该期间未缴足注册资本额÷该期间借款额

企业一个年度内不得扣除的借款利息总额为该年度内每一计算期不得扣除的借款利息额之和。

2. 审核调整与申报

年度申报时，首先，核实本年度“财务费用”中记载的上述借款的利息支出。其次，测算可予税前扣除的金额（税收金额）。最后，进行对比分析，如果“账载金额”大于“税收金额”，按差额调增应纳税所得额。根据审核结果，填列《纳税调整项目明细表》（附表三）第29行“利息支出”。

（四）与未实现融资收益相关在当期确认的财务费用

与未实现融资收益相关在当期确认的财务费用，主要是指企业采取延期收款销售商品时，按会计准则规定应收的合同价款与其公允价值之间的差额，分期摊销冲减财务费用的金额。该部分金额，企业可以根据“财务费用”账户及其相关资料进行审核分析，填列《纳税调整项目明细表》（附表三）第36行。

（五）管理费及服务费支出的审核调整与申报

1. 税收规定

1）企业之间支付的管理费、企业内营业机构之间支付的租金和特许权使用费，以及非银行企业内营业机构之间支付的利息，不得扣除。

2)中国境内的子公司支付给境内母公司的管理费,不得在税前扣除。子公司向母公司之间支付的服务费,可以在税前扣除,但须提供母子公司双方签订的服务合同或协议,协议中明确规定母公司提供服务的内容、收费标准及金额等。

2. 审核调整与申报

年度申报时,可以根据期间费用账户及其相关资料,核实企业期间费用中有无不得在税前扣除的费用。若有,将其金额填列到《纳税调整项目明细表》(附表三),调增应纳税所得额。

(六)手续费及佣金支出的审核调整与申报

1. 税收规定

1)企业发生与生产经营有关的手续费及佣金支出,不超过以下规定的计算限额以内的部分,准予扣除;超过部分,不得扣除:

(1)保险企业:财产保险企业,按当年全部保费收入扣除退保金等后余额的15%计算限额;人身保险企业,按当年全部保费收入扣除退保金等后余额的10%计算限额。

(2)其他企业:按与具有合法经营资格中介服务机构或个人(不含交易双方及其雇员、代理人和代表人等)所签订服务协议或合同确认的收入金额的5%计算限额。

2)企业应与具有合法经营资格中介服务企业或个人签订代办协议或合同,并按国家有关规定支付手续费及佣金。

除委托个人代理外,企业以现金等非转账方式支付的手续费及佣金,不得在税前扣除。

企业为发行权益性证券支付给有关证券承销机构的手续费及佣金,不得在税前扣除。

企业已计入固定资产、无形资产等相关资产的手续费及佣金支出,应当通过折旧、摊销等方式分期扣除,不得在发生当期直接扣除。

企业不得将手续费及佣金支出计入回扣、业务提成、返利、进场费等费用,也不得直接冲减服务协议或合同金额。

2. 审核调整与申报

年度申报时,可以根据"销售费用"等账户及相关凭证,尤其是代办合同或协议、当年手续费及佣金计算分配表、手续费及佣金发票等进行核实。对实际发生的不符合税收规定的、会计上已计入损益的手续费及佣金,属于账务处理错误的,可以进行账务调整;属于超过规定标准支付的部分,或者以现金等非转账方式支付给中介服务企业的,应将其填列到《纳税调整项目明细表》(附表三),调增应纳税所得额。

(七)研究开发费的审核调整与申报

企业开发新技术、新产品、新工艺发生的研究开发费用,未形成无形资产计入当期损益的,在按照规定据实扣除的基础上,按照研究开发费用的50%加计扣除;形成无形资产的,按照无形资产成本的150%摊销。

实际操作时,应当注意以下问题:

1. 研究开发项目

企业从事《国家重点支持的高新技术领域》和国家发展改革委员会等部门公布的《当前优先发展的高技术产业化重点领域指南(2007年度)》规定项目的研究开发活动,在一个纳税年度中实际发生的费用支出,允许在计算应纳税所得额时,按照规定实行加计扣除。

2. 研究开发费用

研究开发费用包括以下内容:新产品设计费、新工艺规程制定费以及与研发活动直接相关的技术图书资料费、资料翻译费,从事研发活动直接消耗的材料、燃料和动力费用,在职直接从事研发活动人员的工资、薪金、奖金、津贴、补贴,专门用于研发活动的仪器、设备的折旧费或租赁费,专门用于研发活动的软件、专利权、非专利技术等无形资产的摊销费用,专门用于中间试验和产品试制的模具、工艺装备开发及制造费,勘探开发技术的现场试验费,研发成果的论证、评审、验收费用。

企业未设立专门的研发机构或企业研发机构同时承担生产经营任务的,研发费用和生产经营费用要分开核算,各项费用的计算分摊要准确、合理。

企业共同合作开发的项目,要核实企业自身承担的研发费用金额。企业委托外单位进行开发的研发费用,要取得受托方提供的研发项目费用支出明细。

由集团公司进行集中开发的研究开发项目,实际发生的研究开发费,要按照合理的分摊方法在受益集团成员公司间进行分摊。

3. 加计扣除办法

企业实际发生的研究开发费,在年度中间预缴所得税时,据实计算扣除;在年度终了进行年度所得税汇算清缴申报时,再依照规定加计扣除。

加计扣除时,按照下列规定办理:研发费用计入当期损益未形成无形资产的,允许再按其当年研发费用实际发生额的50%,直接抵扣当年的应纳税所得额;研发费用形成无形资产的,按照该无形资产成本的150%在税前摊销;除法律另有规定外,摊销年限不得低于10年。

4. 年度申报

企业进行年度所得税汇算清缴时,向主管税务机关报送下列资料,申请加计扣除:

自主、委托、合作研究开发项目计划书和研究开发费预算，研究开发专门机构或项目组的编制情况和专业人员名单，研究开发项目当年研究开发费用发生情况归集表，企业总经理办公会或董事会关于研究开发项目立项的决议文件，委托、合作研究开发项目的合同或协议，研究开发项目的效用情况说明、研究成果报告等资料。

【例 7-24】某生产企业自行研究开发一项新技术，在研究开发过程中发生材料费4 000万元、人工费1 000万元、其他费用3 000万元，总计8 000万元，其中符合资本化条件的支出为4 800万元。本年12月1日，该项新技术达到可供使用状态并开始摊销，摊销年限10年。

1）本年度税务处理分析：

（1）计入当期损益的研究开发费用3 200万元，准予在税前据实扣除。

同时，加计扣除：3 200×50%=1 600（万元）

在计算纳税时，应在会计利润基础上调减应纳税所得额1 600万元。

（2）本年会计上计算的无形资产摊销额40万元（4 800÷10÷12），准予在税前扣除。

按照税法规定，准予在税前扣除的摊销额：4 800×150%÷10÷12=60（万元）

在计算纳税时，应在会计利润基础上调减应纳税所得额20万元。

2）次年，会计上计提的摊销额为480万元（4 800÷10），按税法规定准予在税前扣除的摊销额为720万元（4 800×150%÷10）。所以，在计算应纳税所得额时，应在会计利润基础上调减应纳税所得额240万元（720-480）。以此类推，直至无形资产摊销完毕。

四、其他成本费用的审核调整与申报

（一）工资薪金支出的审核调整与申报

企业发生的合理的工资薪金支出，准予在税前扣除。工资薪金，是指企业每一纳税年度支付给在本企业任职或者受雇的员工的所有现金形式或者非现金形式的劳动报酬，包括基本工资、奖金、津贴、补贴、年终加薪、加班工资，以及与员工任职或者受雇有关的其他支出。

1. 工资薪金合理性的判定标准

合理的工资薪金，是指企业按照股东大会、董事会、薪酬委员会或相关管理机构制定的工资薪金制度，实际发放给员工的工资薪金。

对工资薪金进行合理性确认时，按照以下原则掌握：

1）企业制定了较为规范的员工工资薪金制度。

2)企业所制订的工资薪金制度符合行业及地区水平。

3)企业在一定时期所发放的工资薪金是相对固定的,工资薪金的调整是有序进行的。

4)企业对实际发放的工资薪金,已依法履行了代扣代缴个人所得税义务。

5)有关工资薪金的安排,不以减少或逃避税款为目的。

2. 审核调整与申报

首先,查阅职工名册、劳动用工合同等,核实在企业任职或受雇的职工人数;通过"生产成本"、"制造费用"、"管理费用"、"销售费用"等账户,对照"应付职工薪酬——工资"明细账、工资结算单、职工薪酬明细表等资料,核实企业实际发生的工资薪金总额。其次,按照税法规定确认合理的工资薪金支出额。最后,进行对比分析,对实际发生的不合理的工资薪金支出,填列《纳税调整项目明细表》(附表三)第22行,调增应纳税所得额。

(二)三项费用支出的审核调整与申报

1. 职工福利费支出

企业发生的职工福利费支出,不超过工资薪金总额14%的部分,准予在税前扣除。

1)职工福利费,包括以下内容:

(1)尚未实行分离办社会职能的企业,其内设福利部门所发生的设备、设施和人员费用,包括职工食堂、职工浴室、理发室、医务所、托儿所、疗养院等集体福利部门的设备、设施及维修保养费用;福利部门工作人员的工资薪金、社会保险费、住房公积金、劳务费等;

(2)为职工卫生保健、生活、住房、交通等所发放的各项补贴和非货币性福利,包括企业向职工发放的因公外地就医费用、未实行医疗统筹企业职工医疗费用、职工供养直系亲属医疗补贴、供暖费补贴、职工防暑降温费、职工困难补贴、救济费、职工食堂经费补贴、职工交通补贴等。

(3)按照其他规定发生的其他职工福利费,包括丧葬补助费、抚恤费、安家费、探亲假路费等。

2)年度申报时,可以从以下方面进行:

首先,通过"生产成本"、"制造费用"、"管理费用"、"销售费用"等账户,对照"应付职工薪酬——职工福利"、"应付职工薪酬——非货币性福利"明细账、职工福利发放表、职工薪酬明细表等资料,核实企业实际发生的职工福利费金额。

其次,测算职工福利费支出扣除限额。

$$扣除限额 = 工资薪金总额 \times 14\%$$

公式中“工资薪金总额”,是指企业按照税收规定实际发放的工资薪金总和,不包括企业的职工福利费、职工教育经费、工会经费以及养老保险费、医疗保险费、失业保险费、工伤保险费、生育保险费等社会保险费和住房公积金。属于国有性质的企业,其工资薪金不得超过政府有关部门给予的限定数额;超过部分,不得计入工资薪金总额,也不得在计算应纳税所得额时扣除。

最后,将本年度职工福利费实际发生额与扣除限额相比较。若实际发生额小于扣除限额,按照实际发生额扣除。若实际发生额大于扣除限额,按照限额扣除;超过扣除限额的部分,填列到《纳税调整项目明细表》(附表三)第23行,调增应纳税所得额。

值得注意的是,企业2008年以前按照规定计提但尚未使用的职工福利费余额,2008年及以后年度发生的职工福利费,首先冲减上述的职工福利费余额,不足部分按新税法规定扣除;仍有余额的,继续留在以后年度使用。企业2008年以前节余的职工福利费,已在税前扣除,属于职工权益,如果改变用途的,应调增应纳税所得额。

2. 职工教育经费支出

除国务院财政、税务主管部门另有规定外,企业发生的职工教育经费支出,不超过工资薪金总额2.5%的部分,准予在税前扣除;超过部分,准予在以后纳税年度结转扣除。软件生产企业和集成电路设计企业的职工培训费用,可按实际发生额在计算应纳税所得额时扣除。

自2010年7月1日起至2013年12月31日,在北京、天津、上海、重庆、大连、深圳、广州、武汉、哈尔滨、成都、南京、西安、济南、杭州、合肥、南昌、长沙、大庆、苏州、无锡、厦门等21个中国服务外包示范城市(简称示范城市),经认定的技术先进型服务企业发生的职工教育经费支出,不超过工资薪金总额8%的部分,准予在税前扣除;超过部分,准予在以后纳税年度结转扣除。

年度申报时,可以从以下方面进行:

1)通过“生产成本”、“制造费用”、“管理费用”、“销售费用”等账户,对照“应付职工薪酬——职工教育经费”明细账、职工薪酬明细表、培训费发票或收据等资料,核实企业实际发生的职工教育经费金额。

2)测算职工教育经费扣除限额。

扣除限额 = 工资薪金总额 × 规定比例

公式中“工资薪金总额”与测算职工福利费扣除限额所依据“工资薪金总额”相同。

3)将本年度职工教育经费实际发生额与扣除限额相比较,若实际发生额小于扣除限额,按照实际发生额扣除。若实际发生额大于扣除限额,按照限额扣除;超过扣除限额的部分,填列到《纳税调整项目明细表》(附表三)第24行,调增应纳税所得额,但可以结转以后年度扣除。

值得注意的是,企业在2008年以前已经计提但尚未使用的职工教育经费余额,2008年及以后新发生的职工教育经费,先从余额中冲减。仍有余额的,留在以后年度继续使用。

3. 工会经费支出

企业拨缴的工会经费,不超过工资薪金总额2%的部分,准予在税前扣除。

计算工会经费所依据的"工资薪金总额"与测算职工福利费扣除限额所依据的"工资薪金总额"相同。

年度申报时,首先,核实本年度实际发生的计入成本费用的工会经费;然后,测算工会经费扣除限额(须有工会专用凭据);若实际发生的工会经费超过扣除限额,将超过部分,填列到《纳税调整项目明细表》(附表三)第25行,调增应纳税所得额。

目前,企业缴纳的工会经费大都由地方税务局负责代征,一般不会发生超标准扣除问题。

(三)社会保障性支出的审核调整与申报

1. 住房公积金

企业依照国务院有关主管部门或者省级人民政府规定的范围和标准为职工缴纳的住房公积金,准予在税前扣除。

年度申报时,首先,通过"生产成本"、"制造费用"、"管理费用"、"销售费用"等账户,对照"应付职工薪酬——住房公积金"明细账、职工薪酬明细表、住房公积金缴款收据等资料,核实企业实际为职工缴纳的住房公积金(不含个人缴款部分,下同)。然后,按照国务院有关主管部门或者省政府的规定,确认准予在税前扣除的住房公积金。如果企业实际为职工缴纳的住房公积金超过规定范围和标准,将超过的部分,填列到《纳税调整项目明细表》(附表三)第30行,调增应纳税所得额。

2. 基本社会保险费

企业依照国务院有关主管部门或者省级人民政府规定的范围和标准为职工缴纳的基本养老保险费、基本医疗保险费、失业保险费、工伤保险费、生育保险费等基本社会保险费,准予在税前扣除。

年度申报时,首先,通过"生产成本"、"制造费用"、"管理费用"、"销售费用"等账户,对照"应付职工薪酬——社会保险费"明细账、职工薪酬明细表、社会保险费缴款凭据等资料，核实企业实际为职工缴纳的基本社会保险费（不含个人缴费部分，下同）。然后，按照国务院有关主管部门或者省政府的规定，确认准予在税前扣除的基本社会保险费。如果企业实际为职工缴纳的基本社会保险费超过规定范围和标准，将超过的部分，填列到《纳税调整项目明细表》（附表三）第 34 行，调增应纳税所得额。

值得注意的是，对会计核算上未列入当期费用，按税法规定允许当期扣除的金额，应当调减应纳税所得额。

3. 补充养老保险和补充医疗保险

企业根据国家有关政策规定，为在本企业任职或者受雇的全体员工支付的补充养老保险费、补充医疗保险费，分别在不超过职工工资总额 5% 标准内的部分，在计算应纳税所得额时准予扣除；超过的部分，不予扣除。

年度申报时，可以从以下方面进行：

1）通过“生产成本”、“制造费用”、“管理费用”、“销售费用”等账户，对照“应付职工薪酬——企业年金”明细账、“应付职工薪酬——补充医疗保险”明细账、职工薪酬明细表、企业年金和补充医疗保险缴款凭据等资料，核实企业实际为全体员工缴纳的补充养老保险费和补充医疗保险费（不含个人缴费部分，下同）。

2）测算补充养老保险费和补充医疗保险费扣除限额。

补充养老保险费扣除限额 = 合理的工资薪金总额 × 5%

补充医疗保险费扣除限额 = 合理的工资薪金总额 × 5%

3）如果企业实际为全体员工缴纳的补充养老保险费和补充医疗保险费小于扣除限额，按照实际缴费额扣除；大于扣除限额的，按照限额扣除，超过扣除限额的部分，填列到《纳税调整项目明细表》（附表三）第 35 行，调增应纳税所得额。

值得注意的是，对会计核算上未列入当期费用，按税法规定允许当期扣除的金额，应当调减应纳税所得额。

4. 其他社会保险费

除企业依照国家有关规定为特殊工种职工支付的人身安全保险费和国务院财政、税务主管部门规定可以扣除的其他商业保险费外，企业为投资者或者职工支付的商业保险费，不得在税前扣除。

年度申报时，如果企业本年度发生了不得在税前扣除的社会保险费，应将其填列到《纳税调整项目明细表》（附表三），调增应纳税所得额。

（四）固定资产折旧的审核调整与申报

影响固定资产折旧的因素，主要包括固定资产原值、折旧范围、折旧方法、折旧年限、预计净残值等。这些因素,税法与会计准则有着不同的规定,致使计税折旧额与会计折旧额之间存在着差异,年度申报时,需要进行相应的纳税调整。

1. 固定资产初始计量的差异分析

在固定资产初始计量上,税法与会计准则的差异主要体现在以下三个方面:

1)超过正常信用条件购入的固定资产,在初始计量上存在差异。企业购入固定资产,其购买价款超过正常信用条件延期支付,实质上具有融资性质的,会计上以其购买价款的现值为基础确定入账价值;实际支付价款与购买价款现值之间的差额,计入未确认融资费用,在信用期间,采用实际利率法分期摊销。

税法规定,外购的固定资产,以购买价款和支付的相关税费以及直接归属于使该资产达到预定用途发生的其他支出为计税基础。

实务中,企业取得固定资产时,对其入账价值与计税基础之间的差异,无需进行调整,只需作备查登记。但是,对于两者的差异所引起的以下方面的差异,需要进行相应的纳税调整:

(1)在折旧期间,会计上按固定资产入账价值为基础计提折旧,税收上按固定资产计税基础计算折旧,会计折旧额与计税折旧额的差额,需要进行相应的纳税调整。

(2)在信用期间,会计上对未确认融资费用,按实际利率法计算分摊的计入当期损益的金额,税法不予认可,应当调增应纳税所得额。

(3)在处置固定资产时,因固定资产入账价值与其计税基础、会计折旧额与计税折旧额之间存在差异,导致固定资产的账面价值与税收上确认的净值存在差异,由此造成了会计上确认的处置收益与税收上确认的处置收益不一致,需要在处置年度进行相应的纳税调整。

2)融资租入固定资产,在初始计量上存在差异。会计准则规定,融资租入固定资产,以租赁开始日租赁资产的公允价值与最低租赁付款额的现值两者中较低者,作为入账价值;将最低租赁付款额作为长期应付款的入账价值,并将两者的差额确认为未确认融资费用。承租人在租赁谈判和签订租赁合同过程中发生的、可归属于租赁合同的手续费、律师费、差旅费、印花税等初始直接费用,计入租入资产价值。

税法规定,融资租入的固定资产,以租赁合同约定的付款总额和承租人在签订租赁合同过程中发生的相关费用为计税基础;租赁合同未约定付款总额的,以该资产的公允价值和承租人在签订租赁合同过程中发生的相关费用为计税基础。

对融资租入固定资产在初始计量上存在的差异,其处理办法与超过正常信用条件购入固定资产的处理办法相同。

【例7-25】甲公司于2009年12月31日以融资租赁方式从乙公司租入一套管理

设备，该套设备公允价值4 230 000元，合同规定租赁期为5年，每年年末支付租赁费1 000 000元；租赁期满后，设备归甲公司所有。已知出租人内含利率6%。甲公司采取直线法计提折旧，折旧年限为10年，预计无残值。

甲公司会计处理：

最低租赁付款额现值：1 000 000×(*P/A*,6%,5)=4 212 400元。

因最低租赁付款额现值小于设备公允价值，故租赁设备入账价值为4 212 400元。

最低租赁付款额：1 000 000×5=5 000 000元。

未确认融资费用：5 000 0000－4 212 400=787 600元。

5年间，按照实际利率法计算分摊的利息费用分别为252 744元、207 909元、160 383元、110 006元、56 558元，合计787 600元。

(1)2009年12月31日(租赁开始日)的账务处理：

借：固定资产——融资租入固定资产　　4 212 400

　　未确认融资费用　　787 600

　贷：长期应付款——应付融资租赁费　　5 000 000

(2)2010年12月31日，支付租赁费1 000 000元：

借：长期应付款——应付融资租赁费　　1 000 000

　贷：银行存款　　1 000 000

计提折旧(为简化计算，假定按年计提)：4 212 400÷10=421 240元。

借：管理费用　　421 240

　贷：累计折旧　　421 240

分摊未确认融资费用252 744元：

借：财务费用　　252 744

　贷：未确认融资费用　　252 744

(3)第2~5年，比照2010年12月份的处理办法进行会计处理；租赁期满时，将融资租入固定资产转为自有固定资产。第6~10年，只需进行折旧的会计处理。

甲公司税务处理分析：

(1)2009年12月31日，公司在取得该项固定资产时，按税法确定的固定资产计税基础为5 000 000元。公司应当做备查登记。以后10年间，按5 000 000元为基数计算计税折旧额。

(2)2010年计税折旧额：5 000 000÷10=500 000元。

2010年度纳税调整：因会计折旧额小于计税折旧额，故在会计利润基础上，调减应纳税所得额78 760元(500 000－421 240)。同时，会计上计算分摊的未确认融资费用252 744元，税法不予认可，故在会计利润基础上，调增应纳税所得额

252 744 元。

2010 年度，在会计利润基础上，共调增应纳税所得额 173 984 元（252 744 - 78 760）。

（3）假如 10 年间该套设备一直在使用，则第 2～5 年，对折旧费用，每年在会计利润基础上，调减应纳税所得额 78 760 元；同时，对分摊的未确认融资费用，分别调增应纳税所得额 207 909 元、160 383 元、110 006 元、56 558 元。第 6～10 年，仅对折旧费用，每年在会计利润基础上，调减应纳税所得额 78 760 元。

3）特定行业固定资产，在初始计量上存在差异。对特定行业的固定资产，会计准则还考虑预计弃置费用因素。弃置费用，通常是指根据国家法律和行政法规、国际公约等规定，企业应当承担的环境保护和生态恢复等义务所确定的支出，如核电站设施的弃置和环境恢复义务等。企业根据或有事项会计准则的规定，按照现值计算确定应计入固定资产成本的金额和相应的预计负债。

在税务处理上，因或有事项确认的预计负债，因尚未实际发生，不应当计入固定资产的计税基础。

2. 固定资产折旧范围的差异分析

会计准则规定，除已提足折旧仍继续使用的固定资产等外，企业所有固定资产都应当计提折旧。税法规定，对房屋建筑物以外未投入使用的固定资产、与经营活动无关的固定资产不得计提折旧。

比如，对未使用的机器设备，会计上可以按期计提折旧：借记"管理费用"科目，贷记"累计折旧"科目。但是，按照税法规定，该项折旧额不得在税前扣除，应当调增应纳税所得额。

3. 固定资产折旧方法的差异分析

会计准则要求企业根据固定资产所包含的经济利益预期实现方式，合理选择固定资产折旧方法，包括年限平均法、工作量法、双倍余额递减法和年数总和法等。

税法规定，固定资产折旧采用直线法（也称平均法）。只有税法列举的符合优惠条件的固定资产，才允许采用加速折旧办法。

1）企业拥有并用于生产经营的主要或关键的固定资产，由于以下原因确需加速折旧的，可以缩短折旧年限或者采取加速折旧的方法：①由于技术进步，产品更新换代较快的；②常年处于强震动、高腐蚀状态的。

2）采取缩短折旧年限方法的，对其购置的新固定资产，最低折旧年限不得低于《企业所得税法实施条例》规定的折旧年限的 60%；若为购置已使用过的固定资产，其最低折旧年限不得低于《企业所得税法实施条例》规定的最低折旧年限减去已使用年限后剩余年限的 60%。最低折旧年限一经确定，一般不得变更。缩短折旧年限的固定资产，足额计提折旧后继续使用而未进行处置（包括报废等情形）超过12个月的，今后对其更新替代、改造改建后形成的功能相同或者类似的固定资产，不得再采取缩短折旧年限的方法。

采取加速折旧方法的，可以采用双倍余额递减法或者年数总和法。加速折旧方法一经确定，一般不得变更。

3）企业采取缩短折旧年限或加速折旧方法的，应在取得该固定资产后一个月内，向其企业所得税主管税务机关备案。适用总机构汇总纳税的企业，对其所属分支机构使用的符合规定条件的固定资产采取缩短折旧年限或加速折旧方法的，由总机构向其所在地主管税务机关备案。

由此可见，企业拥有的固定资产，属于税法规定准予采取加速折旧办法的，企业在按规定备案后，会计上可以采取缩短折旧年限或加速折旧方法计算折旧费用，并在税前扣除。不属于税法规定采取加速折旧办法的，如果企业在会计上采取了加速折旧办法，在年度所得税申报时，则需要进行相应的纳税调整。

【例7－26】甲公司持有的某项器具原值1 200 000元，预计使用寿命5年，预计净残值率4%。甲公司采用双倍余额递减法计算折旧，但根据税法规定，该类固定资产不得采取加速折旧方法。

按照会计准则计算的会计折旧额与按照税法规定计算的计税折旧额见表7－9。

表7－9　会计折旧额与计税折旧额对比表（不同折旧方法）　　单位：元

折旧额	第1年	第2年	第3年	第4年	第5年	合计
会计	480 000	288 000	172 800	105 600	105 600	1 152 000
税收	230 400	230 400	230 400	230 400	230 400	1 152 000
差额	249 600	57 600	－57 600	－124 800	－124 800	0

甲公司在会计利润基础上调整计算应纳税所得额时，第1年和第2年，应分别调增应纳税所得额249 600元和57 600元；第3年调减应纳税所得额57 600元；第4年和第5年，应分别调减应纳所得额124 800元。

填列年度纳税申报表时，先填列《资产折旧、摊销纳税调整明细表》（附表九）；再填列《纳税调整项目明细表》（附表三）第43行“固定资产折旧”。

4. 固定资产折旧年限的差异分析

会计准则要求企业根据固定资产的性质和使用情况，合理确定固定资产的使用寿命，按照使用寿命分期计算折旧。

税法对每类固定资产都规定了最低折旧年限，这是确定计税折旧时不得突破的折旧年限的底线。具体规定是：房屋、建筑物，为20年；飞机、火车、轮船、机器、机械和其他生产设备，为10年；与生产经营活动有关的器具、工具、家具等，为5年；飞机、火车、轮船以外的运输工具，为4年；电子设备，为3年。集成电路生产企业的生产性设备，经主管税务机关核准，折旧年限可以适当缩短，最短可为3年。

如果会计上确定的折旧年限短于税法规定的最低折旧年限，由此而形成的会计折旧额与计税折旧额的差额，需要在年度申报时进行相应的纳税调整。

5. 固定资产预计净残值的差异分析

税法借鉴了会计准则，没有硬性规定固定资产净残值比例，而是赋予企业相应的自主权：由企业根据固定资产的性质和使用情况，合理确定固定资产的预计净残值。预计净残值一经确定，不得变更。

会计准则也有“预计净残值一经确定，不得随意变更”的规定，但要求企业至少于每年年终对固定资产的预计净残值进行复核，如果净残值预计数与原先估计数有差异的，就要对预计净残值进行调整。同时，对固定资产使用寿命和折旧方法也要求如此。

如果企业在年终复核后，对固定资产使用寿命、预计净残值和折旧方法作了调整，以后期间会计折旧额与计税折旧额之间必然存在差异，需要进行相应的纳税调整。

6. 固定资产减值准备的差异分析

会计准则规定，在会计期末，固定资产应当按照账面价值与可收回金额孰低原则计量。资产负债表日，固定资产发生减值的，按减记的金额，借记“资产减值损失”科目，贷记“固定资产减值准备”科目。固定资产减值损失一经确认，在以后会计期间不得转回。

资产减值损失确认后，减值资产的折旧，应当在未来期间作相应调整，使该资产在剩余使用寿命内，系统地分摊调整后的资产账面价值（扣除预计净残值）。

税法规定，不符合国务院财政、税务主管部门规定的各项资产减值准备、风险准备等准备金支出，不得在税前扣除。企业持有各项资产期间资产增值或者减值，除国务院财政、税务主管部门规定可以确认损益外，不得调整该项资产的计税基础。

实务中，如果企业对固定资产计提了减值准备，在年度所得税申报时，应当注意以下问题：

1）当年计提的固定资产减值准备，应当按规定调增应纳税所得额。

2）固定资产计提减值准备后，会影响以后期间会计折旧额，由此而形成的与计税折旧额之间的差异,应当在相应年度进行纳税调整。

3)在处置固定资产时,对因计提减值准备而形成的处置收益的差异,应当在处置年度进行相应的纳税调整。

7.固定资产折旧的审核与申报

年度申报时,需要综合考虑税法与会计准则在折旧基数、折旧范围、折旧方法、折旧年限,以及预计净残值的差异及纳税调整问题。

1)通过"固定资产"明细账及相关凭证(主要是发票)、"固定资产卡片"、备查登记簿,核实固定资产计税基础;同时,核实固定资产使用情况。

2)通过"累计折旧"账户及其对应的"制造费用"、"管理费用"、"销售费用"、"其他业务成本"、"研发支出"等账户,及"固定资产折旧计算表",核实会计折旧额和计税折旧额。

操作时,应当注意以下问题:

(1)折旧基数,包括会计折旧基数和计税折旧基数。

(2)折旧范围,包括会计折旧范围和计税折旧范围。

(3)折旧方法。对不符合加速折旧条件,或虽符合加速折旧条件但未向主管税务机关备案的固定资产,在税收上不能采取加速折旧办法,仍需按照直线法计提折旧。

(4)折旧年限。逐项核实每类固定资产的折旧年限,看其是否短于税法规定的最低折旧年限。对短于税法规定最低折旧年限的,在计算计税折旧额时,按照税法规定的最低折旧年限计算。

(5)预计净残值。主要核实企业在新税法实施后确定的固定资产预计净残值,是否有变动情况,以及变动的幅度。预计净残值发生变动的,税法不予认可,在计算计税折旧额时,仍按原先确定的预计净残值计算。

(6)固定资产减值准备。对于计提减值准备的固定资产,在计算计税折旧额时,仍按计提减值准备前的基数计算。

3)填列《资产折旧、摊销纳税调整明细表》(附表九),对于会计折旧额与计税折旧额的差异,填列《纳税调整项目明细表》(附表三),进行相应的纳税调整。一般情况是:对会计折旧额大于计税折旧额的差额,调增应纳税所得额;对会计折旧额小于计税折旧额的差额,调减应纳税所得额。

(五)无形资产摊销的审核调整与申报

1.无形资产初始计量的差异分析

在无形资产的初始计量上,税法与会计准则基本相同。但是,对超过正常信用条件购入的无形资产的初始计量,税法与会计准则存在差异。

根据会计准则规定,购买无形资产的价款超过正常信用条件延期支付,实质上具有融资性质的,无形资产入账价值以购买价款的现值为基础确定。实际支付的价款与购买价款的现值之间的差额,符合资本化条件的,应当予以资本化;除此之外,在信用期间内采用实际利率法进行摊销,计入当期损益。

税法规定,外购的无形资产,以购买价款和支付的相关税费以及直接归属于使该资产达到预定用途发生的其他支出为计税基础。

实务中,企业取得无形资产时,其入账价值与计税基础之间的差异,无需进行调整,只需作备查登记。但是,对于两者的差异所引起的以下方面的差异,需要进行相应的纳税调整:

1)在摊销期间,会计上按无形资产入账价值计提摊销,税收上按无形资产计税基础计算摊销,会计摊销额与计税摊销额的差额,需要进行相应的纳税调整。

2)在信用期间,会计上对未确认融资费用,按实际利率法计算摊销的计入当期损益的金额,税法不予认可,应当调增应纳税所得额。

3)处置无形资产时,因无形资产入账价值与计税基础、会计摊销额与计税摊销额之间存在差异,必然导致无形资产摊余成本存在差异,由此导致了处置收益存在差异,需要在处置年度进行相应的纳税调整。

2. 无形资产摊销范围的差异分析

会计准则将无形资产区分为使用寿命有限的无形资产和使用寿命不确定的无形资产。对使用寿命有限的无形资产,在使用寿命内摊销;对使用寿命不确定的无形资产不摊销,而于期末进行减值测试,确认减值损失。

税法没有将无形资产区分为这两类,只是规定无形资产按照直线法计算的摊销费用准予扣除。另外,税法规定,自创商誉(会计上不确认为无形资产)和与经营活动无关的无形资产,不得摊销。外购商誉的支出,在企业整体转让或清算时,准予扣除。

如果企业对无形资产计提了减值准备,或者有计入损益的与经营活动无关的无形资产摊销额,应当调增应纳税所得额。

3. 无形资产摊销期限、摊销方法的差异分析

税法对无形资产的最低摊销年限作了明确限定:无形资产的摊销年限不得低于10年;作为投资或受让的无形资产,有关法律规定或合同约定了使用年限的,可按照规定或约定的使用年限分期摊销。会计准则没有对每项无形资产规定具体的摊销期限,而是由企业根据无形资产的法定寿命和经济寿命合理确定其使用寿命,按照确定的使用寿命摊销,直到不再作为无形资产确认时为止。

税法规定无形资产采取直线法摊销,而会计准则要求企业根据无形资产的消耗方式确定摊销方法,无法可靠确定消耗方式的,采用直线法摊销。

如果企业会计上确定的无形资产使用寿命短于税法规定的摊销年限,或者企业采用其他方法对无形资产计提摊销,应当对会计摊销额与计税摊销额之间的差异,进行相应的纳税调整。

【例7-27】甲公司于2010年1月1日购进一项非专利技术的所有权,支付价款及相关税费共计120万元。该公司综合各种因素,确定其使用寿命为6年。2010年会计摊销额为20万元(120÷6)。

根据税法规定,法律或合同没有规定使用年限的,摊销年限不得低于10年。2010年计税摊销额为12万元(120÷10),所以,该公司在计算2010年度企业所得税时,应在会计利润基础上,调增应纳税所得额8万元(20-12)。

4.无形资产减值准备的差异分析

会计准则规定,在会计期末,使用寿命有限的无形资产发生减值的,应当确认资产减值损失并计提相应的资产减值准备。确认减值损失后,减值资产的摊销费用应在未来期间作相应调整。

根据税法规定,企业计提的无形资产减值准备,不得在计算应纳税所得额时扣除。企业持有无形资产期间,发生资产减值,不得调整该项资产的计税基础。

实务中,如果企业对无形资产计提了减值准备,在年度所得税申报时,应当注意以下问题:

1)当年计提的无形资产减值准备,应当按规定调增应纳税所得额。

2)无形资产计提减值准备后,会影响以后期间会计摊销额,由此而形成的与计税摊销额之间的差异,需要在相应年度进行纳税调整。

3)在处置无形资产时,对因计提减值准备而形成的处置收益的差异,应在处置年度进行相应的纳税调整。

5.无形资产摊销的审核与申报

年度申报时,需要综合考虑税法与会计准则在摊销基数、摊销范围、摊销方法、摊销年限,以及预计净残值的差异及纳税调整问题。

1)通过“无形资产”明细账及相关凭证、备查登记簿,核实无形资产的计税基础和使用情况。

2)通过“累计摊销”账户及其对应的“制造费用”、“管理费用”、“其他业务成本”,以及“研发支出”等账户,以及“无形资产摊销计算表”,核实会计摊销额和计税摊销额。操作时,应当注意以下问题:

(1)摊销基数,包括会计摊销基数和计税摊销基数。

(2)摊销范围,包括会计摊销范围和计税摊销范围。

(3)摊销方法。对企业没有采用直线法而采取其他摊销方法的,在计算计税摊销时，按照直线法计算。

(4)摊销期限。核实每项无形资产的摊销年限。对短于税法规定最低摊销年限的，在计算计税摊销额时，按照税法规定的最低摊销年限计算。

(5)无形资产减值准备。对于计提减值准备的无形资产，在计算计税摊销额时，仍按计提减值准备前的基数计算。

3)填列《资产折旧、摊销纳税调整明细表》(附表九)；对于会计摊销额额与计税摊销额的差异，填列《纳税调整项目明细表》(附表三)，进行相应的纳税调整。一般情况是：对会计摊销额大于计税摊销额的差额，调增应纳税所得额；对会计摊销额小于计税摊销额的差额，调减应纳税所得额。

(六)长期待摊费用的审核调整与申报

年度申报时，首先，通过"长期待摊费用"账户、"长期待摊费用分摊计算表"，以及"其他业务成本"、"管理费用"、"销售费用"等账户，核实长期待摊费用的归集和分摊情况；然后，对已计入当期损益但不符合税法规定的项目金额，进行相应的纳税调整。

操作时，应当注意以下内容：

1. 已足额提取折旧的固定资产的改建支出

改建支出，是指改变房屋或者建筑物结构、延长使用年限等发生的支出。对已足额提取折旧的固定资产的改建支出，按照固定资产预计尚可使用年限分期摊销。

2. 租入固定资产的改建支出

对租入固定资产的改建支出，按照合同约定的剩余租赁期限分期摊销。

3. 固定资产的大修理支出

固定资产的大修理支出是指同时符合下列条件的支出：

1)修理支出达到取得固定资产时的计税基础50%以上。

2)修理后固定资产的使用年限延长2年以上。

固定资产的大修理支出，按照固定资产尚可使用年限分期摊销。

4. 其他长期待摊费用支出

其他长期待摊费用支出，自支出发生月份的次月起，分期摊销，摊销年限不得低于3年。

企业在筹建期间发生的开办费，税法没有明确规定列作长期待摊费用，企业可以在开始经营之日的当年一次性扣除，也可以按照税法有关长期待摊费用的规定处理，但一经选定，不得改变。

其中，与筹办活动有关的业务招待费支出，可按实际发生额的60%计入开办费；发生的广告费和业务宣传费，可按实际发生额计入开办费，并按上述规定在税前扣除。

（七）不征税收入用于支出的审核调整与申报

企业的不征税收入用于支出所形成的费用，不得在税前扣除；企业的不征税收入用于支出所形成的资产，不得在税前扣除其折旧额或摊销额。

年度申报时，首先确认企业有无不征税收入。若有不征税收入，再核实其使用去向和金额。如果企业已将不征税收入调减了应纳税所得额，而支出却直接或间接计入成本费用中，应将其已计入成本费用的金额，填列到《纳税调整项目明细表》（附表三），调增应纳税所得额。

（八）与取得收入无关支出的审核调整与申报

企业发生的与取得收入无关的支出，不得在计算应纳税所得额时扣除。年度申报时，如果企业成本、费用、损失中有此类支出，应将其填列到《纳税调整项目明细表》（附表三），调增应纳税所得额。

第四节　调减应税所得的优惠项目申报

企业进行年度申报时，对调减应纳税所得额的税收优惠项目，首先，分析填报《税收优惠明细表》（附表五）；然后，分析填报《纳税调整项目明细表》（附表三），进行相应的纳税调整。

一、免税收入的审核与申报

（一）国债利息收入

企业持有国务院财政部门发行的国债取得的利息收入，免征企业所得税。

在会计核算上，企业取得的国债利息收入，通过“投资收益”账户核算。年度申报时，可以根据“投资收益”账户，分析填报《税收优惠明细表》（附表五）第2行。

国债利息收入，按照下列规定确认：

（1）国债利息收入，以国债发行时约定应付利息的日期，确认利息收入的实现。企业转让国债，在国债转让收入确认时确认利息收入的实现。

（2）企业在国债到期前转让国债，或者从非发行者投资购买的国债，其持有期间尚未兑付的国债利息收入，按照以下公式计算确定：

国债利息收入 = 国债金额 ×（适用年利率 ÷ 365）× 持有天数

公式中的"国债金额"，按照国债发行面值或发行价格确定；"适用年利率"按照国债票面年利率或折合年收益率确定；如企业不同时间多次购买同一品种国债，"持有天数"可以按照平均持有天数计算确定。

企业从发行者直接投资购买的国债持有至到期，从发行者取得的国债利息收入，全额免征企业所得税。企业在到期前转让国债，或者从非发行者投资购买的国债，按上述公式计算的国债利息收入，免征企业所得税。

（二）符合条件的居民企业之间的股息、红利等权益性投资收益

免税的符合条件的居民企业之间的股息、红利等权益性投资收益，是指居民企业直接投资于其他居民企业取得的投资收益，但不包括连续持有居民企业公开发行并上市流通的股票不足12个月取得的投资收益。

在会计核算上，企业取得的权益性投资收益，通过"投资收益"账户核算。年度申报时，可以根据"投资收益"账户和《长期股权投资所得（损失）明细表》（附表十一），分析填报《税收优惠明细表》（附表五）第3行。

（三）符合条件的非营利组织的收入

符合条件的非营利组织的收入，免征企业所得税。该部分由非营利组织填报《税收优惠明细表》（附表五）第4行。

（四）其他免税收入

其他免税收入是指国务院根据授权规定的免税收入。年度申报时，可以根据"营业外收入"等科目分析填报《税收优惠明细表》（附表五）第5行。

企业将上述免税收入填列到《税收优惠明细表》（附表五）后，将其合计数填入《纳税调整项目明细表》（附表三）第15行"免税收入"，调减应纳税所得额。同时，填入"主表"第17行。

值得注意的是，将免税收入调减应纳税所得额的前提是，企业已将免税收入计入利润总额。在此基础上，才能调减应纳税所得额。

二、减计收入的审核与申报

企业以《资源综合利用企业所得税优惠目录》规定的资源作为主要原材料，生产国家非限制和非禁止并符合国家和行业相关标准的产品取得的收入，减按90%计入收入总额。

值得注意的是，企业同时从事其他项目而取得的非资源综合利用收入，应与资源综

合利用收入分开核算，没有分开核算的，不得享受优惠政策。企业从事不符合实施条例和《资源综合利用企业所得税优惠目录》规定范围、条件和技术标准的项目，不得享受资源综合利用企业所得税优惠政策。

年度申报时，先将按照政策规定减计10%收入的部分，填入《税收优惠明细表》（附表五）第7行；再填入《纳税调整项目明细表》（附表三）第16行"减计收入"，调减应纳税所得额。同时，填入"主表"第18行。

另外，自2009年1月1日起至2013年12月31日，对金融机构农户小额贷款的利息收入，保险公司为种植业、养殖业提供保险业务取得的保费收入，在计算应纳税所得额时，减按90%计入收入总额。年度申报时，可以比照上述办法处理。

三、加计扣除的审核与申报

研究开发费加计扣除额的申报，已在前面介绍过。这里，主要介绍残疾人员工资加计扣除额的申报。

（一）税收政策

企业安置残疾人员就业的，实际支付给残疾职工的工资，可以在据实扣除的基础上，按照实际支付额的100%加计扣除。企业预缴申报时，可以据实扣除其支付给残疾职工的工资；年终汇算清缴时，再依照规定计算加计扣除。

企业享受安置残疾职工工资100%加计扣除，应同时具备以下条件：

（1）依法与安置的每位残疾人签订了1年以上（含1年）的劳动合同或服务协议，并且安置的每位残疾人在企业实际上岗工作。

（2）为安置的每位残疾人按月足额缴纳了企业所在区县人民政府根据国家政策规定的基本养老保险、基本医疗保险、失业保险和工伤保险等社会保险。

（3）定期通过银行等金融机构向安置的每位残疾人实际支付了不低于企业所在区县适用的经省级人民政府批准的最低工资标准的工资。

（4）具备安置残疾人上岗工作的基本设施。

（二）年度申报

年度申报时，首先，向主管税务机关报送相关资料，包括已安置残疾职工名单及其《残疾人证》或《残疾军人证（1至8级）》复印件和主管税务机关要求提供的其他资料，办理享受加计扣除优惠的备案手续。其次，根据"应付职工薪酬"、"银行存款"等账户及相关凭证，核实企业实际发放给残疾人员的工资薪金数额。最后，填列《税收优惠明细表》（附表五）、《纳税调整项目明细表》（附表三），调减应纳税所得额。

四、抵扣应纳税所得额的审核与申报

创业投资企业采取股权投资方式投资于未上市的中小高新技术企业（通过高新技术企业认定，职工人数不超过500人，年销售（营业）额不超过2亿元，资产总额不超过2亿元）2年以上的，可以按照其投资额的70%在股权持有满2年的当年抵扣该创业投资企业的应纳税所得额；当年不足抵扣的，可以在以后纳税年度结转抵扣。

【例7-28】某创业投资公司于2008年2月向某未上市的小型高新技术企业投资，投资额500万元，两年后，可抵扣应纳税所得额350万元（500×70%）。

（1）假如2010年该创业投资公司实现应纳税所得额200万元，则抵扣后的应纳税所得额为0；尚未抵扣的投资额为150万元（350-200）。

（2）假如2011年该创业投资公司实现应纳税所得额230万元，抵扣后的应纳税所得额为80万元（230-150）。

两年共抵扣应纳税所得额350万元。如果未抵扣完，可以结转以后年度抵扣，直至扣完为止。

创业投资企业在申请享受投资抵扣应纳税所得额的年度，首先，向主管税务机关办理备案手续。然后，根据“长期股权投资”账户及相关资料，将可从该年度应纳税所得额中抵扣的投资额，填入《税收优惠明细表》（附表五）第39行；再填入《纳税调整项目明细表》（附表三）第18行“抵扣应纳税所得额”，调减应纳税所得额。同时，填入“主表”第21行。

五、减免税项目所得的审核与申报

（一）免税所得

企业从事下列项目的所得，免征企业所得税：蔬菜、谷物、薯类、油料、豆类、棉花、麻类、糖料、水果、坚果的种植，农作物新品种的选育，中药材的种植，林木的培育和种植，牲畜、家禽的饲养，林产品的采集，灌溉、农产品初加工、兽医、农技推广、农机作业和维修等农、林、牧、渔服务业项目，远洋捕捞。

年度申报时，可将上述项目的所得填入《税收优惠明细表》（附表五）第15行“免税所得”。

（二）减税所得

企业从事下列项目的所得，减半征收企业所得税：花卉、茶以及其他饮料作物和香料作物的种植，海水养殖、内陆养殖。

年度申报时，可将上述项目所得的50%填入《税收优惠明细表》(附表五)第25行“减税所得”。

(三)从事国家重点扶持的公共基础设施项目投资经营的所得

国家重点扶持的公共基础设施项目，是指《公共基础设施项目企业所得税优惠目录》规定的港口码头、机场、铁路、公路、城市公共交通、电力、水利等项目。

企业从事国家重点扶持的公共基础设施项目的投资经营的所得，自项目取得第一笔生产经营收入所属纳税年度起，第1年至第3年免征企业所得税，第4年至第6年减半征收企业所得税。上述享受减免税优惠的项目，在减免税期限内转让的，受让方自受让之日起，可以在剩余期限内享受规定的减免税优惠；减免税期限届满后转让的，受让方不得就该项目重复享受减免税优惠。

值得注意的是，享受税收优惠的投资经营所得，必须是符合《公共基础设施项目企业所得税优惠目录》内规定的条件、技术标准和国家投资管理规定，且于2008年1月1日后经批准的公共基础设施项目的投资经营所得。第一笔生产经营收入，是指公共基础设施项目已建成并投入运营后所取得的第一笔收入。企业同时从事不在目录范围内的项目取得的所得，应与享受优惠的公共基础设施项目所得分开核算，并合理分摊期间费用；没有分开核算的，不得享受上述优惠政策。企业承包经营、承包建设和内部自建自用公共基础设施项目，不得享受上述税收优惠。

年度申报时，首先，按照规定计算出免征、减征的所得额：免税期间，免征的所得额为享受优惠项目的应纳税所得额；减半征税期间，减征的所得额为享受优惠项目应纳税所得额的50%；然后，将免征或减征的所得额，填入《税收优惠明细表》(附表五)第29行“从事国家重点扶持的公共基础设施项目投资经营的所得”。

(四)从事符合条件的环境保护、节能节水项目的所得

符合条件的环境保护、节能节水项目，包括公共污水处理、公共垃圾处理、沼气综合开发利用、节能减排技术改造、海水淡化等。

企业从事符合条件的环境保护、节能节水项目的所得，自项目取得第一笔生产经营收入所属纳税年度起，第1年至第3年免征企业所得税，第4年至第6年减半征收企业所得税。上述享受减免税优惠的项目，在减免税期限内转让的，受让方自受让之日起，可以在剩余期限内享受规定的减免税优惠；减免税期限届满后转让的，受让方不得就该项目重复享受减免税优惠。

年度申报时，首先，按照规定计算出免征、减征的所得额：免税期间，免征的所得额为享受优惠项目的应纳税所得额；减半征税期间，减征的所得额为享受优惠项目应纳税

所得额的50%；然后，将免征或减征的所得额，填入《税收优惠明细表》(附表五)第30行“从事符合条件的环境保护、节能节水项目的所得”。

(五)符合条件的技术转让所得

一个纳税年度内，居民企业技术转让所得不超过500万元的部分，免征企业所得税；超过500万元的部分，减半征收企业所得税。

执行中，应当注意以下问题：

第一，享受所得税优惠的技术转让，应当符合以下条件：

(1)技术转让的主体是企业所得税法规定的居民企业。

(2)技术转让的范围，包括转让专利技术、计算机软件著作权、集成电路布图设计权、植物新品种、生物医药新品种，以及财政部和国家税务总局确定的其他技术。其中：专利技术，是指法律授予独占权的发明、实用新型和非简单改变产品图案的外观设计。

技术转让，是指居民企业转让其拥有的上述规定范围内的技术的所有权，或者5年以上(含5年)全球独占许可使用权的行为。

(3)技术转让应当签订技术转让合同。其中，境内的技术转让须经省级以上(含省级)科技部门认定登记；跨境的技术转让须经省级以上(含省级)商务部门认定登记；涉及财政经费支持产生技术的转让，需经省级以上(含省级)科技部门审批。

居民企业技术出口，由有关部门按照商务部、科技部发布的《中国禁止出口限制出口技术目录》进行审查。居民企业取得禁止出口和限制出口技术转让所得，不享受技术转让减免企业所得税的优惠政策。

居民企业从直接或间接持有股权之和达到100%的关联方取得的技术转让所得，不享受技术转让减免企业所得税的优惠政策。

第二，符合条件的技术转让所得，按照以下方法计算：

$$技术转让所得=技术转让收入-技术转让成本-相关税费$$

技术转让收入，是指当事人履行技术转让合同后获得的价款，不包括销售或转让设备、仪器、零部件、原材料等非技术性收入。不属于与技术转让项目密不可分的技术咨询、技术服务、技术培训等收入，不得计入技术转让收入。

技术转让成本，是指转让的无形资产的净值，即该无形资产的计税基础减除在资产使用期间按照规定计算的摊销扣除额后的余额。

相关税费，是指技术转让过程中实际发生的有关税费，包括除企业所得税和允许抵扣的增值税以外的各项税金及其附加、合同签订费用、律师费等相关费用及其他支出。

第三，享受所得税优惠的企业，应单独计算技术转让所得，并合理分摊企业的期间费用；没有单独计算的，不得享受技术转让所得减免税优惠。

第四，企业发生技术转让，应在纳税年度终了后至报送年度纳税申报表以前，向主管税务机关办理减免税备案手续。

企业发生境内技术转让，向主管税务机关备案时，报送以下资料：技术转让合同（副本），省级以上科技部门出具的技术合同登记证明，技术转让所得归集、分摊、计算的相关资料，实际缴纳相关税费的证明资料，主管税务机关要求提供的其他资料。

企业向境外转让技术，向主管税务机关备案时，报送以下资料：技术出口合同（副本），省级以上商务部门出具的技术出口合同登记证书或技术出口许可证，技术出口合同数据表，技术转让所得归集、分摊、计算的相关资料，实际缴纳相关税费的证明资料，主管税务机关要求提供的其他资料。

填列年度纳税申报表时，首先，按照规定计算出免征、减征的所得额。比如，某公司技术转让所得600万元，按照税法规定，其中：500万元免征所得税，100万元减半征收所得税；实际上免税所得550万元。然后，将其填入《税收优惠明细表》（附表五）第31行“符合条件的技术转让所得”。

（六）其他减免税所得额

其他减免税所得，是指国务院根据税法授权规定的其他减免所得。

1.税收优惠政策

执行时，注意把握以下优惠政策：

1）在2007年3月16日以前登记设立的企业，原享受企业所得税“两免三减半”、“五免五减半”等定期减免税优惠的，继续按原税收法律、行政法规及相关文件规定的优惠办法及年限享受至期满为止，但因未获利而尚未享受税收优惠的，优惠期限从2008年度起计算。

2）西部地区2010年12月31日前新办的、根据《财政部、国家税务总局、海关总署关于西部大开发税收优惠政策问题的通知》（财税〔2001〕202号）第二条第三款规定可以享受企业所得税“两免三减半”优惠的交通、电力、水利、邮政、广播电视企业，其享受的企业所得税“两免三减半”优惠可以继续享受到期满为止。

西部地区包括：重庆、四川、贵州、云南、西藏、陕西、甘肃、宁夏、青海、新疆、内蒙古和广西。湖南省湘西土家族苗族自治州、湖北省恩施土家族苗族自治州、吉林省延边朝鲜族自治州，可以比照西部地区的税收政策执行。

3）我国境内新办符合条件的软件生产企业、集成电路设计企业，以及生产线宽小于0.8微米（含）集成电路产品的生产企业，经认定后，在2017年12月31日前自获利年度起，第1年和第2年免征企业所得税，第3年至第5年按照25%的法定税率减半征收企业所得税，并享受至期满为止。

投资额超过80亿元人民币或集成电路线宽小于0.25微米的集成电路生产企业，经营期在15年以上的，经认定后，在2017年12月31日前自获利年度起计算优惠期，第1年至第5年免征企业所得税，第6年至第10年按照25%的法定税率减半征收企业所得税，并享受至期满为止。

自2009年1月1日起，经认定的动漫企业自主开发、生产动漫产品，可申请享受国家现行鼓励软件产业发展的所得税优惠政策。

4）对证券投资基金从证券市场中取得的收入，包括买卖股票、债券的差价收入，股权的股息、红利收入，债券的利息收入及其他收入，暂不征收企业所得税。对投资者从证券投资基金分配中取得的收入，暂不征收企业所得税。对证券投资基金管理人运用基金买卖股票、债券的差价收入，暂不征收企业所得税。

5）经营性文化事业单位（指从事新闻出版、广播影视和文化艺术的事业单位）转制为企业，自转制注册之日起免征企业所得税。执行期限为2009年1月1日至2013年12月31日。

6）自2010年1月1日至2020年12月31日，在新疆困难地区新办的属于《新疆困难地区重点鼓励发展产业企业所得税优惠目录》（简称《目录》）范围内的企业，自取得第一笔生产经营收入所属纳税年度起，第1年至第2年免征企业所得税，第3年至第5年减半征收企业所得税。

新疆困难地区，包括南疆三地州、其他国家扶贫开发重点县和边境县市。属于《目录》范围内的企业，是指以《目录》中规定的产业项目为主营业务，其主营业务收入占企业收入总额70%以上的企业。第一笔生产经营收入，是指新疆困难地区重点鼓励发展产业项目已建成并投入运营后所取得的第一笔收入。在减半征税期内，按照法定税率25%计算的应纳税额减半征收。

7）自2011年1月1日至2011年12月31日，对年应纳税所得额低于3万元（含3万元）的小型微利企业，其所得减按50%计入应纳税所得额，按20%的税率缴纳企业所得税。该项优惠政策曾在2010年度实行过。为巩固和扩大应对国际金融危机冲击的成果，发挥小企业在促进经济发展、增加就业等方面的积极作用，经国务院批准，2011年继续实施该项优惠政策。

2. 年度申报

年度申报时，享受其他减免税优惠的企业，首先，按照税收规定计算出免征、减征的所得额；然后，将其填入《税收优惠明细表》（附表五）第32行“其他”。

值得注意的是，企业将上述“减免税项目所得”填列到《税收优惠明细表》（附表五）后，将其合计数填入《纳税调整项目明细表》（附表三）第17行“减、免税项目所得”，调减应纳税所得额；同时，填入“主表”第19行。

第五节　企业所得税的计算与申报

一、应纳税所得额的计算与申报

前已述及，“主表”上的应纳税所得额，是在会计利润基础上按照税法规定调整计算出来的。

应纳税所得额（主表25行）=利润总额（主表13行）+纳税调整增加额（主表14行）-纳税调整减少额（主表15行）+境外应税所得弥补境内亏损（主表22行）-弥补以前年度亏损（主表24行）

（一）利润总额

“主表”中的利润总额，其数据直接来源于利润表。执行《企业会计制度》的企业，利润总额数据是按照“主表”要求对企业利润表进行调整得出的。

（二）纳税调整增加额

“主表”中的纳税调整增加额，其数据直接来源于《纳税调整项目明细表》《附表三》“调增金额”合计数。“主表”与《纳税调整项目明细表》《附表三》的逻辑关系是：

“主表”第14行“纳税调整增加额”=《纳税调整项目明细表》（附表三）第55行“调增金额”合计数

（三）纳税调整减少额

“主表”中的纳税调整减少额，其数据直接来源于《纳税调整项目明细表》《附表三》“调减金额”合计数。“主表”与《纳税调整项目明细表》《附表三》的逻辑关系是：

“主表”第15行“纳税调整减少额”=《纳税调整项目明细表》（附表三）第55行“调减金额”合计数

（四）境外应税所得弥补境内亏损

1. 基本要求

1）当“利润总额+纳税调整增加额-纳税调整减少额”<0时，可用境外应税所得弥补亏损。“主表”第22行填报境外应税所得用于弥补境内亏损的部分，但最大不得超过当年全部境外应税所得。

2）当“利润总额+纳税调整增加额-纳税调整减少额”≥0时：若以前年度无亏损额，“主表”22行填0；若以前年度有亏损额，可以弥补以前年度亏损，此时主

表22行填境外应税所得弥补以前年度亏损额，但最大不得超过当年全部境外应税所得。

2. 计算程序

分析填列《境外所得税抵免计算明细表》(附表六)第1至7列。

1)将企业来自境外的税后所得金额，分别国家或地区，填入本表第2列“境外所得”栏内。

2)将境外所得换算成包含在境外缴纳企业所得税以及按照我国税收规定计算的所得，填入本表第3列“境外所得换算含税所得”栏内。

3)如果企业有以前年度尚未弥补的境外亏损，可用当年境外所得弥补以前年度境外亏损。将弥补额填入本表第4列“弥补以前年度亏损”栏内。

4)当年境外所得中有免税所得的，可以从境外所得中扣除，填入本表第5列“免税所得”。

5)计算弥补境内亏损前的境外应纳税所得额，填入本表第6列“弥补亏损前境外应税所得额”栏内。

弥补境内亏损前的境外应税所得额 = 第3列“境外所得换算含税所得” - 第4列“弥补以前年度亏损” - 第5列“免税所得”

6)弥补境内亏损。将境外应纳税所得按税收规定弥补境内亏损额，填入本表第7列“可弥补境内亏损”栏内。

(五)弥补以前年度亏损

如果企业以前年度有境内亏损(5年内)，可用当年实现的应纳税所得额弥补。弥补顺序是：先用境外应税所得弥补，再用当年境内应纳税所得弥补。

企业用境内应纳税所得弥补境内以前年度亏损时，先填列《企业所得税弥补亏损明细表》(附表四)；然后，根据该明细表第6行第10列“本年度实际弥补的以前年度亏损额”，填列“主表”第24行“弥补以前年度亏损”栏目。但是，当年境内应税所得弥补亏损的数额，不得超过“主表”第23行“纳税调整后所得”(利润总额 + 纳税调整增加额 - 纳税调整减少额 + 境外应税所得弥补境内亏损)，即不超过当年实现的应纳税所得。

二、应纳税额的计算与申报

实际应纳所得税额(主表33行) = 应纳税所得额(主表25行) × 税率(25%) - 减免所得税额(主表28行) - 抵免所得税额(主表29行) + 境外所得应纳所得税额(主表31行) - 境外所得抵免所得税额(主表32行)

（一）减免所得税额

1. 符合条件的小型微利企业，减按20%的税率征收企业所得税

符合条件的小型微利企业是指从事国家非限制和非禁止行业，并符合下列条件的企业：

1）工业企业，年度应纳税所得额不超过30万元，从业人数不超过100人，资产总额不超过3 000万元。

2）其他企业，年度应纳税所得额不超过30万元，从业人数不超过80人，资产总额不超过1 000万元。

这里所称从业人数，是指与企业建立劳动关系的职工人数和企业接受的劳务派遣用工人数之和。从业人数和资产总额指标，按企业全年月平均值确定，具体计算公式如下：

月平均值＝（月初值＋月末值）÷2

全年月平均值＝全年各月平均值之和÷12

企业年度中间开业或者终止经营活动的，以其实际经营期作为一个纳税年度确定上述相关指标。

符合规定条件的小型微利企业，在进行年度申报时，应将其享受优惠税率减免的企业所得税额，填入《税收优惠明细表》（附表五）第34行。

减免的企业所得税额＝应纳税所得额×（25%－20%）

2. 国家需要重点扶持的高新技术企业，减按15%的税率征收企业所得税

高新技术企业，是指在《国家重点支持的高新技术领域》内，持续进行研究开发与技术成果转化，形成企业核心自主知识产权，并以此为基础开展经营活动，在中国境内（不包括港、澳、台地区）注册1年以上的居民企业。

享受税收优惠的高新技术企业必须满足《科技部、财政部、国家税务总局关于高新技术企业认定管理办法》规定的条件。通过认定机构（由省级科技行政管理部门同本级财政、税务部门组成的认定管理机构）认定后，取得“高新技术企业证书”。取得证书后，按照规定到主管税务机关办理减免税手续。高新技术企业资格自颁发证书之日起有效期为3年。在期满前3个月内，企业可以提出复审申请；不提出复审申请或复审不合格的，其高新技术企业资格到期自动失效。

符合优惠条件的高新技术企业，在进行年度申报时，将其享受减免的企业所得税额，填入《税收优惠明细表》（附表五）第35行。

减免的企业所得税额＝应纳税所得额×（25%－15%）

3. 民族自治地方的企业减免的企业所得税额

民族自治地方（依照《中华人民共和国民族区域自治法》实行民族区域自治的自治区、自治州、自治县）的自治机关对本民族自治地方的企业应缴纳的企业所得税中属于

地方分享的部分,可以决定减征或者免征。自治州、自治县决定减征或者免征的,须报省、自治区、直辖市人民政府批准。但是,对民族自治地方内国家限制和禁止行业的企业,不得减征或免征企业所得税。

民族自治地方的企业在进行年度纳税申报时,将其享受减征或免征的属于地方分享的企业所得税税额,填入《税收优惠明细表》(附表五)第36行。

4. 执行过渡期优惠政策减免的企业所得税额

比如,在2007年3月16日以前登记设立的企业,自2008年1月1日起,原享受企业所得税15%税率的企业,2008年按18%税率执行,2009年按20%税率执行,2010年按22%税率执行,2011年按24%税率执行,2012年按25%税率执行;原执行24%税率的企业,2008年起按25%税率执行。

再比如,在2001年至2010年期间,对设在西部地区国家鼓励类产业的内资企业,减按15%的税率征收企业所得税。

年度申报时,企业将其因享受过渡期税收优惠而减免的企业所得税额,填入《税收优惠明细表》(附表五)第37行。

减免的企业所得税额 = 应纳税所得额 × (25% − 实际适用税率)

5. 执行国务院制定的其他优惠政策减免的企业所得税额

1)自2010年7月1日起至2013年12月31日,在北京、天津、上海、重庆、大连、深圳、广州、武汉、哈尔滨、成都、南京、西安、济南、杭州、合肥、南昌、长沙、大庆、苏州、无锡、厦门等21个中国服务外包示范城市(简称"示范城市"),对经认定的技术先进型服务企业,减按15%的税率征收企业所得税。

2)自2011年1月1日至2020年12月31日,对设在西部地区的鼓励类产业企业减按15%的税率征收企业所得税。鼓励类产业企业是指以《西部地区鼓励类产业目录》中规定的产业项目为主营业务,且其主营业务收入占企业收入总额70%以上的企业。

3)集成电路线宽小于0.25微米或投资额超过80亿元的集成电路生产企业,经认定后,减按15%的税率征收企业所得税。

国家规划布局内的重点软件企业和集成电路设计企业,如当年未享受免税优惠,可减按10%的税率征收企业所得税。

年度申报时,首先,计算出因享受国务院制定的其他优惠策而减免的企业所得税额;然后,将其填入《税收优惠明细表》(附表五)第38行。

减免的企业所得税额 = 应纳税所得额 × (25% − 15%)

企业确定"减免所得税额"后,根据《税收优惠明细表》(附表五)第33行"减免税合计",填列"主表"第28行"减免所得税额"。

6.执行"减半征税"政策时应当注意的问题

执行国务院规定的过渡期优惠政策的企业,包括2007年3月16日以前登记设立的享受"两免三减半"、"五免五减半"等优惠的企业,西部地区2010年12月31日前设立的享受"两免三减半"优惠的交通、电力、水利、邮政、广播电视企业,在减半征税期内,可以按照企业适用税率计算的应纳税额减半征收。其他各类情形的定期减免税,均按照企业所得税25%的法定税率计算的应纳税额减半征税。

居民企业选择适用税率及减半征税,按照以下规定执行:

1)居民企业被认定为高新技术企业,同时又处于适用过渡期优惠政策的,在享受"两免三减半"或"五免五减半"等优惠过渡期内,该居民企业的所得税适用税率,可以选择依照过渡期适用税率并减半征税至期满,或者选择适用高新技术企业的15%税率,但不能享受15%税率的减半征税。

【例7-29】某生产性外资企业于2006年12月份设立,2007年、2008年免税;2009年、2010年、2011年减半征税;2008年以前适用15%的税率;由于该企业被认为高新技术企业,按照新税法规定,也适用15%的税率。

该企业在2009年、2010年、2011年三年减半征税期间,可作如下选择:

(1)2009年:选择适用20%的税率并减半纳税的,在纳税调整时,首先,调减应纳税所得额50%,填列在《税收优惠明细表》(附表五)和《纳税调整项目明细表》(附表三)中;然后,将减免所得税额[应纳税所得额×(25%-20%)]填列在《税收优惠明细表》(附表五)中。

选择适用15%的税率但不享受减半优惠的,将减免所得税额[应纳税所得额×(25%-15%)]直接填列在《税收优惠明细表》(附表五)中。

(2)2010年:选择适用22%的税率并减半纳税的,在纳税调整时,首先,调减应纳税所得额50%,填列在《税收优惠明细表》(附表五)和《纳税调整项目明细表》(附表三)中;然后,将减免所得税额[应纳税所得额×(25%-22%)]填列在《税收优惠明细表》(附表五)中。

选择适用15%的税率但不享受减半优惠的,将减免所得税额[应纳税所得额×(25%-15%)]直接填列在《税收优惠明细表》(附表五)中。

(3)2011年:选择适用24%的税率并减半纳税的,在纳税调整时,首先,调减应纳税所得额50%,填列在《税收优惠明细表》(附表五)和《纳税调整项目明细表》(附表三)中;然后,将减免所得税额[应纳税所得额×(25%-24%)]填列在《税收优惠明细表》(附表五)中。

选择适用15%的税率但不享受减半优惠的,将减免所得税额[应纳税所得额×(25%-15%)]直接填列在《税收优惠明细表》(附表五)中。

2012年减半征税期满，直接适用15%的税率。

2）居民企业被认定为高新技术企业，同时又符合软件生产企业和集成电路生产企业定期减半征税优惠条件的，该居民企业的所得税适用税率，可以选择适用高新技术企业15%的税率，也可以选择依照25%的法定税率减半征税，但不能享受15%税率的减半征税。

【例7-30】某软件生产企业于2008年2月份设立，设立当年获利，2008年、2009年免税，2010年、2011年、2012年减半征税；该企业被认定为高新技术企业，企业所得税适用税率为15%。

则该企业2008年、2009年处于免税年度，不缴纳企业所得税。

2010年、2011年、2012年，处于减半征税期，可作如下选择：

(1)执行25%的税率并减半纳税。纳税调整时，调减应纳税所得额50%，填列《税收优惠明细表》(附表五)和《纳税调整项目明细表》(附表三)中。

(2)直接适用15%的税率，不享受减半优惠。纳税调整时，将减免所得税额[应纳税所得额×(25%-15%)]直接填列在《税收优惠明细表》(附表五)中。

3)居民企业取得税法实施条例规定的可减半征税的所得(农林牧渔业项目，国家重点扶持的公共基础设施项目，环境保护、节能节水项目，技术转让所得)，应当就该部分所得单独核算，并依照25%的法定税率减半缴纳企业所得税。

(二)抵免所得税额

1.税收政策

企业实际购置并自身实际投入使用《环境保护专用设备企业所得税优惠目录》、《节能节水专用设备企业所得税优惠目录》和《安全生产专用设备企业所得税优惠目录》规定的环境保护、节能节水、安全生产等专用设备的，该专用设备的投资额的10%可以从企业当年的应纳税额中抵免；当年不足抵免的，可以在以后5个纳税年度结转抵免。企业购置上述专用设备在5年内转让、出租的，应停止享受企业所得税优惠，并补缴已经抵免的企业所得税税款。

执行时，应当注意以下问题：

1)享受税收优惠的专用设备，必须是企业自2008年1月1日起购置并实际使用的列入以上目录范围内的环境保护、节能节水和安全生产专用设备。

2)专用设备投资额，是指购买专用设备发票价税合计价格，但不包括按有关规定退还(抵扣)的增值税税款以及设备运输、安装和调试等费用。

具体地说，自2009年1月1日起，企业购进并实际使用的目录范围内的专用设备并取得增值税专用发票的，在按规定进行税额抵免时，如果增值税进项税额允许抵扣，其专用设备投资额不包括增值税进项税额；如果增值税进项税额不允许抵扣，其专用设备投资额应为增值税专用发票上注明的价税合计金额。企业购买专用设备取得普通发票的,其专用设备投资额为普通发票上注明的金额。

3)当年应纳税额,是指企业当年的应纳税所得额乘以适用税率,扣除依照企业所得税法和国务院有关税收优惠规定以及税收过渡优惠规定减征、免征税额后的余额。

4)企业利用自筹资金和银行贷款购置专用设备的投资额,可以按企业所得税法规定抵免企业应纳的所得税额;企业利用财政拨款购置专用设备的投资额,不得抵免企业应纳的所得税额。

5)企业购置并实际投入使用、已开始享受税收优惠的专用设备,如从购置之日起5个纳税年度内转让、出租的,应在该专用设备停止使用当月停止享受企业所得税优惠,并补缴已经抵免的企业所得税款;受让方可以按照该专用设备投资额的10%抵免当年企业所得税应纳税额;当年应纳税额不足抵免的,可以在以后5个纳税年度结转抵免。

企业购置并实际使用的环境保护、节能节水和安全生产专用设备,包括以融资租赁方式租入的、并在融资租赁合同中约定租赁期届满时租赁设备所有权转移给承租方企业,且符合规定条件的上述专用设备。凡融资租赁期届满后租赁设备所有权未转移至承租方企业的,承租方企业应停止享受抵免企业所得税优惠,并补缴已经抵免的企业所得税税款。

【例7-31】某生产企业(一般纳税人)于2010年1月份购置并投入使用一套环保专用设备,取得销售方开具的增值税专用发票上注明的价款、税款分别为1 000万元、170万元。该套环保专用设备属于《环境保护专用设备企业所得税优惠目录》规定的专用设备,符合税额抵免条件。设备购置当年,该企业应纳税所得额为240万元,应纳企业所得税额为60万元。

可抵免税额 $=1\,000\times10\%=100$(万元)

当年实际抵免额60万元

抵免后当年实际缴纳税额 $=60-60=0$

抵免后尚有40万元(100-60)可以结转以后年度抵免。

假如2011年,企业应纳所得税额为75万元,则实际抵免税额40万元;抵免后缴纳企业所得税额为35万元。

2. 年度申报

年度申报时,首先,计算出当年度实际抵免的所得税额,并将其填入《税收优惠明细表》(附表五);然后,根据《税收优惠明细表》(附表五)第40行"抵免所得税额合计",填列"主表"第29行"抵免所得税额"。

(三)境外所得应纳税额与抵免税额的计算

1. 基本规定

企业取得的下列所得已在境外缴纳的所得税税额,可以从其当期应纳税额中抵免,抵免限额为该项所得依照中国税法规定计算的应纳税额；超过抵免限额的部分，可以在以后5个年度内，用每年度抵免限额抵免当年应抵税额后的余额进行抵补：①居民企业来源于中国境外的应税所得；②非居民企业在中国境内设立机构、场所，取得发生在中国境外但与该机构、场所有实际联系的应税所得。

居民企业从其直接或间接控制的外国企业分得的来源于中国境外的股息、红利等权益性投资收益，外国企业在境外实际缴纳的所得税税额中属于该项所得负担的部分，可以作为该居民企业的可抵免境外所得税税额，在规定的抵免限额（即依照中国税法计算的应纳税额）内抵免。

直接控制是指居民企业直接持有外国企业20%以上股份。间接控制是指居民企业以间接持股方式持有外国企业20%以上股份，具体认定办法由国务院财政、税务主管部门制定。

2. 纳税调整与申报

首先，分析填列《境外所得税抵免计算明细表》（附表六）；然后，填列"主表"第31行和第32行。

《境外所得税抵免计算明细表》（附表六）有关项目填列办法如下：

1）第8列"境外应纳税所得额"：填列弥补亏损前境外应纳税所得额扣除可弥补境内亏损后的金额。

境外应纳税所得额＝弥补境内亏损前的境外应税所得额（第6列）－可弥补境内亏损（第7列）

其中：

弥补境内亏损前的境外应税所得额＝境外所得换算含税所得（第3列）－弥补以前年度亏损（第4列）－免税所得（第3列）

2）第10列"境外所得应纳税额"：填列境外应纳税所得额与境内法定税率的乘积。

境外所得应纳税额＝境外应纳税所得额（第8列）×法定税率

3）第11列"境外所得可抵免税额"：填列企业已在境外缴纳的所得税额，需要企业提供境外税务机关出具的税款所属年度的有关纳税凭证。

4）第12列"境外所得税款抵免限额"：填列按税法规定计算的抵免限额。

抵免限额＝中国境内、境外所得依照税法及条例计算的应纳税总额×来源于某国（地区）的应纳税所得额÷中国境内、境外应纳税所得总额

5）第13列"本年可抵免的境外所得税款"：填列本年境外所得已缴纳所得税在本年度允许抵免的金额。

（1）当第12列"境外所得税款抵免限额"＞第11列"境外所得可抵免税额"时：

本年可抵免的境外所得税款＝第11列"境外所得可抵免税额"

此时，如果企业有以前年度（5年）结转的待抵免的境外所得税额，可用本年度抵免

完境外所得税后的余额予以抵免。

第14列"未超过境外所得税款抵免限额的余额":填列本年可抵免的境外所得税款小于境外所得税款抵免限额的差额。

第15列"本年可抵免以前年度税额":填列本年抵免以前年度未抵免、结转到本年度抵免的境外所得税额。

(2)当第12列"境外所得税款抵免限额" < 第11列"境外所得可抵免税额"时:

本年可抵免的境外所得税款 = 境外所得税款抵免限额

未抵免的境外所得税额,可以结转以后年度(5年)抵免,填列"附表六"第16列。

"主表"第31行和第32行与《境外所得税抵免计算明细表》(附表六)的逻辑关系如下:

"主表"第31行"境外所得应纳所得税额" = "附表六"第10列"境外所得应纳税额"合计数

"主表"第32行"境外所得抵免所得税额" = "附表六"第13列"本年可抵免的境外所得税款"合计数 + 第15列"本年可抵免以前年度税额"合计数

三、年度纳税申报表的填列

实行查账征收企业所得税的居民企业适用A类纳税申报表。该类纳税申报表由1张主表和11张附表组成,其填列办法见本章附录部分。

四、预提所得税的核算与申报

(一)预提所得税的计算

非居民企业在中国境内未设立机构、场所而有来源于中国境内的所得,或虽设立机构、场所但取得的来源于中国境内的所得与其所设机构、场所没有实际联系的,其应缴纳的企业所得税实行源泉扣缴,以支付人为扣缴义务人。这种采取源泉扣缴方式征收所得税,习惯上称为预提所得税。

1. 应纳税所得额的计算

1)股息、红利等权益性投资收益和利息、租金、特许权使用费所得,以收入全额为应纳税所得额。收入全额是指非居民企业向支付人收取的全部价款和价外费用,不得扣除税法规定之外的税费支出。

2)转让财产所得,以收入全额减除财产净值后的余额为应纳税所得额。

3)其他所得,参照前两项规定的方法计算应纳税所得额。

值得注意的是,扣缴义务人对外支付或者到期应支付的款项是人民币以外的其他货币的,在申报扣缴企业所得税时,按扣缴当日国家公布的人民币汇率中间价,折合成人民币计算应纳税所得额。合同约定由扣缴义务人负担应纳税款的,应将非居民企业取得的不含税所得换算为含税所得后计算税款。

2. 适用税率

预提所得税的法定税率是20%，但在执行时，减按10%的税率计算所得税。同时，对下列所得免征所得税：外国政府向中国政府提供贷款取得的利息所得；国际金融组织向中国政府和居民企业提供优惠贷款取得的利息所得；经国务院批准的其他所得。

3. 应纳税额的计算

预提所得税按照应纳税所得额和适用税率计算。

应纳税额 = 应纳税所得额 × 适用税率

（二）预提所得税的会计处理

预提所得税以非居民企业（境外的受益人）为纳税人，以境内支付人（依照有关法律规定或合同约定对非居民企业直接负有支付相关款项义务的单位或个人）为扣缴义务人。因此，在所得税会计处理上，不能采用资产负债表债务法。预提所得税的核算，实际上是由扣缴义务人进行的税款扣缴核算。

扣缴义务人按合同规定计算出应付款项后，借记“制造费用”、“管理费用”、“在建工程”、“固定资产”、“利润分配”等科目，贷记“应付账款”、“应付股利”等科目。代扣税款时，借记“应付账款”、“应付股利”等科目，贷记“应交税费——应交所得税（代扣）”科目。解缴所得税时，借记“应交税费——应交所得税（代扣）”科目，贷记“银行存款”科目。

（三）预提所得税的源泉扣缴

1. 扣缴登记

扣缴义务人与非居民企业首次签订相关业务合同或协议的，自合同签订之日起30日内，向主管税务机关申报办理扣缴税款登记。之后，每次签订相关业务合同（包括修改、补充、延期合同），应自合同签订之日起30日内，向主管税务机关报送《扣缴企业所得税合同备案登记表》、合同复印件及相关资料。

股权转让交易双方均为非居民企业且在境外交易的，被转让股权的境内企业在依法变更税务登记时，应将股权转让合同复印件报送主管税务机关。

扣缴义务人应设立代扣代缴税款账簿和合同资料档案，准确记录企业所得税的扣缴情况，并接受税务机关的检查。

2. 扣缴税款

扣缴义务人在每次向非居民企业支付或者到期应支付应税所得时，应从支付或者到期应支付的款项中扣缴企业所得税。

支付,包括现金支付、汇拨支付、转账支付和权益兑价支付等货币支付和非货币支付。到期应支付的款项,是指支付人按照权责发生制原则应计入相关成本、费用的应付款项。

扣缴义务人每次代扣代缴税款时,应向其所在地主管税务机关报送《中华人民共和国扣缴企业所得税报告表》及相关资料,并自代扣之日起7日内缴入国库。

对多次付款的合同项目,扣缴义务人应在履行合同最后一次付款前15日内,向主管税务机关报送合同全部付款明细、前期扣缴表和完税凭证等资料,办理扣缴税款清算手续。

3. 税收待遇

非居民企业可以适用的税收协定与国内税收法律法规有不同规定的,可申请执行税收协定规定;非居民企业未提出执行税收协定规定申请的,按国内税收法律法规的有关规定执行。

按照税法及其实施条例和相关税收法规规定,给予非居民企业减免税优惠的,应按税收减免管理办法和行政审批程序的规定办理。对未经审批或者减免税申请未得到批准之前,扣缴义务人发生支付款项的,应按规定代扣代缴企业所得税。

非居民企业已按国内税收法律法规的有关规定纳税后,提出享受减免税或税收协定待遇申请的,主管税务机关经审核确认应享受减免税或税收协定待遇的,对多缴纳的税款应依据税收征管法及其实施细则的有关规定予以退税。

4. 追缴税款

扣缴义务人对依法应扣缴的所得税,未依法扣缴或无法履行扣缴义务的,由纳税人在所得发生地缴纳。纳税人未依法缴纳的,税务机关可以从该纳税人在中国境内其他收入项目的支付人应付的款项中,追缴该纳税人的应纳税款。在中国境内存在多处所得发生地的,由纳税人选择其中之一申报缴纳企业所得税。

税务机关在追缴该纳税人应纳税款时,应将追缴理由、追缴数额、缴纳期限和缴纳方式等告知该纳税人。

第六节　企业所得税纳税筹划

一、企业设立的纳税筹划

(一)小型企业设立的纳税筹划

经营规模较小的企业,在设立时往往有两种选择:①设立有限责任公司;②设立个人独资企业或合伙企业。按照税法规定,有限责任公司属于企业所得税的纳税人,其生产经营所得应当依法缴纳企业所得税;对于投资者个人从有限责任公司税后利润中取得的所得,还需依法缴纳个人所得税。个人独资企业和合伙企业不属于企业所得税的纳税人,其生产经营所得不缴纳企业所得税,而由投资者个人依法缴纳个人所得税。因此,一般认为,设立个人独资企业或合伙企业似乎对投资者更为有利。其实,问题并没有想象得那么简单。

1. 小型企业设立的基本分析

有限责任公司是依照《公司法》成立的,是企业法人,有独立的法人财产,享有法人财产权。公司以其全部财产对公司的债务承担责任;其股东以其认缴的出资额为限对公司承担责任。

个人独资企业是依照《个人独资企业法》成立的,由一个自然人投资,财产为投资人个人所有,投资人以其个人财产对企业债务承担无限责任的经营实体。投资人在申请企业设立登记时明确以其家庭共有财产作为个人出资的,以家庭共有财产对企业债务承担无限责任。个人独资企业解散后,原投资人对存续期间的债务仍承担偿还责任,但债权人在 5 年内未向债务人提出偿债请求的,该责任消灭。个人独资企业财产不足以清偿债务的,投资人以其个人的其他财产予以清偿。

合伙企业是指自然人、法人和其他组织依照《合伙企业法》设立的普通合伙企业和有限合伙企业。普通合伙企业由普通合伙人组成,合伙人对合伙企业债务承担无限连带责任。有限合伙企业由普通合伙人和有限合伙人组成,普通合伙人对合伙企业债务承担无限连带责任,有限合伙人以其认缴的出资额为限对合伙企业债务承担责任。合伙企业注销后,原普通合伙人对合伙企业存续期间的债务仍承担无限连带责任。

因此,从责任或风险的角度看,有限责任公司的经营风险远远小于个人独资企业和合伙企业。从市场信誉角度看,出于惯性思维,人们往往会信赖有限责任公司。所以,一般情况下,设立个人独资企业或合伙企业,往往是因不符合有限责任公司设立条件所致,而不是出于税收因素的考虑。

2. 小型企业的纳税筹划

为扶持小企业(有限责任公司和股份有限公司)的发展,发挥小企业在促进经济发展、增加就业等方面的积极作用,企业所得税法对符合条件的小型微利企业实施减免税政策:小型工业企业(从业人数不超过 100 人、资产总额不超过 3 000 万元)和其他小型企业(从业人数不超过 80 人、资产总额不超过 1 000 万元),年度应纳税所得额不超过 30 万元的,减按 20% 的税率缴纳企业所得税。企业应当充分运用这一优惠政策,以获得节税收益。

纳税筹划时,注意把握以下问题:

1)经营范围要符合法律规定,不得从事国家限制或禁止的业务。

2)适当控制负债规模,使资产总额符合规定的条件。

3)建立健全会计核算,具备查账征收的条件。如果会计核算不健全,采取核定征收办法的,则无法享受优惠税率。

(二)分支机构设立的纳税筹划

企业设立分支机构,一般有两种选择:①设立分公司;②设立子公司。《公司法》规定,公司可以设立分公司。分公司不具有法人资格,其民事责任由公司承担。公司可以设立子公司,子公司具有法人资格,依法独立承担民事责任。《企业所得税法》规定,居民企业在中国境内设立不具有法人资格的营业机构的,应当汇总计算并缴纳企业所得税。除国务院另有规定外,母子公司不得合并缴纳企业所得税。

从投资主体上看,无论是分公司还是子公司,都是由原公司(总公司或母公司)设立的。原公司可以对分公司或子公司实施有效控制,规避经营风险。从税收角度看,分公司的所得由总公司汇总纳税,母公司和子公司则分别计算缴纳企业所得税。

因此,企业设立分支机构时,可以从税收角度进行考虑:

(1)在分支机构设立初期,由于对分支机构投入较大,分支机构可能会出现亏损。此时,宜采取总分公司模式。分公司不具有法人资格,其亏损可以在总公司汇总纳税时从所得中扣除。如果设立子公司,子公司具有法人资格,独立履行纳税义务,其亏损只能由其以后年度实现的所得弥补,不能由母公司的所得弥补。

(2)经过几年的经营,分公司出现盈利时,可以将分公司变更注册为子公司,使其独立承担民事责任。

【例7-32】甲公司因经营需要,拟投资设立一家分支机构(乙公司)。甲公司年度应纳税所得额800万元;经预测,分支机构(乙公司)在设立当年可能会发生亏损60万元。

从税收角度考虑,设立分公司与子公司,哪种对公司有利?

(1)设立分公司,则:

甲公司汇总缴纳企业所得税额 = (800 - 60) × 25% = 185(万元)

(2)设立子公司,则:

子公司当年亏损,不缴纳所得税,其亏损可结转以后年度,用其以后年度所得弥补。

甲公司应纳企业所得税额 = 800 × 25% = 200(万元)

由此可见,由于新设立的分支机构亏损,所以,设立分公司对公司有利,少缴企业所得税15万元(200 - 185),可以缓解分支机构设立初期的资金压力。

二、在西部地区投资的纳税筹划

为鼓励企业到西部地区投资，促进西部地区的经济发展，国家规定了税收优惠政策。企业可以充分运用这些优惠政策，获得节税收益。

（一）在西部地区设立的鼓励类产业企业

自2011年1月1日至2020年12月31日，对设在西部地区的鼓励类产业企业减按15%的税率征收企业所得税。

运用这一优惠政策时，注意把握以下几点：

(1)鼓励类产业企业，是指以《西部地区鼓励类产业目录》中规定的产业项目为主营业务，且其主营业务收入占企业收入总额70%以上的企业。

(2)西部地区包括：重庆、四川、贵州、云南、西藏、陕西、甘肃、宁夏、青海、新疆、内蒙古、广西。湖南省湘西土家族苗族自治州、湖北省恩施土家族苗族自治州、吉林省延边朝鲜族自治州，可以比照西部地区的税收政策执行。

（二）在新疆困难地区新办企业

自2010年1月1日至2020年12月31日，对在新疆困难地区新办的属于《新疆困难地区重点鼓励发展产业企业所得税优惠目录》（简称《目录》）范围内的企业，自取得第一笔生产经营收入所属纳税年度起，第1年至第2年免征企业所得税，第3年至第5年减半征收企业所得税。

运用这一优惠政策时，注意把握以下几点：

(1)新疆困难地区，包括南疆三地州、其他国家扶贫开发重点县和边境县市。

(2)属于《目录》范围内的企业，是指以《目录》中规定的产业项目为主营业务，其主营业务收入占企业收入总额70%以上的企业。

(3)第一笔生产经营收入，是指新疆困难地区重点鼓励发展产业项目已建成并投入运营后所取得的第一笔收入。

(4)在减半征税期内，按照法定税率25%计算的应纳税额减半征收。

三、科技含量较高企业的纳税筹划

科技含量较高的企业，应当在原有条件基础上，不断改进和提高，尽快满足税法规定的条件，以享受高新技术企业或者技术先进型服务企业的税收优惠政策。

（一）享受高新技术企业优惠待遇

国家需要重点扶持的高新技术企业，减按15%的税率征收企业所得税。

高新技术企业，是指在《国家重点支持的高新技术领域》内，持续进行研究开发与技术成果转化，形成企业核心自主知识产权，并以此为基础开展经营活动，在中国境内（不包括港、澳、台地区）注册1年以上的居民企业。

享受税收优惠的高新技术企业，必须同时满足以下条件：

（1）近3年内通过自主研发、受让、受赠、并购等方式，或通过5年以上的独占许可方式，对其主要产品（服务）的核心技术拥有自主知识产权。

（2）产品（服务）属于《国家重点支持的高新技术领域》规定的范围，即属于电子信息技术、生物与新医药技术、航空航天技术、新材料技术、高技术服务业、新能源及节能技术、资源与环境技术、高新技术改造传统产业等范围。

（3）具有大学专科以上学历的科技人员占企业当年职工总数的30%以上，其中研发人员占企业当年职工总数的10%以上。

（4）企业为获得科学技术（不包括人文社会科学）新知识，创造性运用科学技术新知识，或实质性改进技术、产品（服务）而持续进行了研究开发活动，且近3个会计年度的研究开发费用总额占销售收入总额的比例符合下列要求：最近1年销售收入小于5 000万元的企业，比例不低于6%；最近1年销售收入在5 000万元至20 000万元的企业，比例不低于4%；最近1年销售收入在20 000万元以上的企业，比例不低于3%。其中，企业在中国境内发生的研究开发费用总额占全部研究开发费用总额的比例不低于60%。企业注册成立时间不足3年的，按实际经营年限计算。

（5）高新技术产品（服务）收入占企业当年总收入的60%以上。

（6）企业研究开发组织管理水平、科技成果转化能力、自主知识产权数量、销售与总资产成长性等指标符合《高新技术企业认定管理工作指引》的要求。

企业符合上述条件的，可以向认定机构（由省级科技行政管理部门同本级财政、税务部门组成的认定管理机构）提出认定申请。认定通过后，取得认定机构颁发的《高新技术企业证书》。取得证书后，到主管税务机关办理减免税手续。高新技术企业资格自颁发证书之日起有效期为3年。企业应在期满前3个月内提出复审申请，不提出复审申请或复审不合格的，其高新技术企业资格到期自动失效。

（二）享受技术先进型服务企业优惠待遇

自2010年7月1日起至2013年12月31日，在北京、天津、上海、重庆、大连、深圳、广州、武汉、哈尔滨、成都、南京、西安、济南、杭州、合肥、南昌、长沙、大庆、苏州、无锡、厦门等21个中国服务外包示范城市,经认定的技术先进型服务企业,实行以下优惠政策:①减按15%的税率征收企业所得税。②发生的职工教育经费支出,不超过工资薪金总额8%的部分,准予在税前扣除;超过部分,准予结转以后年度扣除。

享受上述优惠政策的技术先进型服务企业,必须同时符合以下条件:

(1)从事《技术先进型服务业务认定范围(试行)》中的一种或多种技术先进型服务业务,采用先进技术或具备较强的研发能力。

(2)企业注册地及生产经营地在21个示范城市(含所辖区、县、县级市等全部行政区划)内。

(3)企业具有法人资格,近2年在进出口业务管理、财务管理、税收管理、外汇管理、海关管理等方面无违法行为。

(4)具有大专以上学历的员工占企业职工总数的50%以上。

(5)从事《技术先进型服务业务认定范围(试行)》中的技术先进型服务业务取得的收入占企业当年总收入的50%以上。

(6)从事离岸服务外包业务取得的收入不低于企业当年总收入的50%。

从事离岸服务外包业务取得的收入,是指企业根据境外单位与其签订的委托合同,由本企业或其直接转包的企业为境外单位提供《技术先进型服务业务认定范围(试行)》中所规定的信息技术外包服务(ITO)、技术性业务流程外包服务(BPO)和技术性知识流程外包服务(KPO),而从上述境外单位取得的收入。

企业符合上述条件的,可以向所在示范城市人民政府科技部门提出申请,由示范城市人民政府科技部门会同本级商务、财政、税务和发展改革部门联合评审并发文认定。经认定为技术先进型服务企业的,持认定文件向当地主管税务机关办理享受优惠政策事宜。

四、收入总额的纳税筹划

对收入总额的筹划,可以从以下方面入手:

(一)纳税能力与支付能力相适应

这主要是根据市场变化和购买方的财务状况,通过合同约定,把握收入实现时间,使纳税能力与税款支付能力相适应,既不垫支税款也不拖欠税款。

比如,在市场不景气,商品销路不畅的情况下,为避免商品积压,可以采用赊销或者分期收款方式销售商品。采取这种销售方式,需要把握以下几点:①与购买方签订书面购销合同,合同中明确规定货款结算时间。企业按照双方约定的货款结算时间确认收入实现时间。如果合同中没有约定货款结算时间,或者没有签订书面购销合同,则在发出商品时,便要确认收入实现。②在合同约定的货款结算时间,按照结算金额开具发票。在发出商品时,不要开具发票,否则,在发出商品时,便要确认收入实现。

再比如,在商品畅销或供不应求的情况下,企业一般采取直接收款或预收账款的方式销售商品。采取预收账款方式的,需要把握以下几点:①与购买方签订书面购销合同,明确销售结算方式。②收到预收款时,不开具发票,不确认收入实现。③发出商品时,开具发票,确认收入实现。

(二)不征税收入与免税收入

对于不征税收入,比如,从政府部门取得的具有专项用途的财政性资金,应当单独核算财政性资金的取得和支出情况。对取得的财政性资金不缴纳企业所得税,动用财政性资金发生的支出,不得在税前扣除。如果企业核算不清,对取得的财政性资金缴纳了企业所得税,尽管其支出可以在税前扣除,但由于财政性资金取得时间与支出时间不同步,势必造成前期多缴税款而后期少缴税款的情况,影响企业资金的周转使用。

对于免税收入,比如,国债利息收入和符合条件的股息、红利等权益性投资收益,企业应当尽可能增加其总量。对于企业持有的居民企业公开发行并上市流通的股票,若没有特殊情况,尽可能连续持有12个月以上,否则,其股息收入不享受免税优惠。

(三)综合利用资源的减计收入

企业以《资源综合利用企业所得税优惠目录》(以下简称《目录》)规定的资源作为主要原材料,生产国家非限制和非禁止并符合国家和行业相关标准的产品取得的收入,减按90%计入收入总额。

企业运用该项政策时,需要把握以下几点:①以《目录》内资源作为主要原材料,其比例不能低于规定的标准。②生产的产品属于国家非限制或非禁止的,且符合相关标准。③企业同时从事其他项目而取得的非资源综合利用收入,与资源综合利用收入分开核算;没有分开核算的,不享受优惠政策。

(四)企业政策性搬迁或处置收入

企业政策性搬迁和处置收入,是指因政府城市规划、基础设施建设等政策性原因,企业需要整体搬迁(包括部分搬迁或部分拆除)或处置相关资产而按规定标准从政府取得的搬迁补偿收入或处置相关资产而取得的收入,以及通过市场(招标、拍卖、挂牌等形式)取得的土地使用权转让收入。

现行政策规定,企业从规划搬迁次年起的5年内,其取得的搬迁收入或处置收入暂不计入企业当年应纳税所得额;在5年期内完成搬迁的,企业搬迁收入按照以下规定处理：

（1）企业根据搬迁规划，异地重建后恢复原有或转换新的生产经营业务，用企业搬迁或处置收入购置或建造与搬迁前相同或类似性质、用途或者新的固定资产和土地使用权（简称重置固定资产），或对其他固定资产进行改良，或进行技术改造，或安置职工的，准予其搬迁或处置收入扣除固定资产重置或改良支出、技术改造支出和职工安置支出后的余额，计入应纳税所得额。

（2）企业没有重置或改良固定资产、技术改造或购置其他固定资产的计划或立项报告，应将搬迁收入加上各类拆迁固定资产的变卖收入、减除各类拆迁固定资产的折余价值和处置费用后的余额计入当年应纳税所得额，计算缴纳企业所得税。

（3）企业利用政策性搬迁或处置收入购置或改良的固定资产，可以按照现行税收规定计算折旧或摊销，并在企业所得税税前扣除。

企业运用上述政策时，需要把握以下几点：①必须有政府搬迁文件或公告；②有搬迁协议和搬迁计划；③有技术改造、重置或改良固定资产的计划或立项；④在规定期限内，进行技术改造、重置或改良固定资产和购置其他固定资产等。

五、扣除项目金额的纳税筹划

扣除项目包括成本、费用、税金、损失和其他支出。扣除项目筹划的着眼点在于：按照税法规定的扣除范围和标准，以及管理要求，进行合法性运作，实现扣除项目金额的充分扣除。

（一）工资及附加费的纳税筹划

1. 工资薪金的筹划

企业发生的合理的工资薪金支出，准予在税前扣除。

纳税筹划时，注意把握以下几点：①把握工资薪金的合理性，尤其是对实际发放的工资薪金，要依法履行代扣代缴个人所得税义务；对工资薪金的安排，不能以减少或逃避税款为目的，比如，对本企业中既是股东又是职工的个人，不能以加大工资而减少股利的方式，扩大税前扣除。②按时发放工资，不能拖欠职工工资，否则，不得在税前扣除。③合理划分工资薪金与福利费的界限，不能把属于福利费支出挤入工资总额。④不断提高工资待遇，提高加班工资、奖金等，一方面有利于稳定职工队伍，另一方面可以加大税前扣除。

2. 福利费和教育经费的筹划

从目前实际情况看，许多企业对职工福利和职工教育的支出明显不足。这种现象，从企业本身看，不利于提高职工素质和劳动积极性，不利于企业的长足发展。从税收角度看，也未必能够减轻企业负担。正确的理念是，适当保持职工福利费和职工教育经费的增长，使两者比例分别保持在工资薪金总额的14%和2.5%以内。

【例7-33】甲公司本年度实际发放的工资薪金200万元，发生职工福利费28万元、职工教育经费5万元。假定本年实现利润额1 000万元。在不考虑其他扣除项目的情况下，测算这两项费用对企业负担的影响。

(1)在发生福利费和教育经费的情况下：

福利费扣除限额 = 200×14% = 28(万元)

实际发生额28万元，未超过标准，可以据实扣除。

教育经费扣除限额 = 200×2.5% = 5(万元)

实际发生额5万元，未超过标准，可以据实扣除。

应纳所得税额 = 1 000×25% = 250(万元)

(2)在未发生福利费和教育经费的情况下：

应纳所得税额 = (1 000+28+5)×25% = 258.25(万元)

由此可见，由于企业没有发生福利费和教育经费，扣除项目减少，利润额和所得额均增加了33万元(28+5)。虽然节省开支33万元，但多缴纳所得税8.25万元(258.25-250)。

因此，无论是从企业发展的角度考虑，还是从纳税的角度考虑，保持职工福利费和职工教育经费的适度增长，是有好处的。

(二)业务招待费的纳税筹划

税法规定，企业发生的与生产经营活动有关的业务招待费支出，按照发生额的60%扣除，但最高不得超过当年销售(营业)收入的5‰。这样规定，主要是考虑业务招待费是由商业招待和个人消费混合而成的，而个人消费部分属于非经营性支出，不应该在税前扣除。但商业招待和个人消费通常是难以划分的，国际上的处理办法一般是在二者之间人为规定一个划分比例。因此，我国借鉴国际做法，结合以往按照销售收入比例限制扣除的经验，采取了两者相结合的控制办法。

可以说，商业招待是企业的一项必要支出。但这项支出毕竟一种消费，从税收角度看，消费过多，必然侵蚀税基，减少所得税；从投资者角度看，消费过多，必然减少利润，影响利润分配；从经营者角度看，消费过多，必然减少经营资金，影响企业经营。所以，无论哪个角度看，对这种消费都应当加以控制。

对于业务招待费的税前扣除，税收上采取了双向控制办法。纳税筹划时，可以通过节税“临界点”，事先控制业务招待费预算。

【例 7-34】假设:企业年度销售(营业)收入为 X,业务招待费为 Y,则:

允许税前扣除的业务招待费 $= Y\times60\% \leqslant X\times5‰$

由 $Y\times60\% \leqslant X\times5‰$,解得:$Y\leqslant X\times8.333‰$

即业务招待费控制在销售(营业)收入的 8.333‰以内时,才可能进行有效扣除。

【例 7-35】假定企业 2010 年度销售(营业)收入为 10 000 万元,业务招待费预算数控制在多少为适宜?如果业务招待费发生额分别为 100 万元和 50 万元时,对企业有怎样的影响?

(1)临界点时业务招待费 = 10 000 × 8.333‰ = 83.33(万元)

业务招待费预算数应当控制在 83.33 万元以内。

(2)当业务招待费实际发生额为 100 万元时:

最高扣除限额 = 10 000 × 5‰ = 50(万元)

实际发生额的 60% = 100 × 60% = 60(万元) > 50 万元

故准予在税前扣除的业务招待费为 50 万元。

调增应纳税所得额 = 100 - 50 = 50(万元)

表明:当业务招待费实际发生额(100 万元) > 预算数(83.33 万元)时,业务招待费的扣除限额为销售收入的 5‰;业务招待费实际发生额的 60% 不能在税前全部扣除。

(3)当业务招待费实际发生额为 50 万元时:

最高扣除限额 = 10 000 × 5‰ = 50(万元)

实际发生额的 60% = 50 × 60% = 30(万元) < 50 万元

故准予在税前扣除的业务招待费为 30 万元。

调增应纳税所得额 = 50 - 30 = 20(万元)

表明:当业务招待费实际发生额(50 万元) < 预算数(83.33 万元)时,业务招待费的扣除限额为实际发生额的 60%,即业务招待费实际发生额的 60% 可以在税前全部扣除。

(三)广告宣传费的纳税筹划

企业发生的符合条件的广告费和业务宣传费支出,不超过当年销售(营业)收入 15% 的部分,准予在税前扣除;超过部分,准予在以后纳税年度结转扣除。2008~2010 年,化妆品制造、医药制造和饮料制造(不含酒类制造)企业发生的广告费和业务宣传费支出,不超过当年销售(营业)收入 30% 的部分,准予在税前扣除;超过部分,准予在以后纳税年度结转扣除。

纳税筹划时,注意把握以下几点:①发生的广告宣传费,必须取得合法有效凭证,如发票。②当年发生广告宣传费控制在税法规定的标准之内;如果超过规定标准的,超过部分,当年调增所得额,并结转到以后年度扣除。③如果广告宣传费过大,可以与公益性捐赠扣除政策配合运用。因为公益性捐赠也具有一定的广告效应。

【例7-36】某房地开发公司预计当年销售(营业)收入20 000万元。为扩大企业的影响力,提升企业形象,预计发生诸如宣传类费用3 500万元;预计当年实现利润总额8 000万元。如何运作,可以将发生的3 500万元费用,全部在当年度税前扣除,并且产生大体相同的支出效果?

(1)当年发生广告费和业务宣传费控制在3 000万元以内,可以据实在税前扣除。

广告宣传费扣除限额=20 000×15%=3 000(万元)

(2)通过具有公益性捐赠税前扣除资格的公益性社会团体进行公益性捐赠,并取得合法的公益性捐赠票据。

公益性捐赠扣除限额=8 000×12%=960(万元)

因此,企业可以将500万元(3 500-3 000)用于公益性捐赠。一方面,可以在当年税前扣除500万元;另一方面,帮助政府解决一些社会问题。同时,通过公益性社会团体向社会公布其捐赠情况,可以达到同样的宣传效果,提升企业形象。

(四)管理费及服务费的纳税筹划

1. 母子公司间发生的费用支出

在中国境内,母公司以管理费形式向子公司收取的收入,计入母公司的应纳税所得额,计算缴纳企业所得税。而子公司因此支付给母公司的管理费,子公司在计算缴纳企业所得税时,不得在税前扣除。

但是,子公司接受母公司向其提供服务而支付费用,可以在税前扣除。纳税筹划时,应当把握以下几点:

1)母子公司应当签订服务协议,协议中明确规定母公司提供服务的内容、收费标准及金额等。母公司向其多个子公司提供同类服务的,其收取的服务费可以采取分项签订协议收取;也可以采取服务分摊协议的方式,即母公司与各子公司签订服务费用分摊合同或协议,以母公司为子公司提供服务所发生的实际费用并附加一定比例利润,作为向子公司收取的总服务费,在各受益子公司(包括盈利企业、亏损企业和享受减免税企业)之间合理分摊。

2)母公司为子公司提供各种服务而发生的费用,应当按照独立企业之间公平交易原则确定服务的价格,不能出现明显不公允的现象。

3)子公司向公司支付费用时,应当取得母公司为其开具的发票。

4)子公司在申报扣除向母公司支付的服务费用时,应当提供服务协议、发票等相关资料。不能提供相关材料的,不得税前扣除。

2. 手续费及佣金支出

企业发生与生产经营有关的手续费及佣金支出,符合税法规定条件的,可以在税前扣除。

纳税筹划时，注意把握以下几点：

1）受托服务的中介机构或个人具有合法经营资格。

2）依法签订代办协议或合同，并按国家有关规定支付手续费及佣金。

3）支付手续费及佣金时，必须取得合法有效凭证，如发票。

4）支付给个人的手续费及佣金，可以采取现金等非转账方式。支付给单位的手续费及佣金，必须采取转账方式，否则，不得在税前扣除。

5）发行权益性证券，支付给证券承销机构的手续费及佣金不得在税前扣除；已计入固定资产、无形资产等资产的手续费及佣金支出，不得在发生当期直接扣除，应当通过折旧、摊销等方式分期扣除。

6）税前扣除额不能超过按照规定计算的扣除限额：财产保险企业，按照当年全部保费收入扣除退保金等后余额的15%计算限额；人身保险企业，按照当年全部保费收入扣除退保金等后余额的10%计算限额；其他企业按照所签订服务协议确认的收入金额的5%计算限额。

7）将支付的手续费及佣金如实入账，不得直接冲减服务协议金额，也不得计入回扣、业务提成、返利、进场费等费用。

申报扣除时，向主管税务机关提供当年手续费及佣金计算分配表、代办协议或合同、发票复印件等合法真实凭证。

（五）借款费用的纳税筹划

对借款费用的筹划，注意把握以下问题：

1. 借款费用列支范围

企业为购置、建造固定资产、无形资产和经过12个月以上的建造才能达到预定可销售状态的存货发生借款的，在资产购置、建造期间发生的合理的借款费用，作为资本性支出计入有关资产的成本，不得在税前直接扣除。同时，将不合理的借款费用，调增应纳税所得额。

对于资产购置、建造完成后发生的借款费用，以及生产经营活动中发生的借款费用，可以计入财务费用。

2. 借款费用的税前扣除

对按照规定计入财务费用的向金融企业借款的利息支出和经批准发行债券的利息支出，准予在税前扣除；企业向非金融企业借款的利息支出，不超过按照金融企业同期同类贷款利率计算的数额的部分，准予在税前扣除；超过部分，不得在税前扣除。

企业向股东或其他关联方借款而实际发生的利息支出，若其接受关联方债权性投资与其权益性投资比例不超过规定比例（金融企业为5∶1，其他企业为2∶1）和按照金融企业同期同类贷款利率计算的数额，准予在税前扣除；超过部分，不得在税前扣除。向内部职工或其他人员借款的利息支出，只要是真实、有效、合法的，有借款合同，其利率不超过金融企业同期同类贷款利率的，准予在税前扣除。

企业因投资者在规定期限内未缴足资本额而对外借款所发生的利息支出，相当于投资者实缴资本额与规定期限内应缴资本额的差额应计付的利息，不得在税前扣除。该部分利息支出，由企业投资者负担。

（六）存货计价的纳税筹划

税法规定，企业使用存货或者销售存货，按照规定计算的存货成本，准予在税前扣除。存货成本的计算方法，可以在先进先出法、加权平均法、个别计价法中选用一种。计价方法一经选用，不得随意变更。

纳税筹划时，一般情况下，可以作如下考虑：

（1）在物价持续下跌时，宜采用先进先出法，可使期末存货成本降低，当期销货成本增加，减少当期应纳税所得额，从而降低当期所得税负。

（2）在物价波动或上涨时，宜采用加权平均法或移动加权平均法，这样，有利于均衡成本水平，保持税负稳定。

根据目前的物价水平和变化趋势，可以选择加权平均法。但选定后，不要随意变更。

（七）固定资产折旧的纳税筹划

1. 折旧年限的纳税筹划

税法对每类固定资产都规定了最低折旧年限，它是确定计税折旧时不得突破的折旧年限的底线。但会计准则没有规定每类固定资产的折旧年限，而是要求企业根据固定资产的性质和使用情况，合理确定固定资产的使用寿命，按照使用寿命计算折旧。

因此，企业在会计核算上，可以参照税法规定的最低折旧年限计算折旧，并在税前扣除。如果会计上确定的折旧年限太长，一方面，不利于成本补偿；另一方面，无法取得递延纳税的好处。如果会计上确定的折旧年限太短，短于税法规定的最低折旧年限，多计提的折旧额是不准予在税前扣除的，需要进行相应的纳税调整。如果不调整或调整错误，会被认定为偷税，由此会给企业带来不必要的损失。

但是，如果企业处于减免税优惠期，可以将折旧年限确定得长一些。这样，可以避免因享受税收优惠而抵消了折旧费用的抵税效应。但折旧年限一经确定，不要随意变更。

2. 预计净残值的纳税筹划

税法没有硬性规定固定资产净残值比例，而由企业根据固定资产的性质和使用情况，合理确定固定资产的预计净残值。但预计净残值一经确定，不得变更。会计准则也要求企业合理地确定预计残值，也有“预计净残值一经确定，不得随意变更”的规定，但要求企业至少于每年年终对固定资产的预计净残值进行复核，如果净残值预计数与原先估计数有差异，则要对预计净残值进行调整。

从税收角度考虑，企业在会计核算上，可以参照税法的规定，根据每类固定资产的实际情况，合理确定预计净残值。确定后，不要随意变更。

3. 折旧方法的纳税筹划

税法规定，固定资产折旧采用直线法。只有两类符合优惠条件的固定资产，可以采取缩短折旧年限或者加速折旧方法：①由于技术进步，产品更新换代较快的固定资产；②常年处于强震动、高腐蚀状态的固定资产。采取缩短折旧年限方法的，最低折旧年限不得低于实施条例规定折旧年限的 60%；采取加速折旧方法的，可以采取双倍余额递减法或者年数总和法。会计准则要求企业根据固定资产所包含的经济利益预期实现方式，合理选择固定资产折旧方法，包括年限平均法、工作量法、双倍余额递减法和年数总和法等。

因此，对于符合税收优惠条件的固定资产，企业应当在取得该项固定资产后 1 个月内，向其主管税务机关办理备案手续，在会计上采取加速折旧办法。这样，一方面，有利于成本补偿，加快设备更新；另一方面，有利于前期少缴税、后期多缴税，起到递延纳税的作用。

但是，对于以下情形，不宜采取加速折旧办法：①企业处于减免税优惠期的；②不符合优惠条件的固定资产。这两种情形，还是采取直线法比较好。折旧方法一经确定，不要随意变更。

（八）无形资产摊销的纳税筹划

企业在无形资产会计核算上，注意把握以下几点：

(1) 将所有的无形资产都确定为使用寿命有限的无形资产，按照规定计提摊销。

如果企业将无形资产区分为使用寿命有限的无形资产和使用寿命不确定的无形资产，只对使用寿命有限的无形资产计提摊销，对使用寿命不确定的无形资产不计提摊销，而于期末进行减值测试，确认减值损失，将会带来两个问题：①企业计提的无形资产减值准备不得在税前扣除，应调增应纳税所得额；②对于该类无形资产是否准予按照不少于 10 年的期限确认摊销额并在税前扣除，税法没有明确规定。如果将无形资产都确定为使用寿命有限的无形资产，可以避免不必要的麻烦。

(2)确定摊销年限和摊销方法时,尽量参照税法的规定,按照税法规定的最低摊销年限和直线法进行摊销,并在税前扣除。当然,如果企业处于减免税优惠期,可以将摊销年限确定得长一些。但摊销年限一经确定,不要随意变更。

(九)研究开发费用的纳税筹划

税法规定,企业开发新技术、新产品、新工艺发生的研究开发费用,未形成无形资产计入当期损益的,在按照规定据实扣除的基础上,按照研究开发费用的50%加计扣除;形成无形资产的,按照无形资产成本的150%摊销。

运用这一优惠政策,注意把握以下几点:

(1)研发项目必须属于《国家重点支持的高新技术领域》和《当前优先发展的高技术产业化重点领域指南(2007年度)》规定的项目。否则,不享受加计扣除的优惠。

(2)有条件的企业,可以自行从事研发活动,或与其他单位合作研发;没有条件的企业,可以委托外单位进行研发。

(3)对研发费用实行专账管理,准确归集和核算实际发生的可加计扣除的研发费用,并有合法有效凭据。

(4)在所得税汇算清缴前,向主管税务机关报送真实的、齐全的资料,申请加计扣除。

企业享受研发费用加计扣除待遇,可以少缴企业所得税,增加研发资金,从而促进新技术、新产品、新工艺的研究开发,促进产业升级。

(十)吸纳安置就业的纳税筹划

比如,企业安置残疾人就业的,在据实扣除其支付给残疾职工工资的基础上,再按照支付给残疾职工工资的100%加计扣除。

运用这一优惠政策时,注意把握税法规定的条件。在满足规定的条件后,办理享受加计扣除优惠的备案手续。

六、企业重组的纳税筹划

企业重组的税务处理,包括一般性税务处理和特殊性税务处理。企业重组的纳税筹划,其目标是在尽可能的条件下,满足税法规定的条件,适用特殊性税务处理办法,以获得免税收益。

(一)股权收购业务

股权收购,是指一家企业(即收购企业)购买另一家企业(即被收购企业)的股权,以实现对被收购企业控制的交易。收购企业支付对价的形式包括股权支付、非股权支付或者两者的组合。

股权支付，是指收购方支付的对价中，以本企业或其控股企业的股权、股份作为支付的形式；非股权支付，是指以本企业的库存现金、银行存款、应收款项，本企业或其控股企业股权和股份以外的有价证券、存货、固定资产、其他资产以及承担债务等作为支付的形式。控股企业，是指由本企业直接持有股份的企业。

一般情况下，股权收购业务的税务处理办法是：被收购方应当确认股权转让所得或损失；收购方取得股权的计税基础，以公允价值为基础确定；被收购企业的相关所得税事项，原则上保持不变。

满足税法规定条件的，适用特殊性税务处理办法。

1. 特殊性税务处理的适用条件

股权收购业务，同时符合以下条件的，适用特殊性税务处理规定：

1）具有合理的商业目的，且不以减少、免除或者推迟缴纳税款为主要目的。

2）收购企业购买的股权不低于被收购企业全部股权的75%。

3）企业重组后的连续12个月内不改变重组资产原来的实质性经营活动。

4）收购企业在该股权收购发生时的股权支付金额不低于其交易支付总额的85%。

5）取得股权支付的原主要股东，在重组后连续12个月内，不转让所取得的股权。

企业重组后的连续12个月内，是指自重组日起计算的连续12个月内。原主要股东，是指原持有转让企业或被收购企业20%以上股权的股东。（下同）

2. 股权收购业务的特殊性税务处理

股权收购业务满足上述适用条件的，可以选择按照以下规定处理：

1）被收购企业的股东取得收购企业股权的计税基础，以被收购股权的原有计税基础确定。

也就是说，股东从收购企业那里取得的股权，其计税基础按照被收购股权的原计税基础确定，不按其公允价值确定。

2）收购企业取得被收购企业股权的计税基础，以被收购股权的原有计税基础确定。

3）收购企业、被收购企业的原有各项资产和负债的计税基础和其他相关所得税事项保持不变。

3. 适用特殊性税务处理的书面备案

企业发生适用特殊性税务处理的股权收购业务，应当准备以下资料，于重组业务完成当年的年度申报时，到主管税务机关办理书面备案手续。

1）当事方的股权收购业务总体情况说明，包括股权收购的商业目的。

2）双方或多方所签订的股权收购业务合同或协议。

3）由评估机构出具的所转让及支付的股权公允价值。

4）证明重组符合特殊性税务处理条件的资料，包括股权比例、支付对价情况，以及12个月内不改变资产原来的实质性经营活动和原主要股东不转让所取得股权的承诺书等。

5）工商等相关部门核准相关企业股权变更事项证明材料。

6）税务机关要求的其他材料。

（二）资产收购业务

资产收购，是指一家企业（即受让企业）购买另一家企业（即转让企业）实质经营性资产的交易。实质经营性资产，是指企业用于从事生产经营活动、与产生经营收入直接相关的资产，包括经营所用各类资产、企业拥有的商业信息和技术、经营活动产生的应收款项、投资资产等。受让企业支付对价的形式包括股权支付、非股权支付或者两者的组合。

一般情况下，资产收购业务的税务处理办法是：被收购方应当确认资产转让所得或损失；收购方取得资产的计税基础，以公允价值为基础确定；被收购企业的相关所得税事项，原则上保持不变。

满足税法规定条件的，适用特殊性税务处理办法。

1．特殊性税务处理的适用条件

资产收购业务，同时符合以下条件的，适用特殊性税务处理规定：

1）具有合理的商业目的，且不以减少、免除或者推迟缴纳税款为主要目的。

2）受让企业收购的资产不低于转让企业全部资产的75%。

3）企业重组后的连续12个月内不改变重组资产原来的实质性经营活动。

4）受让企业在该资产收购发生时的股权支付金额不低于其交易支付总额的85%。

5）企业重组中取得股权支付的原主要股东，在重组后连续12个月内，不转让所取得的股权。

2．资产收购业务的特殊性税务处理

资产收购业务满足上述适用条件的，可以选择按照以下规定处理：

1）转让企业取得受让企业股权的计税基础，以被转让资产的原有计税基础确定。

具体地说，转让企业将资产转让给了受让企业，从受让企业那里取得了股权。该项股权的计税基础，按照被转让资产的原计税基础确定，不按其公允价值确定。

2）受让企业取得转让企业资产的计税基础，以被转让资产的原有计税基础确定。

对受让企业而言，受让企业收购了转让企业的实质性资产，给予转让企业一定数额的股份。受让企业接受的转让企业的资产,其计税基础按照转让企业资产的原计税基础确定。

3. 适用特殊性税务处理的书面备案

企业发生适用特殊性税务处理的资产收购业务,应当准备以下资料,于重组业务完成当年的年度申报时,到主管税务机关办理书面备案手续。

1)当事方的资产收购业务总体情况说明,包括资产收购的商业目的。

2)当事各方所签订的资产收购业务合同或协议。

3)评估机构出具的资产收购业务的资产评估报告。

4)受让企业股权的计税基础的有效凭证。

5)证明重组符合特殊性税务处理条件的资料,包括资产收购比例,支付对价情况,以及 12 个月内不改变资产原来的实质性经营活动、原主要股东不转让所取得股权的承诺书等。

6)工商部门核准相关企业股权变更事项证明材料。

7)税务机关要求提供的其他材料证明。

(三)企业合并

合并,是指一家或多家企业(即被合并企业)将其全部资产和负债转让给另一家现存或新设企业(即合并企业),被合并企业股东换取合并企业的股权或非股权支付,实现两个或两个以上企业的依法合并。

一般情况下,企业合并业务的税务处理办法是:合并企业应当按照公允价值确定接受被合并企业各项资产和负债的计税基础;被合并企业及其股东应当按照清算进行所得税处理;被合并企业的亏损不得在合并企业结转弥补。

满足税法规定条件的,适用特殊性税务处理办法。

1. 特殊性税务处理的适用条件

企业合并同时符合以下条件的,适用特殊性税务处理规定:

1)具有合理的商业目的,且不以减少、免除或者推迟缴纳税款为主要目的。

2)企业重组后的连续 12 个月内不改变重组资产原来的实质性经营活动。

3)企业股东在该企业合并发生时取得的股权支付金额不低于其交易支付总额的 85%,以及同一控制下且不需要支付对价的企业合并。

4)企业重组中取得股权支付的原主要股东,在重组后连续 12 个月内,不转让所取得的股权。

2. 企业合并的特殊性税务处理

企业合并满足上述适用条件的,可以选择按照以下规定处理:

1)合并企业接受被合并企业资产和负债的计税基础,以被合并企业的原有计税基础确定。具体地说,合并企业接受了被合并企业的资产、负债,其计税基础按照被合并企业资产、负债的原计税基础确定,不按其公允价值确定。

2)被合并企业合并前的相关所得税事项由合并企业承继。被合并企业合并前尚未确认的资产损失、分期确认收入的处理,以及尚未享受期满的税收优惠政策,由合并企业承继。

3)可由合并企业弥补的被合并企业亏损的限额按下列公式计算:

可由合并企业弥补的被合并企业亏损的限额 = 被合并企业净资产公允价值 × 截至合并业务发生当年年末国家发行的最长期限的国债利率

可由合并企业弥补的被合并企业亏损的限额,是指按税法规定的剩余结转年限内,每年可由合并企业弥补的被合并企业亏损的限额。

4)被合并企业股东取得合并企业股权的计税基础,以其原持有的被合并企业股权的计税基础确定。

3.适用特殊性税务处理的书面备案

企业发生适用特殊性税务处理的合并业务,应当准备以下资料,于重组业务完成当年的年度申报时,到主管税务机关办理书面备案手续。

1)当事方企业合并的总体情况说明,包括企业合并的商业目的。

2)企业合并的政府主管部门的批准文件。

3)企业合并各方当事人的股权关系说明。

4)被合并企业的净资产、各单项资产和负债及其账面价值和计税基础等相关资料。

5)证明重组符合特殊性税务处理条件的资料,包括合并前企业各股东取得股权支付比例情况,以及12个月内不改变资产原来的实质性经营活动、原主要股东不转让所取得股权的承诺书等。

6)工商部门核准相关企业股权变更事项证明材料。

7)主管税务机关要求提供的其他资料证明。

(四)企业分立

分立,是指一家企业(即被分立企业)将部分或全部资产分离转让给现存或新设的企业(即分立企业),被分立企业股东换取分立企业的股权或非股权支付,实现企业的依法分立。

一般情况下,企业分立的税务处理办法是:被分立企业对分立出去资产,应当按照公允价值确认资产转让所得或损失;分立企业应当按照公允价值确认接受资产的计税基础;被分立企业继续存在时,其股东取得的对价应当视同被分立企业分配进行处理;被分立企业不再继续存在时,被分立企业及其股东应当按照清算进行所得税处理;企业分立相关企业的亏损不得相互结转弥补。

满足税法规定条件的,适用特殊性税务处理办法。

1. 特殊性税务处理的适用条件

企业分立同时符合以下条件的,适用特殊性税务处理规定:

1)具有合理的商业目的,且不以减少、免除或者推迟缴纳税款为主要目的。

2)被分立企业所有股东按原持股比例取得分立企业的股权。

3)分立企业和被分立企业均不改变原来的实质经营活动。

4)被分立企业股东在该企业分立发生时取得的股权支付金额不低于其交易支付总额的85%。

5)企业重组中取得股权支付的原主要股东,在重组后连续12个月内,不转让所取得的股权。

2. 企业分立的特殊性税务处理

企业分立满足上述适用条件的,可以选择按照以下规定处理:

1)分立企业接受被分立企业资产和负债的计税基础,以被分立企业的原有计税基础确定。

具体地说,分立企业接受了被分立企业的资产、负债,其计税基础按照被分立企业资产、负债的原计税基础确定,不按其公允价值确定。

2)被分立企业已分立出去的资产相应的所得税事项由分立企业承继。

被分立企业尚未确认的资产损失、分期确认收入的处理,以及尚未享受期满的税收优惠政策等,由分立企业承继。

3)被分立企业未超过法定弥补期限的亏损额,可按分立资产占全部资产的比例进行分配,由分立企业继续弥补。

4)被分立企业的股东取得分立企业的股权(简称"新股"),如需部分或全部放弃原持有的被分立企业的股权(简称"旧股"),"新股"的计税基础应以放弃"旧股"的计税基础确定。如不需放弃"旧股",则其取得"新股"的计税基础可从以下两种方法中选择确定:直接将"新股"的计税基础确定为零;或者以被分立企业分立出去的净资产占被分立企业全部净资产的比例先调减原持有的"旧股"的计税基础,再将调减的计税基础平均分配到"新股"上。

3. 适用特殊性税务处理的书面备案

企业发生适用特殊性税务处理的分立业务,应当准备以下资料,于重组业务完成当年的年度申报时,到主管税务机关办理书面备案手续。

1)当事方企业分立的总体情况说明,包括企业分立的商业目的。

2)企业分立的政府主管部门的批准文件。

3)被分立企业的净资产、各单项资产和负债账面价值和计税基础等相关资料。

4)证明重组符合特殊性税务处理条件的资料,包括分立后企业各股东取得股权的支付比例情况,以及12个月内不改变资产原来的实质性经营活动、原主要股东不转让所取得股权的承诺书等。

5)工商部门认定的分立和被分立企业股东股权比例证明材料。

6)分立后,分立和被分立企业工商营业执照复印件。

7)分立和被分立企业分立业务账务处理复印件。

8)税务机关要求提供的其他资料证明。

(五)非股权支付的税务处理

重组交易各方按照特殊税务处理规定,对股权收购、资产收购、合并、分立业务中股权支付暂不确认有关资产的转让所得或损失的,其非股权支付仍应在交易当期确认相应的资产转让所得或损失,并调整相应资产的计税基础。

非股权支付对应的资产转让所得或损失=(被转让资产的公允价值-被转让资产的计税基础)×(非股权支付金额÷被转让资产的公允价值)

本章附录：企业所得税年度纳税申报表及其附表

本套纳税申报表由1张主表和11张附表组成，适用于实行查账征收企业所得税的居民纳税人填报。

一、《企业所得税年度纳税申报表(A类)》(主表，见表7-10)

表7-10 中华人民共和国企业所得税年度纳税申报表(A类)

税款所属期间：　　年　月　日至　　年　月　日

纳税人名称：

纳税人识别号：□□□□□□□□□□□□□□□□□　　金额单位：元(列至角分)

类别	行次	项　目	金　额
利润总额计算	1	一、营业收入(填附表一)	
	2	减：营业成本(填附表二)	
	3	营业税金及附加	
	4	销售费用(填附表二)	
	5	管理费用(填附表二)	
	6	财务费用(填附表二)	
	7	资产减值损失	
	8	加：公允价值变动收益	
	9	投资收益	
	10	二、营业利润	
	11	加：营业外收入(填附表一)	
	12	减：营业外支出(填附表二)	
	13	三、利润总额(10+11-12)	
应纳税所得额计算	14	加：纳税调整增加额(填附表三)	
	15	减：纳税调整减少额(填附表三)	
	16	其中：不征税收入	
	17	免税收入	

续表

类别	行次	项目	金额
应纳税所得额计算	18	减计收入	
	19	减、免税项目所得	
	20	加计扣除	
	21	抵扣应纳税所得额	
	22	加:境外应税所得弥补境内亏损	
	23	纳税调整后所得(13+14-15+22)	
	24	减:弥补以前年度亏损(填附表四)	
	25	应纳税所得额(23-24)	
应纳税额计算	26	税率(25%)	
	27	应纳所得税额(25×26)	
	28	减:减免所得税额(填附表五)	
	29	减:抵免所得税额(填附表五)	
	30	应纳税额(27-28-29)	
	31	加:境外所得应纳所得税额(填附表六)	
	32	减:境外所得抵免所得税额(填附表六)	
	33	实际应纳所得税额(30+31-32)	
	34	减:本年累计实际已预缴的所得税额	
	35	其中:汇总纳税的总机构分摊预缴的税额	
	36	汇总纳税的总机构财政调库预缴的税额	
	37	汇总纳税的总机构所属分支机构分摊的预缴税额	
	38	合并纳税(母子体制)成员企业就地预缴比例	
	39	合并纳税企业就地预缴的所得税额	
	40	本年应补(退)的所得税额(33-34)	
附列资料	41	以前年度多缴的所得税额在本年抵减额	
	42	以前年度应缴未缴在本年入库所得税额	

纳税人公章: 经办人: 申报日期:　年　月　日	代理申报中介机构公章: 经办人及执业证件号码: 代理申报日期:　年　月　日	主管税务机关受理专用章: 受理人: 受理日期:　年　月　日

（一）有关行次填报说明

第1行"营业收入"：填报纳税人主要经营业务和其他经营业务取得的收入总额。本行根据"主营业务收入"和"其他业务收入"科目的数额计算填报。一般工商企业纳税人，通过附表一(1)《收入明细表》计算填报；金融企业纳税人，通过附表一(2)《金融企业收入明细表》计算填报；事业单位、社会团体、民办非企业单位、非营利组织等纳税人，通过附表一(3)《事业单位、社会团体、民办非企业单位收入明细表》计算填报。

第2行"营业成本"项目：填报纳税人主要经营业务和其他经营业务发生的成本总额。本行根据"主营业务成本"和"其他业务成本"科目的数额计算填报。一般工商企业纳税人，通过附表二(1)《成本费用明细表》计算填报；金融企业纳税人，通过附表二(2)《金融企业成本费用明细表》计算填报；事业单位、社会团体、民办非企业单位、非营利组织等纳税人，通过附表二(3)《事业单位、社会团体、民办非企业单位支出明细表》计算填报。

第3行"营业税金及附加"：填报纳税人经营活动发生的营业税、消费税、城市维护建设税、资源税、土地增值税和教育费附加等相关税费。本行根据"营业税金及附加"科目的数额计算填报。

第4行"销售费用"：填报纳税人在销售商品和材料、提供劳务的过程中发生的各种费用。本行根据"销售费用"科目的数额计算填报。

第5行"管理费用"：填报纳税人为组织和管理企业生产经营发生的管理费用。本行根据"管理费用"科目的数额计算填报。

第6行"财务费用"：填报纳税人为筹集生产经营所需资金等发生的筹资费用。本行根据"财务费用"科目的数额计算填报。

第7行"资产减值损失"：填报纳税人计提各项资产准备发生的减值损失。本行根据"资产减值损失"科目的数额计算填报。

第8行"公允价值变动收益"：填报纳税人交易性金融资产、交易性金融负债，以及采用公允价值模式计量的投资性房地产、衍生工具、套期保值业务等公允价值变动形成的应计入当期损益的利得或损失。本行根据"公允价值变动损益"科目的数额计算填报。

第9行"投资收益"：填报纳税人以各种方式对外投资确认所取得的收益或发生的损失。本行根据"投资收益"科目的数额计算填报。

第10行"营业利润"：填报纳税人当期的营业利润。根据上述项目计算填列。

第11行"营业外收入"：填报纳税人发生的与其经营活动无直接关系的各项收入。本行根据"营业外收入"科目的数额计算填报。一般工商企业纳税人，通过附表一(1)《收入明细表》相关项目计算填报；金融企业纳税人，通过附表一(2)《金融企业收入明细表》相关项目计算填报；事业单位、社会团体、民办非企业单位、非营利组织等纳税人，通过附表一(3)《事业单位、社会团体、民办非企业单位收入明细表》计算填报。

第12行"营业外支出"：填报纳税人发生的与其经营活动无直接关系的各项支出。本行根据"营业外支出"科目的数额计算填报。一般工商企业纳税人，通过附表二(1)《成本费用明细表》相关项目计算填报；金融企业纳税人，通过附表二(2)《金融企业成本费用明细表》相关项目计算填报；事业单位、社会团体、民办非企业单位、非营利组织等纳税人，通过附表一(3)《事业单位、社会团体、民办非企业单位支出明细表》计算填报。

第13行"利润总额"：填报纳税人当期的利润总额。

第14行"纳税调整增加额"：填报纳税人会计处理与税收规定不一致，进行纳税调整增加的金额。本行通过附表三《纳税调整项目明细表》"调增金额"列计算填报。

第15行"纳税调整减少额"：填报纳税人会计处理与税收规定不一致，进行纳税调整减少的金额。本行通过附表三《纳税调整项目明细表》"调减金额"列计算填报。

第16行"不征税收入"：填报纳税人计入利润总额但属于税收规定不征税的财政拨款、依法收取并纳入财政管理的行政事业性收费、政府性基金，以及国务院规定的其他不征税收入。本行通过附表一(3)《事业单位、社会团体、民办非企业单位收入明细表》计算填报。

第 17 行“免税收入”：填报纳税人计入利润总额但属于税收规定免税的收入或收益，包括国债利息收入；符合条件的居民企业之间的股息、红利等权益性投资收益；从居民企业取得与该机构、场所有实际联系的股息、红利等权益性投资收益；符合条件的非营利组织的收入。本行通过附表五《税收优惠明细表》第 1 行计算填报。

第 18 行“减计收入”：填报纳税人以《资源综合利用企业所得税优惠目录》规定的资源作为主要原材料，生产国家非限制和非禁止并符合国家和行业相关标准的产品取得收入 10% 的数额。本行通过附表五《税收优惠明细表》第 6 行计算填报。

第 19 行“减、免税项目所得”：填报纳税人按照税收规定减征、免征企业所得税的所得额。本行通过附表五《税收优惠明细表》第 14 行计算填报。

第 20 行“加计扣除”：填报纳税人开发新技术、新产品、新工艺发生的研究开发费用，以及安置残疾人员及国家鼓励安置的其他就业人员所支付的工资，符合税收规定条件的准予按照支出额一定比例，在计算应纳税所得额时加计扣除的金额。本行通过附表五《税收优惠明细表》第 9 行计算填报。

第 21 行“抵扣应纳税所得额”：填报创业投资企业采取股权投资方式投资于未上市的中小高新技术企业 2 年以上的，可以按照其投资额的 70% 在股权持有满 2 年的当年抵扣该创业投资企业的应纳税所得额。当年不足抵扣的，可以在以后纳税年度结转抵扣。本行通过附表五《税收优惠明细表》第 39 行计算填报。

第 22 行“境外应税所得弥补境内亏损”：填报纳税人根据税收规定，境外所得可以弥补境内亏损的数额。

第 23 行“纳税调整后所得”：填报纳税人经过纳税调整计算后的所得额。当本表第 23 行 <0 时，即为可结转以后年度弥补的亏损额；如本表第 23 行 >0 时，继续计算应纳税所得额。

第 24 行“弥补以前年度亏损”：填报纳税人按照税收规定可在税前弥补的以前年度亏损的数额。本行通过附表四《企业所得税弥补亏损明细表》第 6 行第 10 列填报。但不得超过本表第 23 行“纳税调整后所得”。

第 25 行“应纳税所得额”：金额等于本表“23 行 $-$ 24 行”。本行不得为负数。本表第 23 行或者按照上述行次顺序计算结果本行为负数，本行金额填零。

第 26 行“税率”：填报税法规定的税率 25%。

第 27 行“应纳所得税额”：金额等于本表“25 行 $\times$ 26 行”。

第 28 行“减免所得税额”：填报纳税人按税收规定实际减免的企业所得税额，包括小型微利企业、国家需要重点扶持的高新技术企业、享受减免税优惠过渡政策的企业，其法定税率与实际执行税率的差额，以及其他享受企业所得税减免税的数额。本行通过附表五《税收优惠明细表》第 33 行计算填报。

第 29 行“抵免所得税额”：填报纳税人购置用于环境保护、节能节水、安全生产等专用设备的投资额，其设备投资额的 10% 可以从企业当年的应纳所得税额中抵免的金额；当年不足抵免的，可以在以后 5 个纳税年度结转抵免。本行通过附表五《税收优惠明细表》第 40 行计算填报。

第 30 行“应纳税额”：金额等于本表“27 行 $-$ 28 行 $-$ 29 行”。

第 31 行“境外所得应纳所得税额”：填报纳税人来源于中国境外的所得，按照税法及其实施条例，以及相关税收规定计算的应纳所得税额。

第 32 行“境外所得抵免所得税额”：填报纳税人来源于中国境外所得依照中国境外税收法律以及相关规定应缴纳并实际缴纳的企业所得税性质的税款，准予抵免的数额。

企业已在境外缴纳的所得税额，小于抵免限额的，“境外所得抵免所得税额”按其在境外实际缴纳的所得税额填报；大于抵免限额的，按抵免限额填报，超过抵免限额的部分，可在以后 5 个年度内，用每年度抵免限额抵免当年应抵税额后的余额进行抵补。

第33行“实际应纳所得税额”:填报纳税人当期的实际应纳所得税额。

第34行“本年累计实际已预缴的所得税额”:填报纳税人按照税收规定本纳税年度已在月(季)度累计预缴的所得税款。

第35行“汇总纳税的总机构分摊预缴的税额”:填报汇总纳税的总机构按照税收规定已在月(季)度在总机构所在地累计预缴的所得税款。应附报《企业所得税汇总纳税分支机构企业所得税分配表》。

第36行“汇总纳税的总机构财政调库预缴的税额”:填报汇总纳税的总机构按照税收规定已在月(季)度在总机构所在地累计预缴在财政调节专户的所得税款。应附报《企业所得税汇总纳税分支机构企业所得税分配表》。

第37行“汇总纳税的总机构所属分支机构分摊的预缴税额”:填报汇总纳税的分支机构已在月(季)度在分支机构所在地累计分摊预缴的所得税款。应附报《企业所得税汇总纳税分支机构企业所得税分配表》。

第38行“合并纳税(母子体制)成员企业就地预缴比例”:填报经国务院批准的实行合并纳税(母子体制)的成员企业按照税收规定就地预缴税款的比例。

第39行“合并纳税企业就地预缴的所得税额”:填报合并纳税的成员企业已在月(季)度累计预缴的所得税款。

第40行“本年应补(退)的所得税额”:填报纳税人当期应补(退)的所得税额。

第41行“以前年度多缴的所得税在本年抵减额”:填报纳税人以前纳税年度汇算清缴多缴的税款尚未办理退税,并在本纳税年度抵缴的所得税额。

第42行“以前年度应缴未缴在本年入库所得额”:填报纳税人以前纳税年度损益调整税款、上一纳税年度第四季度预缴税款和汇算清缴的税款,在本纳税年度入库所得税额。

(二)表间关系

第1行=附表一(1)第2行或附表一(2)第1行或附表一(3)第2行至7行合计

第2行=附表二(1)第2+7行或附表二(2)第1行或附表二(3)第2至9行合计

第11行=附表一(1)第17行或附表一(2)第42行或附表一(3)第9行

第12行=附表二(1)第16行或附表二(2)第45行或附表二(3)第10行

第14行=附表三第55行第3列合计

第15行=附表三第55行第4列合计

第16行=附表一(3)10行或附表三第14行第4列

第17行=附表五第1行

第18行=附表五第6行

第19行=附表五第14行

第20行=附表五第9行

第21行=附表五第39行

第22行=附表六第7列合计(当本表13行+14行-15行≥0时,本行=0)

第24行=附表四第6行第10列

第28行=附表五第33行

第29行=附表五第40行

第31行=附表六第10列合计

第32行=附表六第13列合计+第15列合计或附表六第17列合计

二、企业所得税年度纳税申报表附表一(1)《收入明细表》(见表7－11)

表7－11 企业所得税年度纳税申报表附表一(1)

收入明细表

填报时间： 年 月 日 金额单位：元(列至角分)

行次	项 目	金 额
1	一、销售(营业)收入合计(2＋13)	
2	(一)营业收入合计(3＋8)	
3	1.主营业务收入(4＋5＋6＋7)	
4	(1)销售货物	
5	(2)提供劳务	
6	(3)让渡资产使用权	
7	(4)建造合同	
8	2.其他业务收入(9＋10＋11＋12)	
9	(1)材料销售收入	
10	(2)代购代销手续费收入	
11	(3)包装物出租收入	
12	(4)其他	
13	(二)视同销售收入(14＋15＋16)	
14	1.非货币性交易视同销售收入	
15	2.货物、财产、劳务视同销售收入	
16	3.其他视同销售收入	
17	二、营业外收入(18＋19＋20＋21＋22＋23＋24＋25＋26)	
18	1.固定资产盘盈	
19	2.处置固定资产净收益	
20	3.非货币性资产交易收益	
21	4.出售无形资产收益	
22	5.罚款净收入	
23	6.债务重组收益	
24	7.政府补助收入	

续表

行次	项　　目	金　额
25	8.捐赠收入	
26	9.其他	

经办人(签章)：　　　　　　　　　　　　　　　　法定代表人(签章)：

(一)有关行次填报说明

第1行"销售(营业)收入合计"：填报纳税人根据国家统一会计制度确认的主营业务收入、其他业务收入，以及根据税收规定确认的视同销售收入。本行数据作为计算业务招待费、广告费和业务宣传费支出扣除限额的计算基数。

第2行"营业收入合计"：填报纳税人根据国家统一会计制度确认的主营业务收入和其他业务收入。本行数额填入主表第1行。

第3行"主营业务收入"：根据不同行业的业务性质分别填报纳税人按照国家统一会计制度核算的主营业务收入。

第4行"销售货物"：填报从事工业制造、商品流通、农业生产以及其他商品销售企业取得的主营业务收入。

第5行"提供劳务"：填报从事提供旅游饮食服务、交通运输、邮政通信、对外经济合作等劳务、开展其他服务的纳税人取得的主营业务收入。

第6行"让渡资产使用权"：填报让渡无形资产使用权(如商标权、专利权、专有技术使用权、版权、专营权等)而取得的使用费收入以及以租赁业务为基本业务的出租固定资产、无形资产、投资性房地产在主营业务收入中核算取得的租金收入。

第7行"建造合同"：填报纳税人建造房屋、道路、桥梁、水坝等建筑物，以及船舶、飞机、大型机械设备等取得的主营业务收入。

第8行：根据不同行业的业务性质分别填报纳税人按照国家统一会计制度核算的其他业务收入。

第9行"材料销售收入"：填报纳税人销售材料、下脚料、废料、废旧物资等取得的收入。

第10行"代购代销手续费收入"：填报纳税人从事代购代销、受托代销商品取得的手续费收入。

第11行"包装物出租收入"：填报纳税人出租、出借包装物取得的租金和逾期未退包装物没收的押金。

第12行"其他"：填报纳税人按照国家统一会计制度核算、上述未列举的其他业务收入。

第13行：填报纳税人会计上不作为销售核算，但按照税收规定视同销售确认的应税收入。

第14行"非货币性交易视同销售收入"：填报纳税人发生非货币性交易行为，会计核算未确认或未全部确认损益，按照税收规定应视同销售确认应税收入。纳税人按照国家统一会计制度已确认的非货币性交易损益的，直接填报非货币性交易换出资产公允价值与已确认的非货币交易收益的差额。

第15行"货物、财产、劳务视同销售收入"：填报纳税人将货物、财产、劳务用于捐赠、偿债、赞助、集资、广告、样品、职工福利或者利润分配等用途的，按照税收规定应视同销售确认应税收入。

第16行"其他视同销售收入"：填报除上述项目外，按照税收规定其他视同销售确认应税收入。

第17行"营业外收入"：填报纳税人与生产经营无直接关系的各项收入的金额。本行数据填入主表第11行。

第18行"固定资产盘盈"：填报纳税人在资产清查中发生的固定资产盘盈。

第19行"处置固定资产净收益"：填报纳税人因处置固定资产而取得的净收益。

第20行"非货币性资产交易收益"：填报纳税人发生的非货币性交易按照国家统一会计制度确认为损益的金

额。执行企业会计准则的纳税人,发生具有商业实质且换出资产为固定资产、无形资产的非货币性交易,填报其换出资产公允价值和换出资产账面价值的差额;执行企业会计制度和小企业会计制度的纳税人,填报与收到补价相对应的收益额。

第21行"出售无形资产收益":填报纳税人处置无形资产而取得净收益的金额。

第22行"罚款收入":填报纳税人在日常经营管理活动中取得的罚款收入。

第23行"债务重组收益":填报纳税人发生的债务重组行为确认的债务重组利得。

第24行"政府补助收入":填报纳税人从政府无偿取得的货币性资产或非货币性资产的金额,包括补贴收入。

第25行"捐赠收入":填报纳税人接受的来自其他企业、组织或者个人无偿给予的货币性资产、非货币性资产捐赠,确认的收入。

第26行"其他":填报纳税人按照国家统一会计制度核算、上述项目未列举的其他营业外收入。

(二)表间关系

第1行=附表八第4行　　第2行=主表第1行

第13行=附表三第2行第3列　　第17行=主表第11行

三、企业所得税年度纳税申报表附表一(2)《收入明细表》(见表7-12)

表7-12　企业所得税年度纳税申报表附表一(2)

金融企业收入明细表

填报时间:　年　月　日　　　　金额单位:元(列至角分)

行次	项　目	金　额
1	一、营业收入(2+19+25+35)	
2	(一)银行业务收入(3+10+18)	
3	1.银行业利息收入(4+5+6+7+8+9)	
4	(1)存放同业	
5	(2)存放中央银行	
6	(3)拆出资金	
7	(4)发放贷款及垫款	
8	(5)买入返售金融资产	
9	(6)其他	
10	2.银行业手续费及佣金收入(11+12+13+14+15+16+17)	
11	(1)结算与清算手续费	
12	(2)代理业务手续费	
13	(3)信用承诺手续费及佣金	
14	(4)银行卡手续费	

续表

行次	项　　目	金　额
15	(5)顾问和咨询费	
16	(6)托管及其他受托业务佣金	
17	(7)其他	
18	3.其他业务收入	
19	(二)保险业务收入(20+24)	
20	1.已赚保费(21-22-23)	
21	保费收入	
22	减:分出保费	
23	提取未到期责任准备金	
24	2.其他业务收入	
25	(三)证券业务收入(26+33+34)	
26	1.手续费及佣金收入(27+28+29+30+31+32)	
27	(1)证券承销业务收入	
28	(2)证券经纪业务收入	
29	(3)受托客户资产管理业务收入	
30	(4)代理兑付证券业务收入	
31	(5)代理保管证券业务收入	
32	(6)其他	
33	2.利息净收入	
34	3.其他业务收入	
35	(四)其他金融业务收入(36+37)	
36	1.业务收入	
37	2.其他业务收入	
38	二、视同销售收入(39+40+41)	
39	1.非货币性资产交换	
40	2.货物、财产、劳务视同销售收入	
41	3.其他视同销售收入	

续表

行次	项目	金额
42	三、营业外收入(43+44+45+46+47+48)	
43	1. 固定资产盘盈	
44	2. 处置固定资产净收益	
45	3. 非货币性资产交易收益	
46	4. 出售无形资产收益	
47	5. 罚款净收入	
48	6. 其他	

经办人(签章): 法定代表人(签章):

(一)有关行次填报说明

第1行"营业收入":填报纳税人提供金融商品服务所取得的收入。

第2行"银行业务收入":填报纳税人从事银行业务取得的收入。

第3行"银行利息收入":填报纳税人存贷款业务等取得的各项利息收入,包括存放同业、存放中央银行、发放贷款及垫款、买入返售金融资产等利息收入。

第4行"存放同业":填报纳税人存放于境内、境外银行和非银行金融机构款项取得的利息收入。

第5行"存放中央银行":填报纳税人存放于中国人民银行的各种款项利息收入。

第6行"拆出资金":填报纳税人拆借给境内、境外其他金融机构款项的利息收入。

第8行"买入返售金融资产":填报纳税人按照返售协议约定先买入再按固定价格返售的票据、证券、贷款等金融资产所融出资金的利息收入。

第9行"其他":填报纳税人除本表第4行至第8行以外的其他利息收入,包括债券投资利息等收入。

第10行"银行业手续费及佣金收入":填报纳税人在提供相关金融业务服务时向客户收取的收入,包括结算与清算手续费、代理业务手续费、信用承诺手续费及佣金、银行卡手续费、顾问和咨询费、托管及其他受托业务佣金等。

第21行"保费收入":填报纳税人从事保险业务确认的原保费收入和分保费收入。

第22行"分出保费":填报纳税人发生分保业务支付的保费。

第23行"提取未到期责任准备金":填报纳税人提取的非寿险原保险合同未到期责任准备金和再保险合同分保未到期责任准备金。

第25行"证券业务收入":填报纳税人从事证券业务取得的各项收入。

第26行"手续费及佣金收入":填报纳税人承销、代理兑付等业务取得的手续费收入和各项手续费、佣金等,包括证券承销业务、证券经纪业务、客户资产管理业务、代理兑付证券、代理保管证券、证券委托管理资产手续费等收入。

第33行"利息净收入":填报纳税人从事证券业务取得的利息净收入。

第34行"其他业务收入":填报纳税人取得的投资收益、汇兑收益等。

第35行"其他金融业务收入":填报纳税人核算的除上述金融业务外取得的收入的金额,包括业务收入和其他业务收入。

第38行"视同销售收入":填报纳税人会计上不作为销售核算、但按照税收规定视同销售确认的应税收入。

第39行"非货币性资产交换":填报纳税人发生非货币性交易行为,会计核算未确认或未全部确认损益,按照税收规定应视同销售确认应税收入。

第40行"货物、财产、劳务视同销售收入":填报纳税人将货物、财产、劳务用于捐赠、偿债、赞助、集资、广告、样品、职工福利或者利润分配等用途的,按照税收规定应视同销售确认应税收入。

第41行"其他视同销售收入":填报除上述项目外按照税收规定其他视同销售确认应税收入。

第42行"营业外收入":填报纳税人与生产经营无直接关系的各项收入。

第43行"固定资产盘盈":填报纳税人在资产清查中发生的固定资产盘盈。

第44行"处置固定资产净收益":填报纳税人因处置固定资产取得的净收益。

第45行"非货币性资产交易收益":填报纳税人发生的非货币性交易按照国家统一会计制度确认为损益。执行企业会计准则的纳税人,发生具有商业实质且换出资产为固定资产、无形资产的非货币性交易,填报其换出资产公允价值和换出资产账面价值的差额;执行金融企业会计制度的纳税人,填报与收到补价相对应的收益额。

第46行"出售无形资产收益":填报纳税人因处置无形资产取得的净收益。

第47行"罚款收入":填报纳税人在日常经营管理活动中取得的罚款收入。

第48行"其他":填报纳税人按照国家统一会计制度核算、上述项目未列举的其他营业外收入的金额。

(二)表间关系

第1行=主表第1行　　　　第1行+38行=附表八第4行

第38行=附表三第2行第3列　　第42行=主表第11行

四、企业所得税年度纳税申报表附表一(3)《收入明细表》(见表7-13)

表7-13 企业所得税年度纳税申报表附表一(3)

事业单位、社会团体、民办非企业单位收入明细表

填报时间:　　年　月　日　　　　　　　　金额单位:元(列至角分)

行次	项　目	金　额
1	一、收入总额(2+3+…+9)	
2	财政补助收入	
3	上级补助收入	
4	拨入专款	
5	事业收入	
6	经营收入	
7	附属单位缴款	
8	投资收益	

续表

行次	项　目	金　额
9	其他收入	
10	二、不征税收入总额(11+12+13+14)	
11	财政拨款	
12	行政事业性收费	
13	政府性基金	
14	其他	
15	三、应纳税收入总额(1-10)	
16	四、应纳税收入总额占全部收入总额比重(15÷1)	

经办人(签章)：　　　　　　　　　　法定代表人(签章)：

(一)有关行次填报说明

第1行"收入总额"：填报纳税人取得的所有收入的金额(包括不征税收入和免税收入)，按照会计核算口径填报。

第2行"财政补助收入"：填报纳税人直接从财政部门取得的和通过主管部门从财政部门取得的各类事业经费，包括正常经费和专项资金。

第3行"上级补助收入"：填报纳税人通过主管部门从财政部门取得的非财政补助收入。

第4行"拨入专款"：填报纳税人从财政部门取得的和通过主管部门从财政部门取得的专项资金。

第5行"事业收入"：填报纳税人开展专业业务活动及其辅助活动取得的收入。

第6行"经营收入"：填报纳税人开展除专业业务活动及其辅助活动以外取得的收入。

第7行"附属单位缴款"：填报纳税人附属独立核算单位按有关规定上缴的收入，包括附属事业单位上缴的收入和附属的企业上缴的利润等。

第8行"投资收益"：填报纳税人取得的债权性投资的利息收入、权益性投资的股息红利收入和投资转让净收入。

第9行"其他收入"：填报纳税人取得的除本表第2至8行项目以外的收入，包括盘盈收入、处置固定资产净收益、无形资产转让、非货币性资产交易收益、罚款净收入、其他单位对本单位的补助以及其他零星杂项收入等。按照会计核算"营业外收入"口径填报。

第10行"不征税收入总额"：填报纳税人计入利润总额但属于税收规定不征税的财政拨款、依法收取并纳入财政管理的行政事业性收费、政府性基金，以及国务院规定的其他不征税收入。本行数据填入主表第16行和附表三第14行第4列。

第11行"财政拨款"：填报各级人民政府对纳入预算管理的事业单位、社会团体等组织拨付的财政资金，但国务院和国务院财政、税务主管部门另有规定的除外。

第12行"行政事业性收费"：填报依照法律行政法规等有关规定，按照国务院规定程序批准，在实施社会公共管理，以及在向公民、法人或者其他组织提供特定公共服务过程中，向特定对象收取并纳入财政管理的费用。

第13行"政府性基金"：填报纳税人依照法律、行政法规等有关规定，代政府收取的具有专项用途的财政资金。

第14行“其他”：填报纳税人取得的，由国务院财政、税务主管部门规定专项用途并经国务院批准的财政性资金。

第15行“应纳税收入总额”：金额等于本表“1行－10行”。

第16行“应纳税收入总额占全部收入总额的比重”：数额等于本表“15行÷1行”。

（二）表间关系

第2行+3行+4行+5行+6行+7行=主第1行　　第8行=主表第9行

第9行=主表第11行

第10行=主表第16行=附表三第14行第4列

五、企业所得税年度纳税申报表附表二（1）《成本费用明细表》（见表7－14）

表7－14　企业所得税年度纳税申报表附表二（1）

成本费用明细表

填报时间：　　年　月　日　　　　金额单位：元（列至角分）

行次	项　　目	金　额
1	一、销售（营业）成本合计（2+7+12）	
2	（一）主营业务成本（3+4+5+6）	
3	（1）销售货物成本	
4	（2）提供劳务成本	
5	（3）让渡资产使用权成本	
6	（4）建造合同成本	
7	（二）其他业务成本（8+9+10+11）	
8	（1）材料销售成本	
9	（2）代购代销费用	
10	（3）包装物出租成本	
11	（4）其他	
12	（三）视同销售成本（13+14+15）	
13	（1）非货币性交易视同销售成本	
14	（2）货物、财产、劳务视同销售成本	
15	（3）其他视同销售成本	
16	二、营业外支出（17+18+…+24）	
17	1. 固定资产盘亏	

续表

行次	项　目	金　额
18	2. 处置固定资产净损失	
19	3. 出售无形资产损失	
20	4. 债务重组损失	
21	5. 罚款支出	
22	6. 非常损失	
23	7. 捐赠支出	
24	8. 其他	
25	三、期间费用(26 +27 +28)	
26	1. 销售(营业)费用	
27	2. 管理费用	
28	3. 财务费用	

经办人(签章)：　　　　　　　　　　　　　　　　　法定代表人(签章)：

(一)有关项目填报说明

第 1 行“销售(营业)成本合计”：填报纳税人根据国家统一会计制度确认的主营业务成本、其他业务成本和按税收规定视同销售确认的成本。

第 2 行“主营业务成本”：根据不同行业的业务性质分别填报纳税人按照国家统一会计制度核算的主营业务成本。

第 3 行“销售货物成本”：填报从事工业制造、商品流通、农业生产以及其他商品销售企业发生的主营业务成本。

第 4 行“提供劳务成本”：填报从事提供旅游饮食服务、交通运输、邮政通信、对外经济合作等劳务、开展其他服务的纳税人发生的主营业务成本。

第 5 行“让渡资产使用权成本”：填报让渡无形资产使用权(如商标权、专利权、专有技术使用权、版权、专营权等)发生的使用费成本以及以租赁业务为基本业务的出租固定资产、无形资产、投资性房地产在主营业务收入中核算发生的租金成本。

第 6 行“建造合同成本”：填报纳税人建造房屋、道路、桥梁、水坝等建筑物，以及船舶、飞机、大型机械设备等发生的主营业务成本。

第 7 行“其他业务成本”：根据不同行业的业务性质分别填报纳税人按照国家统一会计制度核算的其他业务成本。

第 8 行“材料销售成本”：填报纳税人销售材料、下脚料、废料、废旧物资等发生的支出。

第 9 行“代购代销费用”：填报纳税人从事代购代销、受托代销商品发生的支出。

第 10 行“包装物出租成本”：填报纳税人出租、出借包装物发生的租金支出和逾期未退包装物发生的支出。

第 11 行“其他”：填报纳税人按照国家统一会计制度核算、上述项目未列举的其他业务成本。

第12行“视同销售成本”：填报纳税人会计上不作为销售核算、但按照税收规定视同销售确认的应税成本。本行数据填入附表三第21行第4列。

第16至24行“营业外支出”：填报纳税人与生产经营无直接关系的各项支出。本行数据填入主表第12行。

第17行“固定资产盘亏”：填报纳税人在资产清查中发生的固定资产盘亏。

第18行“处置固定资产净损失”：填报纳税人因处置固定资产发生的净损失。

第19行“出售无形资产损失”：填报纳税人因处置无形资产而发生的净损失。

第20行“债务重组损失”：填报纳税人发生的债务重组行为按照国家统一会计制度确认的债务重组损失。

第21行“罚款支出”：填报纳税人在日常经营管理活动中发生的罚款支出。

第22行“非常损失”：填报纳税人按照国家统一会计制度规定在营业外支出中核算的各项非正常的财产损失。

第23行“捐赠支出”：填报纳税人实际发生的货币性资产、非货币性资产捐赠支出。

第24行“其他”：填报纳税人按照国家统一会计制度核算、上述项目未列举的其他营业外支出。

第25至28行“期间费用”：填报纳税人按照国家统一会计制度核算的销售（营业）费用、管理费用和财务费用的数额。

第26行“销售（营业）费用”：填报纳税人在销售商品和材料、提供劳务的过程中发生的各种费用。本行根据“销售费用”科目的数额计算填报。本行数据填入主表第4行。

第27行“管理费用”：填报纳税人为组织和管理企业生产经营发生的管理费用。本行根据“管理费用”科目的数额计算填报。本行数据填入主表第5行。

第28行“财务费用”：填报纳税人为筹集生产经营所需资金等发生的筹资费用。本行根据“财务费用”科目的数额计算填报。本行数据填入主表第6行。

（二）表间关系

第2行+7行=主表第2行　　第12行=附表三第21行第4列

第16行=主表第12行　　第26行=主表第4行

第27行=主表第5行　　第28行=主表第6行

六、企业所得税年度纳税申报表附表二（2）《成本费用明细表》（见表7-15）

表7-15　企业所得税年度纳税申报表附表二（2）

金融企业成本费用明细表

填报时间：　年　月　日　　　　金额单位：元（列至角分）

行次	项　目	金　额
1	一、营业成本（2+17+31+38）	
2	（一）银行业务成本（3+11+15+16）	
3	1.银行利息支出（4+5+…+10）	
4	（1）同业存放	
5	（2）向中央银行借款	
6	（3）拆入资金	

续表

行次	项　目	金　额
7	(4)吸收存款	
8	(5)卖出回购金融资产	
9	(6)发行债券	
10	(7)其他	
11	2.银行手续费及佣金支出(12+13+14)	
12	(1)手续费支出	
13	(2)佣金支出	
14	(3)其他	
15	3.业务及管理费	
16	4.其他业务成本	
17	(二)保险业务支出(18+30)	
18	1.业务支出(19+20-21+22-23+24+25+26+27-28+29)	
19	(1)退保金	
20	(2)赔付支出	
21	减:摊回赔付支出	
22	(3)提取保险责任准备金	
23	减:摊回保险责任准备金	
24	(4)保单红利支出	
25	(5)分保费用	
26	(6)手续费及佣金支出	
27	(7)业务及管理费	
28	减:摊回分保费用	
29	(8)其他	
30	2.其他业务成本	
31	(三)证券业务支出(32+36+37)	
32	1.证券手续费支出(33+34+35)	
33	(1)证券经纪业务支出	
34	(2)佣金	

续表

行次	项 目	金 额
35	(3)其他	
36	2.业务及管理费	
37	3.其他业务成本	
38	(四)其他金融业务支出(39+40)	
39	1.业务支出	
40	2.其他业务成本	
41	二、视同销售应确认成本(42+43+44)	
42	1.非货币性资产交换成本	
43	2.货物、财产、劳务视同销售成本	
44	3.其他视同销售成本	
45	三、营业外支出(46+47+48+49+50)	
46	1.固定资产盘亏	
47	2.处置固定资产净损失	
48	3.非货币性资产交易损失	
49	4.出售无形资产损失	
50	5.其他	

经办人(签章): 法定代表人(签章):

(一)有关项目填报说明

第1行“营业成本”:填报金融企业提供金融商品服务所发生的成本。

第2行“银行利息成本”:填报纳税人从事银行业务发生的支出。

第3行“银行利息支出”:填报纳税人经营存贷款业务等发生的利息支出,包括同业存放、向中央银行借款、拆入资金、吸收存款、卖出回购金融资产、发行债券和其他业务利息支出。

第11行“银行手续费及佣金支出”:填报纳税人发生的与其经营业务活动相关的各项手续费、佣金等支出。

第17行“保险业务支出”:填报纳税人从事保险业务发生的赔付支出、提取保险责任准备金、手续费支出、分保费用、退保金、保户红利支出业务及管理费等支出总额,扣减摊回赔付支出、摊回保险责任准备金、摊回分保费用等项目后的支出。

第19行“退保金”:填报纳税人寿险原保险合同提前解除时按照约定应当退还投保人的保单现金价值。

第20行“赔付支出”:填报纳税人支付的原保险合同赔付款项和再保险赔付款项的支出。

第21行“摊回赔付支出”:填报纳税人向再保险接受人摊回的赔付成本。

第22行“提取保险责任准备金”:填报纳税人提取的原保险合同保险责任准备金,包括提取的未决赔款准备金、寿险责任准备金、长期健康险责任准备金。

第23行“摊回保险责任准备金”:填报纳税人从事再保险业务向再保险接受人摊回的保险责任准备金,包括未决赔款准备金、寿险责任准备金、长期健康险责任准备金。

第24行“保单红利支出”:填报纳税人按原保险合同约定支付给投保人的红利。

第25行“分保费用”:填报纳税人向再保险分出人支付的分保费用。

第26行“手续费及佣金支出”:填报纳税人发生的与其经营活动相关的手续费、佣金支出。

第28行“摊回分保费用”:填报纳税人向再保险接受人摊回的分保费用。

第31行“证券业务支出”:填报纳税人从事证券业务发生的证券手续费支出和证券其他业务支出。

第32行“证券手续费支出”:填报纳税人代理承销、兑付和买卖证券等业务发生的各项手续费、风险结算金、承销业务直接相关的各项费用及佣金支出。

第38行“其他金融业务支出”:填报纳税人核算的除上述金融业务外与其他金融业务收入对应的其他业务支出的金额,包括业务支出和其他业务支出。

第41行“视同销售应确认成本”:填报纳税人会计上不作为销售核算、但按照税收规定视同销售确认的应税成本。

第45行“营业外支出”:填报纳税人发生的各项营业外支出的金额,包括非流动资产处置损失、非货币性资产交换损失、债务重组损失、捐赠支出、非常损失、盘亏损失等。

(二)表间关系

第1行=主表第2行　第41行=附表三第21行第4列　第45行=主表第12行

七、企业所得税年度纳税申报表附表二(3)《成本费用明细表》(见表7-16)

表7-16　企业所得税年度纳税申报表附表二(3)

事业单位、社会团体、民办非企业单位支出明细表

填报时间：　年　月　日　　　　　　　　金额单位:元(列至角分)

行次	项　目	金额
1	一、支出总额(2+3+…+10)	
2	拨出经费	
3	上缴上级支出	
4	拨出专款	
5	专款支出	
6	事业支出	
7	经营支出	
8	对附属单位补助	
9	结转自筹基建	
10	其他支出	
11	二、不准扣除的支出总额	
12	(1)税收规定不允许扣除的支出项目金额	

续表

行次	项　　目	金　额
13	(2)按分摊比例计算的支出项目金额	
14	三、准予扣除的支出总额	

经办人(签章)：　　　　　　　　　　　　　　法定代表人(签章)：

(一)有关项目填报说明

第1行"支出总额"：纳税人发生的所有支出总额(含不征税收入形成的支出)，按照会计核算口径填报。

第2行"拨出经费"：填报纳税人拨出经费支出。

第3行"上缴上级支出"：填报纳税人实行收入上缴办法的事业单位按照规定的定额或者比例上缴上级单位的支出。

第4行"拨出专款"：填报纳税人按照规定或批准的项目拨出具有专项用途的资金。

第5行"专款支出"，填报国家财政、主管部门或上级单位拨入的指定项目或用途并需要单独报账的专项资金的实际支出。

第6行"事业支出"：填报纳税人开展专业业务活动及其辅助活动发生的支出，包括工资、补助工资、职工福利费、社会保障费、助学金，公务费、业务费、设备购置费、修缮费和其他费用。

第7行"经营支出"：填报纳税人在专业业务活动及其辅助活动之外开展非独立核算经营活动发生的支出。

第8行"对附属单位补助"：填报纳税人用财政补助收入之外的收入对附属单位补助发生的支出。

第9行"结转自筹基建"：填报纳税人达到基建额度的支出。

第10行"其他支出"：填报上述第2行至9行项目之外的其他支出的金额，包括非常损失、捐赠支出、赔偿金、违约金等。按照会计核算"营业外收入"口径填报。

第11行"不准扣除的支出总额"：填报纳税人按照税收规定不允许税前扣除的支出总额，包括纳税人的不征税收入用于支出所形成的费用或者财产，不得扣除或者计算对应的折旧、摊销扣除。

第14行"准予扣除的支出总额"：金额等于"1行－11行"。

(二)表间关系

第2至9行合计＝主表第2行

第10行＝主表第12行

八、企业所得税年度纳税申报表附表三《纳税调整项目明细表》(见表7－17)

表7－17　企业所得税年度纳税申报表附表三

纳税调整项目明细表

填报时间：　　年　月　日　　　　　　　　　　　　金额单位：元(列至角分)

	行次	项　　目	账载金额	税收金额	调增金额	调减金额
			1	2	3	4
	1	一、收入类调整项目	*	*		

续表

	行次	项　目	账载金额	税收金额	调增金额	调减金额
			1	2	3	4
	2	1. 视同销售收入(填写附表一)	*	*		*
#	3	2. 接受捐赠收入	*			*
	4	3. 不符合税收规定的销售折扣和折让				*
*	5	4. 未按权责发生制原则确认的收入				
*	6	5. 按权益法核算长期股权投资对初始投资成本调整确认收益	*	*	*	
	7	6. 按权益法核算的长期股权投资持有期间的投资损益	*	*		
*	8	7. 特殊重组				
*	9	8. 一般重组				
*	10	9. 公允价值变动净收益(填写附表七)	*	*		
	11	10. 确认为递延收益的政府补助				
	12	11. 境外应税所得(填写附表六)	*	*	*	
	13	12. 不允许扣除的境外投资损失				*
	14	13. 不征税收入[填附表一(3)]	*	*	*	
	15	14. 免税收入(填附表五)	*	*	*	
	16	15. 减计收入(填附表五)	*	*	*	
	17	16. 减、免税项目所得(填附表五)	*	*	*	
	18	17. 抵扣应纳税所得额(填附表五)	*	*	*	
	19	18. 其他				
	20	二、扣除类调整项目	*	*		
	21	1. 视同销售成本(填写附表二)	*	*	*	
	22	2. 工资薪金支出				
	23	3. 职工福利费支出				
	24	4. 职工教育经费支出				
	25	5. 工会经费支出				
	26	6. 业务招待费支出				*
	27	7. 广告费和业务宣传费支出(填写附表八)	*	*		

续表

	行次	项　　目	账载金额	税收金额	调增金额	调减金额
			1	2	3	4
	28	8. 捐赠支出				*
	29	9. 利息支出				
	30	10. 住房公积金				*
	31	11. 罚金、罚款和被没收财物的损失		*		*
	32	12. 税收滞纳金		*		*
	33	13. 赞助支出		*		*
	34	14. 各类基本社会保障性缴款				
	35	15. 补充养老保险、补充医疗保险				
	36	16. 与未实现融资收益相关在当期确认的财务费用				
	37	17. 与取得收入无关的支出		*		*
	38	18. 不征税收入用于支出所形成的费用		*		*
	39	19. 加计扣除（填附表五）	*	*	*	
	40	20. 其他				
	41	三、资产类调整项目	*	*		
	42	1. 财产损失				
	43	2. 固定资产折旧（填写附表九）	*	*		
	44	3. 生产性生物资产折旧（填写附表九）	*	*		
	45	4. 长期待摊费用的摊销（填写附表九）	*	*		
	46	5. 无形资产摊销（填写附表九）	*	*		
	47	6. 投资转让、处置所得（填写附表十一）	*	*		
	48	7. 油气勘探投资（填写附表九）				
	49	8. 油气开发投资（填写附表九）				
	50	9. 其他				
	51	四、准备金调整项目（填写附表十）	*	*		
	52	五、房地产企业预售收入计算的预计利润	*	*		

续表

行次	项　　目	账载金额	税收金额	调增金额	调减金额
		1	2	3	4
53	六、特别纳税调整应税所得	*	*		*
54	七、其他	*	*		
55	合计	*	*		

注:①标有*或#的行次,纳税人分别按照适用的国家统一会计制度填报。

②没有标注的行次,无论执行何种会计核算办法,有差异就填报相应行次,填*号不可填列。

③有二级附表的项目只填调增、调减金额,账载金额、税收金额不再填写。

经办人(签章):　　　　　　　　　　法定代表人(签章):

(一)有关项目填报说明

"收入类调整项目":"税收金额"扣减"账载金额"后的余额为正,填报在"调增金额",余额如为负数,将其绝对值填报在"调减金额"。其中第4行"3.不符合税收规定的销售折扣和折让",按"扣除类调整项目"处理。

"扣除类调整项目"、"资产类调整项目":"账载金额"扣减"税收金额"后的余额为正,填报在"调增金额",余额如为负数,将其绝对值填报在"调减金额"。

其他项目的"调增金额"、"调减金额"按上述原则计算填报。

本表打*号的栏次均不填报。

第1行"一、收入类调整项目":填报收入类调整项目第2行至第19行的合计数。第1列"账载金额"、第2列"税收金额"不填报。

第2行"1.视同销售收入":填报纳税人会计上不作为销售核算、税收上应确认为应税收入的金额。事业单位、社会团体、民办非企业单位直接填报第3列"调增金额";金融企业第3列"调增金额"取自附表一(2)《金融企业收入明细表》第38行;一般工商企业第3列"调增金额"取自附表一(1)《收入明细表》第13行。第1列"账载金额"、第2列"税收金额"和第4列"调减金额"不填。

第3行"2.接受捐赠收入":第2列"税收金额"填报纳税人按照国家统一会计制度规定,将接受捐赠直接计入资本公积核算、进行纳税调整的金额。第3列"调增金额"等于第2列"税收金额"。第1列"账载金额"和第4列"调减金额"不填。

第4行"3.不符合税收规定的销售折扣和折让":填报纳税人不符合税收规定的销售折扣和折让应进行纳税调整的金额。第1列"账载金额"填报纳税人按照国家统一会计制度规定,销售货物给购货方的销售折扣和折让金额。第2列"税收金额"填报纳税人按照税收规定可以税前扣除的销售折扣和折让的金额。第3列"调增金额"填报第1列与第2列的差额。第4列"调减金额"不填。

第5行"4.未按权责发生制原则确认的收入":填报纳税人会计上按照权责发生制原则确认收入,但按照税收规定不按照权责发生制确认收入,进行纳税调整的金额。第1列"账载金额"填报纳税人按照国家统一会计制度确认的收入;第2列"税收金额"填报纳税人按照税收规定确认的应纳税收入;第3列"调增金额"填报纳税人纳税调整的金额;第4列"调减金额"填报纳税人纳税调减的金额。

第6行"5. 按权益法核算长期股权投资对初始投资成本调整确认收益"：填报纳税人采取权益法核算，初始投资成本小于取得投资时应享有被投资单位可辨认净资产公允价值份额的差额计入取得投资当期的营业外收入。本行"调减金额"数据通过附表十一《长期股权投资所得(损失)明细表》第5列"合计"填报。第1列"账载金额"、第2列"税收金额"和第3列"调增金额"不填。

第7行"6. 按权益法核算的长期股权投资持有期间的投资损益"：第3列"调增金额"填报纳税人应分担被投资单位发生的净亏损、确认为投资损失的金额；第4列"调减金额"填报纳税人应分享被投资单位发生的净利润、确认为投资收益的金额。本行根据附表十一《长期股权投资所得(损失)明细表》分析填列。

第8行"7. 特殊重组"：填报纳税人按照税收规定作为特殊重组处理，导致财务会计处理与税收规定不一致进行纳税调整的金额。第1列"账载金额"填报纳税人按照国家统一会计制度确认的账面金额；第2列"税收金额"填报纳税人按照税收规定确认的应税收入金额；第3列"调增金额"填报纳税人进行纳税调整增加的金额；第4列"调减金额"填报纳税人进行纳税调整减少的金额。

第9行"8. 一般重组"：填报纳税人按照税收规定作为一般重组处理，导致财务会计处理与税收规定不一致进行纳税调整的金额。第1列"账载金额"填报纳税人按照国家统一会计制度确认的账面金额；第2列"税收金额"填报纳税人按照税收规定确认的应税收入金额；第3列"调增金额"填报纳税人进行纳税调整增加的金额；第4列"调减金额"填报纳税人进行纳税调整减少的金额。

第10行"9. 公允价值变动净收益"：第3列"调增金额"或第4列"调减金额"通过附表七《以公允价值计量资产纳税调整表》第10行第5列数据填报。附表七第5列"纳税调整额"第10行"合计"数为正数时，填入附表三第10行第3列"调增金额"；为负数时，将其绝对值填入附表三第10行第4列"调减金额"。

第11行"10. 确认为递延收益的政府补助"：填报纳税人取得的不属于税收规定的不征税收入、免税收入以外的其他政府补助，按照国家统一会计制度确认为递延收益，税收处理应计入应纳税所得额应进行纳税调整的数额。第1列"账载金额"填报纳税人按照国家统一会计制度确认的账面金额；第2列"税收金额"填报纳税人按照税收规定确认的应税收入金额；第3列"调增金额"填报纳税人进行纳税调整增加的金额；第4列"调减金额"填报纳税人进行纳税调整减少的金额。

第12行"11. 境外应税所得"：第3列"调增金额"填报纳税人并入利润总额的成本费用或确认的境外投资损失。第4列"调减金额"填报纳税人并入利润总额的境外收入、投资收益等。第1列"账载金额"、第2列"税收金额"不填。

第13行"12. 不允许扣除的境外投资损失"：第3列"调增金额"填报纳税人境外投资除合并、撤销、依法清算外形成的损失。第1列"账载金额"、第2列"税收金额"和第4列"调减金额"不填。

第14行"13. 不征税收入"：第4列"调减金额"通过附表一(3)《事业单位、社会团体、民办非企业单位收入项目明细表》第12行"不征税收入总额"填报。第1列"账载金额"、第2列"税收金额"和第3列"调增金额"不填。

第15行"14. 免税收入"：第4列"调减金额"通过附表五《税收优惠明细表》第1行"免税收入"填报。第1列"账载金额"、第2列"税收金额"和第3列"调增金额"不填。

第16行"15. 减计收入"：第4列"调减金额"通过取自附表五《税收优惠明细表》第6行"减计收入"填报。第1列"账载金额"、第2列"税收金额"和第3列"调增金额"不填。

第17行"16. 减、免税项目所得"：第4列"调减金额"通过取自附表五《税收优惠明细表》第14行"减免所得额合计"填报。第1列"账载金额"、第2列"税收金额"和第3列"调增金额"不填。

第18行"17. 抵扣应纳税所得额"：第4列"调减金额"通过取自附表五《税收优惠明细表》第39行"创业投资企业抵扣应纳税所得额"填报。第1列"账载金额"、第2列"税收金额"和第3列"调增金额"不填。

第19行“18.其他”：填报企业财务会计处理与税收规定不一致、进行纳税调整的其他收入类项目金额。

第20行“二、扣除类调整项目”：填报扣除类调整项目第21行至第40行的合计数。第1列“账载金额”、第2列“税收金额”不填报。

第21行“1.视同销售成本”：第2列“税收金额”填报按照税收规定视同销售应确认的成本。事业单位、社会团体、民办非企业单位直接填报第4列“调减金额”；金融企业第4列“调减金额”取自附表二(2)《金融企业成本费用明细表》第41行；一般工商企业第4列“调减金额”取自附表二(1)《成本费用明细表》第12行。第1列“账载金额”、第2列“税收金额”和第3列“调增金额”不填。

第22行“2.工资薪金支出”：第1列“账载金额”填报纳税人按照国家统一会计制度计入成本费用的职工工资、奖金、津贴和补贴；第2列“税收金额”填报纳税人按照税收规定允许税前扣除的工资薪金。如本行第1列≥第2列，第1列减去第2列的差额填入本行第3列“调增金额”；如本行第1列＜第2列，第2列减去第1列的差额填入本行第4列“调减金额”（执行“工效挂钩”的企业）。

第23行“3.职工福利费支出”：第1列“账载金额”填报纳税人按照国家统一会计制度计入成本费用的职工福利费；第2列“税收金额”填报纳税人按照税收规定允许税前扣除的职工福利费，金额小于等于第22行“工资薪金支出”第2列“税收金额”×14%；如本行第1列≥第2列，第1列减去第2列的差额填入本行第3列“调增金额”，如本行第1列＜第2列，第2列减去第1列的差额填入本行第4列“调减金额”（执行“工效挂钩”的企业）。

第24行“4.职工教育经费支出”：第1列“账载金额”填报纳税人按照国家统一会计制度计入成本费用的教育经费支出；第2列“税收金额”填报纳税人按照税收规定允许税前扣除的职工教育经费，金额小于等于第22行“工资薪金支出”第2列“税收金额”×2.5%，或国务院财政、税务主管部门另有规定的金额；如本行第1列≥第2列，第1列减去第2列的差额填入本行第3列“调增金额”；如本行第1列＜第2列，第2列减去第1列的差额填入本行第4列“调减金额”（执行“工效挂钩”的企业）。

第25行“5.工会经费支出”：第1列“账载金额”填报纳税人按照国家统一会计制度计入成本费用的工会经费支出。第2列“税收金额”填报纳税人按照税收规定允许税前扣除的工会经费，金额等于第22行“工资薪金支出”第2列“税收金额”×2%减去没有工会专用凭据列支的工会经费后的余额，如本行第1列≥第2列，第1列减去第2列的差额填入本行第3列“调增金额”；如本行第1列＜第2列，第2列减去第1列的差额填入本行第4列“调减金额”（执行“工效挂钩”的企业）。

第26行“6.业务招待费支出”：第1列“账载金额”填报纳税人按照国家统一会计制度计入成本费用的业务招待费支出；第2列“税收金额”填报纳税人按照税收规定允许税前扣除的业务招待费支出的金额。比较“本行第1列×60%”与“附表一(1)《收入明细表》第1行×5‰”或“附表一(2)《金融企业收入明细表》第1+38行合计×5‰”或“本行第1列×60%”两数，孰小者填入本行第2列。如本行第1列≥第2列，本行第1列减去第2列的余额填入本行第3列“调增金额”，第4列“调减金额”不填。如本行第1列＜第2列，第3列“调增金额”，第4列“调减金额”均不填。

第27行“7.广告费与业务宣传费支出”：第3列“调增金额”取自附表八《广告费和业务宣传费跨年度纳税调整表》第7行“本年广告费和业务宣传费支出纳税调整额”，第4列“调减金额”取自附表八《广告费和业务宣传费跨年度纳税调整表》第10行“本年扣除的以前年度结转额”。第1列“账载金额”和第2列“税收金额”不填。

第28行“8.捐赠支出”：第1列“账载金额”填报纳税人按照国家统一会计制度实际发生的捐赠支出。第2列“税收金额”填报纳税人按照税收规定允许税前扣除的捐赠支出的金额。如本行第1列≥第2列，第1列减去第2列的差额填入本行第3列“调增金额”；如本行第1列＜第2列，第3列“调增金额”、第4列“调减金额”均不填。

第 29 行“9. 利息支出”：第 1 列“账载金额”填报纳税人按照国家统一会计制度实际发生的向非金融企业借款计入财务费用的利息支出的金额；第 2 列“税收金额”填报纳税人按照税收规定允许税前扣除的利息支出的金额。如本行第 1 列≥第 2 列，第 1 列减去第 2 列的差额填入本行第 3 列“调增金额”；如本行第 1 列＜第 2 列，第 3 列“调增金额”、第 4 列“调减金额”均不填。

第 30 行“10. 住房公积金”：第 1 列“账载金额”填报纳税人按照国家统一会计制度实际发生的住房公积金的金额；第 2 列“税收金额”填报纳税人按照税收规定允许税前扣除的住房公积金的金额。如本行第 1 列≥第 2 列，第 1 列减去第 2 列的差额填入本行第 3 列“调增金额”；如本行第 1 列＜第 2 列，第 3 列“调增金额”、第 4 列“调减金额”均不填。

第 31 行“11. 罚金、罚款和被没收财物的损失”：第 1 列“账载金额”填报纳税人按照国家统一会计制度实际发生的罚金、罚款和被罚没财物损失的金额，不包括纳税人按照经济合同规定支付的违约金(包括银行罚息)、罚款和诉讼费。第 3 列“调增金额”等于第 1 列；第 2 列“税收金额”和第 4 列“调减金额”不填。

第 32 行“12. 税收滞纳金”：第 1 列“账载金额”填报纳税人按照国家统一会计制度实际发生的税收滞纳金的金额。第 3 列“调增金额”等于第 1 列；第 2 列“税收金额”和第 4 列“调减金额”不填。

第 33 行“13. 赞助支出”：第 1 列“账载金额”填报纳税人按照国家统一会计制度实际发生且不符合税收规定的公益性捐赠的赞助支出的金额。第 3 列“调增金额”等于第 1 列；第 2 列“税收金额”和第 4 列“调减金额”不填。

广告性的赞助支出按广告费和业务宣传费的规定处理，在第 27 行“广告费与业务宣传费支出”中填报。

第 34 行“14. 各类基本社会保障性缴款”：第 1 列“账载金额”填报纳税人按照国家统一会计制度实际发生的各类基本社会保障性缴款的金额，包括基本医疗保险费、基本养老保险费、失业保险费、工伤保险费和生育保险费；第 2 列“税收金额”填报纳税人按照税收规定允许税前扣除的各类基本社会保障性缴款的金额。本行第 1 列≥第 2 列，第 1 列减去第 2 列的差额填入本行第 3 列“调增金额”；如本行第 1 列＜第 2 列，第 3 列“调增金额”、第 4 列“调减金额”均不填。

第 35 行“15. 补充养老保险、补充医疗保险”：第 1 列“账载金额”填报纳税人按照国家统一会计制度实际发生的补充养老保险、补充医疗保险的金额；第 2 列“税收金额”填报纳税人按照税收规定允许税前扣除的补充养老保险、补充医疗保险的金额。如本行第 1 列≥第 2 列，第 1 列减去第 2 列的差额填入本行第 3 列“调增金额”，如本行第 1 列＜第 2 列，则第 3 列“调增金额”、第 4 列“调减金额”均不填。

第 36 行“16. 与未实现融资收益相关在当期确认的财务费用”：第 1 列“账载金额”填报纳税人按照国家统一会计制度实际发生的、与未实现融资收益相关并在当期确认的财务费用的金额。第 2 列“税收金额”填报纳税人按照税收规定允许税前扣除的相关金额。第 4 列“调减金额”和第 3 列“调增金额”需分析填列。

第 37 行“17. 与取得收入无关的支出”：第 1 列“账载金额”填报纳税人按照国家统一会计制度实际发生的、与取得收入无关的支出的金额。第 3 列“调增金额”等于第 1 列；第 2 列“税收金额”和第 4 列“调减金额”不填。

第 38 行“18. 不征税收入用于支出所形成的费用”：第 1 列“账载金额”填报纳税人按照国家统一会计制度实际发生的、不征税收入用于支出形成的费用的金额。第 3 列“调增金额”等于第 1 列；第 2 列“税收金额”和第 4 列“调减金额”不填。

第 39 行“19. 加计扣除”：第 4 列“调减金额”取自附表五《税收优惠明细表》第 9 行“加计扣除额合计”金额。第 1 列“账载金额”、第 2 列“税收金额”和第 3 列“调增金额”不填。

第 40 行“20. 其他”：填报企业财务会计处理与税收规定不一致、进行纳税调整的其他扣除类项目金额。

第 41 行“三、资产类调整项目”：填报资产类调整项目第 42 行至第 50 行的合计数。第 1 列“账载金额”、第 2 列“税收金额”不填报。

第 42 行“1. 财产损失”：第 1 列“账载金额”填报纳税人按照国家统一会计制度确认的财产损失金额；第 2 列

“税收金额”填报纳税人按照税收规定允许税前扣除的财产损失金额。如本行第1列≥第2列，第1列减去第2列的差额填入本行第3列“调增金额”；如本行第1列<第2列，第1列减去第2列的差额的绝对值填入第4列“调减金额”。

第43行“2.固定资产折旧”：通过附表九《资产折旧、摊销纳税调整明细表》填报。附表九《资产折旧、摊销纳税调整明细表》第1行“固定资产”第7列“纳税调整额”的正数填入本行第3列“调增金额”；附表九《资产折旧、摊销纳税调整明细表》第1行“固定资产”第7列“纳税调整额”负数的绝对值填入本行第4列“调减金额”。第1列“账载金额”、第2列“税收金额”不填。

第44行“3.生产性生物资产折旧”：通过附表九《资产折旧、摊销纳税调整明细表》填报。附表九《资产折旧、摊销纳税调整明细表》第7行“生产性生物资产”第7列“纳税调整额”的正数填入本行第3列“调增金额”；附表九《资产折旧、摊销纳税调整明细表》第7行“生产性生物资产”第7列“纳税调整额”的负数的绝对值填入本行第4列“调减金额”。第1列“账载金额”、第2列“税收金额”不填。

第45行“4.长期待摊费用”：通过附表九《资产折旧、摊销纳税调整明细表》填报。附表九《资产折旧、摊销纳税调整明细表》第10行“长期待摊费用”第7列“纳税调整额”的正数填入本行第3列“调增金额”；附表九《资产折旧、摊销纳税调整明细表》第10行“长期待摊费用”第7列“纳税调整额”的负数的绝对值填入本行第4列“调减金额”。第1列“账载金额”、第2列“税收金额”不填。

第46行“5.无形资产摊销”：通过附表九《资产折旧、摊销纳税调整明细表》填报。附表九《资产折旧、摊销纳税调整明细表》第15行“无形资产”第7列“纳税调整额”的正数填入本行第3列“调增金额”；附表九《资产折旧、摊销纳税调整明细表》第15行“无形资产”第7列“纳税调整额”的负数的绝对值填入本行第4列“调减金额”。第1列“账载金额”、第2列“税收金额”不填。

第47行“6.投资转让、处置所得”：第3列“调增金额”和第4列“调减金额”通过附表十一《股权投资所得（损失）明细表》分析填报。第1列“账载金额”、第2列“税收金额”不填。

第48行“7.油气勘探投资”：通过附表九《资产折旧、摊销纳税调整明细表》填报。附表九《资产折旧、摊销纳税调整明细表》第16行“油气勘探投资”第7列“纳税调整额”的正数填入本行第3列；附表九《资产折旧、摊销纳税调整明细表》第16行“油气勘探投资”第7列“纳税调整额”负数的绝对值填入本行第4列“调减金额”。第1列“账载金额”、第2列“税收金额”不填。

第49行“油气开发投资”：通过附表九《资产折旧、摊销纳税调整明细表》填报。附表九《资产折旧、摊销纳税调整明细表》第17行“油气开发投资”第7列“纳税调整额”的正数填入本行第3列；附表九《资产折旧、摊销纳税调整明细表》第17行“油气开发投资”第7列“纳税调整额”负数的绝对值填入本表第4列“调减金额”。第1列“账载金额”、第2列“税收金额”不填。

第50行“7.其他”：填报企业财务会计处理与税收规定不一致、进行纳税调整的其他资产类项目金额。

第51行“四、准备金调整项目”：通过附表十《资产减值准备项目调整明细表》填报。附表十《资产减值准备项目调整明细表》第17行“合计”第5列“纳税调整额”的正数填入本行第3列“调增金额”；附表十《资产减值准备项目调整明细表》第17行“合计”第5列“纳税调整额”的负数的绝对值填入本行第4列“调减金额”。第1列“账载金额”、第2列“税收金额”不填。

第52行“五、房地产企业预售收入计算的预计利润”：第3列“调增金额”填报从事房地产开发业务的纳税人本期取得的预售收入，按照税收规定的预计利润率计算的预计利润的金额；第4列“调减金额”填报从事房地产开发业务的纳税人本期将预售收入转为销售收入，转回已按税收规定征税的预计利润的数额。第1列“账载金额”、第2列“税收金额”不填。

第53行“六、特别纳税调整应税所得”：第3列“调增金额”填报纳税人按特别纳税调整规定，自行调增的当年应纳税所得。第1列“账载金额”、第2列“税收金额”、第4列“调减金额”不填。

第54行“六、其他”：填报企业财务会计处理与税收规定不一致、进行纳税调整的其他项目金额。第1列“帐载金额”、第2列“税收金额”不填报。

第55行“合计”：“调增金额”等于本表第1、20、41、51、52、53、54行第3列合计；“调减金额”分别等于本表第1、20、41、51、52、53、54行第4列合计。

(二)表内关系

第1行=本表第2+3+…+19行　　第20行=本表第21+22+…+40行

第41行=本表第42+43+…+50行

(三)表间关系

一般工商,企业第2行第3列=附表一(1)第13行;金融企业,第2行第3列=附表一(2)第38行。

第6行第4列=附表十一第5列“合计”行的绝对值。

当附表七第10行第5列为正数时:第10行第3列=附表七第10行第5列;附表七第10行第5列为负数时:第10行第4列=附表七第10行第5列负数的绝对值。

第14行第4列=附表一(3)第10行;第15行第4列=附表五第1行;第16行第4列=附表五第6行;第17行第4列=附表五第14行;第18行第4列=附表五第39行。

一般工商,企业第21行第4列=附表二(1)第12行;金融企业,第21行第4列=附表二(2)第41行。

第27行第3列=附表八第7行;第27行第4列=附表八第10行。

第39行第4列=附表五第9行。

附表九第1行第7列为正数时:第43行第3列=附表九第1行第7列;附表九第1行第7列为负数时:第43行第4列=附表九第1行第7列负数的绝对值。

附表九第7行第7列为正数时:第44行第3列=附表九第7行第7列;附表九第7行第7列为负数时:第44行第4列=附表九第7行第7列负数的绝对值。

附表九第10行第7列为正数时:第45行第3列=附表九第10行第7列;附表九第10行第7列为负数时:第45行第4列=附表九第10行第7列负数的绝对值。

附表九第15行第7列为正数时:第46行第3列=附表九第15行第7列;附表九第15行第7列为负数时:第46行第4列=附表九第15行第7列负数的绝对值。

附表九第16行第7列为正数时:第48行第3列=附表九第16行第7列;附表九第16行第7列为负数时:第48行第4列=附表九第16行第7列负数的绝对值。

附表九第17行第7列为正数时:第49行第3列=附表九第17行第7列;附表九第17行第7列为负数时:第49行第4列=附表九第17行第7列负数的绝对值。

附表十第17行第5列合计数为正数时:第51行第3列=附表十第17行第5列;附表十第17行第5列合计数为负数时:第51行第4列=附表十第17行第5列的绝对值。

第55行第3列=主表第14行;第55行第4列=主表第15行。

九、企业所得税年度纳税申报表附表四《企业所得税弥补亏损明细表》(见表7－18)

表7－18　企业所得税年度纳税申报表附表四

企业所得税弥补亏损明细表

填报时间：　　年　月　日　　　　　　　　金额单位:元(列至角分)

行次	项目	年度	盈利额或亏损额	合并分立企业转入可弥补亏损额	当年可弥补的所得额	以前年度亏损弥补额					本年度实际弥补的以前年度亏损额	可结转以后年度弥补的亏损额
						前四年度	前三年度	前二年度	前一年度	合计		
		1	2	3	4	5	6	7	8	9	10	11
1	第一年											*
2	第二年					*						
3	第三年					*	*					
4	第四年					*	*	*				
5	第五年					*	*	*	*			
6	本年					*	*	*	*	*		
7	可结转以后年度弥补的亏损额合计											

经办人(签章)：　　　　　　　　　　　　　　法定代表人(签章)：

(一)有关项目填报说明

第1列“年度”:填报公历年度。第1至5行依次从6行往前倒推5年,第6行为申报年度。

第2列“盈利额或亏损额”:填报主表的第23行“纳税调整后所得”的金额(亏损额以“－”表示)。

第3列“合并分立企业转入可弥补亏损额”:填报按照税收规定企业合并、分立允许税前扣除的亏损额,以及按税收规定汇总纳税后分支机构在2008年以前按独立纳税人计算缴纳企业所得税尚未弥补完的亏损额。(以“－”表示)。

第4列“当年可弥补的所得额”:金额等于第2、3列合计。

第9列“以前年度亏损弥补额”:金额等于第5、6、7、8列合计。(第4列为正数的不填)。

第10列第1至5行“本年度实际弥补的以前年度亏损额”:填报主表第24行金额,用于依次弥补前5年度的尚未弥补的亏损额。

第6行第10列“本年度实际弥补的以前年度亏损额”:金额等于第1至5行第10列的合计数(6行10列的合计数≤6行4列的合计数)。

第11列第2至6行“可结转以后年度弥补的亏损额”:填报前5年度的亏损额被本年主表中第24行数据依次弥补后,各年度仍未弥补完的亏损额,以及本年度尚未弥补的亏损额。第11列＝第4列的绝对值－第9列－第10

列(第4列大于零的行次不填报)。

第7行第11列"可结转以后年度弥补的亏损额合计":填报第2至6行第11列的合计数。

(二)表间关系

第6行第10列=主表第24行

十、企业所得税年度纳税申报表附表五《税收优惠明细表》(见表7-19)

表7-19 企业所得税年度纳税申报表附表五

税收优惠明细表

填报时间: 年 月 日 金额单位:元(列至角分)

行次	项 目	金 额
1	一、免税收入(2+3+4+5)	
2	1.国债利息收入	
3	2.符合条件的居民企业之间的股息、红利等权益性投资收益	
4	3.符合条件的非营利组织的收入	
5	4.其他	
6	二、减计收入(7+8)	
7	1.企业综合利用资源,生产符合国家产业政策规定的产品所取得的收入	
8	2.其他	
9	三、加计扣除额合计(10+11+12+13)	
10	1.开发新技术、新产品、新工艺发生的研究开发费用	
11	2.安置残疾人员所支付的工资	
12	3.国家鼓励安置的其他就业人员支付的工资	
13	4.其他	
14	四、减免所得额合计(15+25+29+30+31+32)	
15	(一)免税所得(16+17+…+24)	
16	1.蔬菜、谷物、薯类、油料、豆类、棉花、麻类、糖料、水果、坚果的种植	
17	2.农作物新品种的选育	
18	3.中药材的种植	
19	4.林木的培育和种植	
20	5.牲畜、家禽的饲养	

续表

行次	项　　目	金　额
21	6. 林产品的采集	
22	7. 灌溉、农产品初加工、兽医、农技推广、农机作业和维修等农、林、牧、渔服务业项目	
23	8. 远洋捕捞	
24	9. 其他	
25	(二)减税所得(26＋27＋28)	
26	1. 花卉、茶以及其他饮料作物和香料作物的种植	
27	2. 海水养殖、内陆养殖	
28	3. 其他	
29	(三)从事国家重点扶持的公共基础设施项目投资经营的所得	
30	(四)从事符合条件的环境保护、节能节水项目的所得	
31	(五)符合条件的技术转让所得	
32	(六)其他	
33	五、减免税合计(34＋35＋36＋37＋38)	
34	(一)符合条件的小型微利企业	
35	(二)国家需要重点扶持的高新技术企业	
36	(三)民族自治地方的企业应缴纳的企业所得税中属于地方分享的部分	
37	(四)过渡期税收优惠	
38	(五)其他	
39	六、创业投资企业抵扣的应纳税所得额	
40	七、抵免所得税额合计(41＋42＋43＋44)	
41	(一)企业购置用于环境保护专用设备的投资额抵免的税额	
42	(二)企业购置用于节能节水专用设备的投资额抵免的税额	
43	(三)企业购置用于安全生产专用设备的投资额抵免的税额	
44	(四)其他	
45	企业从业人数(全年平均人数)	
46	资产总额(全年平均数)	
47	所属行业(工业企业,其他企业)	

经办人(签章):　　　　　　　　　　法定代表人(签章):

(一)有关项目填报说明

第2行"国债利息收入":填报纳税人持有国务院财政部门发行的国债取得的利息收入。

第3行"符合条件的居民企业之间的股息、红利等权益性投资收益":填报居民企业直接投资于其他居民企业所取得的投资收益,不包括连续持有居民企业公开发行并上市流通的股票不足12个月取得的投资收益。

第4行"符合条件的非营利组织的收入":填报符合条件的非营利组织的收入,不包括除国务院财政、税务主管部门另有规定外的从事营利性活动所取得的收入。

第5行"其他":填报国务院根据税法授权制定的其他免税收入。

第7行"企业综合利用资源,生产符合国家产业政策规定的产品所取得的收入":填报纳税人以《资源综合利用企业所得税优惠目录》内的资源作为主要原材料,生产国家非限制和非禁止并符合国家和行业相关标准的产品所取得的收入减计10%部分的数额。

第8行"其他":填报国务院根据税法授权制定的其他减计收入的数额。

第10行"开发新技术、新产品、新工艺发生的研究开发费用":填报纳税人为开发新技术、新产品、新工艺发生的研究开发费用,未形成无形资产计入当期损益的,按研究开发费用的50%加计扣除的金额。

第11行"安置残疾人员所支付的工资":填报纳税人按照有关规定条件安置残疾人员,支付给残疾职工工资的100%加计扣除额。

第12行"国家鼓励安置的其他就业人员支付的工资":填报国务院根据税法授权制定的其他就业人员支付工资的加计扣除额。

第13行"其他":填报国务院根据税法授权制定的其他加计扣除额。

第16行"蔬菜、谷物、薯类、油料、豆类、棉花、麻类、糖料、水果、坚果的种植":填报纳税人种植蔬菜、谷物、薯类、油料、豆类、棉花、麻类、糖料、水果、坚果的免征的所得额。

第17行"农作物新品种的选育":填报纳税人从事农作物新品种的选育免征的所得额。

第18行"中药材的种植":填报纳税人从事中药材的种植免征的所得额。

第19行"林木的培育和种植":填报纳税人从事林木的培育和种植免征的所得额。

第20行"牲畜、家禽的饲养":填报纳税人从事牲畜、家禽的饲养免征的所得额。

第21行"林产品的采集":填报纳税人从事采集林产品免征的所得额。

第22行"灌溉、农产品初加工、兽医、农技推广、农机作业和维修等农、林、牧、渔服务业项目":填报纳税人从事灌溉、农产品初加工、兽医、农技推广、农机作业和维修等农、林、牧、渔服务业免征的所得额。

第23行"远洋捕捞":填报纳税人从事远洋捕捞免征的所得额。

第24行"其他":填报国务院根据税法授权制定的其他免税所得额。

第26行"花卉、茶以及其他饮料作物和香料作物的种植":填报纳税人从事花卉、茶以及其他饮料作物和香料作物种植取得的所得减半征收的部分。

第27行"海水养殖、内陆养殖":填报纳税人从事海水养殖、内陆养殖取得的所得减半征收的部分。

第28行"其他":填报国务院根据税法授权制定的其他减税所得额。

第29行"从事国家重点扶持的公共基础设施项目投资经营的所得":填报纳税人从事《公共基础设施项目企业所得税优惠目录》规定的港口码头、机场、铁路、公路、城市公共交通、电力、水利等项目的投资经营的所得额。不包括企业承包经营、承包建设和内部自建自用该项目的所得。

第30行"从事符合条件的环境保护、节能节水项目的所得":填报纳税人从事公共污水处理、公共垃圾处理、沼气综合开发利用、节能减排技术改造、海水淡化等项目减征、免征的所得额。

第31行"符合条件的技术转让所得":填报居民企业技术转让所得免征、减征的部分(技术转让所得不超过

500万元的部分，免征企业所得税；超过500万元的部分，减半征收企业所得税）。

第32行"其他"：填报国务院根据税法授权制定的其他减免所得。

第34行"符合规定条件的小型微利企业"：填报纳税人从事国家非限制和禁止行业并符合规定条件的小型微利企业享受优惠税率减征的企业所得税税额。

第35行"国家需要重点扶持的高新技术企业"：填报纳税人从事国家需要重点扶持拥有核心自主知识产权等条件的高新技术企业享受减征企业所得税税额。

第36行"民族自治地方的企业应缴纳的企业所得税中属于地方分享的部分"：填报纳税人经民族自治地方所在省、自治区、直辖市人民政府批准，减征或者免征民族自治地方的企业缴纳的企业所得税中属于地方分享的企业所得税税额。

第37行"过渡期税收优惠"：填报纳税人符合国务院规定以及经国务院批准给予过渡期税收优惠政策。

第38行"其他"：填报国务院根据税法授权制定的其他减免税额。

第39行"创业投资企业抵扣的应纳税所得额"：填报创业投资企业采取股权投资方式投资于未上市的中小高新技术企业2年以上的，可以按照其投资额的70%在股权持有满2年的当年抵扣该创业投资企业的应纳税所得额；当年不足抵扣的，可以在以后纳税年度结转抵扣。

第41～43行，填报纳税人购置并实际使用《环境保护专用设备企业所得税优惠目录》、《节能节水专用设备企业所得税优惠目录》和《安全生产专用设备企业所得税优惠目录》规定的环境保护、节能节水、安全生产等专用设备的，允许从企业当年的应纳税额中抵免的投资额10%的部分。当年不足抵免的，可以在以后5个纳税年度结转抵免。

第44行"其他"：填报国务院根据税法授权制定的其他抵免所得税额部分。

第45行"企业从业人数"：填报纳税人全年平均从业人员，按照纳税人年初和年末的从业人员平均计算，用于判断是否为税收规定的小型微利企业。

第46行"资产总额"：填报纳税人全年资产总额平均数，按照纳税人年初和年末的资产总额平均计算，用于判断是否为税收规定的小型微利企业。

第47行"所属行业(工业企业其他企业)"项目，填报纳税人所属的行业，用于判断是否为税收规定的小型微利企业。

（二）表间关系

第1行=附表三第15行第4列=主表第17行

第6行=附表三第16行第4列=主表第18行

第9行=附表三第39行第4列=主表第20行

第14行=附表三第17行第4列=主表第19行

第39行=附表三第18行第4列

第33行=主表第28行

第40行=主表第29行

十一、企业所得税年度纳税申报表附表六《境外所得税抵免计算明细表》(见表 7-20)

表 7-20 企业所得税年度纳税申报表附表六

境外所得税抵免计算明细表

填报时间： 年 月 日 金额单位：元(列至角分)

抵免方式	国家或地区	境外所得	境外所得换算含税所得	弥补以前年度亏损	免税所得	弥补亏损前境外应税所得额	可弥补境内亏损	境外应纳税所得额	税率	境外所得应纳税额	境外所得可抵免税额	境外所得税款抵免限额	本年可抵免的境外所得税款	未超过境外所得税款抵免限额的余额	本年可抵免以前年度所得税额	前五年境外所得已缴税款未抵免余额	定率抵免
	1	2	3	4	5	6（3-4-5）	7	8（6-7）	9	10（8×9）	11	12	13	14（12-13）	15	16	17
直接抵免																	
间接抵免				*	*									*	*	*	
				*	*									*	*	*	
				*	*									*	*	*	
				*	*									*	*	*	
	合计																

经办人(签章)： 法定代表人(签章)：

(一)有关项目填报说明

第 1 列“国家或地区”：填报境外所得来源的国家或地区的名称。来源于同一国家或地区的境外所得可合并到一行填报。

第 2 列“境外所得”：填报来自境外的税后境外所得的金额。

第 3 列“境外所得换算含税所得”：填报第 2 列境外所得换算成包含在境外缴纳企业所得税以及按照我国税收规定计算的所得。

第 4 列“弥补以前年度亏损”：填报境外所得按税收规定弥补以前年度境外亏损额。

第5列“免税所得”：填报按照税收规定予以免税的境外所得。

第6列“弥补亏损前境外应税所得额”：填报境外所得弥补境内亏损前的应税所得额。第6列=3列-4列-5列。

第7列“可弥补境内亏损”：填报境外所得按税收规定弥补境内亏损额。

第8列“境外应纳税所得额”：填报弥补亏损前境外应纳税所得额扣除可弥补境内亏损后的金额。

第9列“税率”：填报纳税人境内税法规定的税率25%。

第10列“境外所得应纳税额”：填报境外应纳税所得额与境内税法规定税率的乘积的金额。

第11列“境外所得可抵免税额”：填报纳税人已在境外缴纳的所得税税款的金额。

第12列“境外所得税款抵免限额”：计算填报抵免限额。

抵免限额=中国境内、境外所得依照税法和条例计算的应纳税总额×来源于某国(地区)的应纳税所得额÷中国境内、境外应纳税所得总额。

第13列“本年可抵免的境外所得税款”：填报本年来源于境外的所得已缴纳所得税，在本年度允许抵免的金额。

第14列“未超过境外所得税款抵免限额的余额”：填报本年度在抵免限额内抵免完境外所得税后，可用于抵免以前年度结转的待抵免的所得税额。

第15列“本年可抵免以前年度税额”：填报本年可抵免以前年度未抵免、结转到本年度抵免的境外所得税额。

第16列“前五年境外所得已缴税款未抵免余额”：填报可结转以后年度抵免的境外所得税未抵免余额。

第17列“定率抵免”：本列适用于实行定率抵免境外所得税款的纳税人。填报此列的纳税人不填报第11至16列。

（二）表内关系

第6列=本表第3列-4列-5列；第8列=本表第6列-7列；第10列=本表第8列×9列；第14列=本表第12列-13列。

第13列“本年可抵免的境外所得税款”：第12列某行≤同一行次的第11列，第13列=第12列；当第12列某行≥同一行次的第11列，第13列=第11列。

第14列“未超过境外所得税款抵免限额的余额”各行=同一行的第12列-13列；当计算出的值≤0时，本列该行为0；当计算出的值≥0时，第14列=第15列。

第15列“本年可抵免以前年度所得税额”各行≤同一行次的第14列；第13列合计行+第15列合计行=主表第32行。

（三）表间关系

第10列合计数=主表第31行；第13列合计行+第15列合计行=主表第32行；第17列合计行=主表第32行。

十二、企业所得税年度纳税申报表附表七《以公允价值计量资产纳税调整表》（见表7－21）

表7－21　企业所得税年度纳税申报表附表七

以公允价值计量资产纳税调整表

填报时间：　年　月　日　　　　金额单位：元（列至角分）

行次	资产种类	期初金额		期末金额		纳税调整额（纳税调减以“－”表示）
		账载金额（公允价值）	计税基础	账载金额（公允价值）	计税基础	
		1	2	3	4	5
1	一、公允价值计量且其变动计入当期损益的金融资产					
2	1. 交易性金融资产					
3	2. 衍生金融工具					
4	3. 其他以公允价值计量的金融资产					
5	二、公允价值计量且其变动计入当期损益的金融负债					
6	1. 交易性金融负债					
7	2. 衍生金融工具					
8	3. 其他以公允价值计量的金融负债					
9	三、投资性房地产					
10	合计					

经办人（签章）：　　　　法定代表人（签章）：

（一）有关项目填报说明

第1列、第3列“账载金额（公允价值）”：填报纳税人根据会计准则规定以公允价值计量且其变动计入当期损益的金融资产、金融负债以及投资性房地产的期初、期末账面金额。

第2列、第4列“计税基础”：填报纳税人以公允价值计量且其变动计入当期损益的金融资产、金融负债以及投资性房地产按照税收规定确定的计税基础的金额。

对第6行第5列交易性金融负债的“纳税调整额”＝本表（第2列－第4列）－（第1列－第3列）。其他行次第5列“纳税调整额”＝本表（第4列－第2列）－（第3列－第1列）。

（二）表间关系

第10行第5列为正数时：第10行第5列＝附表三第10行第3列。

第10行第5列为负数时：第10行第5列负数的绝对值＝附表三第10行第4列。

十三、企业所得税年度纳税申报表附表八《广告费和业务宣传费跨年度纳税调整表》(见表7-22)

表7-22 企业所得税年度纳税申报表附表八

广告费和业务宣传费跨年度纳税调整表

填报时间　　年　月　日　　　　金额单位:元(列至角分)

行次	项　目	金　额
1	本年度广告费和业务宣传费支出	
2	其中:不允许扣除的广告费和业务宣传费支出	
3	本年度符合条件的广告费和业务宣传费支出(1-2)	
4	本年计算广告费和业务宣传费扣除限额的销售(营业)收入	
5	税收规定的扣除率	
6	本年广告费和业务宣传费扣除限额(4×5)	
7	本年广告费和业务宣传费支出纳税调整额(3≤6,本行=2行;3>6,本行=1-6)	
8	本年结转以后年度扣除额(3>6,本行=3-6;3≤6,本行=0)	
9	加:以前年度累计结转扣除额	
10	减:本年扣除的以前年度结转额	
11	累计结转以后年度扣除额(8+9-10)	

经办人(签章):　　　　法定代表人(签章):

(一)有关项目填报说明

第1行“本年度广告费和业务宣传费支出”:填报纳税人本期实际发生的广告费和业务宣传费用的金额。

第2行“不允许扣除的广告费和业务宣传费支出”:填报税收规定不允许扣除的广告费和业务宣传费支出的金额。

第3行“本年度符合条件的广告费和业务宣传费支出”:本行等于本表第1行-2行。

第4行“本年计算广告费和业务宣传费扣除限额的销售(营业)收入”:一般工商企业:填报附表一(1)第1行的“销售(营业)收入合计”数额;金融企业:填报附表一(2)第1行“营业收入”+第38行“按税法规定视同销售的收入”;事业单位、社会团体、民办非企业单位:填报主表第1行“营业收入”。

第5行“税收规定的扣除率”:填报按照税收规定纳税人适用的扣除率。

第6行“本年广告费和业务宣传费扣除限额”:金额等于本表第4行×5行。

第7行“本年广告费和业务宣传费支出纳税调整额”:当第3行≤第6行,本行=本表第2行;当第3行>第6行,本行=本表第1行-6行。

第8行“本年结转以后年度扣除额”:当第3行>第6行,本行=本表第3行-6行;当第3行≤第6行,本行填0。

第9行“加:以前年度累计结转扣除额”:填报以前年度允许税前扣除但超过扣除限额未扣除、结转扣除的广告费和业务宣传费的金额。

第10行“减:本年扣除的以前年度结转额”:当第3行≥第6行，本行填0;当第3行<第6行,第3行-6行差额如果小于或者等于第9行“以前年度累计结转扣除额”,直接将差额填入本行;其差额如果大于第9行“以前年度累计结转扣除额”,本行=第9行。

第11行“累计结转以后年度扣除额”:本行=本表第8行+9行-10行。

(二)表间关系

第7行=附表三第27行第3列　　第10行=附表三第27行第4列

十四、企业所得税年度纳税申报表附表九《资产折旧、摊销纳税调整明细表》(见表7-23)

表7-23　企业所得税年度纳税申报表附表九

资产折旧、摊销纳税调整明细表

填报日期:　　年　月　日　　　　　　　　金额单位:元(列至角分)

行次	资产种类	资产原值		折旧、摊销年限		本期折旧、摊销额		纳税调整额
		账载金额	计税基础	会计	税收	会计	税收	
		1	2	3	4	5	6	7
1	一、固定资产			*	*			
2	1.房屋建筑物							
3	2.飞机、火车、轮船、机器、机械和其他生产设备							
4	3.与生产经营有关的器具工具家具							
5	4.飞机、火车、轮船以外的运输工具							
6	5.电子设备							
7	二、生产性生物资产			*	*			
8	1.林木类							
9	2.畜类							
10	三、长期待摊费用			*	*			
11	1.已足额提取折旧的固定资产的改建支出							
12	2.租入固定资产的改建支出							
13	3.固定资产大修理支出							

续表

行次	资产种类	资产原值		折旧、摊销年限		本期折旧、摊销额		纳税调整额
		账载金额	计税基础	会计	税收	会计	税收	
		1	2	3	4	5	6	7
14	4. 其他长期待摊费用							
15	四、无形资产							
16	五、油气勘探投资							
17	六、油气开发投资							
18	合计			*	*			

经办人(签章): 法定代表人(签章)

(一)有关项目填报说明

第1列"账载金额":填报纳税人按照国家统一会计制度计算提取折旧、摊销的资产原值(或历史成本)的金额。

第2列"计税基础",填报纳税人按照税收规定计算税前扣除折旧、摊销的金额。

第3列:填报纳税人按照国家统一会计制计算提取折旧、摊销额的年限。

第4列:填报纳税人按照税收规定计算税前扣除折旧、摊销额的年限。

第5列:填报纳税人按照国家统一会计制度计算本纳税年度的折旧、摊销额。

第6列:填报纳税人按照税收规定计算税前扣除的折旧、摊销额。

第7列:金额=第5列-6列。如本列为正数,进行纳税调增;如本列为负数,进行纳税调减。

(二)表间关系

第1行第7列>0时:第1行第7列=附表三第43行第3列;第1行第7列<0时:第1行第7列负数的绝对值=附表三第43行第4列。

第7行第7列>0时:第7行第7列=附表三第44行第3列;第7行第7列<0时:第7行第7列负数的绝对值=附表三第44行第4列。

第10行第7列>0时:第10行第7列=附表三第45行第3列;第10行第7列<0时:第10行第7列负数的绝对值=附表三第45行第4列。

第15行第7列>0时:第15行第7列=附表三第46行第3列;第15行第7列为<0时:第15行第7列负数的绝对值=附表三第46行第4列。

第16行第7列>0时:第16行第7列=附表三第48行第3列;第16行第7列<0时:第16行第7列负数的绝对值=附表三第48行第4列。

第17行第7列>0时:第17行第7列=附表三第49行第3列;第17行第7列<0时:第17行第7列负数的绝对值=附表三第49行第4列。

十五、企业所得税年度纳税申报表附表十《资产减值准备项目调整明细表》(见表7－24)

表7－24　企业所得税年度纳税申报表附表十

资产减值准备项目调整明细表

填报日期：　　年　月　日　　　　　　　　　　金额单位：元(列至角分)

行次	准备金类别	期初余额	本期转回额	本期计提额	期末余额	纳税调整额
		1	2	3	4	5
1	坏(呆)账准备					
2	存货跌价准备					
3	*其中：消耗性生物资产减值准备					
4	*持有至到期投资减值准备					
5	*可供出售金融资产减值		—			
6	#短期投资跌价准备					
7	长期股权投资减值准备					
8	*投资性房地产减值准备					
9	固定资产减值准备					
10	在建工程(工程物资)减值准备					
11	*生产性生物资产减值准备					
12	无形资产减值准备					
13	商誉减值准备					
14	贷款损失准备					
15	矿区权益减值					
16	其他					
17	合计					

注：标有*或#的行次，纳税人分别按照适用的国家统一会计制度填报。

经办人(签章)：　　　　　　　　　　　　法定代表人(签章)：

(一)有关项目填报说明

第1列“期初余额”：填报纳税人按照国家统一会计制度核算的各项准备金期初数金额。

第2列“本期转回额”：填报纳税人按照国家统一会计制度核算价值恢复、资产转让等原因转回的准备金本期转回金额。

第3列“本期计提额”:填报纳税人按照国家统一会计制度核算资产减值的准备金本期计提数的金额。

第4列“期末余额”:填报纳税人按照国家统一会计制度核算的各项准备金期末数的金额。

第5列“纳税调整额”:金额等于本表第3列－第2列。当第5列>0时,进行纳税调增;第5列<0时,进行纳税调减。

(二)表间关系

第17行第5列>0时:第17行第5列＝附表三第51行第3列。

第17行第5列<0时:第17行第5列＝附表三第51行第4列。

十六、企业所得税年度纳税申报表附表十一《长期股权投资所得(损失)明细表》(见表7－25)

表7－25　企业所得税年度纳税申报表附表十一

长期股权投资所得(损失)明细表

填报时间:　　年　月　日　　　　　　　　　　　　金额单位:元(列至角分)

行次	被投资企业	期初投资额	本年度增(减)投资额	投资成本		股息红利					投资转让所得(损失)					
				初始投资成本	权益法核算对初始投资成本调整产生的收益	会计核算投资收益	会计投资损益	税收确认的股息红利		会计与税收的差异	投资转让净收入	投资转让的会计成本	投资转让的税收成本	会计上确认的转让所得或损失	按税收计算的投资转让所得或损失	会计与税收的差异
								免税收入	全额征税收入							
	1	2	3	4	5	6 (7＋14)	7	8	9	10 (7－8－9)	11	12	13	14 (11－12)	15 (11－13)
1															
2															
3															
4															
5															
6															
7															
8															
合计															

经办人(签章):　　　　　　　　　　　　　　法定代表人(签章):

(一)有关项目填报说明

第2列"期初投资额":填报对被投资企业的投资的期初余额。

第3列"本年度增(减)投资额":填报本纳税年度内对同一企业股权投资增减变化金额。

第4列"初始投资成本":填报纳税人取得长期股权投资的所有支出的金额,包括支付的货币性资产、非货币性资产的公允价值及支付的相关税费。

第5列"权益法核算对初始投资成本调整产生的收益":填报纳税人采取权益法核算,初始投资成本小于取得投资时应享有被投资单位可辨认净资产公允价值份额的差额计入取得投资当期的营业外收入的金额。

第6列"会计核算投资收益":填报纳税人按照国家统一会计制度核算的投资收益的金额。本行根据"投资收益"科目的数额计算填报。

第7列"会计投资损益":填报纳税人按照国家统一会计制度核算的扣除投资转让损益后的金额。

第8、9列"税收确认的股息红利":填报纳税人在纳税本年度取得按照税收规定确认的股息红利的金额。对于符合税收免税规定条件的股息红利,填入第8列"免税收入",不符合的填入第9列"全额征税收入"。

第11列"投资转让净收入":填报纳税人因收回、转让或清算处置股权投资时,转让收入扣除相关税费后的金额。

第12列"投资转让的会计成本":填报纳税人因收回、转让或清算处置股权投资时,按照国家统一会计制度核算核算的投资转让成本的金额。

第13列"投资转让的税收成本":填报纳税人因收回、转让或清算处置股权投资时,按税收规定计算的投资转让成本的金额。

第14列"会计上确认的转让所得或损失":填报纳税人按照国家统一会计制度核算的长期股权投资转让所得或损失的金额。

第15列"按税收计算的投资转让所得或损失":填报纳税人因收回、转让或清算处置股权投资时,按税收规定计算的投资转让所得或损失。

(二)表间关系

第5列合计行=附表三第6行第4列

第八章

个人所得税会计与纳税筹划

第一节　个人所得税会计概述

一、纳税人与扣缴义务人

(一)个人所得税纳税人

个人所得税是对个人取得的各项应税所得征收的一种税。应税所得包括:工资、薪金所得,个体工商户的生产、经营所得,对企事业单位的承包经营、承租经营所得,劳务报酬所得,稿酬所得,特许权使用费所得,利息、股息、红利所得,财产租赁所得,财产转让所得,偶然所得,经国务院财政部门确定征税的其他所得。

个人所得税的纳税人,包括中国公民、个体工商业户以及在中国境内有所得的外籍人员(包括无国籍人员)、华侨及香港、澳门、台湾同胞。依据住所和居住时间两个标准,区分为居民纳税人和非居民纳税人,分别承担不同的纳税义务。

居民纳税人,是指在中国境内有住所,或者无住所而在中国境内居住满 1 年的个人。居民纳税义务人负有无限纳税义务,应当就来源于中国境内、境外的全部所得缴纳个人所得税。

非居民纳税人,是指在中国境内无住所又不居住,或者无住所且居住不满 1 年的个人。非居民纳税人承担有限纳税义务,即仅就来源于中国境内的所得缴纳个人所得税。

这里关于“中国境内”的概念,是指施行《中华人民共和国个人所得税法》的地区,即中国大陆地区,目前还不包括香港、澳门和台湾地区。

（二）个人所得税扣缴义务人

凡支付个人应纳税所得的企业、事业单位、机关、社团组织、军队、驻华机构、个体户等单位或者个人，为个人所得税的扣缴义务人。所称驻华机构，不包括外国驻华使领馆和联合国及其他依法享有外交特权和豁免权的国际组织驻华机构。

从会计角度看，个人所得税纳税人和扣缴义务人是个人所得税会计主体，组织个人所得税的会计核算。

二、会计账户设置

个人所得税扣缴义务人，在"应交税费"账户下设置"应交个人所得税"明细账户。该账户采用三栏式结构。代扣个人所得税时，记入该账户的贷方；缴纳个人所得税时，记入该账户的借方；纳税期满后，该账户贷方余额反映欠缴的个人所得税额。

个体工商户、个人独资企业和合伙企业，也设置"应交税费——应交个人所得税"账户，核算个人所得税的计算缴纳情况。

第二节　代扣（付）代缴个人所得税的核算

个人所得税以所得人为纳税义务人，以支付所得的单位或者个人为扣缴义务人。扣缴义务人必须按照规定办理全员全额扣缴申报。

一、工资、薪金所得

（一）应税所得的确认

工资、薪金所得，指个人因任职或者受雇而取得的工资、薪金、奖金、年终加薪、劳动分红、津贴、补贴以及与任职或者受雇有关的其他所得。

执行中，应当注意以下问题：

1. 不征收个人所得税的所得

下列不属于工资薪金性质的补贴、津贴，或者不属于纳税人本人工资薪金所得项目的收入，不征收个人所得税：

1）独生子女补贴。

2）执行公务员工资制度未纳入基本工资总额的补贴、津贴差额和家属成员的副食品补贴。

3)托儿补助费。

4)差旅费津贴、误餐补助。

2.免征个人所得税的所得

1)个人取得的按照国务院规定发给的政府特殊津贴、院士津贴、资深院士津贴,以及国务院规定免征个人所得税的其他补贴、津贴,免征个人所得税。

自2007年8月1日起,对个人按照建设部制定的《廉租住房保障办法》规定取得的廉租住房货币补贴,免征个人所得税;对所在单位以廉租住房名义发放的不符合规定的补贴,征收个人所得税。

自2008年3月7日起,生育妇女按照县级以上人民政府根据国家有关规定制定的生育保险办法,取得的生育津贴、生育医疗费或其他属于生育保险性质的津贴、补贴,免征个人所得税。

2)个人取得的福利费、抚恤金、救济金,免征个人所得税。福利费,是指根据国家有关规定,从企业、事业单位、国家机关、社会团体提留的福利费或者工会经费中支付给个人的生活补助费;救济金,是指国家民政部门支付给个人的生活困难补助费。

但是,下列收入不属于免税的福利费范围,应当并入工资薪金收入征收个人所得税:从超出国家规定的比例或基数计提的福利费、工会经费中支付给个人的各种补贴、补助;从福利费和工会经费中支付给单位职工的人人有份的补贴、补助;单位为个人购买汽车、住房、电子计算机等不属于临时性生活困难补助性质的支出。

3)按照国家统一规定发给干部、职工的安家费、退职费、退休工资、离休工资、离休生活补助费,免征个人所得税。

但是,离退休人员除按规定领取离退休工资或养老金外,另从原任职单位取得的各类补贴、奖金、实物,不属于可以免税的退休工资、离休工资、离休生活补助费,应当在减除费用扣除标准后,按照"工资、薪金所得"项目缴纳个人所得税。

4)达到离休、退休年龄,但确因工作需要,适当延长离休退休年龄的高级专家,在延长离休退休期间的工资、薪金所得,视同退休工资、离休工资,免征个人所得税。

高级专家,是指享受国家发放的政府特殊津贴的专家、学者,以及中国科学院、中国工程院院士。

免税政策执行口径是:高级专家从其劳动人事关系所在单位取得的,单位按照国家有关规定向职工统一发放的工资、薪金、奖金、津贴、补贴等收入,视同离休、退休工资,免征个人所得税。除此以外的各种名目的津贴、补贴收入,以及从其他地方取得的培训费、讲课费、顾问费、稿酬等各种收入,应当依法缴纳个人所得税。

5)个人办理代扣代缴税款手续,按照规定取得的扣缴手续费;储蓄机构内从事代扣代缴工作的办税人员取得的扣缴利息税手续费所得，免征个人所得税。

6）企业依照国家有关法律规定宣告破产，企业职工从该破产企业取得的一次性安置费收入，免征个人所得税。

7）外籍个人取得的下列所得，暂免征收个人所得税：以非现金形式或实报实销形式取得的住房补贴、伙食补贴、搬迁费、洗衣费；按照合理标准取得的境内、境外出差补贴；取得的探亲费、语言训练费、子女教育费等经当地税务机关审核为合理的部分。

8）符合下列条件之一的外籍专家取得的工资、薪金所得，免征个人所得税：根据世界银行专项贷款协议由世界银行直接派往我国工作的外国专家；联合国组织直接派往我国工作的专家；为联合国援助项目来华工作的专家；援助国派往我国专为该国无偿援助项目工作的专家；根据两国政府签订文化交流项目来华工作 2 年以内的文教专家，其工资薪金所得由该国负担的；根据我国大专院校国际交流项目来华工作 2 年以内的文教专家，其工资薪金所得由该国负担的；通过民间科研协定来华工作的专家，其工资薪金所得由该国政府机构负担的。

9）在中国境内无住所，但在一个纳税年度中在中国境内连续或者累计居住不超过 90 日的个人，其来源于中国境内的所得，由境外雇主支付并且不由该雇主在中国境内的机构、场所负担的部分，免征个人所得税。

在中国境内无住所，但居住 1 年以上 5 年以下的个人，其来源于中国境外的所得，经主管税务机关批准，可以只就由中国境内公司、企业以及其他经济组织或者个人支付的部分缴纳个人所得税；居住超过 5 年的个人，从第 6 年起，就其来源于中国境外的全部所得缴纳个人所得税。

3.“三费一金”征免税问题

1）企事业单位按照国家或省级人民政府规定的缴费比例或办法实际缴付的基本养老保险费、基本医疗保险费和失业保险费，免征个人所得税；个人按照国家或省（自治区、直辖市）人民政府规定的缴费比例或办法实际缴付的基本养老保险费、基本医疗保险费和失业保险费，允许在个人应纳税所得额中扣除。

企事业单位和个人超过规定的比例和标准缴付的基本养老保险费、基本医疗保险费和失业保险费，应将超过部分并入个人当期的工资薪金收入，缴纳个人所得税。

2）单位和个人分别在不超过职工本人上一年度月平均工资 12% 的幅度内，其实际缴存的住房公积金，允许在个人应纳税所得额中扣除。单位和职工个人缴存住房公积金的月平均工资不得超过职工工作地所在设区城市上一年度职工月平均工资的3 倍，具体标准按照各地有关规定执行。

单位和个人超过规定比例和标准缴付的住房公积金，应将超过部分并入个人当期的工资薪金收入，缴纳个人所得税。

3)个人实际领(支)取原提存的基本养老保险金、基本医疗保险金、失业保险金和住房公积金时,免征个人所得税。

(二)适用税率

自2011年9月1日起,工资、薪金所得适用7级超额累进税率,税率为3% ~45%,见表8-1。

表8-1 工资、薪金所得适用税率表

级数	全月应纳税所得额		税率(%)	速算扣除数
	含税级距	不含税级距		
1	不超过1 500元的	不超过1 455元的	3	0
2	超过1 500元至4 500元的部分	超过1 455元至4 155元的部分	10	105
3	超过4 500元至9 000元的部分	超过4 155元至7 755元的部分	20	555
4	超过9 000元至35 000元的部分	超过7 755元至27 255元的部分	25	1005
5	超过35 000元至55 000元的部分	超过27 255元至41 255元的部分	30	2 755
6	超过55 000元至80 000元的部分	超过41 255元至57 505元的部分	35	5 505
7	超过80 000元的部分	超过57 505元的部分	45	13 505

注:①本表所列含税级距与不含税级距,均为按照税法规定减除有关费用后的所得额;②含税级距适用于由纳税人负担税款的工资、薪金所得,不含税级距适用于由他人(单位)代付税款的工资、薪金所得。

(三)税额计算与会计处理

1.应纳税额的计算

工资、薪金所得,以每月工资性收入额减去费用减除标准后的余额为应纳税所得额。自2011年9月1日起,费用减除标准为每月3 500元。单位按照规定为个人缴付的基本养老保险费、基本医疗保险费、失业保险费、住房公积金(简称"三费一金")不计入应纳税所得额;个人按照规定缴付的"三费一金",准予从应纳税所得额中扣除。

在中国境内无住所而在中国境内取得工资、薪金所得的纳税人和在中国境内有住所而在中国境外取得工资、薪金所得的纳税人,在以每月收入额减去费用减除标准的基础上,再减去附加减除费用后的余额为应纳税所得额。自2011年9月1日起,附加减除费用标准为每月1 300元/月。

附加减除费用的适用范围包括:

1)在中国境内的外商投资企业和外国企业中工作的外籍人员。

2)应聘在中国境内的企业、事业单位、社会团体、国家机关中工作的外籍专家。

3)在中国境内有住所而在中国境外任职或者受雇取得工资、薪金所得的个人。

4)国务院财政、税务主管部门确定的其他人员。比如,对远洋运输船员每月的工资、薪金收入在统一扣除费用减除标准的基础上,准予再扣除税法规定的附加减除费用。

华侨和香港、澳门、台湾同胞,参照上述规定执行。

应纳税额的计算公式为:

应纳税额=应纳税所得额×适用税率-速算扣除数

2. 会计处理

个人取得的工资、薪金所得应纳的个人所得税,由其任职单位在支付工资、薪金时代扣代缴。该部分税款,实质上是职工个人工资、薪金所得的一部分。因此,在会计处理上,任职单位在代扣个人所得税时,借记"应付职工薪酬"科目,贷记"应交税费——应交个人所得税"科目;代缴税款时,借记"应交税费——应交个人所得税"科目,贷记"银行存款"科目。

【例8-1】张先生(中国公民)在甲公司任职,2011年12月份取得应税工资收入(不包括单位和个人按规定标准缴纳的"三费一金")为8 500元。

应纳税所得额=8 500-3 500=5 000(元)

应代扣个人所得税额=5 000×20%-555=445(元)

甲公司在向张先生支付工资时扣缴个人所得税,编制会计分录:

借:应付职工薪酬　　8 500

　贷:应交税费——应交个人所得税　　445

　　库存现金　　8 055

甲公司代缴个人所得税时,编制会计分录:

借:应交税费——应交个人所得税　　445

　贷:银行存款　　445

任职单位在计算代扣个人所得税时,应按每个职工分别计算。在进行会计处理时,可按为所有职工代扣税款的合计金额编制会计分录。

(四)几种特殊情形的计税问题

1. 特定行业职工的工资薪金所得计税问题

特定行业,是指采掘业、远洋运输业、远洋捕捞业以及国务院财政、税务主管部门确定的其他行业。特定行业职工的工资、薪金所得应纳的个人所得税款,实行按年计算、分月预缴,年度终了后30日内,合计其全年工资、薪金所得,再按12个月平均并计算实际应纳的税款,多退少补。

2. 个人取得全年一次性奖金的计税问题

全年一次性奖金,是指行政机关、企事业单位等扣缴义务人根据全年经济效益和对雇员全年工作业绩的综合考核情况,向雇员发放的一次性奖金。一次性奖金也包括年终加薪、实行年薪制和绩效工资办法的单位根据考核情况兑现的年薪和绩效工资。

从2005年1月1日起,纳税人取得全年一次性奖金,单独作为一个月工资、薪金所得计算纳税,并按以下计税办法,由扣缴义务人发放时代扣代缴。

1)先将雇员当月内取得的全年一次性奖金,除以12个月,按其商数确定适用税率和速算扣除数。

如果在发放年终一次性奖金的当月,雇员当月工资薪金所得低于税法规定的费用扣除额,应将全年一次性奖金减除"雇员当月工资薪金所得与费用扣除额的差额"后的余额,按上述办法确定全年一次性奖金的适用税率和速算扣除数。

2)将雇员个人当月内取得的全年一次性奖金,依照上述确定的适用税率和速算扣除数计算应纳税额。

如果雇员当月工资薪金所得高于(或等于)税法规定的费用扣除额的,计算公式为:

应纳税额 = 雇员当月取得全年一次性奖金 × 适用税率 - 速算扣除数

如果雇员当月工资薪金所得低于税法规定的费用扣除额的,计算公式为:

应纳税额 =(雇员当月取得全年一次性奖金 - 雇员当月工资薪金所得与费用扣除额的差额)× 适用税率 - 速算扣除数

【例8-2】王先生(中国公民)系某单位职工,当月应税工资收入8 900元(不包括单位和个人按规定标准缴纳的"三费一金");全年一次性奖金36 000元。

(1)当月工资收入应纳税额 = (8 900 - 3 500) × 20% - 555 = 525(元)

(2)计算全年一次性奖金应纳税额

月应纳税所得额 = 36 000 ÷ 12 = 3 000(元)

故适用税率为10%,速算扣除数为105。

应纳税额 = 36 000 × 10% - 105 = 3 495(元)

(3)王先生应纳税额合计:525 + 3 495 = 4 020(元)

【例8-3】李先生(中国公民)系某单位职工,当月应税工资收入3 300元(不包括单位和个人按规定标准缴纳的"三费一金");全年一次性奖金29 000元。

(1)当月应税工资收入3 300元,不足3 500元,故不纳税。

(2)计算全年一次性奖金应纳税额:

月应纳税所得额 = [29 000 - (3 500 - 3 300)] ÷ 12 = 2 400(元)

故适用税率为10%,速算扣除数为105。

应纳税额 = [29 000 - (3 500 - 3 300)] × 10% - 105 = 2 775(元)

在执行中,应当注意以下问题:①在一个纳税年度内,对每一个纳税人,该计税办法只允许采用一次。②雇员取得除全年一次性奖金以外的其他各种名目奖金,如半年奖、季度奖、加班奖、先进奖、考勤奖等,一律与当月工资、薪金收入合并,按税法规定缴纳个人所得税。

3. 在中国境内无住所的个人一次取得数月奖金的计税问题

在中国境内无住所的个人一次取得数月奖金或年终加薪、劳动分红(简称奖金,不包括按月支付的奖金),可以单独作为一个月的工资、薪金所得计算纳税。由于对每月的工资、薪金所得计税时已按月扣除了费用,因此,对上述奖金不再减除费用,全额作为应纳税所得额直接按适用税率计算应纳税款,并且不再按居住天数进行划分计算。

在中国境内无住所的个人在担任境外企业职务的同时,兼任该外国企业在华机构的职务,但并不实际或并不经常到华履行该在华机构职务,对其一次取得的数月奖金中属于全月未在华工作的月份奖金,依照劳动发生地原则,可以不作为来源于中国境内的奖金收入计算纳税。

4. 在外商投资企业、外国企业和外国驻华机构工作的中方人员取得的工资薪金所得的计税问题

中方人员取得的工资、薪金收入,凡是由雇佣单位和派遣单位分别支付的,支付单位应代扣代缴个人所得税。具体办法是:雇佣单位在支付工资薪金时,按税法规定减除费用,计算扣缴个人所得税;派遣单位支付的工资薪金不再减除费用,以支付全额直接确定适用税率,计算扣缴个人所得税。支付单位代扣税款后,纳税人应持两处支付单位提供的原始明细工资、薪金单(书)和完税凭证原件,选择并固定到一地税务机关申报每月工资、薪金收入,汇算清缴其工资薪金收入的个人所得税,多退少补。

【例8-4】杨先生(国内某单位职工)被派到某外资企业工作。该人2011年12月份有关收入情况是:外资企业应付杨先生工资额8 700元;原单位应付工资额为2 500元。

外资企业代扣税款 = (8 700 - 3 500) × 20% - 555 = 485(元)

原单位代扣税款 = 2 500 × 10% - 105 = 145(元)

杨先生个人申报应纳税额 = (8 700 + 2 500 - 3 500) × 20% - 555 = 985(元)

应补税额 = 985 - 485 - 145 = 355(元)

值得注意的是,对外商投资企业、外国企业和外国驻华机构发放给中方工作人员的

工资、薪金所得,应当全额征收个人所得税。但是,对可以提供有效合同或有关凭证,能够证明其工资、薪金所得的一部分按照有关规定上交派遣(介绍)单位的,可扣除其实际上交的部分,按其余额计算个人所得税。

【例8-5】假定上例,原单位停发杨先生工资,外资企业每月应付给杨先生工资额8 700元,其中2 000元由外资企业划给杨先生原单位,实际应付杨先生工资6 700元。

外资企业代扣个人所得税额=(6 700-3 500)×10%-105=215(元)

5. 内部退养人员取得收入的计税问题

在企业减员增效和行政事业单位、社会团体在机构改革过程中,实行内部退养办法人员取得的收入按照以下规定处理:

1)实行内部退养的个人在其办理内部退养手续后至法定离退休年龄之间从原任职单位取得的工资、薪金,不属于离退休工资,按照“工资、薪金所得”项目缴纳个人所得税。

2)个人在办理内部退养手续后从原任职单位取得的一次性收入,按照办理内部退养手续后至法定离退休年龄之间的所属月份进行平均,并与领取当月的“工资、薪金所得”合并后减除当月费用扣除标准,以余额为基数确定适用税率;再将当月工资、薪金加上取得的一次性收入,减除费用扣除标准,按适用税率计算个人所得税。

【例8-6】张先生系国内某单位职工,假如于2011年12月份办理了内部退养手续,取得一次性收入60 000元;当月应税工资收入4 500元。张先生办理内部退养手续后至法定离退休年龄之间为5年。

月应纳税所得额=60 000÷(12×5)+4 500-3 500=2 000(元)

故适用税率为10%,速算扣除数为105。

应纳个人所得税额=(4 500+60 000-3 500)×10%-105=5 995(元)

3)个人在办理内部退养手续后至法定离退休年龄之间重新就业取得的工资、薪金所得,应与其从原单位取得的同一月份的工资、薪金所得合并,依法自行向主管税务机关申报缴纳个人所得税。

6. 个人提前退休取得补贴收入的计税问题

自2011年1月1日起,机关、企事业单位对未达到法定退休年龄、正式办理提前退休手续的个人,按照统一标准向提前退休工作人员支付一次性补贴,不属于免税的离退休工资收入,按照“工资、薪金所得”项目缴纳个人所得税。

个人因办理提前退休手续而取得的一次性补贴收入,按照办理提前退休手续至法定退休年龄之间所属月份平均分摊计算个人所得税。

应纳税额=[(一次性补贴收入÷办理提前退休手续至法定退休年龄的实际月份数-费用扣除标准)×适用税率-速算扣除数]×提前办理退休手续至法定退休年龄的实际月份数

7. 单位低价向职工售房有关个人所得税问题

根据住房制度改革政策的有关规定，国家机关、企事业单位及其他组织（简称单位）在住房制度改革期间，按照所在地县级以上人民政府规定的房改成本价格向职工出售公有住房，职工因支付的房改成本价格低于房屋建造成本价格或市场价格而取得的差价收益，免征个人所得税。

除上述情形外，单位按低于购置或建造成本价格出售住房给职工，职工因此而少支出的差价部分，属于个人所得税应税所得，按照“工资、薪金所得”项目缴纳个人所得税。

差价部分，是指职工实际支付的购房价款低于该房屋的购置或建造成本价格的差额。对职工取得的上述应税所得，比照全年一次性奖金的征税办法计征个人所得税，即先将全部所得数额除以12，按其商数确定适用税率和速算扣除数，再根据全部所得数额、适用税率和速算扣除数，计算征收个人所得税。

8. 企业年金计税问题

企业年金，是指企业及其职工按照《企业年金试行办法》的规定，在依法参加基本养老保险的基础上，自愿建立的补充养老保险。从2009年12月10日起，企业年金的个人所得税问题，按照以下规定处理：

1）企业年金的个人缴费部分，不得在个人当月工资薪金计算个人所得税时扣除。

2）企业年金的企业缴费计入个人账户的部分，是个人因任职或受雇而取得的所得，属于个人所得税应税收入。在计入个人账户时，应视为个人一个月的工资薪金（不与正常工资薪金合并），不扣除任何费用，按照“工资、薪金所得”项目计算当期应纳个人所得税款，并由企业在缴费时代扣代缴。

对企业按季度、半年或年度缴纳企业缴费的，在计税时不得还原至所属月份，均作为一个月的工资薪金，不扣除任何费用，按照适用税率计算扣缴个人所得税。

值得注意的是，自2011年1月30日起，企业年金的企业缴费部分计入职工个人账户时，当月个人工资薪金所得与计入个人年金账户的企业缴费之和，未超过费用扣除标准的，不征收个人所得税。个人当月工资薪金所得低于费用扣除标准，但加上计入个人年金账户的企业缴费后，超过个人费用扣除标准的，其超过部分按照上述规定计算个人所得税。

3）对因年金设置条件导致的已经计入个人账户的企业缴费不能归属个人的部分，其已扣缴的个人所得税应予以退还。

应退税款＝企业缴费已纳税款×（1－实际领取企业缴费/已纳税企业缴费的累计额）

4）对个人取得企业年金（补充养老保险）之外的其他补充养老保险收入，应全额并入当月工资、薪金所得，依法征收个人所得税。

9. 在中国境内无住所的个人取得工资薪金所得的计税问题

1）工资、薪金所得来源地的确定。属于来源于中国境内的工资薪金所得，应为个人实际在中国境内工作期间取得的工资薪金，即个人实际在中国境内工作期间取得的工资薪金，不论是由中国境内还是境外企业或个人雇主支付，均属来源于中国境内的所得；个人实际在中国境外工作期间取得的工资薪金，不论是由中国境内还是境外企业或个人雇主支付，均属于来源于中国境外的所得。

2）在境内居住天数的确定。对在中国境内无住所的个人，需要计算确定其在中国境内居住天数，以便依照税法和协定或安排的规定判定其在华负有何种纳税义务时，均应以该个人实际在华逗留天数计算。上述个人入境、离境、往返或多次往返境内外的当日，均按1天计算其在华实际逗留天数。

3）在境内实际工作期间的确定。在中国境内企业、机构中任职（包括兼职）、受雇的个人，其实际在中国境内工作期间，应包括在中国境内工作期间在境内、外享受的公休假日、个人休假日以及接受培训的天数；其在境外营业机构中任职并在境外履行该项职务或在境外营业场所中提供劳务的期间，包括该期间的公休假日，为在中国境外的工作期间。不在中国境内企业、机构中任职、受雇的个人受派来华工作，其实际在中国境内工作期间应包括来华工作期间在中国境内所享受的公休假日。

对在中国境内、境外机构同时担任职务或仅在境外机构任职的境内无住所个人，在按上述规定计算其境内工作期间时，对其入境、离境、往返或多次往返境内外的当日，均按半天计算为在华实际工作天数。

4）在中国境内无住所而在一个纳税年度中在中国境内连续或累计居住不超过90日，或在税收协定规定的期间在中国境内连续或累计居住不超过183日的个人的纳税义务。上述个人由中国境外雇主支付并且不是由该雇主的中国境内机构负担的工资薪金，免予申报缴纳个人所得税。对上述个人应仅就其实际在中国境内工作期间由中国境内企业或个人雇主支付，或者由中国境内机构负担的工资薪金所得申报纳税。

$$应纳税额=(当月境内外工资薪金应纳税所得额\times适用税率-速算扣除数)\times(当月境内支付工资\div当月境内外支付工资总额)\times(当月境内工作天数\div当月天数)$$

5）在中国境内无住所而在一个纳税年度中，在中国境内连续或累计居住超过90日，或在税收协定规定的期间在中国境内连续或累计居住超过183日，但不满1年的个人的纳税义务。上述个人实际在中国境内工作期间取得的由中国境内企业或个人雇主支付和由境外企业或个人雇主支付的工资薪金所得，均应申报缴纳个人所得税；其在中国境外工作期间取得的工资薪金所得，除担任中国境内企业董事或高层管理职务的个人外，不予征收个人所得税。

$$应纳税额=(当月境内外工资薪金应纳税所得额\times适用税率-速算扣除数)\times(当月境内工作天数\div当月天数)$$

6）在中国境内无住所但在境内居住满1年而不超过5年的个人的纳税义务。上述个人在中国境内工作期间取得的由中国境内企业或个人雇主支付和由中国境外企业或个人雇主支付的工资薪金，均应申报缴纳个人所得税；其在临时离境工作期间的工资薪金所得，仅就由中国境内企业或个人雇主支付的部分申报纳税。

在1个月中既有在中国境内工作期间的工资薪金所得，也有在临时离境期间由境内企业或个人雇主支付的工资薪金所得的，应合并计算当月应纳税款。

应纳税额 =（当月境内外工资薪金应纳税所得额 × 适用税率 - 速算扣除数）×

[1 -（当月境外支付工资 ÷ 当月境内外支付工资总额）×（当月境外工作天数 ÷ 当月天数）]

如果上述各类个人取得的是日工资薪金或者不满1个月工资薪金，应以日工资薪金乘以当月天数换算成月工资薪金后，按上述公式计算应纳税额。

7）中国境内企业董事、高层管理人员的纳税义务。担任中国境内企业董事或高层管理职务的个人[指公司正、副（总）经理、各职能技师、总监及其他类似公司管理层的职务]，其取得的由该中国境内企业支付的董事费或工资薪金，自其担任该中国境内企业董事或高层管理职务起，至其解除上述职务止的期间，不论其是否在中国境外履行职务，均应申报缴纳个人所得税；其取得的由中国境外企业支付的工资薪金，应依照上述第4）、5）、6）项的规定确定纳税义务。

二、劳务报酬所得

（一）应税所得的确认

劳务报酬所得，是指个人独立从事各种非雇佣的各种劳务所取得的所得，包括个人从事设计、装潢、安装、制图、化验、测试、医疗、法律、会计、咨询、讲学、新闻、广播、翻译、审稿、书画、雕刻、影视、录音、录像、演出、表演、广告、展览、技术服务、介绍服务、经纪服务、代办服务以及其他劳务取得的所得。

工资、薪金所得与劳务报酬所得是两个不同的应税所得项目。工资、薪金所得是属于非独立个人劳务活动，即在机关、团体、学校、部队、企事业单位及其他组织中任职、受雇而得到的报酬；劳务报酬所得则是个人独立从事各种技艺、提供各项劳务取得的报酬。两者的主要区别在于：前者存在雇佣与被雇佣关系，后者则不存在这种关系。

执行中，应当注意以下问题：

（1）个人担任公司董事、监事，且不在公司任职、受雇的，其取得的董事费收入属于劳务报酬所得性质，按照“劳务报酬所得”项目缴纳所得税；个人在公司（包括关联公司）任职、受雇，同时兼任董事、监事的，应当将董事费、监事费与个人工资收入合并，统一按照“工资、薪金所得”项目缴纳个人所得税。

（2）个人兼职取得的收入，按照“劳务报酬所得”项目缴纳个人所得税；退休人员再任职取得的收入,在减除个人所得税法规定的费用扣除标准后,按照"工资、薪金所得"项目缴纳个人所得税。

(3)个人经政府有关部门批准并取得执照举办学习班、培训班的,其取得的办班收入属于"个体工商户的生产、经营所得";个人无须经政府有关部门批准并取得执照举办学习班、培训班的,其取得的办班收入属于"劳务报酬所得",办班者每次收入按以下方法确定:一次收取学费的,以一期取得的收入为一次;分次收取学费的,以每月取得的收入为一次。

(4)雇员为本企业提供非有形商品(保险、旅游等)推销、代理等服务活动取得佣金、奖励和劳务费等名目的收入,计入该雇员的当期工资薪金所得,缴纳个人所得税;非本企业雇员取得上述收入,计入个人从事服务业应税劳务的营业额,先按照规定缴纳营业税,再将上述收入扣除已缴纳的营业税金后,计入个人的劳务报酬所得,缴纳个人所得税。

(5)在商品营销活动中,企业和单位对营销业绩突出人员以培训班、研讨会、工作考察等名义组织旅游活动,通过免收差旅费、旅游费对个人实行的营销业绩奖励(包括实物、有价证券等),应将所发生的费用,全额计入营销人员的应税所得,依法缴纳个人所得税。其中:企业雇员享受的此类奖励,应与当期的工资薪金合并,按照"工资、薪金所得"项目缴纳个人所得税;其他人员享受的此类奖励,应作为当期的劳务收入,按照"劳务报酬所得"项目缴纳个人所得税。

(二)适用税率

劳务报酬所得,适用20%的比例税率。对劳务报酬所得一次收入畸高的,可以实行加成征税。

"劳务报酬所得一次收入畸高",是指个人一次取得劳务报酬,其应纳税所得额超过20 000元。对应纳税所得额超过20 000~50 000元的部分,依照税法规定计算出应纳税额后,再按照应纳税额加征五成;超过50 000元的部分,加征十成。实际上,劳务报酬所得适用3级超额累进税率,税率为20%、30%、40%,见表8-2。

表8-2 劳务报酬所得适用税率和速算扣除数

级数	每次应纳税所得额	税率(%)	速算扣除数
1	不超过20 000元的	20	0
2	超过20 000元至50 000元的部分	30	2 000
3	超过50 000元的部分	40	7 000

（三）税额计算与会计处理

1. 应纳税额的计算

劳务报酬所得，每次收入不超过4 000元的，减除费用800元；每次收入在4 000元以上的，减除20%的费用；其余额为应纳税所得额。

每次收入不足4 000元的：应纳税所得额＝每次收入额－800元

每次收入在4 000元以上的：应纳税所得额＝每次收入额×（1－20%）

值得注意的是，保险营销员的佣金是由展业成本和劳务报酬构成的。对佣金中的展业成本，不征收个人所得税；对劳务报酬部分，扣除实际缴纳的营业税金及附加后，依照税法规定计算征收个人所得税。根据目前保险营销员展业的实际情况，佣金中展业成本的比例暂定为40%。即以佣金收入扣除展业成本、营业税金及附加，再减除税法规定的费用后，其余额为应纳税所得额。

劳务报酬所得的"收入次数"，根据不同劳务项目的特点，分别为：只有一次性收入的，以取得该项收入为一次；属于同一事项连续取得收入的，以一个月内取得的收入为一次。

同一项目，是指"劳务报酬所得"列举具体劳务项目中的某一单项，个人兼有不同的劳务报酬所得，应当分别减除费用，计算缴纳个人所得税。对属于同一项目连续性收入的，考虑属地管辖与时间划定有交叉的特殊情况，统一规定以县（含县级市、区）为一地，其管辖内的一个月内的劳务服务为一次；当月跨县地域的，则应分别计算。

应纳税额的计算公式如下：

应纳税额＝应纳税所得额×适用税率－速算扣除数

2. 会计处理

企业支付给个人劳务报酬，应按税法规定代扣代缴个人所得税。支付劳务报酬并代扣个人所得税时，借记"管理费用"、"销售费用"等科目，贷记"应交税费——应交个人所得税"、"库存现金"等科目；代缴个人所得税时，借记"应交税费——应交个人所得税"科目，贷记"银行存款"科目。

【例8－7】林先生应邀为甲公司（非任职单位）进行经营策划。合同规定：报酬40 000元，个人所得税由个人承担。

甲公司代扣个人所得税＝40 000×（1－20%）×30%－2 000＝7 600（元）

甲公司会计处理：

借：管理费用	40 000
贷：应交税费——应交个人所得税	7 600
库存现金或银行存款	32 400

代缴个人所得税时，编制会计分录：

借：应交税费——应交个人所得税　　7 600

　贷：银行存款　　7 600

（四）由支付单位承担税款的计算与会计处理

按照规定，由支付单位为个人的劳务报酬所得代为承担税款的，应将个人取得的税后收入换算为应纳税所得额，然后计算应纳税额。

1. 税额计算

1）应纳税所得额计算办法如下：

（1）税后收入额为3 360元（即含税收入额4 000元）以下的：

应纳税所得额 =（税后收入额 - 800）÷（1 - 税率）

（2）税后收入额为3 360元（即含税收入额4 000元）以上的：

应纳税所得额 =（税后收入额 - 速算扣除数）×（1 - 20%）÷［1 - 税率 ×（1 - 20%）］

或：

应纳税所得额 =（税后收入额 - 速算扣除数）×（1 - 20%）÷ 当级换算系数

上述公式中的税率，均指税后所得按税后级距对应的税率，见表8 - 3：

表8 - 3　税后劳务报酬收入适用税率表

级数	税后劳务报酬收入级距	税率（%）	速算扣除数（元）	换算系数（%）
1	不超过3 360元的部分	20	0	无
2	超过3 360元至21 000元的部分	20	0	84
3	超过21 000元至49 500元的部分	30	2 000	76
4	超过49 500元的部分	40	7 000	68

2）应纳税额的计算公式如下：

应纳税额 = 应纳税所得额 × 适用税率 - 速算扣除数

上述公式中的税率，是指应纳税所得额按含税级距对应的税率（表8 - 2）。

2. 会计处理

企业为个人代为承担的税款，实际上是成本费用的组成部分，应计入相关成本费用中。

【例8 - 8】M公司聘请演员王女士为公司进行广告宣传。合同规定：报酬50 000元，个人所得税由M公司承担。

（1）应纳税所得额 =（50 000 - 7 000）×（1 - 20%）÷［1 - 40% ×（1 - 20%）］=

50 588.24(元)

或:应纳税所得额 =(50 000 - 7 000)×(1 - 20%)÷68% = 50 588.24(元)

(2)M 公司承担的个人所得税额 = 50 588.24 ×40% - 7 000 = 13 235.30(元)

M 公司会计处理如下:

借:销售费用　　63 235.30

　贷:应交税费——应交个人所得税　　13 235.30

　　库存现金或银行存款　　50 000

三、稿酬所得

(一)稿酬所得的确认

稿酬所得,是指个人因其作品以图书、报刊形式出版、发表而取得的所得。对不以图书、报刊形式出版、发表的翻译、审稿、书画等,不属于稿酬所得,而划归劳务报酬所得。

执行中,应当注意下列问题:

(1)作者去世后,取得其遗作稿酬的个人,按稿酬所得缴纳个人所得税。

(2)任职、受雇于报刊、杂志等单位的记者、编辑等专业人员,因在本单位的报刊、杂志上发表作品取得的所得,属于因任职、受雇而取得的所得,应与其当月工资收入合并,按照"工资、薪金所得"项目缴纳个人所得税。

除上述专业人员以外,其他人员在本单位的报刊、杂志上发表作品取得的所得,按照"稿酬所得"缴纳个人所得税。

(3)出版社的专业作者撰写、编写或翻译的作品,由本社以图书形式出版而取得的稿费收入,按照"稿酬所得"项目缴纳个人所得税。

(二)适用税率

稿酬所得适用 20% 的比例税率,并按应纳税额减征 30%。

(三)税额计算与会计处理

1. 应纳税额的计算

稿酬所得,每次收入不超过 4 000 元的,减除费用 800 元;每次收入在 4 000 元以上的,减除 20% 的费用;其余额为应纳税所得额。

稿酬所得,以作品每次出版、发表取得的收入为一次。同一作品先在报刊上连载,然后再出版,或先出版,再在报刊上连载的,应视为两次稿酬所得纳税;同一作品在报刊上连载取得收入的，以连载完成后取得的所有收入合并为一次，计算缴纳个人所得税。

应纳税额＝应纳税所得额×适用税率（20%）×（1－30%）

值得注意的是，两个或两个以上的纳税人共同取得同一项所得的，可以对每个人分得的收入分别减除费用，计算各自的应纳税所得额和应纳税额。

【例8－9】甲、乙、丙三人共同出版一部工具书，稿酬共计20 000元，其中，甲应得稿酬16 000元，乙应得稿酬3 500元，丙应得稿酬500元。

甲应纳税额＝16 000×（1－20%）×20%×（1－30%）＝1 792（元）

乙应纳税额＝（3 500－800）×20%×（1－30%）＝378（元）

丙的稿酬500元，不足800元，故不纳税。

2. 会计处理

出版单位支付给个人的稿酬，应按税法规定代扣代缴个人所得税。计算稿酬所得时，借记“生产成本——稿酬及校订费”科目，贷记“其他应付款”科目；代扣个人所得税时，借记“其他应付款”科目，贷记“应交税费——应交个人所得税”科目；代缴个人所得税时，借记“应交税费——应交个人所得税”科目，贷记“银行存款”科目。

【例8－10】某出版社出版一部小说，应支付作者基本稿酬20 000元，册数稿酬3 000元。

出版社代扣税款＝（20 000＋3 000）×（1－20%）×20%×（1－30%）＝2 576（元）

出版社计算稿酬所得时，编制会计分录：

借：生产成本——稿酬及校订费	23 000
贷：其他应付款——某作者	23 000

支付稿酬并代扣个人所得税时，编制会计分录：

借：其他应付款——某作者	23 000
贷：应交税费——应交个人所得税	2 576
库存现金	20 424

四、特许权使用费所得

（一）应税所得的确认

特许权使用费所得，是指个人提供专利权、商标权、著作权、非专利技术以及其他特许权的使用权取得的所得。提供著作权的使用权取得的所得，不包括稿酬所得。

（二）适用税率

特许权使用费所得适用的个人所得税税率为20%。

(三)税额计算与会计处理

1. 应纳税额的计算

特许权使用费所得,每次收入不超过4 000元的,减除费用800元;每次收入在4 000元以上的,减除20%的费用;其余额为应纳税所得额。

对个人从事技术转让、提供劳务等过程中所支付的中介费,如果能够提供有效、合法凭证的,允许从其所得中扣除。

特许权使用费所得,以某项使用权的一次转让所取得的收入为一次。

应纳税额=应纳税所得额×适用税率(20%)

2. 会计处理

单位支付给个人的特许权使用费,应按税法规定代扣代缴个人所得税。代扣个人所得税时,借记"制造费用"、"管理费用"等科目,贷记"应交税费——应交个人所得税"科目;代缴个人所得税时,借记"应交税费——应交个人所得税"科目,贷记"银行存款"科目。

【例8-11】某公司购买王工程师的一项非专利技术的使用权。合同约定,使用费40 000元,个人所得税由王工程师个人承担。

代扣个人所得税=40 000×(1-20%)×20%=6 400(元)

借:制造费用	40 000	
贷:应交税费——应交个人所得税		6 400
库存现金		33 600

代缴个人所得税时,编制会计分录:

借:应交税费——应交个人所得税	6 400	
贷:银行存款		6 400

五、财产租赁所得

(一)应税所得的确认

财产租赁所得,是指个人出租建筑物、土地使用权、机器设备、车船以及其他财产取得的所得。

(二)适用税率

财产租赁所得适用20%的比例税率。个人按市场价格出租住房取得的所得,减按10%的税率缴纳个人所得税。

（三）税额计算与会计处理

1. 应纳税额的计算

财产租赁所得，每次收入不超过4 000元的，减除费用800元；每次收入在4 000元以上的，减除20%的费用；其余额为应纳税所得额。财产租赁所得，以1个月内取得的收入为一次。

个人在出租财产过程中缴纳的税金和教育费附加，可凭完税（缴款）凭证，从其财产租赁收入中扣除。由纳税人负担的出租财产实际开支的修缮费用，能够提供有效、准确凭证，证明由纳税人负担的，准予从其租赁收入中扣除。准予扣除的修缮费用，以每次800元为限，一次扣除不完的，准予在下一次继续扣除，直至扣完为止。个人将承租房屋转租的，取得转租收入的个人向房屋出租方支付的租金，可凭房屋租赁合同和合法支付凭据，从该项转租收入中扣除。

在计算个人所得税时，“财产租赁所得”相关税费的税前扣除次序为：

1）财产租赁过程中缴纳的税费。

2）向出租方支付的租金。

3）由纳税人负担的租赁财产实际开支的修缮费用。

4）税法规定的费用扣除标准。

应纳税额的计算公式如下：

应纳税额 = 应纳税所得额 × 适用税率（20%或10%）

2. 会计处理

企业租用个人财产，应按税法规定代扣代缴个人所得税。按租金总额，借记“长期待摊费用”或“管理费用”、“销售费用”等科目；按应代扣的个人所得税额，贷记“应交税费——应交个人所得税”；按实际支付金额，贷记“库存现金”或“银行存款”等科目。代缴税款时，借记“应交税费——应交个人所得税”科目，贷记“银行存款”科目。

六、财产转让所得

（一）应税所得的确认

财产转让所得，是指个人转让有价证券、股权、建筑物、土地使用权、机器设备、车船以及其他财产取得的所得。

执行中，应当注意下列问题：

（1）个人转让自用达5年以上，并且是唯一的家庭生活用房取得的所得，免征个人所得税。

(2)个人转让上市公司股票取得的所得,暂免征收个人所得税。

(3)股权分置改革中,非流通股股东通过对价方式向流通股股东支付的股份、现金等收入,暂免征收流通股股东的个人所得税。

(二)适用税率

财产转让所得适用的个人所得税税率为20%。

(三)税额计算与会计处理

1. 应纳税额的计算

一般情况下,财产转让所得以转让财产的收入额减除财产原值和合理费用后的余额为应纳税所得额。

$$应纳税所得额 = 收入总额 - 财产原值 - 合理费用$$

财产原值,按照下列规定确认:

1)有价证券,为买入价以及买入时按照规定缴纳的有关费用。

2)建筑物,为建造费或者购进价格以及其他有关费用。

3)土地使用权,为取得土地使用权所支付的金额、开发土地的费用以及其他有关费用。

4)机器设备、车船,为购进价格、运输费、安装费以及其他有关费用。

5)其他财产,参照以上方法确定。

纳税义务人未提供完整、准确的财产原值凭证,不能正确计算财产原值的,由主管税务机关核定其财产原值。

合理费用是指卖出财产时按照规定支付的有关费用。

应纳税额的计算公式如下:

$$应纳税额 = 应纳税所得额 \times 适用税率(20\%)$$

2. 会计处理

企业购买个人财产,应按税法规定代扣代缴个人所得税。按购买价款总额,借记"固定资产"、"无形资产"等科目;按应代扣的个人所得税额,贷记"应交税费——应交个人所得税";按支付金额,贷记"库存现金"或"银行存款"等科目。代缴税款时,借记"应交税费——应交个人所得税"科目,贷记"银行存款"科目。

七、股息、利息、红利所得

(一)应税所得的确认

利息、股息、红利所得,是指个人拥有债券、股权而取得的利息、股息、红利所得。

执行中,应当注意下列问题:

(1)股份制企业在分配股息、红利时,以股票形式向股东个人支付应得的股息、红利(即派发红股),应以派发红股的股票票面金额为收入额,按照“利息、股息、红利所得”项目计算个人所得税。

(2)个人取得的国债利息、国家发行的金融债券的利息,免征个人所得税。

(3)个人取得的教育储蓄存款利息所得,以及国务院财政部门确定的其他专项储蓄存款或者储蓄性专项基金存款的利息所得,免征个人所得税。

(4)外籍个人从外商投资企业取得的股息、红利所得,免征个人所得税。

(5)持有B股或海外股(包括H股)的外籍个人,从发行该B股或海外股的中国境内企业所取得的股息(红利)所得,暂免征收个人所得税。

(二)适用税率

利息、股息、红利所得适用的个人所得税税率为20%。

储蓄存款在2007年8月15日后(含当日)孳生的利息所得,适用5%的税率;在2008年10月9日后(含当日)孳生的利息所得,暂免征收个人所得税。

(三)税额计算与会计处理

1. 应纳税额的计算

利息、股息、红利所得,以每次收入额为应纳税所得额。但是,为促进资本市场发展,对个人投资者从上市公司取得的股息红利所得,暂减按50%计入个人应纳税所得额。对证券投资基金从上市公司分配取得的股息红利所得,也减按50%计算应纳税所得额。

上市公司是指在上海证券交易所、深圳证券交易所挂牌交易的上市公司。

利息、股息、红利所得的“收入次数”确定办法是,以支付利息、股息、红利时取得的收入为一次。

应纳税额的计算公式如下:

$$应纳税额=应纳税所得额\times适用税率$$

2. 会计处理

企业向个人支付给个人股息、利息、红利,应按照税法规定代扣代缴个人所得税。

股份制公司按应向个人支付的现金股利,借记“利润分配”科目,贷记“应付股利”科目;实际支付现金时,借记“应付股利”科目,贷记“应交税费——应交个人所得税”、“库存现金”科目。

企业发行有价证券应向个人支付利息时，借记“财务费用”等科目，贷记“应交税费——应交个人所得税”、“库存现金”科目。

银行向个人支付储蓄存款利息时，借记“利息支出”科目，贷记“应交税费——应交个人所得税”、“库存现金”科目。

企业代缴个人所得税时，借记“应交税费——应交个人所得税”科目，贷记“银行存款”科目。

八、偶然所得

（一）应税所得的确认

偶然所得，是指个人得奖、中奖、中彩以及其他偶然性质的所得。

执行中，应当注意下列问题：

（1）个人参加有奖储蓄取得的各种形式的中奖所得，属于机遇性的所得，按照“偶然所得”项目缴纳个人所得税。

（2）外商投资企业在购买内资企业经营资产过程中向内资企业自然人股东支付的不竞争款项，属于个人因偶然因素取得的一次性所得，按照“偶然所得”项目缴纳个人所得税。

不竞争款项，是指资产购买方企业与资产出售方企业自然人股东之间在资产购买交易中，通过签订保密和不竞争协议等方式，约定资产出售方企业自然人股东在交易完成后一定期限内，承诺不从事有市场竞争的相关业务，并负有相关技术资料的保密义务，资产购买方企业则在约定期限内，按一定方式向资产出售方企业自然人股东所支付的款项。

（3）自2011年6月9日起，企业在销售商品（产品）和提供服务过程中，向个人赠送礼品，属于下列情形之一的，不征收个人所得税：①企业通过价格折扣、折让方式向个人销售商品（产品）和提供服务；②企业在向个人销售商品（产品）和提供服务的同时给予赠品，如通信企业对个人购买手机赠话费、入网费，或者购话费赠手机等；③企业对累积消费达到一定额度的个人按消费积分反馈礼品。

但是，企业对累积消费达到一定额度的顾客，给予额外抽奖机会，个人的获奖所得，按照“偶然所得”项目缴纳个人所得税。

（4）个人购买社会福利有奖募捐奖券、体育彩票等，一次中奖收入不超过10 000元的，暂免征收个人所得税；一次中奖收入超过10 000元的，按照税法规定全额计算缴纳个人所得税。

（5）个人取得单张有奖发票奖金所得不超过800元（含800元）的，暂免征收个人所得税;超过800元的,按照税法规定全额计算缴纳个人所得税。

(二)适用税率

偶然所得适用的个人所得税税率为20%。

(三)税额计算与会计处理

偶然所得,以每次收入额为应纳税所得额。

应纳税额 = 每次收入额 × 适用税率(20%)

发奖单位在支付奖金、奖品时,应按规定代扣代缴个人所得税,借记"管理费用"、"销售费用"等科目,贷记"应交税费——应交个人所得税"、"库存现金"科目;代缴个人所得税时,借记"应交税费——应交个人所得税"科目,贷记"银行存款"科目。

【例8-12】王先生参加某商场举办的有奖销售活动,中奖所得500元现金。

商场代扣个人所得税 = 500 × 20% = 100(元)

商场实际支付王某现金:500 - 100 = 400(元)

借:销售费用　　500

　贷:应交税费——应交个人所得税　　100

　　　库存现金　　400

商场代缴个人所得税时:

借:应交税费——应交个人所得税　　100

　贷:银行存款　　100

九、其他所得

(一)应税所得的确认

除上述列举的各项个人应税所得外,其他确有必要征税的个人所得,由国务院财政部门确定。

执行中,应当注意以下问题:

(1)个人因任职单位缴纳有关保险费用而取得的无赔款优待收入,按照"其他所得"项目缴纳个人所得税。

(2)一些证券公司为了招揽大户股民在本公司开户交易,通常从证券公司取得的交易手续费中支付部分金额给大户股民。股民个人从证券公司取得的此类回扣收入或交易手续费返还收入,按照"其他所得"项目缴纳个人所得税。

(3)个人为单位或他人提供担保获得报酬,按照"其他所得"缴纳个人所得税。

(4)在商品房买卖过程中，有些房地产公司因未协调好与按揭银行的合作关系，造成购房人不能按合同约定办妥按揭贷款手续，从而无法缴纳后续房屋价款，致使房屋买卖合同难以继续履行，房地产公司因双方协商解除商品房买卖合同而向购房人支付违约金。购房个人因上述原因从房地产公司取得的违约金收入，按照“其他所得”项目缴纳个人所得税。

(5)自2011年6月9日起，企业向个人赠送礼品，属于下列情形之一的，对个人取得该项所得，按照“其他所得”项目征收个人所得税：①企业在业务宣传、广告等活动中，随机向本单位以外的个人赠送礼品；②企业在年会、座谈会、庆典以及其他活动中向本单位以外的个人赠送礼品。

企业赠送的礼品是自产产品(服务)的，按该产品(服务)的市场销售价格确定个人应税所得；赠送的礼品是外购商品(服务)的，按该商品(服务)的实际购置价格确定个人应税所得。

(二)适用税率

其他所得适用的个人所得税税率为20%。

(三)税额计算与会计处理

其他所得，以每次收入额为应纳税所得额。

应纳税额＝应纳税所得额×适用税率

支付单位在支付个人所得时，应按规定代扣代缴个人所得税，借记“销售费用”、“营业外支出”等科目，贷记“应交税费——应交个人所得税”、“库存现金”科目；代缴个人所得税时，借记“应交税费——应交个人所得税”科目，贷记“银行存款”科目。

十、税额计算的其他规定

(一)非现金所得的计量

个人所得的形式，包括现金、实物、有价证券和其他形式的经济利益。

所得为实物的，按照取得的凭证上所注明的价格计算应纳税所得额；无凭证的实物或者凭证上所注明的价格明显偏低的，参照市场价格核定应纳税所得额。

所得为有价证券的，根据票面价格和市场价格核定应纳税所得额。

所得为其他形式的经济利益的，参照市场价格核定应纳税所得额。

（二）公益救济性捐赠的处理

1. 限定比例扣除

个人将其所得通过中国境内的社会团体、国家机关向教育和其他社会公益事业以及遭受严重自然灾害地区、贫困地区的捐赠，捐赠额未超过纳税人申报的应纳税所得额30%的部分，可以从其应纳税所得额中扣除。

【例8－13】张先生为M公司（非任职单位）搞软件设计，协议约定应得报酬（税前）30 000元。在领取前，张先生通过民政局向灾区捐赠10 000元。

捐赠扣除限额＝30 000×（1－20%）×30%＝7 200（元）

实际捐赠10 000元超出扣除限额，故按限额扣除。

应纳个人所得税额＝［30 000×（1－20%）－7 200］×20%＝3 360（元）

2. 全额扣除

个人发生的某些公益、救济性捐赠，准予在计算缴纳个人所得税时全额扣除。比如，个人通过非营利性的社会团体和国家机关向红十字事业的捐赠、向公益性青少年活动场所的捐赠、向福利性非营利性的老年服务机构的捐赠、向教育事业的捐赠等，准予在个人所得税前全额扣除。

【例8－14】演员孙先生应邀到某地演出，协议约定的演出报酬（税前）为20 000元。在领取前，孙先生通过该市教育局向某山村小学捐赠10 000元。

应纳个人所得税额＝［20 000×（1－20%）－10 000］×20%＝1 200（元）

3. 不得扣除

纳税人直接向受赠人的捐赠和非公益救济性捐赠，不允许在个人所得税前扣除。

（三）科技经费资助支出的税务处理

个人将其所得（不含偶然所得，经国务院财政部门确定征税的其他所得）通过中国境内非营利的社会团体、国家机关，用于非关联的科研机构和高等学校研究开发经费资助的，可以全额在下月（工资、薪金所得）或下次（按次计征的所得）或当年（按年计征的所得）计算个人所得税时，从应纳税所得额中扣除；不足抵扣的，不得结转抵扣。个人直接向科研机构和高等学校的资助不允许在税前扣除。

【例8－15】刘先生（中国公民）系国内某公司职工，本年11月份应税工资收入9 000元，任职单位代扣个人所得税545元。刘先生领取工资后，通过市科委资助某科研机构新技术开发经费5 000元，已取得相关证明并送交本单位财务处。12月份，刘先生应税工资奖金收入9 100元。

分析：刘先生通过科委资助某科研机构新技术开发经费，可在12月份工资薪金所得项目的应纳税所得额中扣除，若不足抵扣，不得结转抵扣。

12 月份公司代扣税款 =（9 100 - 3 500 - 5 000）×3% = 18（元）

【例 8 - 16】承例 8 - 15，假如刘先生通过市科委资助某科研机构新技术开发经费不是 5 000 元，而是 6 000 元。

12 月份应纳税所得额 = 9 100 - 3 500 - 5 6300 = 0（元）

故不需纳税，但尚未扣除的 400 元（6 000 - 5 600）不得结转下月抵扣。

（四）个人取得拍卖收入的计税问题

自 2007 年 5 月 1 日起，个人通过拍卖市场拍卖各种财产（包括字画、瓷器、玉器、珠宝、邮品、钱币、古籍、古董等物品）取得的所得，按照以下规定计算缴纳个人所得税。

1. 作者拍卖文字作品手稿原件或复印件

作者将自己的文字作品手稿原件或复印件拍卖，转让收入额 4 000 元以下的，以其转让收入额减除 800 元；转让收入额 4 000 元以上的，以其转让收入额减除 20% 的费用；其余额为应纳税所得额；按照“特许权使用费”所得项目适用 20% 税率缴纳个人所得税。

2. 个人拍卖其他财产

个人拍卖除文字作品原稿及复印件外的其他财产，以其转让收入额减除财产原值和合理费用后的余额为应纳税所得额，按照“财产转让所得”项目适用 20% 税率缴纳个人所得税。

1）财产原值，是指售出方个人取得该拍卖品的价格（以合法有效凭证为准）。具体为：通过商店、画廊等途径购买的，为购买该拍卖品时实际支付的价款；通过拍卖行拍得的，为拍得该拍卖品实 际支付的价款及交纳的相关税费；通过祖传收藏的，为其收藏该拍卖品而发生的费用；通过赠送取得的，为其受赠该拍卖品时发生的相关税费；通过其他形式取得的，参照以上原则确定财产原值。

2）拍卖财产过程中缴纳的税金，是指在拍卖财产时纳税人实际缴纳的相关税金及附加。

3）有关合理费用，是指拍卖财产时纳税人按照规定实际支付的拍卖费（佣金）、鉴定费、评估费、图录费、证书费等费用。

纳税人如不能提供合法、完整、准确的财产原值凭证，不能正确计算财产原值的，按转让收入额的 3% 征收率计算缴纳个人所得税；拍卖品为经文物部门认定是海外回流文物的，按转让收入额的 2% 征收率计算缴纳个人所得税。

（五）转化职务科技成果以股权形式给予个人奖励的计税问题

科研机构、高等学校转化职务科技成果以股份或出资比例等股权形式给予个人奖励，获奖人在取得股份、出资比例时，暂不缴纳个人所得税；取得按股份、出资比例分红或转让股权、出资比例所得时，依法缴纳个人所得税。

获奖人按股份、出资比例获得分红时，对其所得按照“利息、股息、红利所得”项目缴纳个人所得税。获奖人转让股权、出资比例，对其所得按照“财产转让所得”项目缴纳个人所得税，财产原值为零。

（六）股票期权所得的计税问题

实施股票期权计划企业授予该企业员工的股票期权所得，应按规定缴纳个人所得税。

企业员工股票期权（简称股票期权），是指上市公司按照规定的程序授予本公司及其控股企业员工的一项权利，该权利允许被授权员工在未来时间内，以某一特定价格购买本公司一定数量的股票。

“某一特定价格”，也称“授予价”或“施权价”，即根据股票期权计划可以购买股票的价格，一般为股票期权授予日的市场价格或该价格的折扣价格，也可以是按照事先设定的计算方法约定的价格。“授予日”，也称“授权日”，是指公司授予员工上述权利的日期。“行权”，也称“执行”，是指员工根据股票期权计划选择购买股票的过程；员工行使上述权利的当日为“行权日”，也称“购买日”。

1. 股票期权所得性质的确认

1）员工接受实施股票期权计划企业授予的股票期权时，除另有规定外，不作为应税所得征税。

2）员工行权时，从企业取得股票的实际购买价（施权价）低于购买日公平市场价（该股票当日的收盘价）的差额，是因员工在企业的表现和业绩情况而取得的、与任职受雇有关的所得，应按“工资、薪金所得”项目征收个人所得税。

因特殊情况，员工在行权日之前，将股票期权转让的，以股票期权的转让净收入，作为“工资、薪金所得”征收个人所得税。股票期权的转让净收入，一般是指股票期权转让收入。如果员工以折价购入方式取得股票期权的，可以股票期权转让收入扣除折价购入股票期权时实际支付的价款后的余额，作为股票期权的转让净收入。

员工行权日所在期间的工资薪金所得，按照下列公式计算应纳税所得额：

股票期权形式的工资薪金应纳税所得额 =（行权股票的每股市场价 − 员工取得该股票期权支付的每股施权价）× 股票数量

公式中“员工取得该股票期权支付的每股施权价”，一般是指员工行使股票期权购买股票实际支付的每股价格。如果员工以折价购入方式取得股票期权，上述施权价可包括员工折价购入股票期权时实际支付的价格。

3）员工将行权后的股票再转让时，获得的高于购买日公平市场价的差额，是因个人在证券二级市场上转让股票等有价证券而获得的所得，适用“财产转让所得”的征免规定。

4）员工因拥有股权而参与企业税后利润分配取得的所得，按照“利息、股息、红利所得”项目计算个人所得税。

2. 工资薪金所得境内外来源划分

国家税务总局于2000年3月份发文规定，在中国境内无住所的个人在华工作期间或离华后，以折扣认购股票等有价证券形式取得工资薪金所得，应依照劳务发生地原则，判定其来源地及纳税义务。上述个人来华后，以折扣认购股票等形式收到的工资薪金性质所得，凡能够提供雇佣单位有关工资制度及折扣认购有价证券办法，证明上述所得含有属于该个人来华之前工作所得的，可仅就其中属于在华工作期间的所得征收个人所得税。与此相应，上述个人停止在华履约或执行职务离境后收到的属于在华工作期间的所得，也应确定为来源于我国的所得，但该项工资薪金性质所得未在中国境内的企业或机构、场所负担的，可免予扣缴个人所得税。

按照上述规定，需对员工因参加企业股票期权计划而取得的工资薪金所得确定境内或境外来源的，应按照该员工据以取得上述工资薪金所得的境内、外工作期间月份数比例计算划分。

3. 应纳税额的计算

1）认购股票所得（行权所得）的税额计算，按照以下规定执行：

（1）员工因参加股票期权计划而从中国境内取得的所得，应按照“工资、薪金所得”计算纳税的，对该股票期权形式的工资薪金所得，可区别于所在月份的其他工资薪金所得，单独按下列公式计算当月应纳税款。

应纳税额＝（股票期权形式的工资薪金应纳税所得额÷规定月份数×适用税率－速算扣除数）×规定月份数

公式中的“规定月份数”，是指员工取得来源于中国境内的股票期权形式工资薪金所得的境内工作期间月份数，长于12个月的，按12个月计算。

公式中的“适用税率”和“速算扣除数”，应以“股票期权形式的工资薪金应纳税所得额”除以“规定月份数”后的商数，对照税率表确定。

员工以在一个公历月份中取得的股票期权形式工资薪金所得为一次。员工在一个纳税年度中多次取得股票期权形式工资薪金所得的，其在该纳税年度内首次取得股票期权形式的工资薪金所得，应按上述规定的公式计算应纳税款。

（2）本年度内，以后每次取得股票期权形式的工资薪金所得，按照以下公式计算应纳税款：

应纳税款＝（本纳税年度内取得的股票期权形式工资薪金所得累计应纳税所得额÷规定月份数×适用税率－速算扣除数）×规定月份数－本纳税年度内股票期权形式的工资薪金所得累计已纳税款

公式中的“本纳税年度内取得的股票期权形式工资薪金所得累计应纳税所得额”，包括本次及本次以前各次取得的股票期权形式工资薪金所得应纳税所得额。

公式中的“规定月份数”，是指员工取得来源于中国境内的股票期权形式工资薪金所得的境内工作期间月份数，长于12个月的，按12个月计算。

公式中的“适用税率”和“速算扣除数”，以“本纳税年度内取得的股票期权形式工资薪金所得累计应纳税所得额”除以“规定月份数”后的商数，对照税率表确定。

公式中的“本纳税年度内股票期权形式的工资薪金所得累计已纳税款”，不含本次股票期权形式的工资薪金所得应纳税款。

员工多次取得或者一次取得多项来源于中国境内的股票期权形式工资薪金所得，而且各次或各项股票期权形式工资薪金所得的境内工作期间月份数不相同的，以境内工作期间月份数的加权平均数为上述两个公式中的规定月份数，但最长不超过12个月。

规定月份数 = Σ各次或各项股票期权形式工资薪金应纳税所得额与该次或该项所得境内工作期间月份数的乘积/Σ各次或各项股票期权形式工资薪金应纳税所得额

2）转让股票（销售）取得所得的税额计算，按照以下规定执行：个人将行权后的境内上市公司股票再行转让而取得的所得，暂不征收个人所得税；个人转让境外上市公司的股票而取得的所得，应按照税法规定计算缴纳税款。

3）参与税后利润分配取得所得的税额计算，按照以下规定执行：员工因拥有股权参与税后利润分配而取得的股息、红利所得，除依照规定可以免税或减税的外，应按照税法规定计算纳税。

4. 可公开交易的股票期权的计税问题

一般来说，员工接受实施股票期权计划企业授予的股票期权时，一般不作为应税所得征税。但是，有些股票期权在授权时即约定可以转让，且在境内或境外存在公开市场及挂牌价格（以下称可公开交易的股票期权）。员工接受可公开交易的股票期权时，按照以下规定进行税务处理：

1）员工取得可公开交易的股票期权，属于员工已实际取得有确定价值的财产，应按授权日股票期权的市场价格，作为员工授权日所在月份的工资薪金所得，按本规定计算缴纳个人所得税。

如果员工以折价购入方式取得股票期权的，可以授权日股票期权的市场价格扣除折价购入股票期权时实际支付的价款后的余额，作为授权日所在月份的工资薪金所得。

2）员工取得上述可公开交易的股票期权后，转让该股票期权所取得的所得，属于财产转让所得，按本规定进行税务处理。

3）员工取得可公开交易的股票期权后，实际行使该股票期权购买股票时，不再计征个人所得税。

5. 股票期权所得的税款缴纳问题

由于《公司法》和《证券法》对上市公司董事、监事、高级管理人员等(简称上市公司高管人员)转让本公司股票在期限和数量比例上存在一定限制,致使其股票期权行权时无足额资金及时纳税。因此,财政部、国家税务总局规定,对上市公司高管人员取得股票期权,在行权时纳税确有困难的,经主管税务机关审核,可自其股票期权行权之日起,在不超过6个月的期限内分期缴纳个人所得税。

(七)个人终止投资经营收回款项的计税问题

个人因各种原因终止投资、联营、经营合作等行为,从被投资企业或合作项目、被投资企业的其他投资者以及合作项目的经营合作人取得股权转让收入、违约金、补偿金、赔偿金及以其他名目收回的款项等,均属于个人所得税应税收入,应按照“财产转让所得”项目计算缴纳个人所得税。

应纳税所得额 = 个人取得的股权转让收入、违约金、补偿金、赔偿金及以其他名目收回款项合计数 − 原实际出资额(投入额)及相关税费

(八)个人股权转让的税收管理

1. 计税依据的核定

自然人转让所投资企业股权或股份(简称股权转让,不包括上市公司股份转让)取得所得,按照公平交易价格计算并确定计税依据。计税依据明显偏低且无正当理由的,主管税务机关有权核定。

1)符合下列情形之一且无正当理由的,可视为计税依据明显偏低:

(1)申报的股权转让价格低于初始投资成本或低于取得该股权所支付的价款及相关税费的。

(2)申报的股权转让价格低于对应的净资产份额的。

(3)申报的股权转让价格低于相同或类似条件下同一企业同一股东或其他股东股权转让价格的。

(4)申报的股权转让价格低于相同或类似条件下同类行业的企业股权转让价格的。

(5)经主管税务机关认定的其他情形。

2)正当理由,是指以下情形:

(1)所投资企业连续3年以上(含3年)亏损。

(2)因国家政策调整的原因而低价转让股权。

(3)将股权转让给配偶、父母、子女、祖父母、外祖父母、孙子女、外孙子女、兄弟姐

妹以及对转让人承担直接抚养或者赡养义务的抚养人或者赡养人。

(4)经主管税务机关认定的其他合理情形。

3)申报的计税依据明显偏低且无正当理由的,税务机关可以采取以下核定方法:

(1)参照每股净资产或纳税人享有的股权比例所对应的净资产份额核定股权转让收入。

对知识产权、土地使用权、房屋、探矿权、采矿权、股权等合计占资产总额比例达50%以上的企业,净资产额须经中介机构评估核实。

(2)参照相同或类似条件下同一企业同一股东或其他股东股权转让价格核定股权转让收入。

(3)参照相同或类似条件下同类行业的企业股权转让价格核定股权转让收入。

(4)纳税人对主管税务机关采取的上述核定方法有异议的,应当提供相关证据,主管税务机关认定属实后,可采取其他合理的核定方法。

纳税人再次转让所受让的股权的,股权转让的成本为前次转让的交易价格及买方负担的相关税费。

2. 纳税(扣缴)申报

个人转让股权应缴纳的个人所得税,其主管税务机关是发生股权变更企业所在地的地方税务机关。

股权交易各方在签订股权转让协议并完成股权转让交易以后至企业变更股权登记之前,负有纳税义务或代扣代缴义务的转让方或受让方,应到主管税务机关办理纳税(扣缴)申报,并持税务机关开具的股权转让所得缴纳个人所得税完税凭证或免税、不征税证明,到工商行政管理部门办理股权变更登记手续。

股权交易各方已签订股权转让协议,但未完成股权转让交易的,企业在向工商行政管理部门申请股权变更登记时,应填写《个人股东变动情况报告表》并向主管税务机关申报。

对申报的计税依据明显偏低且无正当理由的,主管税务机关可以按照上述规定进行核定。

第三节 生产(承包)经营所得应纳个人所得税的核算

个体工商户的生产经营所得、个人独资企业和合伙企业的生产经营所得、对企事业单位的承包经营或承租经营所得应纳的个人所得税,实行按年计算、分期(次)预缴,年度终了后3个月内汇算清缴,多退少补的办法。

上述所得自2011年9月1日起，适用新修定的5级超额累进税率，税率为5%～35%，见表8－4。

表8－4　生产(承包)经营所得适用税率表

级数	全月应纳税所得额		税率(%)	速算扣除数
	含税级距	不含税级距		
1	不超过15 000元的	不超过14 250元的	5	0
2	超过15 000元至30 000元的部分	超过14 250元至27 750元的部分	10	750
3	超过30 000元至60 000元的部分	超过27 750元至51 750元的部分	20	3 750
4	超过60 000元至100 000元的部分	超过51 750元至79 750元的部分	30	9 750
5	超过100 000元的部分	超过79 750元的部分	35	14 750

注：①本表所列含税级距与不含税级距，均为按照税法规定以每一纳税年度的收入总额减除成本、费用以及损失后的所得额；②含税级距适用于个体工商户的生产、经营所得和由纳税人负担税款的对企事业单位的承包经营、承租经营所得；不含税级距适用于由他人(单位)代付税款的对企事业单位的承包经营、承租经营所得。

一、个体工商户的生产经营所得

(一)应税所得的确认

个体工商户的生产、经营所得，是指个体工商户从事工业、手工业、建筑业、交通运输业、商业、饮食业、服务业、修理业以及其他行业生产、经营取得的所得；个人经政府有关部门批准，取得执照，从事办学、医疗、咨询以及其他有偿服务活动取得的所得；其他个人从事个体工商业生产、经营取得的所得；上述个体工商户和个人取得的与生产、经营有关的各项应纳税所得。

执行中，应当注意下列问题：

(1)个体工商户和从事生产、经营的个人，取得与生产、经营活动无关的各项应税所得，应按规定分别计算缴纳个人所得税。个体工商户与企业联营而分得的利润，按“利息、股息、红利所得”项目缴纳个人所得税。

(2)从事个体出租车运营的出租车驾驶员取得的收入，按照“个体工商户的生产经营所得”项目缴纳个人所得税。

出租车属个人所有，但挂靠出租汽车经营单位或企事业单位，驾驶员向挂靠单位缴纳管理费的，或出租汽车经营单位将出租车所有权转移给驾驶员的，出租车驾驶员从事客货运营取得的收入，比照“个体工商户的生产经营所得”项目缴纳个人所得税。

出租汽车经营单位对出租车驾驶员采取单车承包或承租方式运营,出租车驾驶员从事客货运营取得的收入,按照“工资、薪金所得”项目缴纳个人所得税。

(3)个人因从事彩票代销业务而取得的所得,按照“个体工商户的生产经营所得”项目缴纳个人所得税。

(4)对个体工商户的税收优惠,按照下列规定执行:①从事个体经营的随军家属、军队转业干部,自领取税务登记证之日起,3年内免征个人所得税。②自谋职业的城镇退役士兵从事个体经营(除建筑业、娱乐业以及广告业、桑拿、按摩、网吧、氧吧外)的,自领取税务登记证之日起,3年内免征个人所得税。③持《就业失业登记证》(注明“自主创业税收政策”或附着《高校毕业生自主创业证》)人员从事个体经营(除建筑业、娱乐业以及销售不动产、转让土地使用权、广告业、房屋中介、桑拿、按摩、网吧、氧吧外)的,在3年内按每户每年8 000元为限额,依次扣减其当年实际应缴纳的营业税、城市维护建设税、教育费附加和个人所得税。纳税人年度应缴纳税款小于上述扣减限额的,以其实际缴纳的税款为限;大于上述扣减限额的,以上述扣减限额为限。

持《就业失业登记证》(注明“自主创业税收政策”或附着《高校毕业生自主创业证》)人员,包括:在人力资源和社会保障部门公共就业服务机构登记失业半年以上的人员;零就业家庭、享受城市居民最低生活保障家庭劳动年龄内的登记失业人员;毕业年度内高校毕业生。高校毕业生是指实施高等学历教育的普通高等学校、成人高等学校毕业的学生;毕业年度是指毕业所在自然年,即1月1日至12月31日。

持《就业失业登记证》人员适用的税收优惠政策,其审批期限为2011年1月1日至2013年12月31日,以纳税人到税务机关办理减免税手续之日起,作为优惠政策起始时间。

(二)税额计算与会计处理

1. 应纳税额的计算

个体工商户的生产、经营所得,以每一纳税年度的收入总额,减除成本、费用以及损失后的余额,为应纳税所得额。

成本、费用以及损失的扣除,应按国家税务总局制定的《个体工商户个人所得税计税办法(试行)》的规定执行。业主的费用扣除标准为:自2008年3月1日起,每年24 000元,即每月2 000元;自2011年9月1日起,调整为每年42 000元,即每月3 500元。

应纳税额的计算公式如下:

$$应纳税额 = 应纳税所得额 \times 适用税率 - 速算扣除数$$

2. 会计处理

个体工商户可以设置“应交税费——应交个人所得税”、“留存收益”等账户,核算应纳的个人所得税和留存利润。按照应纳个人所得税额，借记“留存收益”科目，贷记“应交税费——应交个人所得税”科目；缴纳个人所得税时，借记“应交税费——应交个人所得税”科目，贷记“银行存款”科目。

二、个人独资企业和合伙企业投资者的所得

（一）应纳税额的计算

个人独资企业和合伙企业（简称企业）每一纳税年度的收入总额减除成本、费用以及损失后的余额，作为投资者个人的生产经营所得，比照“个体工商户的生产经营所得”项目，适用5%～35%的5级超额累进税率，计算缴纳个人所得税。

收入总额，是指企业从事生产经营以及与生产经营有关的活动所取得的各项收入，包括商品（产品）销售收入、营运收入、劳务服务收入、工程价款收入、财产出租或转让收入、利息收入、其他业务收入和营业外收入。

个人独资企业的投资者以全部生产经营所得为应纳税所得额。合伙企业的投资者按照合伙企业的全部生产经营所得和合伙协议约定的分配比例确定应纳税所得额；合伙协议没有约定分配比例的，以全部生产经营所得和合伙人数量平均计算每个投资者的应纳税所得额。生产经营所得，包括企业分配给投资者个人的所得和企业当年留存的所得（利润）。

应纳税额计算公式如下：

应纳税额＝应纳税所得额×适用税率－速算扣除数

个人独资企业和合伙企业生产经营所得的税额计征办法有两种：①查账征收；②核定征收。

1．查账征收

实行查账征收办法的，执行国家税务总局制定的《个体工商户个人所得税计税办法（试行）》和其他相关规定。

1）投资者的费用扣除标准，自2008年3月1日起，每年24 000元，即每月2 000元；自2011年9月1日起，调整为每年42 000元，即每月3 500元。投资者的工资不得在税前扣除。

2）企业向其从业人员实际支付的合理的工资、薪金支出，允许在税前据实扣除。

3）企业拨缴的工会经费、发生的职工福利费、职工教育经费支出分别在工资薪金总额2%、14%、2.5%的标准内据实扣除。

4）企业每一纳税年度发生的广告费和业务宣传费用不超过当年销售（营业）收入15%的部分，可据实扣除；超过部分，准予在以后纳税年度结转扣除。

5）企业每一纳税年度发生的与其生产经营业务直接相关的业务招待费支出，按照发生额的60%扣除，但最高不得超过当年销售（营业）收入的5‰。

6）投资者及其家庭发生的生活费用不允许在税前扣除。投资者及其家庭发生的生活费用与企业生产经营费用混合在一起，并且难以划分的，全部视为投资者个人及其家庭发生的生活费用，不允许在税前扣除。

7）企业生产经营和投资者及其家庭生活共用的固定资产，难以划分的，由主管税务机关根据企业的生产经营类型、规模等具体情况，核定准予在税前扣除的折旧费用的数额或比例。

8）企业计提的各种准备金不得扣除。

9）投资者兴办两个或两个以上企业的（包括参与兴办），年度终了时，应汇总从所有企业取得的应纳税所得额，据此确定适用税率并计算缴纳应纳税款。准予扣除的个人费用，由投资者选择在其中一个企业的生产经营所得中扣除。

10）企业的年度亏损，允许用本企业下一年度的生产经营所得弥补，下一年度所得不足弥补的，允许逐年延续弥补，但最长不得超过5年。投资者兴办两个或两个以上企业的，企业的年度经营亏损不能跨企业弥补。

11）投资者来源于中国境外的生产经营所得，已在境外缴纳所得税的，可以按照个人所得税法的有关规定计算扣除已在境外缴纳的所得税。

企业进行清算时，投资者应在注销工商登记之前，向主管税务机关结清有关税务事宜。企业的清算所得应当视为年度生产经营所得，由投资者依法缴纳个人所得税。清算所得，是指企业清算时的全部资产或者财产的公允价值扣除各项清算费用、损失、负债、以前年度留存的利润后，超过实缴资本的部分。

2. 核定征收

有下列情形之一的，主管税务机关应采取核定征收方式征收个人所得税：企业依照国家有关规定应当设置但未设置账簿的；企业虽设置账簿，但账目混乱或者成本资料、收入凭证、费用凭证残缺不全，难以查账的；纳税人发生纳税义务，未按照规定的期限办理纳税申报，经税务机关责令限期申报，逾期仍不申报的。

核定征收方式，包括定额征收、核定应税所得率征收以及其他合理的征收方式。

实行核定应税所得率征收方式的，应纳税所得额按下列公式计算：

$$应纳税所得额 = 收入总额 \times 应税所得率$$

或：

$$应纳税所得额 = 成本费用支出额 \div (1 - 应税所得率) \times 应税所得率$$

企业经营多业的，无论其经营项目是否单独核算，均应根据其主营项目确定其适用的应税所得率。

实行核定征税的投资者，不能享受个人所得税的优惠政策。

（二）会计处理

个人独资企业和合伙企业投资者的生产经营所得应纳个人所得税的会计处理，可以比照个体工商户的会计处理办法进行。

三、对企事业单位的承包经营、承租经营所得

（一）应税所得的确认

对企事业单位的承包经营、承租经营所得，是指个人承包经营或承租经营以及转包、转租取得的所得。

（二）适用税率

鉴于目前承包、承租形式复杂多样，对个人承包经营、承租经营企事业单位取得的所得，在应税所得项目及其税率的适用上，分别下列情况处理：

(1)企业实行个人承包、承租经营后，如果工商登记仍为企业，不管其分配方式如何，均先按照企业所得税的有关规定缴纳企业所得税；承包经营、承租经营者按照承包、承租经营合同（协议）规定取得的所得，依照个人所得税法的有关规定缴纳个人所得税。

承包、承租人对企业经营成果不拥有所有权，仅是按合同（协议）规定取得一定所得的，其所得按照“工资、薪金所得”项目计算纳税，适用3% ~45%的7级超额累进税率。

承包、承租人按合同（协议）的规定只向发包、出租方交纳一定费用后，企业经营成果归其所有的，承包、承租人取得的所得，按照“对企事业单位的承包经营、承租经营所得”项目计算纳税，适用5% ~35%的5级超额累进税率。

(2)企业实行个人承包、承租经营后，如果工商登记改变为个体工商户，依照“个体工商户的生产、经营所得”项目计算缴纳个人所得税，不再缴纳企业所得税。

（三）税额计算与会计处理

1. 应纳税额的计算

对企事业单位的承包经营、承租经营所得，以每一纳税年度的收入总额减除必要费用后的余额为应纳税所得额。

应纳税所得额 = 该年度收入总额 - 必要费用

每一纳税年度的收入总额，是指纳税人按照承包经营、承租经营合同分得的经营利润和工资、薪金性质的所得。必要费用为：自2008年3月1日起，每年24 000元，即每

月2 000元;自2011年9月1日起,调整为每年42 000元,即每月3 500元。

在一个纳税年度内,承包、承租经营不足12个月的,以其实际承包、承租经营的月份数为一个纳税年度计算应纳税所得额。

应纳税所得额=该年度承包、承租经营收入额-(每月必要费用×该年度实际承包、承租经营月份数)

应纳税额计算公式如下:

应纳税额=应纳税所得额×适用税率-速算扣除数

2. 会计处理

1)对企业实行承包、承租经营后,工商登记仍为企业的,对承包(租)人应缴纳的个人所得税,由企业(即被承包、承租的企业)代扣代缴。

承包(租)人对企业经营成果不拥有所有权,仅是按合同(协议)规定取得一定所得的,被承包(租)企业按照"工资、薪金所得"项目代扣代缴个人所得税,其会计处理也按照"工资、薪金所得"项目的相关办法执行。

承包(租)人按合同(协议)规定向发包方或出租方交纳一定费用后,企业经营成果归其所有的,被承包(租)企业按"对企事业单位的承包经营、承租经营所得"项目代扣代缴个人所得税。为简化核算,被承包(承租)单位代扣代缴的个人所得税,可以通过"利润分配"、"应付利润"、"应交税费——应交个人所得税"科目核算。分配利润时,借记"利润分配"科目,贷记"应付利润"科目;代扣税款、支付承包(租)所得时,借记"应付利润"科目,贷记"应交税费——应交个人所得税"、"银行存款"等科目;代缴税款时,借记"应交税费——应交个人所得税"科目,贷记"银行存款"科目。

2)对企业实行承包、承租经营后,工商登记改变为个体工商户的,按照"个体工商户的生产、经营所得"项目计算缴纳个人所得税,其会计处理按照个体工商户的相关办法执行。

第四节　个人所得税纳税申报

一、自行纳税申报

(一)自行申报的纳税人

个人所得税纳税人,有下列情形之一的,应按规定办理纳税申报:

(1)年所得12万元以上的。年所得12万元以上的纳税人(不包括在中国境内无住所,且在一个纳税年度中在中国境内居住不满1年的个人),无论取得的各项所得是否已足额缴纳了个人所得税,均应于纳税年度终了后向主管税务机关办理纳税申报。

(2)从中国境内两处或者两处以上取得工资、薪金所得的。

(3)从中国境外取得所得的(在中国境内有住所,或者无住所而在一个纳税年度中在中国境内居住满1年的个人)。

(4)取得应税所得,没有扣缴义务人的。

(5)国务院规定的其他情形。

(二)申报地点

1. 年所得12万元以上的纳税人申报地点

在中国境内有任职、受雇单位的,向任职、受雇单位所在地主管税务机关申报。

在中国境内有两处或者两处以上任职、受雇单位的,选择并固定向其中一处单位所在地主管税务机关申报。

在中国境内无任职、受雇单位,年所得项目中有个体工商户的生产、经营所得或者对企事业单位的承包经营、承租经营所得(以下统称生产经营所得)的,向其中一处实际经营所在地主管税务机关申报。

在中国境内无任职、受雇单位,年所得项目中无生产经营所得的,向户籍所在地主管税务机关申报。在中国境内有户籍,但户籍所在地与中国境内经常居住地不一致的,选择并固定向其中一地主管税务机关申报。在中国境内没有户籍的,向中国境内经常居住地主管税务机关申报。

经常居住地,是指纳税人离开户籍所在地最后连续居住1年以上的地方。

2. 其他须自行申报的纳税人申报地点

从两处或者两处以上取得工资、薪金所得的,选择并固定向其中一处单位所在地主管税务机关申报。

从中国境外取得所得的,向中国境内户籍所在地主管税务机关申报。在中国境内有户籍,但户籍所在地与中国境内经常居住地不一致的,选择并固定向其中一地主管税务机关申报。在中国境内没有户籍的,向中国境内经常居住地主管税务机关申报。

个体工商户向实际经营所在地主管税务机关申报。

个人独资、合伙企业投资者兴办两个或两个以上企业的,区分不同情形确定纳税申报地点:兴办的企业全部是个人独资性质的,分别向各企业的实际经营管理所在地主管税务机关申报;兴办的企业中含有合伙性质的,向经常居住地主管税务机关申报;兴办的企业中含有合伙性质,个人投资者经常居住地与其兴办企业的经营管理所在地不一致的，选择并固定向其参与兴办的某一合伙企业的经营管理所在地主管税务机关申报。纳税地点确定后，除特殊情况外，5 年以内不得变更。

3. 其他情形的申报地点

除以上情形外，纳税人应当向取得所得所在地主管税务机关申报。

纳税人不得随意变更纳税申报地点，因特殊情况变更纳税申报地点的，须报原主管税务机关备案。

（三）申报期限

年所得 12 万元以上的纳税人，在纳税年度终了后 3 个月内向主管税务机关办理纳税申报。

个体工商户和个人独资、合伙企业投资者取得的生产经营所得应纳的税款，分月预缴的，在每月终了后 15 日内办理纳税申报；分季预缴的，在每个季度终了后 15 日内办理纳税申报。纳税年度终了后，在 3 个月内进行汇算清缴。

纳税人年终一次性取得对企事业单位的承包经营、承租经营所得的，自取得所得之日起 30 日内办理纳税申报；在 1 个纳税年度内分次取得承包经营、承租经营所得的，在每次取得所得后的次月 15 日内申报预缴，纳税年度终了后 3 个月内汇算清缴。

从中国境外取得所得的纳税人，在纳税年度终了后 30 日内向中国境内主管税务机关办理纳税申报。

除上述规定的情形外，纳税人取得其他各项所得须申报纳税的，在取得所得的次月 15 日内向主管税务机关办理纳税申报。

纳税人不能按照规定的期限办理纳税申报，需要延期的，按照税收征管法及其实施细则的规定办理。

（四）申报方式

纳税人可以采取数据电文、邮寄等方式申报，也可以直接到主管税务机关申报，或者采取符合主管税务机关规定的其他方式申报。

纳税人采取数据电文方式申报的，应当按照税务机关规定的期限和要求保存有关纸质资料。

纳税人采取邮寄方式申报的，以邮政部门挂号信函收据作为申报凭据，以寄出的邮戳日期为实际申报日期。

纳税人可以委托有税务代理资质的中介机构或者他人代为办理纳税申报。

（五）境外所得的税额扣除

为了避免对同一所得双重征税，对纳税人从中国境外取得的所得，准予其在应纳税额中扣除已在境外缴纳的个人所得税额。但扣除额不得超过该纳税人境外所得依照我国税法规定计算的应纳税额。

（1）境外所得已在境外缴纳的个人所得税额，是指纳税人从中国境外取得的所得，依照该所得来源国家或者地区的法律应当缴纳并且实际已经缴纳的税额。

（2）境外所得依照税法规定计算的应纳税额，是指纳税人从中国境外取得的所得，区别不同国家或者地区和不同应税项目，依照我国税法规定的费用减除标准和适用税率计算的应纳税额；同一国家或者地区内不同应税项目的应纳税额之和，为该国家或者地区的扣除限额。

（3）纳税人在中国境外一个国家或者地区实际已经缴纳的个人所得税额，低于依照税法规定计算出的该国家或者地区扣除限额的，应当在中国缴纳差额部分的税款；超过该国家或者地区扣除限额的，其超过部分不得在本纳税年度的应纳税额中扣除，但是可以在以后纳税年度的该国家或者地区扣除限额的余额中补扣。补扣期限最长不得超过5年。

纳税人依照税法规定申请扣除已在境外缴纳的个人所得税额时，应当提供境外税务机关填发的完税凭证原件。

在中国境内有住所，或者无住所而在境内居住满1年的个人，从中国境内和境外取得的所得，应当分别计算应纳税额。

【例8－17】王先生（中国公民）在A国出版一部著作，稿酬20 000元，利息收入3 000元；两项所得缴纳所得税2 900元；在B国提供一项专利技术使用权，收入25 000元，已纳所得税3 800元。

（1）在A国取得所得的税额扣除：

稿酬所得税款扣除限额＝20 000×（1－20%）×20%×（1－30%）＝2 240（元）

利息所得税款扣除限额＝3 000×20%＝600（元）

扣除限额合计：2 240＋600＝2 840（元）

因王先生在A国已纳所得税2 900元，超过税款扣除限额60元，不得在本纳税年度应纳税额中扣除，但可在以后纳税年度的A国扣除限额的余额中补扣，补扣期限最长不得超过5年。

（2）在B国取得所得的税额扣除：

特许权使用费所得税款扣除限额＝25 000×（1－20%）×20%＝4 000（元）

因王先生在B国已纳所得税3 800元，低于税款扣除限额，故应在国内补缴个人所得税。

应补税额 = 4 000 - 3 800 = 200(元)

二、全员全额扣缴申报

个人所得税全员全额扣缴申报,是指扣缴义务人向个人支付应税所得时,不论其是否属于本单位人员、支付的应税所得是否达到纳税标准,扣缴义务人应在代扣税款的次月内,向主管税务机关报送其支付应税所得个人的基本信息、支付所得项目和数额、扣缴税款数额以及其他相关涉税信息。

(一)实行全员全额扣缴申报的应税所得

实行全员全额扣缴申报的应税所得包括:工资、薪金所得,劳务报酬所得,稿酬所得,特许权使用费所得,利息、股息、红利所得,财产租赁所得,财产转让所得,偶然所得,经国务院财政部门确定征税的其他所得。

(二)扣缴义务人报送的个人基础信息

扣缴义务人向主管税务机关报送的个人基础信息,包括:姓名、身份证照类型及号码、职务、户籍所在地、有效联系电话、有效通信地址及邮政编码等。

对下列个人,扣缴义务人还应加报有关信息:

(1)非雇员(不含股东、投资者):工作单位名称等。

(2)股东、投资者:公司股本(投资)总额、个人股本(投资)额等。

(3)在中国境内无住所的个人(含雇员和非雇员):外文姓名、国籍或地区、出生地(中文、外文)、居留许可号码(或台胞证号码、回乡证号码)、劳动就业证号码、职业、境内职务、境外职务、入境时间、任职期限、预计在华时间、预计离境时间、境内任职单位名称及税务登记证号码、境内任职单位地址和邮政编码及联系电话、境外派遣单位名称(中文、外文)、境外派遣单位地址(中文、外文)、支付地(包括境内支付和境外支付)等。

(三)代扣税款与扣缴申报

扣缴义务人每月所扣的税款,应于次月15日内缴入国库,并向税务机关报送扣缴报告表。扣缴义务人应设立代扣代缴个人所得税款备查簿,正确反映扣缴个人所得税情况。

(1)扣缴义务人代扣税款时,纳税人要求扣缴义务人开具代扣税款凭证的,扣缴义务人应当开具。扣缴义务人应在开具代扣税款凭证的次月扣缴申报时,将开具代扣税款凭证的底联一并报送主管税务机关。

(2)扣缴义务人在进行初次扣缴申报时,应报送个人的基础信息。个人基础信息发生变化时,扣缴义务人应在次月扣缴申报时,将变更信息报送主管税务机关。

扣缴义务人在扣缴税款时,应按每个人逐栏逐项填写《扣缴个人所得税报告表》、《支付个人收入明细表》。《扣缴个人所得税报告表》填写实际缴纳了个人所得税的个人情况。《支付个人收入明细表》填写支付了应税所得,但未达到纳税标准的个人情况。已实行扣缴申报信息化管理的,可以将《支付个人收入明细表》并入《扣缴个人所得税报告表》。

(3)扣缴义务人在税法规定的期限内解缴代扣税款时,应向主管税务机关报送《扣缴个人所得税报告表》、《支付个人收入明细表》和个人基础信息。但同时报送有困难的,最迟应在扣缴税款的次月底前报送。

(4)扣缴义务人可以直接到税务机关办理扣缴申报,也可以按照规定采取邮寄、数据电文或者其他方式办理扣缴申报。

扣缴义务人不能按期报送《扣缴个人所得税报告表》、《支付个人收入明细表》和个人基础信息,需要延期申报的,按照税收征管法的有关规定办理。

第五节　个人所得税纳税筹划

一、工资、薪金所得的纳税筹划

工资、薪金收入是职工的主要收入来源。各类单位应当建立健全工资薪金制度,保证工资薪金收入的稳定增长。工资、薪金所得纳税筹划的着眼点,不是为减轻税负而降低工资,而是在工资收入不变或者工资收入稳定增长的同时,尽可能减轻税负,改善职工劳动条件或者生活状态,提高职工生活水平,促进职工的全面发展。

(一)足额缴付"三费一金"

前已叙及,"三费一金"是指基本养老保险费、基本医疗保险费、失业保险费和住房公积金。各类单位应当按照国家或省级人民政府规定的缴费比例或办法,为职工足额缴付"三费一金"。同时,对职工个人按照国家或省人民政府规定的缴费比例或办法缴付的"三费一金",单位应当从其工资薪金收入足额扣缴。因为单位按照规定为职工缴付"三费一金"不计入职工个人应纳税所得额;职工个人按照规定缴付的"三费一金",

准予在职工个人应纳税所得额中扣除;个人实际领取原提存的“三费一金”时,免予缴纳个人所得税。所以,单位和职工个人按照规定足额缴付了“三费一金”,一方面,可以减少应纳税所得额,少缴个人所得税;另一方面,为职工的生活提供了保障。

(二)改善职工劳动条件

劳动条件是影响职工身体健康和工作进展的重要因素。各类单位应当积极创造条件,改善职工工作环境。从税收角度看,这也是纳税筹划的一个有效手段。

1. 增加劳动保护支出

从安全生产的角度看,劳动保护支出是企业的一项必要支出;从税收角度看,发生劳动保护支出,可以减低税收负担。对企业来说,合理的劳动保护支出,准予在企业所得税前据实扣除;对职工个人来说,企业发生的劳动保护支出,不构成职工个人的工资性收入,不需要缴纳个人所得税。

2. 改革公务用车和通讯制度

现行制度规定,职工个人因公务用车和通讯制度改革而取得的公务用车、通讯补贴收入,扣除一定标准的公务费用后,按照“工资、薪金所得”项目计算缴纳个人所得税。按月发放的,并入当月“工资、薪金所得”计算缴纳个人所得税;不按月发放的,分解到所属月份并与该月份“工资、薪金所得”合并后计算缴纳个人所得税。因此,单位应当进行公务用车和通讯制度改革,由省级地方税务局确定公务费用的扣除标准。个人取得的公务用车、通讯补贴收入,不高于公务费用扣除标准的,无需缴纳个人所得税。

3. 改善职工办公条件

比如,某软件公司为保证工作的正常运转,需要给每个职工配备一台电脑,由职工个人使用。如果公司将每台电脑所有权归属于职工个人,使其成为职工的个人财产,那么,应当将其并入职工的应纳税所得额中,按照“工资、薪金所得”项目计算缴纳个人所得税。如果公司将每台电脑所有权归属于公司,作为公司的固定资产,只是将其使用权交付给职工个人,那么,一方面,公司在计算企业所得税时,可以将电脑折旧费在税前扣除,少缴企业所得税;另一方面,由于电脑的所有权不属于职工个人,职工不需要缴纳个人所得税。

4. 增加职工培训支出

企业应当为职工提供更多的培训机会,或者采用各种形式,加强职工的培训教育。比如,组织各种类型的培训班,培养职工的团队精神和业务技能;派职工到高等院校和科研机构进行进修和提高;组织职工到先进企业进行参观、交流和学习。这样,尽管企业会发生一些支出,但这些支出是必要的。从职工成长和企业发展角度看,通过培训教育,可以提高职工素质,促进职工个人成长和企业发展;从税收角度看,也可以减轻税收负担。对企业来说，发生的职工教育经费支出，准予在当年或以后年度税前扣除，少缴企业所得税；对职工个人来说，企业的职工教育经费支出，不构成职工个人的工资性收入，不需要缴纳个人所得税。

（三）合理设计奖金发放办法

1. 大额季度奖或半年奖的发放

现行制度规定，职工个人取得的半年奖、季度奖、加班奖、先进奖、考勤奖等，一律与当月工资、薪金收入合并，按照"工资、薪金所得"项目计算缴纳个人所得税。由于工资、薪金所得适用的是累进税率，应纳税所得额越大，适用的税率就越高，缴纳的税款就越多。因此，企业平时发给职工的奖金，尤其是季度奖和半年奖，如果数额过大，最好不集中在一个月份内发放，而是将其分摊到各月，均衡发放。如果将大额的季度奖或半年奖集中在一个月份内发放，会造成该月份应纳税所得额陡升，适用税率提高，应纳税额增多。

2. 年终奖金的发放

纳税筹划时，可以事先预测年终奖金数额；然后，按照以下办法处理。该种办法，也适用于实行年薪制和绩效工资办法的单位在年终兑现给职工个人的年薪和绩效工资。

1）每月应税工资性收入（不包括单位和个人按照规定缴付的"三费一金"，下同）未超过3 500元的，可以考虑将年终奖金的一部分，分摊至各月发放。目的是补足每月应税工资性收入与费用减除标准3 500元之间的差额，使每月分摊的奖金与每月的应税工资性收入一起，扣足费用减除标准。年终奖金的剩余部分，可以在年底一次性发放，按照"全年一次性奖金"的计税办法单独计算纳税。

【例8－18】某企业每月职工应税工资收入水平在3 000元左右，年终奖金一般在10 000～50 000元。王先生（中国公民）系该企业职工，每月应税工资收入（不包括单位和个人按照规定缴付的"三费一金"）为3 000元，年底取得全年一次性奖金12 500元。王先生全年纳税情况如下：

（1）每月应税工资收入不足3 500元，故不纳税。

（2）全年一次性奖金应纳税额计算如下：

$$月应纳税所得额=[12\,500(3\,500-3\,000)]\div 12=1\,000(元)$$

故适用税率为3%，速算扣除数为0。

$$应纳税额=[12\,500(3\,500-3\,000)]\times 3\%=360(元)$$

（3）王先生全年应纳税额合计：0＋360＝360元。

如果企业对年终奖金的发放办法做一下调整，情况就会发生变化。假如企业将王先生年终奖金的一部分，金额为6 000元，分摊到各月份发放，即每月发放奖金500元

(6 000/12)，则王先生每月取得应税工资收入为3 500元(3 000+500)。年终奖金的剩余部分6 500元(12 500-6 000)在年底一次性发放。在这种情况下，王先生全年纳税情况如下：

(1)每月应纳税所得额：6 500-3 500<3 500元，为0。

(2)全年一次性奖金应纳税额计算如下：

月应纳税所得额=6 500÷12=541.67(元)

适用税率仍为3%，速算扣除数仍为0。

应纳税额=6 500×3%=195(元)

(3)王先生全年应纳税额合计：0+195=195元。

两种做法应纳税额之差：360-195=165元。

后一种办法少缴个人所得税165元。

2)每月应税工资性收入超过3 500元，且其适用税率低于年终奖金适用税率的，可以考虑将年终奖金的一部分，分摊至各月发放。目的是补足每月应纳税所得额与其适用的税率级距上限之间的差额，使每月分摊的奖金与每月应税工资性收入一起，适用一个较低的税率，按月计算纳税；剩余部分可以在年底一次性发放，按照"全年一次性奖金"的计税办法单独计算纳税。

【例8-19】某公司每月职工应税工资收入水平在5 000元左右，年终奖金一般在15 000~150 000元。李先生(中国公民)系该公司职工，每月应税工资收入(不包括单位和个人按照规定缴付的"三费一金")为5 500元，年底取得全年一次性奖金120 000元。李先生全年纳税情况如下：

(1)每月工资收入应纳税所得额=5 500-3 500=2 000元。

每月应纳税额=2 000×10%-105=95(元)

(2)年终一次性奖金应纳税额计算如下：

月应纳税所得额=120 000÷12=10 000(元)

故适用税率为25%，速算扣除数为1 005。

应纳税额=120 000×25%-1 005=28 995(元)

(3)李先生全年应纳税额合计：95×12+28 995=30 135元。

如果公司对年终奖金的发放办法作一下调整，情况就会发生变化。假如公司将李先生年终奖金的一部分，金额为30 000元，分摊到各月份发放，即每月发放奖金2 500元(30 000/12)，则李先生每月取得应税工资性收入为8 000元(5 500+2 500)。年终奖金的剩余部分90 000元(120 000-30 000)在年底一次性发放。在这种情况下，李先生全年纳税情况如下：

(1)每月工资收入应纳税所得额=8 000-3 500=4 500元。

故适用税率仍为10%，速算扣除数仍为105元。应纳税所得额4 500元是这一级距的上限。

每月应纳税额=4 500×10%－105=345(元)

(2)全年一次性奖金应纳税额计算如下：

月应纳税所得额=90 000÷12=7 500(元)

故适用税率为20%，速算扣除数为555。

应纳税额=90 000×20%－555=17 445(元)

(3)李先生全年应纳税额合计：345×12+17 445=21 585元。

两种做法应纳税额之差：30 135－21 585=9 550元。

后一种做法，少缴个人所得税9 550元。

3)每月应税工资性收入超过3 500元，且其适用税率高于年终奖金适用税率的，可以考虑将年终奖金在年底一次性发放，目的是使每月的应税工资性收入与年终奖金各自单独计算纳税。

【例8－20】沿用例8－19资料。假设李先生每月应税工资收入(不包括单位和个人按照规定缴付的"三费一金")仍为5 500元，而年底取得全年一次性奖金为18 000元。则李先生全年纳税情况如下：

(1)每月工资收入应纳税所得额=5 500－3 500=2 000元。

每月应纳税额=2 000×10%－105=95(元)

(2)年终一次性奖金应纳税额计算如下：

月应纳税所得额=18 000÷12=1 500(元)

故适用税率为3%，速算扣除数为0。

应纳税额=18 000×3%=540(元)

(3)李先生全年应纳税额合计：95×12+540=1 680元。

由此可见，由于李先生每月应税工资收入超过了3 500元，且其适用税率(10%)高于年终奖金适用税率(3%)，则其年终奖金可以考虑在年底一次性发放。

纳税筹划时，应当注意：企业工资薪金的安排，要遵循合理化原则，不得违背工资薪金制度。如果工资薪金的安排不合理，在计算企业所得税时，是不允许在税前扣除的。

二、生产经营所得的纳税筹划

个体工商户的生产经营所得、个人独资企业和合伙企业的生产经营所得应纳的个人所得税，实行按年计算、分期预缴，年度终了后3个月内汇算清缴、多退少补的办法。

对于实行查账征收办法的，纳税筹划的着眼点应当放在成本费用的税前扣除方面，实现成本费用的充分扣除。这样，从税收角度看，可以减少应纳税所得额，减轻税负，增加税后可以支配的资金;从经营角度看,可以使纳税人的耗费尽快得到补偿,经营活动得以顺利开展,从而促进个体经济、个人独资企业和合伙企业的发展。

对于成本费用扣除的纳税筹划,可以比照企业所得税扣除项目的筹划思路进行,这里不再赘述。

三、劳务报酬所得的纳税筹划

实践中,劳务报酬所得纳税筹划的最佳方案是:个人与支付单位签署书面协议,明确约定由支付单位为个人承担税款。这样,个人所取得的劳务报酬,则为税后所得,无需缴纳个人所得税。

如果双方没有达成由支付单位承担税款的协议,个人所取得的收入便是税前收入,需要由个人缴纳个人所得税,并由支付单位代扣代缴。在这种情况下,可以从以下方面考虑,减轻税负,保证实际可支配收入。

(一)食宿费和交通费的处理

个人在异地提供劳务,往往会发生较大数额的食宿费、交通费等费用支出。这些费用支出由谁来承担,便是纳税筹划的着眼点。在劳务报酬既定的情况下,如果该类费用由个人承担,不但减少了个人实际可支配的收入,而且在计算个人所得税时,该类费用又不得作为费用在税前扣除,因而没有减轻个人的税收负担。因此,个人可以与支付单位协商,由支付单位承担该类费用。

【例8-21】某公司拟聘请某大学王教授来公司进行经营策划。经费预算30 000元,其中包括王教授的食宿费、交通费5 000元。实际操作时,有以下两种做法:

第一种做法:合同约定,公司支付王教授税前劳务报酬30 000元,食宿费、交通费5 000元由王教授个人承担。在这种情况下,王教授应纳个人所得税计算如下:

应纳税额=30 000×(1-20%)×30%-2 000=5 200(元)

减除公司代扣的税款和个人承担的食宿费、交通费后,王教授实际取得的可支配收入为19 800元(30 000-5 200-5 000)。

第二种做法:合同约定,公司支付王教授税前劳务报酬25 000元,食宿费、交通费5 000元由该公司承担。在这种情况下,王教授应纳个人所得税计算如下:

应纳税额=25 000 ×(1-20%)×20% =4 000(元)

减除公司代扣的税款后,王教授实际取得的可支配收入为21 000元(25 000-4 000)。

第二种做法与第一种做法相比,少缴个人所得税1 200元(5 200-4 000);个人实际可支配的收入增加了1 200元(21 000-19 800)。

（二）劳务中介费支出的处理

个人所得税制度规定，个人提供劳务过程中所支付的中介费，如果能够提供有效、合法凭证的，允许从其所得中扣除。因此，个人所提供的劳务，如果是由中介人介绍的，并且向中介人支付了中介费用，应当取得以下资料，证明其真实性：①与中介人签署的协议；②中介人开具的发票。如果没有取得合法有效凭证，其支付的中介费是不得在税前扣除的。

四、稿酬所得的纳税筹划

稿酬所得纳税筹划的空间较小。实际运作时，应当关注以下问题：

（1）稿酬所得按照应纳税额减征30%，实际上是按照应纳税所得额的14%征收。实际运作时，不要忽略这一优惠政策。

（2）严格划清纳税筹划与偷税的界限，同时克服"为筹划而筹划"的倾向。

比如，本来属于一人创作的作品，在领取稿酬时，虚列人数，分解所得，少缴个人所得税。这种做法，纯属偷税行为，不是纳税筹划。再比如，本来应当出版一本书，为增加稿酬所得次数，少缴个人所得税，于是建议将其分成若干分册出版。这种做法实际上行不通的，出版社是不会这样做的。

五、特许权使用费所得的纳税筹划

特许权使用费所得纳税筹划的空间较小。实践中，最佳的方案是个人与支付单位签署书面协议，明确约定由支付单位为个人承担税款。这样，个人所取得的特许权使用费所得，则为税后所得，无需缴纳个人所得税。

另外，个人从事技术转让，如果是由中介人介绍的，并且向中介人支付了中介费用，应当取得合法有效凭证，如中介服务费发票。此时，可将其支付的中介费在税前扣除，否则，不得在税前扣除的。

六、财产租赁所得的纳税筹划

财产租赁所得的纳税筹划，其着眼点在于费用扣除和优惠政策的运用。实际运作时，应当关注以下问题：

（1）个人出租财产，按照税法规定缴纳的税金和教育费附加，可以凭完税（缴款）凭证，从其财产租赁收入中扣除。比如，个人出租财产，应当就财产租赁合同缴纳印花税；租金收入达到营业税起征点的，应当缴纳营业税、城市维护建设税、教育费附加；出租房屋的，还应当缴纳房产税等。这些税金和附加，可以凭完税（缴款）凭证，从取得的租金收入中扣除。

(2)由出租人负担的出租房屋的修缮费用,应当提供修缮合同和支付修缮费时取得的发票,证明是由该出租人实际负担的,可以将其从租金收入中扣除。但是,每月准予扣除的修缮费用,以800元为限,当月扣除不完的,可以在下一个月继续扣除,直至扣完为止。

(3)个人将承租房屋转租的,应当提供与原出租人签订的房屋租赁合同、支付租金时取得的发票,此时,可以将支付给原出租人的租金,从转租人取得的转租收入中扣除。

(4)从每月租金收入中,扣除上述税费后,再减除税法规定的费用扣除标准,确定应纳税所得额。

(5)个人按市场价格出租住房取得的所得,减按10%的税率缴纳个人所得税。实际运作时,不要忽略这一优惠政策。

七、利息、股息、红利所得的纳税筹划

个人因理财需要,通过购买有价证券方式进行投资时,可以对各类有价证券的预期收益进行比较分析。如果各类有价证券之间的预期收益相同或者接近,可以考虑购买国债和国家发行的金融债券。个人购买国债和国家发行的金融债券,所获得的利息收入免征个人所得税。

第九章

其他税种会计与纳税筹划

第一节 城市维护建设税会计与纳税筹划

一、城市维护建设税会计

(一)纳税人与扣缴义务人

城市维护建设税的纳税人,是指负有缴纳增值税、消费税、营业税(简称"三税")纳税义务的单位和个人。

长期以来,我国对外资企业和外籍个人不征收城市维护建设税。自2010年12月1日起,外商投资企业、外国企业及外籍个人适用城市维护建设税的法规、规章和政策;对其2010年12月1日(含)之后发生纳税义务的增值税、消费税、营业税,征收城市维护建设税。

城市维护建设税的代征代扣义务人是负有代征代扣"三税"义务的单位或个人。

(二)应纳税额的计算

1. 计税依据

城市维护建设税采取从价定率办法征收,计税依据是纳税人实际缴纳的增值税、消费税和营业税"三税"税额。

在确定城市维护建设税计税依据时,应当注意下列问题:

1)非税款项不作为计税依据。城市维护建设税的计税依据是"三税"的正税,不包括非税款项,如"三税"的滞纳金、罚款等。当然,对纳税人查补"三税"、处以罚款时,也同时对其偷漏的城市维护建设税进行补税和罚款。

2)减免的"三税"税额不作为城市维护建设税的计税依据。城市维护建设税随"三税"同时征收,如果免征或者减征"三税",也同时免征或者减征城市维护建设税。

3)海关对进口产品代征的增值税、消费税,不征收城市维护建设税。

4)对出口产品退还增值税、消费税的,不退还已缴纳的城市维护建设税。

5)对因减免税而需进行"三税"退库的,城市维护建设税也可同时退库。

6)经国税局正式审核批准的当期免抵的增值税税额,纳入城市维护建设税的征收范围,分别按规定的税(费)率征收城市维护建设税和教育费附加。

2. 适用税率

城市维护建设税按纳税人所在地的不同,设置了三档差别比例税率:纳税人所在地为市区的,税率为7%;纳税人所在地为县城、镇的,税率为5%;纳税人所在地不在市区、县城或者镇的,税率为1%。

但是,下列两种情形,可以按缴纳"三税"所在地的适用税率就地缴纳城市维护建设税:

1)按规定由受托方代征代扣增值税、消费税、营业税的,其代征代扣的城市维护建设税按受托方所在地的适用税率计算。

2)流动经营等无固定纳税地点的单位和个人,在经营地缴纳"三税"的,城市维护建设税按经营地的适用税率计算缴纳。

3. 税额计算

应纳税额 = 纳税人实际缴纳的增值税、消费税、营业税税额 × 适用税率

(三)会计处理

城市维护建设税的纳税人与扣缴义务人在"应交税费"账户下设置"应交城市维护建设税"明细账户。该账户采用三栏式结构。纳税人计提城市维护建设税时,记入该账户的贷方;缴纳城市维护建设税时,记入该账户的借方。纳税期结束后,该账户贷方余额反映欠缴的城市维护建设税。

为反映城市维护建设税对损益的影响,纳税人还设置"营业税金及附加"、"固定资产清理"等相关账户,与"应交税费——应交城市维护建设税"账户对应记账。

【例9-1】某百货商场位于某市市区,10月份销售货物实际缴纳增值税280 000元,销售金银首饰缴纳消费税20 000元。

应纳城市维护建设税额 = (280 000 + 20 000) × 7% = 21 000(元)

计提城市维护建设税时,编制会计分录:

借:营业税金及附加　　　　21 000

贷：应交税费——应交城市维护建设税　　21 000

缴纳城市维护建设税时，编制会计分录：

借：应交税费——应交城市维护建设税　　21 000

贷：银行存款　　21 000

（四）纳税申报

1. 填制纳税申报表

纳税人在办理纳税申报时，首先，核实应纳增值税、营业税、消费税税额，并依据纳税人所在地区确定适用税率；其次，根据已核实的"三税"税额，依照适用税率计算应纳的城市维护建设税额；最后，根据审核无误的计税资料，如实填写《城市维护建设税纳税申报表》，并办理签章手续。

2. 按期办理纳税申报手续

纳税人按照税务机关依照税法确定的纳税期限，及时报送《城市维护建设税纳税申报表》及其他有关资料，办理纳税申报手续，按期缴纳税款。

城市维护建设税由纳税人在缴纳"三税"时同时缴纳，其纳税期限和纳税地点分别与"三税"的纳税期限和纳税地点相同。

二、城市维护建设税纳税筹划

城市维护建设税是一种附加税，本身没有独立的征税对象，其税额大小取决于增值税、消费税、营业税这"三税"实际应纳税额和适用税率。因此，在纳税筹划时，应当着眼于"三税"的筹划。"三税"负担减轻了，城市维护建设税负担自然就减轻了。

仅就城市维护建设税而言，实际操作时，注意把握以下几点：

（1）"三税"的滞纳金和罚款，不作为城市维护建设税的计税依据。

（2）"三税"的减免税额，不作为城市维护建设税的计税依据。城市维护建设税随着"三税"的减免而减免；因减免税而进行"三税"退库的，城市维护建设税可以同时退库。

（3）进口产品缴纳增值税、消费税，但不缴纳城市维护建设税；出口产品退还增值税、消费税的，不退还已缴纳的城市维护建设税。

实践中，有人提出利用地区差别税率进行城市维护建设税纳税筹划，即：企业在建厂选址时，尽量避开税率高的地区，将厂址建在县城、镇或者乡村，以适用5%或者1%的税率。这种做法是否可取，需要综合分析。企业选址建厂须考虑的因素：①政府城市规划和经济政策；②地理区位、公共设施等对生产经营的影响，尤其是运输成本、人工成本等；③税收负担，包括城市维护建设税、土地使用税和房产税等。因此，税负问题不是影响企业选址的首要因素。

第二节　城镇土地使用税会计与纳税筹划

一、城镇土地使用税会计

（一）纳税人

城镇土地使用税是以城镇土地为征税对象征收的一种税。开征城镇土地使用税的目的，在于合理利用城镇土地，调节土地级差收入，提高土地使用效益。

城镇土地包括在城市、县城、建制镇和工矿区内的国家所有和集体所有的土地。城市的征收范围为市区和郊区；县城的征收范围为县人民政府所在的城镇；建制镇的征收范围为镇人民政府所在地。城市、县城、建制镇、工矿区的具体征收范围，由省、自治区、直辖市人民政府划定。

城镇土地使用税的纳税人，是指在城市、县城、建制镇、工矿区范围内使用土地的单位和个人。单位，包括国有企业、集体企业、私营企业、股份制企业、外商投资企业、外国企业以及其他企业和事业单位、社会团体、国家机关、军队以及其他单位；个人，包括个体工商户以及其他个人。

一般地说，拥有土地使用权的单位和个人是纳税人。拥有土地使用权的单位和个人不在土地所在地的，其土地的实际使用人和代管人为纳税人；土地使用权未确定的或权属纠纷未解决的，其实际使用人为纳税人；土地使用权共有的，共有各方都是纳税人，各方按各自占用的土地面积计算纳税。

（二）应纳税额的计算

1. 计税依据

城镇土地使用税以纳税人实际占用的土地面积为计税依据，依照规定的单位税额计算缴纳。

纳税人实际占用的土地面积的确定办法是：凡有由省、自治区、直辖市人民政府确定的单位组织测定土地面积的，以测定的面积为准；尚未组织测量，但纳税人持有政府部门核发的土地使用证书的，以证书确认的土地面积为准；尚未核发出土地使用证书的，由纳税人申报土地面积，据以纳税，待核发土地使用证以后再作调整。

自2009年12月1日起，在城镇土地使用税征收范围内，单独建造的地下建筑用地，按规定缴纳城镇土地使用税。其中，已取得地下土地使用权证的，按土地使用权证确认的土地面积计算应纳税款；未取得地下土地使用权证，或者地下土地使用权证上未标明土地面积的，按照地下建筑垂直投影面积计算应纳税款。对上述地下建筑用地，暂按应纳税款的50%缴纳城镇土地使用税。

2. 适用税率

城镇土地使用税实行分级幅度税额。每平方米土地年税额如下：大城市为1.5～30元；中等城市为1.2～24元；小城市为0.9～18元；县城、建制镇、工矿区为0.6～12元。具体适用税额由省、自治区、直辖市人民政府在规定的税额幅度内，根据市政建设状况、经济繁荣程度等条件确定。

3. 税额计算

城镇土地使用税按照纳税人实际占用的土地面积和适用单位税额计算。

全年应纳税额＝实际占用土地面积（平方米）×适用税额

4. 纳税义务发生时间与终止时间

1）纳税人新征用的耕地，自批准征用之日起满1年时开始缴纳城镇土地使用税；征用的非耕地，自批准征用次月起缴纳城镇土地使用税。征用的耕地与非耕地，以土地管理机关批准征地的文件为依据确定。

2）购置、出租、出借房屋用地，纳税义务发生时间按下列规定确定：

（1）购置新建商品房，自房屋交付使用之次月起计算城镇土地使用税。

（2）购置存量房，自办理房屋权属转移、变更登记手续，房地产权属登记机关签发房屋权属证书之次月起计算城镇土地使用税。

（3）出租、出借房产，自交付出租、出借房产之次月起计算城镇土地使用税。

3）自2007年1月1日起，以出让或者转让方式有偿取得土地使用权的，由受让方从合同约定交付土地时间的次月起缴纳城镇土地使用税；合同未约定交付土地时间的，由受让方从合同签订的次月起缴纳城镇土地使用税。

4）自2009年1月1日起，纳税人因土地的权利发生变化而依法终止城镇土地使用税的纳税义务的，其应纳税款的计算截止到土地权利发生变化的当月末。

5. 税收减免

1）由财政拨付经费的单位自用的土地，免征城镇土地使用税。但其生产、营业用地，不属于免税范围，应按规定缴纳城镇土地使用税。

2）直接用于农、林、牧、渔业的生产用地，免征城镇土地使用税。免税用地具体是指直接从事于种植、养殖、饲养的专业用地，但不包括农副产品加工场地和生活、办公用地。

3)经批准开山填海整治的土地和改造的废弃土地,从使用的月份起免缴城镇土地使用税5~10年。具体免税期限由省级税务局在规定的期限内自行确定。

免税5~10年的填海整治的土地,是指纳税人经有关部门批准后自行填海整治的土地,不包括纳税人通过出让、转让、划拨等方式取得的已填海整治的土地。

4)免税单位无偿使用纳税单位的土地(如公安、海关等单位使用铁路、民航等单位的土地),免征城镇土地使用税;纳税单位无偿使用免税单位的土地,纳税单位照章缴纳城镇土地使用税。

5)纳税单位与免税单位共同使用共有使用权土地上的多层建筑,纳税单位可按其占用的建筑面积占建筑总面积的比例计算缴纳城镇土地使用税。

6)企业的铁路专用线、公路等用地,除另有规定者外,在企业厂区(包括生产、办公及生活区)以内的,照章缴纳城镇土地使用税;在厂区以外、与社会公用地段未加隔离的,暂免征收城镇土地使用税。

7)企业厂区(包括生产、办公及生活区)以内的绿化用地,照章缴纳城镇土地使用税;厂区以外的公共绿化用地和向社会开放的公园用地,暂免征收城镇土地使用税。

8)企业办的各类学校、托儿所、幼儿园自用的房产、土地,免征房产税、城镇土地使用税。

9)廉租住房、经济适用住房建设用地以及廉租住房经营管理单位按照政府规定价格、向规定保障对象出租的廉租住房用地,免征城镇土地使用税。

开发商在经济适用住房、商品住房项目中配套建造廉租住房,在商品住房项目中配套建造经济适用住房,如能提供政府部门出具的相关材料,可按廉租住房、经济适用住房建筑面积占总建筑面积的比例,免征开发商应缴纳的城镇土地使用税。

10)公共租赁住房(简称"公租房")建设期间用地,以及公租房建成后占地,免征城镇土地使用税。在其他住房项目中配套建设公租房,依据政府部门出具的相关材料,按公租房建筑面积占总建筑面积的比例,免征建造、管理公租房涉及的城镇土地使用税。执行期限暂定3年。

11)个人出租住房,不区分用途,免征城镇土地使用税。

12)在一个纳税年度内,月平均实际安置残疾人就业人数占单位在职职工总数的比例高于25%(含25%)且实际安置残疾人人数高于10人(含10人)的单位,可减征或免征该年度城镇土地使用税。具体减免税比例及管理办法由省、自治区、直辖市财税主管部门确定。

13)自2011年7月1日至2015年12月31日,对"三北"地区向居民供热而收取采暖费的供热企业,为居民供热所使用的土地继续免征城镇土地使用税。

既向居民供热,又向单位供热或者兼营其他生产经营活动的供热企业,按其向居民供热而取得的采暖费收入占企业总收入的比例免征城镇土地使用税。供热企业，是指热力产品生产企业和热力产品经营企业。热力产品生产企业包括专业供热企业、兼营供热企业和自供热单位。"三北"地区，是指北京、天津、河北、山西、内蒙古、辽宁、大连、吉林、黑龙江、山东、青岛、河南、陕西、甘肃、青海、宁夏和新疆。

14）由财政部另行规定免税的能源、交通、水利设施用地和其他用地。

另外，对个人所有的居住房屋及院落用地，免税单位职工家属的宿舍用地，集体和个人办的各类学校、医院、托儿所、幼儿园用地，由省、自治区、直辖市税务局确定征免税。

（三）会计处理

纳税人在"应交税费"账户下设置"应交城镇土地使用税"明细账户。该账户采用三栏式结构。纳税人计提城镇土地使用税时，记入该账户的贷方，缴纳城镇土地使用税时，记入该账户的借方。纳税期结束后，该账户贷方余额反映欠缴的城镇土地使用税。

为反映城镇土地使用税对损益的影响，纳税人还设置"管理费用"账户，与"应交税费——应交土地使用税"账户对应记账。

【例 9－2】甲企业（国有企业）生产经营用地分布于 A、B、C 三个地域，A 的土地使用权属于甲企业，面积 10 000 平方米，其中幼儿园占地 1 000 平方米，厂区绿化占地 2 000平方米；B 的土地使用权属甲企业与乙企业共同拥有，面积 5 000 平方米，实际使用面积各半；C 面积 3 000 平方米，甲企业一直使用但土地使用权未确定。假设 A、B、C 的城镇土地使用税的单位税额均为每平方米 5 元。

分析：企业办的幼儿园用地，免税；土地使用权共有的，由共有各方分别纳税；土地使用权未确定的，由实际使用人纳税。

应纳税额 = [（10 000 − 1 000）+ 5 000 ÷ 2 + 3 000] × 5 = 72 500（元）

计提城镇土地使用税时，编制会计分录：

借：管理费用　　　　　　　　　　　　72 500

　贷：应交税费——应交城镇土地使用税　　　　72 500

缴纳城镇土地使用税时，编制会计分录：

借：应交税费——应交城镇土地使用税　　72 500

　贷：银行存款　　　　　　　　　　　　　72 500

（四）纳税申报

1. 填制纳税申报表

首先，纳税人对其拥有或使用的土地，按税法规定确认应税与非税、免税面积；其次，根据应税土地面积和单位税额计算应缴纳的城镇土地使用税额；最后，根据核实无误的有关数据，填列《城镇土地使用税申报表》，并办理签章手续。

2. 按期办理纳税申报手续

城镇土地使用税按年征收、分期缴纳办法。具体纳税期限由省、自治区、直辖市人民政府确定。

城镇土地使用税在土地所在地缴纳。纳税人使用的土地不属于同一省、自治区、直辖市管辖的，由纳税人分别向土地所在地的税务机关缴纳城镇土地使用税；在同一省、自治区、直辖市管辖范围内，纳税人跨地区使用的土地，其纳税地点由各省、自治区、直辖市地方税务局确定。

纳税人应按照规定的纳税期限，及时报送《城镇土地使用税纳税申报表》及其他有关资料，办理纳税申报手续，按期缴纳税款。

二、城镇土地使用税纳税筹划

城镇土地使用税节税筹划的空间较小。实务中，大多从税务风险控制的角度进行运作。运作时，主要把握以下几点：

(1) 城镇土地使用税的征收范围，仅限于城市、县城、建制镇和工矿区内的国家所有和集体所有的土地。因此，需要根据土地使用权证书或用地审批文件，以及地理位置、用途，对照城镇土地使用税制度，确认应税土地面积。

(2) 由本企业纳税的其他单位土地面积，包括：企业无偿使用免税单位的土地；企业使用或代管的土地，其权属拥有人不在本地的；企业实际使用的土地，其权属未确定或权属纠纷未解决的。

(3) 由其他企业纳税的本企业土地面积，比如，企业在外地拥有某地块的土地使用权，但由其他企业使用或代管的。

对于企业在本地使用或代管其他单位的土地，以及企业在外地拥有的、由其他企业使用或代管的土地，税款由谁来缴纳，税收制度已有明确规定。至于该笔税款最终由谁来负担，企业可以根据实际情况，通过签署合同予以明确。

(4) 本企业拥有的免税土地面积，比如，直接用于农、林、牧、渔业的生产用地；直接用于采摘、观光的种植、养殖、饲养的土地；企业厂区以外的公共绿化用地和向社会开放的公园用地；企业办的各类学校、托儿所、幼儿园自用土地；廉租住房、公租房、经济适用住房建设用地等。

企业应当准确划分其拥有的应税土地面积和免税土地面积，并在申报纳税时，分别填报，控制税务风险。

实践中，有人提出利用地区差别税额进行纳税筹划，比如，将企业设在经济发达省份还是经济欠发达省份，是设在大中小城市、县城还是工矿区，因为这些地区的税额标准不一样。这种做法是否可取，需要综合分析，实际应用性不强。

也有人提出利用纳税义务发生时间进行纳税筹划，比如，纳税人新征用耕地，自批准征用之日起满 1 年时缴纳城镇土地使用税；征用非耕地的，自批准征用的次月起缴纳城镇土地使用税。因此，企业征用非耕地不如征用耕地。这种观点，纯属于无稽之谈，荒谬之极。

第三节　房产税会计与纳税筹划

一、房产税会计

（一）纳税人

房产税是以房产为征税对象，依据房产价格或房产租金收入征收的一种税。其目的是加强房产管理，提高房产使用效率，合理调节房产所有人和经营人的收入，增加地方财政收入。

房产，是以房屋形态表现的财产。房屋是指有屋面和围护结构（有墙或两边有柱），能够遮风避雨，可供人们在其中生产、学习、工作、娱乐、居住或储藏物资的场所。独立于房屋之外的建筑物，如围墙、烟囱、水塔、变电塔、油池油柜、酒窖菜窖、酒精池、糖蜜池、室外游泳池、玻璃暖房、砖瓦石灰窑以及各种油气罐等，不属于房产。

房产税的征收范围为城市、县城、建制镇和工矿区。城市的征收范围为市区、郊区和市辖县县城；建制镇的征收范围为镇人民政府所在地，不包括所辖的行政村。农林牧渔业用地和农民居住用房屋及土地，不征收房产税和城镇土地使用税。开征房产税的工矿区须经省、自治区、直辖市人民政府批准。不在开征地区范围之内的工厂、仓库，不征收房产税。

房产税的纳税人是指在征收范围内的房屋产权所有人。产权属国家所有的，由经营管理单位缴纳房产税。产权属集体或个人所有的，由集体单位或个人缴纳房产税。产权出典的，由承典人缴纳房产税；产权所有人、承典人不在房产所在地的，或者产权未确定及租典纠纷未解决的，由房产代管人或者使用人缴纳房产税；无租使用其他单位房产的，由使用人代为缴纳房产税。承租人使用房产，以支付修理费抵交房产租金，由房屋产权所有人缴纳房产税。

房地产开发企业建造的商品房，在出售前，不缴纳房产税。但出售前，房地产开发企业已使用或出租、出借的商品房，应按规定缴纳房产税。

（二）应纳税额的计算

1. 计税依据

房产税的计税依据是房产余值或房产租金收入。纳税人自用的房产，采用从价计征方式，计税依据是房产余值。纳税人出租的房产，采用从租计征方式，计税依据是房产租金收入。

1）从价计征。纳税人自用的房产，依照房产原值一次减除10% ~30%后的余值计算缴纳房产税。扣除比例由省、自治区、直辖市人民政府确定。

房产余值 = 房产原值 ×（1 − 扣除比例）

在确定房产原值时，应当注意下列问题：

（1）房屋原价根据国家有关会计制度规定进行核算。纳税人未按照国家会计制度核算并记载的，应按规定予以调整或重新评估。

（2）房产原值包括与房屋不可分割的各种附属设备或一般不单独计算价值的配套设施。这主要包括：暖气、卫生、通风、照明、煤气等设备；各种管线，如蒸气、压缩空气、石油、给水排水等管道及电力、电信、电缆导线；电梯、升降机、过道、晒台等。属于房屋附属设备的水管、下水道、暖气管、煤气管等应从最近的探视井或三通管算起，计算原值；电灯网、照明线从进线盒联接管算起，计算原值。

（3）为维持和增加房屋的使用功能或使房屋满足设计要求，凡以房屋为载体，不可随意移动的附属设备和配套设施，比如：给排水、采暖、消防、中央空调、电气及智能化楼宇设备等，无论在会计核算中是否单独记账与核算，均应计入房产原值计算房产税。

对于更换房屋附属设备和配套设施的，在将其价值计入房产原值时，可扣减原来相应设备和设施的价值；对附属设备和配套设施中易损坏、需要经常更换的零配件，更新后不再计入房产原值。

（4）对原有房屋进行改建、扩建的，相应增加房屋的原值。

（5）自2010年12月21日起，对依照房产余值计税的房产，无论会计上如何核算，房产原值均应包含地价（包括为取得土地使用权支付的价款、开发土地发生的成本费用等）。宗地容积率低于0.5的，按房产建筑面积的2倍计算土地面积并据此确定计入房产原值的地价。

2）从租计征。纳税人出租房产，按照租金收入计算缴纳房产税。纳税人不申报或者不如实申报租金收入的，税务机关按照征管法的有关规定实行核定征收。

3）执行中，应当注意以下问题：

（1）投资联营的房产，区分以下两种情况处理：①以房产投资联营，投资者参与投资利润分红，共担风险的，依照房产余值计算缴纳房产税；②以房产投资，收取固定收入，不承担联营风险，实际上是以联营名义取得房产租金的，由出租方依照租金收入计算缴纳房产税。

（2）居民住宅区内业主共有的经营性房产，由实际经营（包括自营和出租）的代管人或使用人缴纳房产税。其中：自营的，依照房产原值减除10%～30%后的余值计算缴纳房产税；没有房产原值或不能将业主共有房产与其他房产的原值准确划分开的，由税务机关参照同类房产核定房产原值。将房产出租的，依照租金收入计算缴纳房产税。

（3）自2009年12月1日起，产权出典的房产，由承典人依照房产余值计算缴纳房产税；融资租赁的房产，由承租人依照房产余值计算缴纳房产税；纳税人无租使用的其他单位房产，依照房产余值代为计算缴纳房产税。

（4）自2010年12月21日起，纳税人出租房产，租赁双方签订的租赁合同约定有免收租金期限的，免收租金期间由产权所有人依照房产余值计算缴纳房产税。

2. 适用税率

1）依照房产余值计算缴纳房产税的，税率为1.2%。

2）依照房产租金收入计算缴纳房产税的，税率为12%。

企事业单位、社会团体以及其他组织按市场价格向个人出租用于居住的住房，减按4%的税率计算缴纳房产税。个人出租住房，不区分用途，在3%税率的基础上减半缴纳营业税，按4%的税率计算缴纳房产税，免征城镇土地使用税。

3. 税额计算

从价计征房产税的，按照下列公式计算：

应纳税额＝应税房产原值×（1－扣除比例）×税率（1.2%）

从租计征房产税的，按照下列公式计算：

应纳税额＝租金收入×税率（12%或4%）

自2006年1月1日起，凡在房产税征收范围内的具备房屋功能的地下建筑，包括与地上房屋相连的地下建筑以及完全建在地面以下的建筑、地下人防设施等，均应依照有关规定缴纳房产税。

具备房屋功能的地下建筑，是指有屋面和围护结构，能够遮风避雨，可供人们在其中生产、经营、工作、学习、娱乐、居住或储藏物资的场所。

1）自用的地下建筑，按照以下规定计税：

（1）工业用途房产，以房屋原价的50%～60%作为应税房产原值。

应税房产原值＝房屋原价×（50%～60%）

$$应纳房产税额=应税房产原值\times[1-(10\%\sim30\%)]\times1.2\%$$

(2)商业和其他用途房产,以房屋原价的70%~80%作为应税房产原值。

$$应税房产原值=房屋原价\times(70\%\sim80\%)$$

$$应纳房产税额=应税房产原值\times[1-(10\%\sim30\%)]\times1.2\%$$

房屋原价折算为应税房产原值的具体比例,由各省、自治区、直辖市和计划单列市财政和地方税务部门在上述幅度内自行确定。

(3)对于与地上房屋相连的地下建筑,如房屋的地下室、地下停车场、商场的地下部分等,应将地下部分与地上房屋视为一个整体,按照地上房屋建筑的有关规定计算缴纳房产税。

2)出租的地下建筑,按照出租地上房屋建筑的有关规定计算缴纳房产税。

4.纳税义务发生时间与终止时间

1)纳税人自建的房屋,自建成之次月起计算房产税。

2)纳税人委托施工企业建设的房屋,从办理验收手续之次月起计算房产税。纳税人在办理验收手续前已使用或出租、出借的新建房屋,应按规定缴纳房产税。

3)购置新建商品房,自房屋交付使用之次月起计算房产税。

4)购置存量房,自办理房屋权属转移、变更登记手续,房地产权属登记机关签发房屋权属证书之次月起计算房产。

5)出租、出借房产,自交付出租、出借房产之次月起计算房产税。

6)房地产开发企业自用、出租、出借本企业建造的商品房,自房屋使用或交付之次月起计算房产税。

7)融资租赁的房产,由承租人自融资租赁合同约定开始日的次月起,依照房产余值缴纳房产税。合同未约定开始日的,由承租人自合同签订的次月起,依照房产余值缴纳房产税。

8)纳税人因房产的实物或权利状态发生变化而依法终止房产税纳税义务的,其应纳税款的计算截止到房产的实物或权利状态发生变化的当月末。

5.税收减免

1)由财政拨付经费的单位自用房产,免征房产税。但其生产、经营用房产,以及出租房产,不属于免税范围,应计算缴纳房产税。

2)企业办的各类学校、医院、托儿所、幼儿园自用的房产,免征房产税。

3)经有关部门鉴定,对毁损不堪居住的房屋和危险房屋,在停止使用后,免征房产税。

4)在基建工地为基建工地服务的各种工棚、材料棚、休息棚和办公室、食堂、茶炉房、汽车房等临时性房屋,不论是施工企业自行建造还是由基建单位出资建造的,在施工期间,一律免征房产税。但是,如果在基建工程结束以后,施工企业将这种临时性房屋交还或者估价转让给基建单位的，从基建单位接收的次月起，依照规定缴纳房产税。

5）纳税人因房屋大修导致连续停用半年以上的，在房屋大修期间，免征房产税。

6）纳税单位与免税单位共同使用的房屋，按各自使用的部分划分，分别征收或免征房产税。

7）按政府规定价格出租的公有住房，包括企业和自收自支事业单位向职工出租的单位自有住房，房管部门向居民出租的公有住房，落实私房政策中带户发还产权并以政府规定租金标准向居民出租的私有住房等，暂免征收房产税。

8）军队空余房产租赁收入暂免征收房产税。暂免征收房产税的军队空余房产，在出租时必须悬挂《军队房地产租赁许可证》，以备查验。

9）廉租住房经营管理单位按照政府规定价格、向规定保障对象出租廉租住房的租金收入，免征房产税。

10）由财政部门拨付事业经费的文化单位转制为企业，自转制注册之日起，对其自用房产免征房产税。执行期限为2009年1月1日至2013年12月31日。

11）经营公共租赁住房（简称“公租房”）所取得的租金收入，免征营业税、房产税。公租房租金收入与其他住房经营收入，应当单独核算；未单独核算的，不得享受免征营业税、房产税优惠政策。执行期限暂定3年。

12）个人所有非营业用的房产，免征房产税。

13）自2011年7月1日至2015年12月31日，对“三北”地区向居民供热而收取采暖费的供热企业，为居民供热所使用的厂房继续免征房产税。

既向居民供热，又向单位供热或者兼营其他生产经营活动的供热企业，按其向居民供热而取得的采暖费收入占企业总收入的比例免征房产税。供热企业，是指热力产品生产企业和热力产品经营企业。热力产品生产企业包括专业供热企业、兼营供热企业和自供热单位。“三北”地区，是指北京、天津、河北、山西、内蒙古、辽宁、大连、吉林、黑龙江、山东、青岛、河南、陕西、甘肃、青海、宁夏和新疆。

14）经财政部批准免税的其他房产。

（三）会计处理

房产税纳税人在“应交税费”账户下设置“应交房产税”明细账户。该账户采用三栏式结构。纳税人计提房产税时，记入该账户的贷方；缴纳房产税时，记入该账户的借方。纳税期满后，该账户贷方余额反映欠缴的房产税。

为反映房产税对损益的影响，纳税人还设置“管理费用”账户，与“应交税费——应交房产税”账户对应作账。

【例9-3】某公司坐落在某市郊区，厂房、办公用房原值为5 000万元，其中：出租给某公司使用的房屋原值800万元，年租金60万元。在郊区外的农村建有一个仓库，原值为40万元。当地规定的计算房产余值的扣除比例30%。税务机关规定，房产税按季度缴纳。

分析：自用房产，按房产余值计税；出租房产，按租金收入计税；在农村的仓库不缴纳房产税。

全年应纳房产税额 = (5 000 - 800) × (1 - 30%) × 1.2% + 60 × 12% = 42.48(万元)

各季度应纳房产税额 = 42.48 ÷ 4 = 10.62(万元)

计提房产税时，编制会计分录：

借：管理费用	106 200	
贷：应交税费——应交房产税		106 200
借：应交税费——应交房产税	106 200	
贷：银行存款		106 200

(四)纳税申报

1. 填制纳税申报表

首先，企业对其拥有或使用的房产，按税法规定确认应税与非税、免税，以及自用或出租情况，确定应税房产的适用税率。然后，根据房产余值或租金收入和适用税率计算房产税应纳税额。各项内容核实无误后，填列《房产税纳税申报表》，并办理签章手续。

2. 按期办理纳税申报手续

房产税实行按年征收、分期缴纳办法。具体纳税期限由省、自治区、直辖市人民政府决定。纳税地点在房产所在地。纳税人的房产不在一地的，按房产的坐落地点，分别向房产所在地的税务机关缴纳房产税。

纳税人应按照规定的纳税期限，及时报送《房产税纳税申报表》及其他有关资料，办理纳税申报手续，按期缴纳税款。

二、房产税纳税筹划

房产税节税筹划的空间较小。实务中，大多从税务风险控制的角度进行运作。运作时，主要把握以下几点：

(一)准确划分征免界限

房产税的征税对象是房产，征收范围仅限于城市、县城、建制镇和工矿区。不在开征地区范围之内的工厂、仓库，不缴纳房产税。操作时，要根据房屋的坐落地点、房屋产权证书，对照房产税制度，确认房产税征收范围。

操作时,注意把握以下几点:

(1)由本企业纳税的他人房产,包括:企业作为经营管理单位,使用国家所有的房产;企业作为产权承典人,使用出典人的房产;企业作为代管人或使用人,代管或使用外地承典人、产权所有人的坐落于本地的房产,以及产权未确定或者租典纠纷未解决的房产;企业作为承租人,以融资租赁方式租入的房产;企业作为房产使用人,无租使用其他单位的房产。

(2)由他人纳税的本企业房产,包括:房屋产权已出典的房产;企业拥有的坐落于外地并由外地纳税人代管或使用的房产;企业无租交付其他单位使用的房产。

(3)本企业拥有的减免税房产,比如,企业办的各类学校、医院、托儿所、幼儿园自用的房产;社会力量投资兴办的福利性、非营利性的老年服务机构自用的房产;经有关部门鉴定,已停用的毁损不堪居住的房屋和危险房屋;基建工地在施工期间使用的各种临时性房屋;大修期间停用(连续半年以上)的房屋;按政府规定价格出租的公有住房、廉租住房和公租房等。企业应当准确划分其拥有的应税房产和减免税房产的界限,并在申报纳税时,分别填报,控制税务风险。

(二)正确核算房产原值

企业应当根据国家有关会计制度的规定,核算房产原值。在计算房产税时,房产原值必须按照房产税制度确定。操作时,注意把握以下几点:

(1)企业拥有的独立于房屋之外的建筑物,比如,围墙、烟囱、水塔、变电塔、油池油柜、酒窖菜窖、酒精池、糖蜜池、室外游泳池、玻璃暖房、砖瓦石灰窑以及各种油气罐等,不属于房产。因此,在确定房产原值时,不要将其价值计入房产原值内。

(2)房屋附属设备和配套设施中,容易损坏、需要经常更换的零配件,更换后不计入房产原值。

(3)执行《企业会计准则》的企业,在会计核算上,土地使用权是作为无形资产核算的,其成本不计入房产原值。但是,对于依照房产余值计税的房产,无论会计上如何核算,房产原值均包含房产所占土地的价款(地价款、土地开发支出)。宗地容积率低于0.5的,按房产建筑面积的2倍计算土地面积,以此确定土地价款,计入房产原值。

(三)实践中应当注意的问题

在纳税筹划实践中,有些现象如“为筹划而筹划”等,应当予以克服。

比如,有人提出可以利用“改租赁为仓储”进行纳税筹划。假设企业房产原值为M,年租金为N。从价计征的,应纳房产税为$M\times(1-30\%)\times1.2\%=M\times0.84\%$;从租计征的,应纳房产税为$N\times12\%$。当$N\times12\%>M\times0.84\%$,即$N/M>7\%$时,也就是说,年租金占房产原值的比例超过7%时,出租房产缴纳的房产税大于自用房产缴纳的房产税,因此,房产出租不如房产自用。实际上,企业拥有的房产是出租还是自用,主要取决于经营状况,并非取决于房产税的高低。

【例9-4】甲公司在市区拥有一套库房,原值2 500万元,房产税计税扣除比例为30%。该公司将其出租给乙企业用于仓储货物,每年租金200万元。A公司每年纳税情况如下:应纳营业税金及附加11万元(200×5.5%=11);应纳房产税24万元(200×12%=24);合计35万元(11+24=35)。

有人建议甲公司将租赁改为仓储。即把租赁合同改为仓储合同,每年收取仓储费200万元。此时,A公司每年纳税情况如下:应纳营业税金及附加11万元(200×5.5%);应纳房产税21万元[2 500×(1-30%)×1.2%=21];合计32万元。与出租相比,少交房产税3万元。

实际上,这种做法忽略了经营管理因素。房屋出租与经营仓储业务是两种不同的业务,甲公司负有的权利与义务是不同的。因此,两者的收入额不可能相同,两者的耗费也不可能相同。如果甲公司将租赁改为仓储,需要配备保管人员,发生人工成本;需要为仓储货物缴纳保险费,承担货物失窃、霉烂等赔偿责任,经营成本较大。在这种情况下,取得的经营收入与租金收入不可能相同。否则,房产税是节省了,但企业的净收益必然减少。因此,企业选择房产出租还是经营仓储业务,不能单纯地从税负轻重上考虑,应当综合各种因素通盘考虑。

也有人提出利用"改出租为转租"进行纳税筹划。理由是转租方不是房屋产权所有人,转租方转租房屋时,只需按租金收入缴纳营业税,不需要缴纳房产税。于是,提出的方案是:企业设立一个全资子公司——资产管理公司,将拟出租的房产以较低的价格(假设A)出租给该资产管理公司;然后,由资产管理公司以市场价格(假设B)为外出租房产。

在这种情况下,应纳营业税和房产税为:

企业缴纳营业税、城建税、教育费附加=A×5.5%,缴纳房产税=A×12%。

资产管理公司缴纳营业税、城建税、教育费附加=B×5.5%,不需要缴纳房产税。

营业税金及附加和房产税合计:A×5.5% + B×5.5% + A×12%。

如果不设立资产管理公司,而由企业直接按市场价格B出租房产,则:

企业缴纳营业税、城建税、教育费附加=B×5.5%,缴纳房产税=B×12%。

营业税金及附加和房产税合计:B×5.5%+B×12%。

两种做法相比较,设立资产管理公司与不设立资产管理公司相比:

多缴纳营业税、城建税、教育费附加=A×5.5%,少缴纳房产税=(B-A)×12%。

于是,提出当少缴纳的房产税大于多缴纳的营业税金及附加时,设立资产管理公司的方案可行。

由(B - A) ×12% >A ×5.5%,解得:B >1.46A,即:B/A >146%。

也就是说,当资产管理公司出租房产的市场价格与企业将房产出租给资产管理公司的价格比例,大于146%时,设立资产管理公司可以取得节税效果。

这种做法属于避税筹划,实际上也是行不通的。原因有以下几点:①企业出租房产大多属于附营业务,是将暂时闲置的一部分房产对外出租,没有必要为此单独设立一个全资子公司。即使企业出租房产属于主营业务,也不可能叠加设立从事相同业务的企业法人。况且,设立一个全资子公司,也需要相应的运营资金。②设立全资子公司(资产管理公司)并取得节税收益,其前提是:子公司出租房产的市场价格与企业将房产出租给子公司的价格比例大于146%。也就是说,企业将房产出租给子公司的价格远远小于子公司出租房产的市场价格。根据房产税制度规定,房产出租人申报的租金收入低于计税租金标准又无正当理由的,可以按照计税租金标准计算征收房产税。③目前,企事业单位、社会团体以及其他组织按市场价格向个人出租用于居住的住房,减按4%的税率计算缴纳房产税。在这种情况下,如果采取"改出租为转租"方式经营住房租赁业务的话,不但没有减轻税负,反而会加重税负。

第四节　印花税会计与纳税筹划

一、印花税会计

(一)纳税人

印花税是对经济活动和经济交往中书立、使用、领受具有法律效力的应税凭证征收的一种税,是一种具有行为税性质的凭证税。应税凭证具体划分为五大类,包括合同或具有合同性质的凭证、产权转移书据、营业账簿、权利许可证照和经财政部确定征税的其他凭证。凡在我国境内书立、领受税法所列举的应税凭证的单位和个人,均为印花税的纳税人,具体包括:

(1)各类合同的立合同人。立合同人是指合同的当事人。当事人,是指对凭证有直接权利义务关系的单位和个人,不包括保人、证人、鉴定人。当事人的代理人有代理纳税的义务。

(2)产权转移书据的立据人。

(3)营业账簿的立账簿人。

(4)权利、许可证照的领受人。

(5)在国外书立、领受,但在国内使用的应税凭证,其纳税人是使用人。

同一凭证,由两方或两方以上当事人签订并各执一份的,由各方就所执的一份全额贴花。

(二)应纳税额的计算

1. 计税依据

1)购销合同,包括供应、预购、采购、购销结合及协作、调剂、补偿、易货等合同,计税依据为购销金额。

商品购销活动中,采用以货换货方式进行商品交易签订的合同,是反映既购又销双重经济行为的合同。对此,按照合同所载的购、销合计金额计税贴花。合同未列明金额的,按照合同所载购、销数量依照国家牌价或市场价格计算应纳税额。

2)加工承揽合同,包括加工、定做、修缮、修理、印刷、广告、测绘、测试等合同,计税依据为加工或承揽收入。加工或承揽收入,是指合同中规定的受托方的加工费收入和提供的辅助材料金额之和。

由受托方提供原材料的加工、定做合同,凡在合同中分别记载加工费金额与原材料金额的,分别按照"加工承揽合同"、"购销合同"计税,按照两项税额相加数贴花;合同中不划分加工费金额与原材料金额的,按照全部金额,依照"加工承揽合同"计税贴花。

3)建设工程勘察设计合同,包括勘察、设计合同,计税依据为勘察、设计收取的费用。

4)建筑安装工程承包合同,包括建筑、安装工程承包合同,计税依据为承包金额。

5)财产租赁合同,包括租赁房屋、船舶、飞机、机动车辆、机械、器具、设备等合同。

企业与主管部门等签订的租赁承包经营合同,不属于财产租赁合同,不贴花。企业、个人出租门店、柜台等签订的合同,属于财产租赁合同,应按照规定贴花。财产租赁合同的计税依据为租赁金额。税额不足1元的按1元贴花。

6)货物运输合同,包括民用航空、铁路运输、海上运输、内河运输、公路运输和联运合同。在货运业务中,凡是明确承、托运双方业务关系的运输单据,均属于合同性质的凭证。

货物运输合同的计税依据为运输费金额,不包括所运货物的金额、装卸费和保险费等。

铁路货运以运费结算凭证中所列运费为印花税的计税依据,包括:统一运价运费、特价或加价运费、合资和地方铁路运费、新路均摊费、电力附加费。对分段计费一次核收运费的，以结算凭证所记载的全程运费为计税依据；对分段计费分别核收运费的，以分别核收运费的结算凭证所记载的运费为计税依据。

国内各种形式的货物联运，凡在起运地统一结算全程运费的，以全程运费作为计税依据，由起运地运费结算双方缴纳印花税；凡分程结算运费的，以分程的运费作为计税依据，分别由办理运费结算的各方缴纳印花税。

国际货运凭证的征免税划分，按照下列规定执行：由我国运输企业运输的，不论在我国境内、境外起运或中转分程运输，我国运输企业所持的一份运费结算凭证，均按本程运费计算应纳税额；托运方所持的一份运费结算凭证，按全程运费计算应纳税额。由外国运输企业运输进出口货物的，外国运输企业所持的一份运费结算凭证免纳印花税；托运方所持的一份运费结算凭证应缴纳印花税。国际货运运费结算凭证在国外办理的，在凭证转回我国境内时按规定缴纳印花税。

7）仓储保管合同，包括仓储、保管合同，以及作为合同使用的仓单、栈单（或称入库单等）。仓储保管合同的计税依据为仓储保管费用。

8）借款合同，是指银行及其他金融组织和借款人（不包括银行同业拆借）所签订的借款合同。借款合同的计税依据为借款金额。对融资租赁合同，可依据合同所载的租金总额暂按“借款合同”计税贴花。

执行中，应当注意下列问题：

（1）一项信贷业务既签订借款合同又一次或分次填开借据的，只就借款合同按所载借款金额计税贴花；凡只填开借据并作为合同使用的，按照借据所载借款金额计税，在借据上贴花。

（2）借贷双方签订的流动资金周转性借款合同，一般是按年（期）签订的，规定最高限额，借款人在规定的期限和最高限额内随借随还。对这类借款合同，按照合同规定的最高借款限额计税贴花。以后，只要在限额内随借随还，不再签新合同的，不另贴印花。

（3）借款方以财产作抵押，与贷款方签订的抵押借款合同，属于资金信贷业务，借贷双方应按“借款合同”计税贴花。因借款方无力偿还借款而将抵押财产转移给贷款方的，就双方书立的产权转移书据，按“产权转移书据”计税贴花。

（4）银行及其金融机构经营的融资租赁业务，是一种以融物方式达到融资目的的业务，实际上是分期偿还的固定资金借款。因此，对融资租赁合同，可据合同所载的租金总额暂按“借款合同”计税贴花。

（5）在信贷业务中，贷方是由若干银行组成的银团，银团各方均承担一定的贷款数额，借款合同由借款方与银团各方共同书立，各执一份合同正本。对这类借款合同，借款方与贷款银团各方应分别在所执合同正本上按各自的借贷金额计税贴花。

（6）有些基本建设贷款，先按年度用款计划分年签订借款分合同，在最后一年按总概算签订借款总合同,总合同的借款金额中包括各分合同的借款金额。对这类基建借款合同,应按分合同分别贴花,最后签订的总合同,只就借款总额扣除分合同借款金额后的余额计税贴花。

9)财产保险合同,包括财产、责任、保证、信用等保险合同。财产保险分为企业财产保险、机动车辆保险、货物运输保险、家庭财产保险和农牧业保险五大类。除对农林作物、牧业畜类保险合同暂不贴花外,其他几类财产保险合同均应按规定计税贴花。家庭财产两全保险属于家庭财产保险性质,其合同应照章贴花。

财产保险合同的计税依据为合同所载保险费金额。

10)技术合同,包括技术开发、转让、咨询、服务等合同,计税依据为合同所载金额。各类技术合同,按照合同所载价款、报酬、使用费的金额计税贴花。但对技术开发合同,只就合同所载的报酬金额计税贴花,研究开发经费不作为计税依据;对合同约定按研究开发经费一定比例作为报酬的,按照一定比例的报酬金额计税贴花。

执行中,应当注意下列问题:

(1)专利申请权转让、非专利技术转让所书立的合同,按照"技术合同"计税贴花;专利权转让、专利实施许可所书立的合同或书据,按照"产权转移书据"计税贴花。

(2)技术咨询合同,是指当事人就有关项目的分析、论证、评价、预测和调查订立的技术合同。对于一般的法律、法规、会计、审计等方面的咨询,不属于技术咨询,其所立合同不贴印花。

(3)技术服务合同,包括:技术服务合同、技术培训合同和技术中介合同。

技术服务合同,是当事人一方委托另一方就解决有关特定技术问题,提出实施方案,进行技术指导所订立的技术合同。以常规手段或者为生产经营目的进行一般加工、修理、修缮、广告、印刷、测绘、标准化测试以及勘察、设计等所书立的合同,不属于技术服务合同。

技术培训合同,是当事人一方委托另一方对指定的专业技术人员进行特定项目的技术指导和专业训练所订立的技术合同。对各种职业培训、文化学习、职工业余教育等订立的合同,不属于技术培训合同,不贴印花。

技术中介合同,是当事人一方以知识、信息、技术为另一方与第三方订立技术合同进行联系、介绍、组织工业化开发所订立的技术合同。

11)产权转移书据,是指单位和个人产权的买卖、继承、赠与、交换、分割等所立的书据,包括财产所有权和版权、商标专用权、专利权、专有技术使用权等转移书据。

"财产所有权"转移书据的征税范围是:经政府管理机关登记注册的动产、不动产的所有权转移所立的书据,以及企业股权转让所立的书据。

值得注意的是,对土地使用权出让合同、土地使用权转让合同,按产权转移书据征收印花税;对商品房销售合同按照产权转移书据征收印花税。

产权转移书据的计税依据为所载金额。股份制企业向社会公开发行的股票,因购买、继承、赠与所书立的股权转让书据,计税依据为按照书立时证券市场当日实际成交价格计算的金额。从2008年9月19日起,对买卖、继承、赠与A股、B股所书立的股权转让书据,由出让方按1‰的税率缴纳证券(股票)交易印花税;受让方不再缴纳印花税。

12)营业账簿,是指生产经营用账册,即单位或者个人记载生产经营活动的财务会计核算账簿。按其内容不同,分为记载资金的账簿和其他营业账簿。

营业账簿中记载资金的账簿的计税依据为“实收资本”与“资本公积”两项的合计金额。以后年度资金总额比已贴花资金总额增加的,增加部分应按规定贴花。

营业账簿中的其他账簿,计税依据为应税凭证件数。

执行中,应当注意下列问题:

(1)采用一级核算形式的,只就财会部门设置的账簿贴花;采用分级核算形式的,除财会部门的账簿应贴花外,财会部门设置在其他部门和车间的明细分类账,也应按规定贴花。

车间、门市部、仓库设置的不属于会计核算范围或虽属会计核算范围,但不记载金额的登记簿、统计簿、台账等,不贴印花。

(2)对日常用单页表式记载资金活动情况,以表代账的,在未形成账簿(册)前,暂不贴花,待装订成册时,按册贴花。

13)权利、许可证照,包括政府部门发给的房屋产权证、工商营业执照、商标注册证、专利证、土地使用证等。权利、许可证照的计税依据为应税凭证件数。

2. 适用税率

印花税的税率有两种形式:比例税率和定额税率。

1)各类合同或具有合同性质的凭证、产权转移书据、营业账簿中记载资金的账簿,适用比例税率,分别是:0.05‰、0.3‰、0.5‰、1‰。

2)权利、许可证照和营业账簿中的其他账簿适用定额税率,按件贴花5元。

印花税税率(税额)表见表9-1。

表9-1 印花税税率(税额)表

应税凭证	税率(税额)
借款合同	0.05‰
购销合同、建筑安装工程承包合同、技术合同	0.3‰

续表

应税凭证	税率(税额)
加工承揽合同、建设工程勘察设计合同、货物运输合同、产权转移书据、营业账簿中记载资金的账簿	0.5‰
财产租赁合同、仓储保管合同、财产保险合同、股权转让合同(单边)	1‰
权利、许可证照,营业账簿中的其他营业账簿	每件5元

3. 印花税的计算

适用比例税率的应税凭证,印花税的计算公式为:

应纳税额 = 计税金额 × 比例税率

适用定额税率的应税凭证,印花税的计算公式为:

应纳税额 = 计税件数 × 单位税额(5元)

执行中,应当注意下列问题:

1)应纳税额不足1角的,免纳印花税。应纳税额在1角以上的,其税额尾数不满5分的不计,满5分的按1角计算缴纳。

2)同一凭证,因载有两个或者两个以上经济事项而适用不同税目税率,如分别记载金额的,应分别计算应纳税额,相加后按合计税额贴花;如未分别记载金额的,按税率高的计税贴花。

3)按金额比例贴花的应税凭证,未标明金额的,按照凭证所载数量及国家牌价计算金额;没有国家牌价的,按市场价格计算金额;然后,按规定税率计算应纳税额。

4)应纳税凭证所载金额为外国货币的,按照凭证书立当日的国家外汇管理局公布的外汇牌价折合人民币,计算应纳税额。

5)已贴花的凭证,修改后所载金额增加的,其增加部分应当补贴印花税票。

对已履行并贴花的合同,实际结算金额与合同所载金额不一致的,只要双方未修改合同金额,一般不再补贴印花。

6)合同签订时即应贴花,履行完税手续。所以,不论合同是否兑现或能否按期兑现,都一律按照规定贴花。

7)有些合同在签订时无法确定计税金额,如技术转让合同中的转让收入,有的是按销售收入的一定比例收取或是按实现利润分成的;财产租赁合同,有的只是规定了月(天)租金标准而却无租赁期限的。对这类合同,可在签订时先按定额5元贴花,以后结算时再按实际金额计税,补贴印花。

凡多贴印花税票者,不得申请退税或者抵用。

8）对有经营收入的事业单位，凡属由国家财政部门拨付事业经费，实行差额预算管理的单位，其记载经营业务的账簿，按其他账簿定额贴花，不记载经营业务的账簿不贴花；凡属经费来源实行自收自支的单位，其营业账簿，应对记载资金的账簿和其他账簿分别按规定贴花。

跨地区经营的分支机构使用的营业账簿，由各分支机构在其所在地缴纳印花税。对上级单位核拨资金的分支机构，其记载资金的账簿按核拨的账面资金数额计税贴花，其他账簿按定额贴花；对上级单位不核拨资金的分支机构，只就其他账簿按定额贴花。为避免对同一资金重复计税贴花，上级单位记载资金的账簿，应按扣除拨给下属机构资金数额后的其余部分计税贴花。

4. 税收减免

1）已缴纳印花税的凭证的副本或者抄本，免税。但是，以副本或者抄本视同正本使用的，应另贴印花。即已缴纳印花税凭证的正本遗失或毁损，而以副本替代的，应另贴印花。

2）财产所有人将财产赠给政府、社会福利单位、学校所立的书据，免税。社会福利单位，是指抚养孤老伤残的社会福利单位。

3）国家指定的收购部门与村民委员会、农民个人书立的农副产品收购合同，免税。

4）无息、贴息贷款合同，免税。

5）外国政府或者国际金融组织向我国政府及国家金融机构提供优惠贷款所书立的合同，免税。

6）对农林作物、牧业畜类保险合同，暂不贴花。

7）房地产管理部门与个人订立的租房合同，凡用于生活居住的，暂免贴花；用于生产经营的，应按规定贴花。

8）农民专业合作社与本社成员签订的农业产品和农业生产资料购销合同，免征印花税。

9）投资者（包括个人和机构）买卖封闭式证券投资基金，继续免征印花税。

10）股权分置改革过程中，因非流通股股东向流通股股东支付对价而发生的股权转让，暂免征收印花税。

11）特殊货运凭证，包括军事物资运输、抢险救灾物资运输、新建铁路的工程临管线运输等运费结算凭证，免征印花税。

12）对廉租住房、经济适用住房经营管理单位与廉租住房、经济适用住房相关的印花税以及廉租住房承租人、经济适用住房购买人涉及的印花税，予以免征。

开发商在经济适用住房、商品住房项目中配套建造廉租住房，在商品住房项目中配套建造经济适用住房，如能提供政府部门出具的相关材料，可按廉租住房、经济适用住房建筑面积占总建筑面积的比例,免征开发商应缴纳的印花税。

13)个人出租、承租住房签订的租赁合同,免征印花税。

14)个人销售或购买住房,暂免征收印花税。

15)公租房涉及的印花税优惠政策如下:对公租房经营管理单位建造公租房涉及的印花税,予以免征;在其他住房项目中配套建设公租房,依据政府部门出具的相关材料,按公租房建筑面积占总建筑面积的比例,免征建造、管理公租房涉及的印花税;对公租房经营管理单位购买住房作为公租房,免征契税、印花税;对公租房租赁双方签订租赁协议涉及的印花税,予以免征。执行期限暂定3年。

16)企业改制涉及的印花税优惠政策如下:

(1)实行公司制改造的企业,在改制过程中成立的新企业(重新办理法人登记的),其新启用的资金账簿记载的资金或因企业建立资本纽带关系而增加的资金,凡原已贴花的部分可不再贴花,未贴花的部分和以后新增加的资金按规定贴花。

以合并或分立方式成立的新企业,其新启用的资金账簿记载的资金,凡原已贴花的部分可不再贴花,未贴花的部分和以后新增加的资金按规定贴花。

(2)企业改制前签订但尚未履行完的各类应税合同,改制后需要变更执行主体的,对仅改变执行主体、其余条款未作变动且改制前已贴花的,不再贴花。

(3)企业因改制签订的产权转移书据,免予贴花。

(4)对经国务院和省级人民政府决定或批准进行的国有(含国有控股)企业改组改制而发生的上市公司国有股权无偿转让行为,暂不征收债券(股票)交易印花税。对不属于上述情况的上市公司国有股权无偿转让行为,仍应征收债券(股票)交易印花税。

(三)会计处理

印花税主要采取"三自纳税"方式完成纳税义务,企业不需要预计印花税应纳税额,也不存在与税务机关结算或清算等问题。因此,纳税人不需要通过"应交税费"科目核算应纳印花税额,而是在缴纳印花税时直接计入费用或相关资产价值。

应税凭证应当于书立或者领受时贴花。具体是指在合同签订时、书据立据时、账簿启用时和证照领受时贴花。如果合同在国外签订的,应在国内使用时贴花。

企业在购买印花税票或直接缴纳印花税时,借记"管理费用"等科目,贷记"银行存款"科目。

(四)纳税申报

1.纳税办法

1)自行贴花:由纳税人自行计算应纳税额,自行购买并贴足印花税票,自行注销或划销。这种办法,一般适用于应税凭证较少或者贴花次数较少的纳税人。

已贴用的印花税票不得重用。凡多贴印花税票者,不得申请退税或者抵用。

2)汇贴或汇缴:由纳税人向税务机关提出申请,采取以缴款书代替贴花或者按期汇总缴纳的办法。这种办法,一般适用于应纳税额较大或者贴花次数频繁的纳税人。

一份凭证应纳税额超过500元的,应向当地税务机关申请填写缴款书或者完税证,将其中一联粘贴在凭证上或者由税务机关在凭证上加注完税标记代替贴花。

同一种类应纳税凭证,需频繁贴花的,纳税人可以根据实际情况自行决定是否采用按期汇总缴纳印花税的方式。汇总缴纳的期限为1个月。采用按期汇总缴纳方式的纳税人应事先告知主管税务机关。缴纳方式一经选定,1年内不得改变。

凡汇总缴纳印花税的凭证,应加注税务机关指定的汇缴戳记、编号并装订成册后,将已贴印花或者缴款书的一联粘附册后,盖章注销,保存备查。

3)委托代征:由税务机关委托有关部门,如发放或者办理应税凭证的单位,代征印花税。

纳税人要妥善保存应税凭证。统一设置应税凭证登记簿,及时、准确、完整地登记各类应税凭证。应税凭证应按规定保存10年。

2. 填报纳税申报表

首先,根据税法规定确认应税凭证、计税依据和适用税率;然后,计算应纳税额,填列《印花税纳税申报表》,并办理签章手续。

二、印花税纳税筹划

由于印花税负担较轻,实践中往往忽视印花税的纳税筹划,大多从税务风险控制的角度进行运作。但是,印花税毕竟是纳税人的一项支出,影响着纳税人的收益水平,况且,印花税有筹划的空间。因此,纳税人在重视税务风险控制的同时,也应当重视节税筹划问题。

进行印花税纳税筹划,应当从规范应税凭证的内容入手,以达到减轻印花税负担的目的。比如,加工承揽合同。印花税制度规定,由受托方提供原材料的加工、定做合同,凡在合同中分别记载加工费金额与原材料金额的,分别按照“加工承揽合同”、“购销合同”计税,按照两项税额相加数贴花;合同中不划分加工费金额与原材料金额的,按照全部金额,依照“加工承揽合同”计税贴花。

【例9-5】甲企业委托乙企业加工商品。加工过程中所需原材料、辅助材料由乙企业(受托方)提供,合计金额105万元,其中原材料100万元、辅助材料5万元;加工费25万元。

第一种做法:在加工承揽合同中,分别注明乙企业提供的原材料和辅助料金额,以及收取的加工费金额的，甲企业和乙企业各自应缴纳的印花税计算如下：

应纳税额 = 1 000 000 × 0.3‰ + (250 000 + 50 000) × 0.5‰ = 450(元)

第二种做法：在加工承揽合同中，没有分别注明各项金额。合同规定：甲企业委托乙企业加工商品若干件，支付总价款130万元，加工过程中所需原材料、辅助材料由乙企业提供。在这种情况下，甲企业和乙企业各自应缴纳的印花税计算如下：

应纳税额 = 1 300 000 × 0.5‰ = 650(元)

可见，第一种做法比第二种做法节省印花税200元(650 - 450)。

与上述情况相类似，印花税制度规定，同一凭证，因载有两个或者两个以上经济事项而适用不同税目税率，如果分别记载金额的，分别计算应纳税额，相加后按合计税额贴花；如果未分别记载金额的，依照税率高的计税贴花。

【例9-6】甲企业委托运输部门运输一批物资。运输费用50万元，仓储保管费用4万元。

第一种做法：在合同中分别注明：运输费用50万元，仓储保管费用4万元。甲企业和运输部门各自应缴纳的印花税计算如下：

应纳税额 = 500 000 × 0.5‰ + 40 000 × 1‰ = 290(元)

第二种做法：在合同中没有分别注明运输费用和仓储保管费用金额，只约运输费及仓储保管费总额54万元。在这种情况下，甲企业和运输部门自应缴纳的印花税计算如下：

应纳税额 = 540 000 × 1‰ = 540(元)

可见，第一种做法比第二种做法节省印花税250元(540 - 290)。

在纳税筹划实践中，有一些做法不可取。比如，有人认为，如果购销双方的交易事项能够当面解决，或者双方信誉较好，双方可以不签合同。这样，可以节省印花税。其实，这种做法，一方面，难以取得商品劳务税和所得税的递延纳税收益；另一方面，不利于控制经营风险，一旦发生经济纠纷，会给企业带来损失。

另外，纳税人应当依法确认应税凭证、非税凭证和免税凭证，准确计算印花税额，并及时完成完税手续，同时，按照规定保管应税凭证，控制税务风险。

第五节 契税会计与纳税筹划

一、契税会计

(一)纳税人

契税的征税对象是在我国境内转移土地、房屋权属。土地、房屋权属,是指土地使用权、房屋所有权。具体征收范围包括:国有土地使用权出让;土地使用权的转让;房屋买卖;房屋赠与;房屋交换;以及视同土地使用权转让、房屋买卖或者房屋赠与,包括以土地、房屋权属作价投资入股,以土地、房屋权属抵债,以获奖方式承受土地、房屋权属,以预购方式或预付集资建房款方式承受土地、房屋权属。

契税的纳税人是在我国境内承受土地、房屋权属的单位和个人。承受,是指以受让、购买、受赠、交换等方式取得土地、房屋权属的行为。单位,包括企业单位、事业单位、国家机关、军事单位和社会团体以及其他组织。个人,是指个体经营者及其他个人。

(二)应纳税额的计算

1.计税依据

一般情况下,契税的计税依据为土地、房屋权属的交易价格。

1)国有土地使用权出让、土地使用权出售、房屋买卖,以成交价格为计税依据。

成交价格,是指土地、房屋权属转移合同确定的价格,包括承受者应交付的货币、实物、无形资产或者其他经济利益。

土地、房屋权属转移合同确定的成交价格中包含的所有价款(包括买卖已装修房屋的装修费用)都属于计税依据范围。土地使用权出让、土地使用权转让、房屋买卖的成交价格中所包含的行政事业性收费,属于成交价格的组成部分,不应从中剔除,纳税人应按合同确定的成交价格全额计算缴纳契税。

出让国有土地使用权的,契税计税价格是承受人为取得该土地使用权而支付的全部经济利益。

(1)以协议方式出让的,其契税计税价格为成交价格。成交价格包括:土地出让金,土地补偿费,安置补助费,地上附着物和青苗补偿费,拆迁补偿费,以及市政建设配套费等承受者应支付的货币、实物、无形资产及其他经济利益。

没有成交价格或者成交价格明显偏低的，征收机关可依次按下列两种方式确定：①评估价格，即由政府批准设立的房地产评估机构根据相同地段、同类房地产进行综合评定，并经当地税务机关确认的价格；②土地基准地价，即由县以上人民政府公示的土地基准地价。

(2)以竞价方式出让的，契税计税价格一般应确定为竞价的成交价格。土地出让金、市政建设配套费以及各种补偿费用应包括在内。

2)土地使用权赠与、房屋赠与，由征收机关参照土地使用权出售、房屋买卖的市场价格核定计税价格。

3)土地使用权交换、房屋交换，以所交换的土地使用权、房屋的价格差额为计税依据。交换价格不相等的，由多交付货币、实物、无形资产或者其他经济利益的一方缴纳税款；交换价格相等的，免征契税。

4)以划拨方式取得土地使用权的，经批准转让房地产时，应由房地产转让者补缴契税。其计税依据为补缴的土地使用权出让费用或者土地收益。

5)承受与房屋相关的附属设施(包括停车位、汽车库、自行车库、顶层阁楼以及储藏室)所有权或土地使用权的，应按规定缴纳契税；不涉及土地使用权和房屋所有权转移变动的，不缴纳契税。采取分期付款方式购买房屋附属设施土地使用权、房屋所有权的，按合同规定的总价款计算缴纳契税。

6)拆迁居民因拆迁重新购置住房的，对购房成交价格中相当于拆迁补偿款的部分，免征契税；成交价格超过拆迁补偿款的，按超过部分计算缴纳契税。

7)个人无偿受赠不动产的，应全额计算缴纳契税。法定继承人继承土地、房屋权属，不缴纳契税；非法定继承人根据遗嘱承受死者生前的土地、房屋权属，应缴纳契税。

8)纳税人因改变土地用途而签订土地使用权出让合同变更协议或者重新签订土地使用权出让合同的，应缴纳契税。计税依据为因改变土地用途应补缴的土地收益金及应补缴政府的其他费用。

值得注意的是，成交价格明显低于市场价格且无正当理由的，或者所交换土地使用权、房屋的价格的差额明显不合理且无正当理由的，征收机关可以参照市场价格核定计税依据。

2. 适用税率

契税采用幅度比例税率，税率为3% ~5%。具体执行税率由各省、自治区、直辖市人民政府在规定幅度内确定，并报财政部和国家税务总局备案。

在执行中，应当注意以下问题：

1)自2010年10月1日起，个人购买普通住房，且该住房属于家庭(成员范围包括购房人、配偶以及未成年子女)唯一住房的,减半缴纳契税。个人购买90平方米及以下普通住房,且该住房属于家庭唯一住房的,减按1%税率缴纳契税。

2)纳税人承受的房屋附属设施权属,如果是单独计价的,按照当地确定的适用税率缴纳契税;如果是与房屋统一计价的,适用与房屋相同的契税税率。

3. 契税的计算

契税的计算公式为:

$$应纳税额 = 计税依据 \times 适用税率$$

4. 纳税义务发生时间

契税的纳税义务发生时间是纳税人签订土地、房屋权属转移合同的当天,或者纳税人取得其他具有土地、房屋权属转移合同性质凭证的当天。

其他具有土地、房屋权属转移合同性质凭证,是指具有合同效力的契约、协议、合约、单据、确认书以及由省、自治区、直辖市人民政府确定的其他凭证。

购房人以按揭、抵押贷款方式购买房屋,当其从银行取得抵押凭证时,购房人与原产权人之间的房屋产权转移已经完成,契税纳税义务已经发生,必须依法缴纳契税。

(三)税收减免

1. 一般规定

1)国家机关、事业单位、社会团体、军事单位承受土地、房屋用于办公、教学、医疗、科研和军事设施的,免征契税。

事业单位承受土地、房屋免征契税应同时符合两个条件:①纳税人必须是按《事业单位财务规则》进行财务核算的事业单位;②所承受的土地、房屋必须用于办公、教学、医疗、科研项目。凡不符合上述两个条件的,一律照章征收契税。

对县级以上人民政府教育行政主管部门或劳动行政主管部门批准并核发《社会力量办学许可证》,由企业事业组织、社会团体及其他社会组织和公民个人利用非国家财政性教育经费面向社会举办的教育机构,其承受的土地、房屋权属用于教学的,免征契税。

2)城镇职工按规定第一次购买公有住房,免征契税。

城镇职工按规定第一次购买公有住房,是指经县以上人民政府批准,在国家规定标准面积以内购买的公有住房。城镇职工享受免征契税,仅限于第一次购买的公有住房。超过国家规定标准面积的部分,仍应按照规定缴纳契税。

各类公有制单位为解决职工住房而采取集资建房方式建成的普通住房或由单位购买的普通商品住房,经当地县以上人民政府房改部门批准,按照国家房改政策出售给本单位职工的,如属职工首次购买住房,免征契税。

3）因不可抗力灭失住房而重新购买住房的，酌情减免契税。

不可抗力，是指自然灾害、战争等不能预见、不能避免并不能克服的客观情况。

4）土地、房屋被县级以上人民政府征用、占用后，重新承受土地、房屋权属的，是否减征或者免征契税，由省、自治区、直辖市人民政府确定。

5）纳税人承受荒山、荒沟、荒丘、荒滩土地使用权，用于农、林、牧、渔业生产的，免征契税。

6）依照我国有关法律规定以及我国缔结或参加的双边和多边条约或协定的规定应当予以免税的外国驻华使馆、领事馆、联合国驻华机构及其外交代表、领事官员和其他外交人员承受土地、房屋权属的，经外交部确认，可以免征契税。

7）廉租住房经营管理单位购买住房作为廉租住房、经济适用住房经营管理单位回购经济适用住房继续作为经济适用住房房源的，免征契税。

8）公租房经营管理单位购买住房作为公租房，免征契税。执行期限暂定3年。

纳税人符合减征或者免征契税规定的，在签订土地、房屋权属转移合同后10日内，向当地征收机关书面提出减税、免税申请，并提供有关证明材料。

纳税人因改变土地、房屋用途应当补缴已经减征、免征契税的，其纳税义务发生时间为改变有关土地、房屋用途的当天。

2. 企业改制重组涉及的契税政策

1）企业公司制改造。非公司制企业按照《公司法》的规定，整体改建为有限责任公司（含国有独资公司）或股份有限公司，或者有限责任公司整体改建为股份有限公司的，对改建后的公司承受原企业土地、房屋权属，免征契税。上述所称整体改建是指不改变原企业的投资主体，并承继原企业权利、义务的行为。

非公司制国有独资企业或国有独资有限责任公司，以其部分资产与他人组建新公司，且该国有独资企业（公司）在新设公司中所占股份超过50%的，对新设公司承受该国有独资企业（公司）的土地、房屋权属，免征契税。

国有控股公司以部分资产投资组建新公司，且该国有控股公司占新公司股份85%以上的，对新公司承受该国有控股公司土地、房屋权属免征契税。上述所称国有控股公司，是指国家出资额占有限责任公司资本总额50%以上，或国有股份占股份有限公司股本总额50%以上的国有控股公司。

以出让方式或国家作价出资（入股）方式承受原改制重组企业划拨用地的，不属于免税范围，对承受方应征收契税。

2）企业股权转让。在股权转让中，单位、个人承受企业股权，企业土地、房屋权属不发生转移，不征收契税。

这里的“股权转让”，仅包括股权转让后企业法人存续的情况，不包括企业法人注销的情况。在执行中，应根据工商部门对企业进行的登记认定，即企业不需办理变更和新设登记，或仅办理变更登记的，适用该项规定；企业办理新设登记的，不适用该项规定，对新设企业承受原企业的土地、房屋权属应征收契税。

3）企业合并。两个或两个以上的企业，依据法律规定、合同约定，合并改建为一个企业，且原投资主体存续的，对其合并后的企业承受原合并各方的土地、房屋权属，免征契税。

4）企业分立。企业依照法律规定、合同约定分设为两个或两个以上投资主体相同的企业，对派生方、新设方承受原企业土地、房屋权属，不征收契税。

值得注意的是，上述“企业公司制改造”、“企业股权转让”、“企业合并”、“企业分立”中所称“企业”，是指公司制企业，包括股份有限公司和有限责任公司。

5）企业出售。国有、集体企业出售，被出售企业法人予以注销，并且买受人按照《劳动法》等国家有关法律法规政策妥善安置原企业全部职工，其中与原企业30%以上职工签订服务年限不少于3年的劳动用工合同的，对其承受所购企业的土地、房屋权属，减半征收契税；与原企业全部职工签订服务年限不少于3年的劳动用工合同的，免征契税。

6）企业注销、破产。企业依照有关法律、法规的规定实施注销、破产后，债权人（包括注销、破产企业职工）承受注销、破产企业土地、房屋权属以抵偿债务的，免征契税；对非债权人承受注销、破产企业土地、房屋权属，凡按照《劳动法》等国家有关法律法规政策妥善安置原企业全部职工，其中与原企业30%以上职工签订服务年限不少于3年的劳动用工合同的，对其承受所购企业的土地、房屋权属，减半征收契税；与原企业全部职工签订服务年限不少于3年的劳动用工合同的，免征契税。

7）其他规定。经国务院批准实施债权转股权的企业，对债权转股权后新设立的公司承受原企业的土地、房屋权属，免征契税。

政府主管部门对国有资产进行行政性调整和划转过程中发生的土地、房屋权属转移，不征收契税。行政性调整和划转，是指县级以上人民政府或国有资产管理部门批准的资产划转。

企业改制重组过程中，同一投资主体内部所属企业之间土地、房屋权属的无偿划转，包括母公司与其全资子公司之间，同一公司所属全资子公司之间，同一自然人与其设立的个人独资企业、一人有限公司之间土地、房屋权属的无偿划转，不征收契税。

企业改制重组涉及的税收政策，执行期限为2009年1月1日至2011年12月31日。

3. 事业单位改制涉及的契税政策

事业单位按照国家有关规定改制为企业的过程中，投资主体没有发生变化的，对改制后的企业承受原事业单位土地、房屋权属,免征契税。投资主体发生变化的,改制后的企业按照《劳动法》等有关法律法规妥善安置原事业单位全部职工,其中与原事业单位全部职工签订服务年限不少于3年劳动用工合同的,对其承受原事业单位土地、房屋权属,免征契税;与原事业单位30%职工签订服务年限不少于3年劳动用工合同的,对其承受原事业单位土地、房屋权属,减半征收契税。

但是,事业单位改制过程中,改制后的企业以出让或国家作价(入股)方式取得原国有划拨土地使用权的,不属于契税减免税范围,应按规定缴纳契税。

事业单位改制涉及的契税政策,执行期限为2010年4月1日至2011年12月31日。

(四)会计处理

纳税人可以在"应交税费"账户下设置"应交契税"明细账户。纳税人计提契税时,借记"无形资产"、"固定资产"、"在建工程"等科目,贷记"应交税费——应交契税"科目。缴纳契税时,借记"应交税费——应交契税"科目,贷记"银行存款"科目。纳税期结束后,"应交税费——应交契税"账户贷方余额反映欠缴的契税。

纳税人也可以不设置"应交契税"明细账户。当缴纳契税时,直接借记"固定资产"、"在建工程"、"无形资产"等科目,贷记"银行存款"科目。

【例9-7】某房地产开发公司支付土地出让金4 000万元有偿受让一块土地的使用权,用于开发商品住宅。当地政府规定的契税税率为4%。

应纳契税=40 000 000×4%=1 600 000(元)

计提契税时,编制会计分录:

借:无形资产——土地使用权　　1 600 000

　贷:应交税费——应交契税　　1 600 000

缴纳契税时,编制会计分录:

借:应交税费——应交契税　　1 600 000

　贷:银行存款　　1 600 000

【例9-8】某企业购买一栋商品楼,成交价格5 000 000元。当地政府规定的契税税率为4%。

应纳契税=5 000 000×4%=200 000(元)

计提契税时,编制会计分录:

借:固定资产　　200 000

　贷:应交税费——应交契税　　200 000

缴纳契税时,编制会计分录:

借:应交税费——应交契税　　　　200 000

　贷:银行存款　　　　200 000

（五）纳税申报

纳税人应自纳税义务发生之日起 10 日内,向土地、房屋所在地的契税征收机关办理纳税申报,并在契税征收机关核定的期限内缴纳税款。

纳税人办理纳税事宜后,契税征收机关向纳税人开具契税完税凭证。纳税人持契税完税凭证和其他文件材料,依法向土地管理部门、房产管理部门办理变更登记手续。纳税人未出具契税完税凭证的,土地管理部门、房产管理部门不予办理有关土地、房屋的权属变更登记手续。

已缴纳契税的购房单位和个人,在未办理房屋权属变更登记前退房的,退还已纳契税;在办理房屋权属变更登记后退房的,不予退还已纳契税。

二、契税纳税筹划

契税的纳税筹划,可以从以下方面进行。

（一）交易方式的纳税筹划

纳税人因经营需要购置土地使用权或房屋产权,在购置的房地产与交换取得的房地产预期利益大体相当的情况下,可以优先考虑交换方式,即土地使用权交换或者房屋交换。这样,可以按照交换的价格差额为计税依据,由多交付货币、实物、无形资产或者其他经济利益的一方缴纳契税。由此节省契税支付。

（二）计价方式的纳税筹划

契税制度规定,纳税人承受的房屋附属设施权属,如果是单独计价的,按照当地确定的适用税率缴纳契税;如果是与房屋统一计价的,适用与房屋相同的契税税率。纳税筹划时,首先,了解当地确定的各类房屋及其附属设施的适用税率;然后,与销售方协商确定计价方式,以适用较低的契税税率,节省契税支付。

（三）“三方抵债”的纳税筹划

债务人将房地产权属补偿给债权人,债权人又将该房地产在未办理房地产权属转移变更手续的前提下,直接转让给第三方的,其债权人和第三方均应缴纳契税。但是,如果是债务链的三方,债务人和第三方签订了债务转移协议,则债权人不是契税纳税人。

【例9-9】甲公司欠乙公司工程款2 000万元，乙公司欠丙公司材料款2 000万元。甲公司与乙公司协商确定，甲公司以价值2 000万元的商品房抵偿所欠乙公司债务；乙公司与丙公司协商确定，乙公司以甲公司交付的价值2 000万元的商品房抵偿所欠丙公司债务。当地确定的契税税率为4%。该项业务，从契税角度看，乙公司应当如何运作？

第一种做法：首先，甲公司与乙公司签订房屋抵债合同，合同金额2 000万元。

乙公司应纳契税 = 2 000 × 4% = 80（万元）

然后，乙公司与丙公司签订房屋抵债合同，合同金额2 000万元。

丙公司应纳契税 = 2 000 × 4% = 80（万元）

第二种做法：甲公司、乙公司、丙公司三方签订房屋抵债合同，将甲公司拥有的房屋产权直接转移给丙公司，从此三方债权债务结清。在这种情况下，乙公司不需要缴纳契税，丙公司应当缴纳契税。

丙公司应纳契税 = 2 000 × 4% = 80（万元）

（四）运用改制重组的契税政策进行筹划

在契税会计中，已介绍过企业改制重组涉及的契税政策。在纳税筹划中，纳税人可以充分运用这些政策，以取得节税收益。比如，接受国有独资企业部分资产组建的新公司，只要该国有独资企业在新设公司中所占股份超过了50%，那么，新设公司承受该国有独资企业（公司）的土地、房屋权属，便可享受免征契税待遇。

接受国有控股公司以部分资产投资组建的新公司，只要该国有控股公司在新公司中所占股份超过了85%，那么，新公司承受该国有控股公司土地、房屋权属，便可享受免征契税待遇。国有控股公司，是指国家出资额占有限责任公司资本总额50%以上，或国有股份占股份有限公司股本总额50%以上的国有控股公司。

再比如，纳税人买受国有企业或集体企业，凡按照《劳动法》等国家有关法律法规政策，妥善安置原企业全部职工的，其承受所购企业的土地、房屋权属，可享受减免契税待遇：与原企业30%以上职工签订服务年限不少于3年的劳动用工合同的，减半缴纳契税；与原企业全部职工签订服务年限不少于3年的劳动用工合同的，免纳契税。

再比如，债权人承受注销、破产企业土地、房屋权属以抵偿债务的，免纳契税。非债权人承受注销、破产企业土地、房屋权属，凡按照《劳动法》等国家有关法律法规政策，妥善安置原企业全部职工的，可享受减免契税待遇：与原企业30%以上职工签订服务年限不少于3年的劳动用工合同的，减半缴纳契税；与原企业全部职工签订服务年限不少于3年的劳动用工合同的，免纳契税。

值得注意的是，企业改制重组涉及的契税政策具有阶段性。运用这些政策进行纳税筹划时，应当注意政策的时效性。

第十章

纳税筹划风险及控制

第一节 企业纳税筹划风险

纳税筹划本身是一种管理活动,体现在企业的经济决策过程之中。纳税筹划方案设计与选择的正确与否,主要取决于企业所面临的内部、外部环境因素。由于企业面临的内部、外部环境本身具有很大的不确定性,因此,纳税筹划会给企业带来各种潜在风险。

一、外部环境的不确定性所导致的风险

一般而言,由于外部环境的不确定性所导致的风险主要包括以下几个方面:

(一)外部经济条件的不可预知性所导致的风险

对于企业而言,纳税筹划是企业整体经营战略的一部分,而企业的生产经营活动是在一定的外部经济条件下运行的,影响企业生产经营的外部经济条件包括国家整体宏观经济形势、相关产品市场需求状况,以及企业微观客户群的发展变化情况等。这些外部条件的发展变化,对于企业而言,是难以准确预知的。

国家整体宏观经济形势的发展变化,会影响到企业所在地区、所在行业的社会经济发展态势,进而影响到企业的现时收益和未来的预期收益,这会制约企业纳税筹划的总体效果,甚至可能导致筹划方案的失败。

对于企业,尤其是对于生产企业而言,相关产品的市场需求状况和企业微观客户群的发展变化情况,也是影响企业现时收益和未来预期收益的重要因素。因此,这些因素会对企业纳税筹划方案的总体效果造成影响。比如,对生产销售某种货物实行免征增

值税政策。假如某生产厂家运用该项免税政策进行纳税筹划，放弃自己所擅长的传统商品生产，而改为生产该种免税货物，除了考虑资金、技术力量等因素外，还必须对该种货物的市场需求状况和微观客户群的发展变化情况作深入的调查和论证。否则，生产线启动以后，才发现该种货物的市场需求不足，甚至无利可图，会给企业造成无法挽回的损失。

（二）税收政策的变动性所导致的风险

纳税筹划的一条重要途径是根据政府的税收政策导向，充分运用各种税收优惠政策以达到节税的目的。而税收政策作为国家宏观经济调控的政策工具，其内容是随着社会经济形势的发展变化而不断进行相应调整的，这就给企业的纳税筹划带来了潜在的政策风险。如果企业不能提前预知或了解国家税收政策的发展变动趋势，仅为了获得节税的利益就贸然制定出针对国家某项即将变动或废止的税收条款的纳税筹划方案，就会给自身造成重大损失。

比如，某酒厂主要以外购白酒和酒精生产中低档白酒。2000 年以前，经济效益较好。于是，扩大生产规模，采用原生产方法大量生产中低档酒。自 2001 年 5 月 1 日起，国家将白酒消费税的计税办法由从价定率征收改为从价定率和从量定额相结合的复合计税方法。同时规定，对于用外购或委托加工的已税酒和酒精生产的酒，停止执行抵扣其已纳消费税款的政策。这一政策出台后，使得该酒厂的税收负担加重了，而该酒厂投资成本较大、生产方式或技术没有跟上、产品档次较低，最终陷入困境。如果该酒厂能够预知税收政策导向，不急于扩大生产规模，而是改变生产方法、改进生产工艺、提高产品质量，就不会陷入面临破产的境地。

（三）税收法制管理的非规范性所导致的风险

税收法制管理包括税收立法管理、税收执法管理和税收司法管理等内容。税收法制管理的非规范性所导致的风险主要体现在两个方面：①由于税收法律法规的模糊性所导致的风险；②由于税收执法行为的非规范性所导致的风险。我国目前的税收法律体系具有多层次的特征，其中包含了大量的税收规范性文件，由于现实社会经济状况的复杂性，这些规范性文件难以做到“面面俱到，包罗万象”，其中的很多条款仍显得过于原则和抽象，难以做到彻底的清晰和明确。这种状况会导致税务部门和企业对某些具体的税法条款产生不同的理解，而这些条款所涉及的内容在实践中又通常是筹划所指向的领域。这样，企业如果不就其中的某些模糊性条款同主管税务部门达成理解和共识，而贸然地依据这些规范性文件展开纳税筹划，就有可能因错误地理解税法而导致筹划行动失败。

二、内部环境的不确定性所导致的风险

一般而言，由于内部环境的不确定性给企业导致的风险主要包括以下几个方面：

（一）对纳税筹划的认识不足所导致的风险

实践中，纳税筹划与避税的法律边界比较模糊，与某些偷税行为也只是一步之遥。如果企业对纳税筹划的本质精神认识不足，不能正确区分纳税筹划与避税、偷税行为的界限，只凭主观感觉进行纳税筹划操作，就会“游走”在纳税筹划、避税和偷税界限的“边缘”。一旦误入偷税的“歧途”，就会不可避免地给自己带来各种损失。

比如，A 公司的办公楼位于市区，临街、六层。2008 年 12 月，A 公司拟将该办公楼的第一层出租给王先生开办饭店（简称 B 饭店），年租金 100 万元。经测算，A 公司每年应当缴纳营业税（5 万元）、城市维护建设税和教育费附加（0.5 万元）、房产税（12 万元），还有企业所得税，税费合计近 40 万元。A 公司觉得税负太重，于是，向 B 饭店提出了这样的方案：A 公司与 B 饭店签订两份合同。第一份合同约定：每年 A 公司向 B 饭店收取租赁费 100 万元，其中 60 万元由 B 饭店以货币资金形式于年初支付，其余 40 万元留在 B 饭店抵算 A 公司的餐饮消费。实际运作时，A 公司只就收到的 60 万元向 B 饭店开具发票，并按发票金额入账和履行纳税义务；抵算餐饮消费的部分，双方不开具发票，也不入账。第二份合同约定：每年 A 公司向 B 饭店收取租赁费 60 万元，由 B 饭店于年初支付。第一份合同由双方收藏，第二份合同用于应付税务机关检查。A 公司与 B 饭店协商同意后，签订了两份合同，并就第二份合同缴纳了印花税。2009 年 1 月份，A 公司按期收到了 B 饭店支付的租赁费 60 万元并向 B 饭店开具了发票。12 月底双方核对消费记录，A 公司在 B 饭店共消费 35 万元，剩余 5 万元结转次年消费，对此双方均未开具发票，也未进行相应的账务处理。

不难看出，A 公司和 B 饭店的行为纯属偷税行为。主管税务机关查出这一问题后，按照税收征管法的规定，责令 A 公司和 B 饭店限期补缴税款、滞纳金，同时，处以所偷税款 2 倍的罚款。

（二）纳税筹划方案的设计与选择不当所导致的风险

纳税筹划方案设计与选择的合理与否，是制约和影响纳税筹划成败的重要因素。如果企业设计与选择了不合理的筹划方案，那么，纳税筹划从一开始就意味着失败，筹划收益就更是无从谈起了。对于企业而言，纳税筹划方案设计与选择的合理与否是由多种因素决定的，如企业管理者对纳税筹划的重视程度，筹划方案设计者的知识结构、专业能力和道德水准等。

一般而言，非合理性的纳税筹划方案主要体现在以下几个方面：①纳税筹划方案严重脱离企业实际，违反了纳税筹划的谨慎性原则和协议性原则，如要求企业在短时间内大规模转产、要求企业转而进入非熟悉或非擅长且竞争激烈的行业或领域等。②纳税筹划方案的设计或选择只考虑了单个税种的因素而忽视了各税种整体的税收负担，"只见树木，不见森林"，从而违背了纳税筹划的整体性原则。③忽视了对纳税筹划方案的成本效益分析，只考虑税收划方案可能带来的收益，却忽视了为获得这些筹划收益而需要付出的实际成本和放弃的机会成本。而筹划方案的设计与选择一旦失误，将会给企业造成经济、社会以及商业信誉等各方面的损失。

（三）纳税筹划方案的实施不当所导致的风险

纳税筹划收益的实现是一个复杂多变的过程，企业选择了正确的纳税筹划方案，并不意味着肯定会得到筹划收益。如果确定了纳税筹划方案后，不能一贯地执行，而是中途转向或半途而废，不仅难以获得相关的筹划收益，还会因此给自身带来一定的损失。

三、委托代理风险

实践中，很多企业将纳税筹划委托给税务中介机构进行，这样就容易产生委托代理中的道德风险。这种道德风险的产生，源于企业和税务中介机构之间不同的利益动机。企业委托进行纳税筹划的目的，主要是想设计出更优的纳税筹划方案，以尽可能地减少筹划风险，获得更多的筹划收益。税务中介服务是一种有偿服务，中介机构受托进行纳税筹划，是要收取服务费的。这样，二者之间利益动机的不同就成了引发道德风险的基础性因素。此外，在纳税筹划过程中，委托方和受托方之间在筹划方法的选择与运用、制定筹划方案的努力程度、筹划风险的评估等方面存在着严重的信息不对称，也构成了引发道德风险的重要因素（详见图 10－1）。

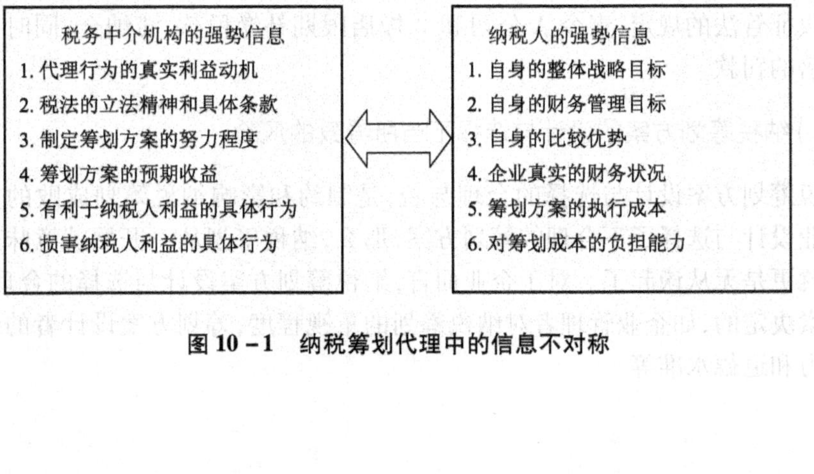

图 10－1　纳税筹划代理中的信息不对称

这样,一方面,企业和税务中介机构之间存在利益动机的矛盾;另一方面,在纳税筹划业务中,在"委托—代理"的双方之间存在着严重的信息不对称问题。这种代理特征,在缺乏有效的激励和监督机制的情形下,极有可能引发相关的道德风险。

第二节　企业纳税筹划风险的控制

纳税筹划的风险是客观存在且无法回避的,但同时也是可以进行考察或提前预知的。为此,企业在进行纳税筹划时,应建立起完善的风险防范机制,尽可能地规避纳税筹划所带来的风险。

一、建立宏观经济与税收政策的分析预测体系

由于宏观经济的非稳定性以及税收政策的非固定性等因素的存在,企业所面临的外部环境风险一旦发生,便具有不可逆转性,因为就一般而言,企业面对此种外部环境风险往往是无能为力的。为此,企业在条件允许的情况下,应建立起宏观经济和税收政策的分析预测体系,以便能够科学地预知宏观经济和税收政策的发展变动情况,"变被动为主动"。只有这样,才能尽可能地降低纳税筹划的外部环境风险,进而获得较好的筹划收益。但需要注意的是,企业在对宏观经济进行分析和预测的过程中,应着重关注自身所在地区和所在行业的发展变化情况,在此基础上,还应将关注的领域逐步扩展到自身业务范围所覆盖的其他地区或相关行业;在对税收政策进行跟踪与预测的过程中,企业应重点关注自身的主营业务所涉及的税收政策的发展变化情况。必要时,企业还可以同有关的科研机构、高等院校等有关机构建立起有效的联系,提高分析与预测结果的准确性。

二、提高认识,加强与主管税务部门的沟通

社会经济条件的纷繁复杂决定了税收立法具有非精细化的特征,即对某些涉税事项税法只能作出概括性或原则性的规定,比如,税法对于某些无法一一列举的涉税事项,往往用"其他"这一词语来加以概括。同时,社会经济条件的纷繁复杂也决定了税收执法中自由裁量权的产生,即税务部门在执法中拥有法律所赋予的"在法律规定的范围或幅度内自行决定某些涉税事项如何适用税法"的权力。这就为税务部门执行税法提供了一定程度的灵活性并留有余地。此外,为了保证税法的严肃性,我国现行的刑法和税法都针对偷税行为设立了较重的处罚条款。面对以上情况,企业在对税法条款

和税收立法精神缺乏深刻把握的条件下,稍有不慎便会因陷入“偷税的误区”而蒙受损失。这就要求企业在进行纳税筹划时,应提高思想认识,严格划分纳税筹划与偷税等违法行为的界限。对于某些无法确定的事项,应积极向税务专家咨询,或者与主管税务部门沟通,尽可能地减少相关的涉税风险。

三、借助外力,提高纳税筹划的科学性

为防范或规避纳税筹划的风险,企业应尽可能地提高纳税筹划的科学性。纳税筹划是一项高层次的理财活动和复杂的系统工程,为提高纳税筹划的科学性,企业应注重提高筹划人员的专业能力和道德水准,优化筹划人员的知识结构。在此基础上,企业还应充分借助于外部的力量,如邀请有关科研机构或高等院校的法学专家、会计专家、税务专家等参与筹划方案的设计或审核,将筹划方案的设计委托给权威性较高的税务中介机构等。通过这些举措,可以充分提高纳税筹划的科学性,减少相关的涉税风险。

此外,企业要想充分享受到纳税筹划所带来的利益,还必须在纳税筹划方案确定后,严格执行筹划方案,不能因人事、经营等因素的变动而轻易地改变筹划方案,以免半途而废、得不偿失。

四、防范委托代理中的道德风险

由于“委托—代理”制度本身所固有的缺陷,纳税筹划代理中产生的道德风险问题几乎是无法避免的。但是,仍可以通过引入一定的机制,尽可能地防范纳税筹划代理中的道德风险问题。具体可从以下几个方面入手:

(一)建立有效的激励机制

激励的措施分为两种,一种是正激励,一种是负激励。正激励主要是在取得较好的纳税筹划效果的情况下,给予税务中介机构一定的奖励。实行正激励的目的,在于鼓励或强化某种对企业有利的行为,使税务中介机构能更多地考虑企业的利益。负激励主要是在纳税筹划方案没有取得预期效果或取得负效果的情况下,对税务中介机构实施一定的惩罚。实行负激励的目的,在于阻止或弱化某种对企业不利的行为,使税务中介机构更多地专注于考虑筹划方案本身可能取得的收益,进而有利于保障企业的利益。为此,企业在签订代理合约时,应尽可能地完善合约的条款,有关的激励措施必须在合约中清晰地列明,以保证激励机制的运行效果。

(二)强化对中介机构的监督

为防范纳税筹划代理中的道德风险,企业应对税务中介机构的具体行为进行适当、

有效的监督。比如,可以派专人负责协调并参与筹划方案的制订过程;纳税筹划方案在正式实施前,聘请法律专家、税务专家对纳税筹划方案进行分析和论证,然后,提交企业董事会或最高管理层的批准后实施。当然,强化监督本身会相应地增加纳税筹划成本,但是,这种监督,对于防范或规避纳税筹划代理中的道德风险,是十分必要的。

(三)建立相应的利益相容机制

除了激励和监督措施外,企业在签订代理合约时,也可以通过某些特殊条款的设立,在"委托—代理"双方之间建立起一定的利益相容机制,以制约代理人的行为,防范相关的道德风险。比如,企业在同税务中介机构签订代理合约时,可以在合约条款设立时建立相应的利益分成机制,代理服务费的数额不再事先确定,而按照纳税筹划收益的一定比例进行支付,由此在"委托—代理"双方之间建立起某种程度的"一损俱损,一荣俱荣"的利益相容机制。这样,不仅可以有效制约代理人的行为,维护委托方的合法利益,而且可以取得委托方与代理人"双赢"的效果。

参 考 文 献

[1]国家税务总局税收科学研究所．国际税收词汇[M]．北京:中国财政经济出版社,1992.

[2]唐腾翔,唐向．税收筹划[M]．北京:中国财政经济出版社,1994.

[3]盖地．税务会计与税务筹划[M]．北京:中国人民大民出版社,2003.

[4]张中秀,汪昊．纳税筹划宝典[M]．北京:机械工业出版社,2005.

[5]罗伊·罗哈吉．国际税收基础[M]．北京:北京大学出版社,2006.

[6]刘剑文．财税法专题研究[M]．北京:北京大学出版社,2007.

[7]财政部会计司．企业会计准则讲解[M]．北京:人民出版社,2008.

[8]陈志勇,薛刚．税收筹划理论与实践[M]．北京:经济科学出版社,2010.

[9]赵恒群,田雷．新编纳税会计[M].2版．大连:大连出版社,2009.

[10]赵恒群,李晶．税法教程[M].3版．北京:清华大学出版社,北京交通大学出版社,2011.

图书在版编目(CIP)数据

税务会计与纳税筹划/赵恒群主编.—北京:首都经济贸易大学出版社,2013.1
ISBN 978-7-5638-2025-2

Ⅰ.①税… Ⅱ.①赵… Ⅲ.①税务会计 ②税收筹划 Ⅳ.①F810.42

中国版本图书馆 CIP 数据核字(2012)第 223540 号

税务会计与纳税筹划
赵恒群 主编 李晶 副主编

出版发行	首都经济贸易大学出版社
地 址	北京市朝阳区红庙(邮编 100026)
电 话	(010)65976483 65065761 65071505(传真)
网 址	http://www.sjmcb.com
E-mail	publish@cueb.edu.cn
经 销	全国新华书店
照 排	首都经济贸易大学出版社激光照排服务部
印 刷	北京京华虎彩印刷有限公司
开 本	787 毫米×980 毫米 1/16
字 数	506 千字
印 张	28.75
版 次	2013 年 1 月第 1 版 2015 年 8 月 2 次印刷
书 号	ISBN 978-7-5638-2025-2/F·1166
定 价	44.00 元